| 厦门大学人类学与民族学系田野调查报告丛书之八 |

闽南蔡坂人的社会与文化

余光弘　冯　莎　杨洁琼　主编

图书在版编目(CIP)数据

闽南蔡坂人的社会与文化/余光弘,冯莎,杨洁琼主编.—厦门：
厦门大学出版社,2016.5
(厦门大学人类学与民族学系田野调查报告丛书)
ISBN 978-7-5615-6083-9

Ⅰ.①闽… Ⅱ.①余…②冯…③杨… Ⅲ.①乡村-社会调查-调查报告-漳州市 Ⅳ.①D668

中国版本图书馆 CIP 数据核字(2016)第 119962 号

出 版 人	蒋东明	
责任编辑	薛鹏志	
美术编辑	张雨秋	
责任印制	朱 楷	

出版发行 厦门大学出版社
社　　址 厦门市软件园二期望海路 39 号
邮政编码 361008
总 编 办 0592-2182177　0592-2181253(传真)
营销中心 0592-2184458　0592-2181365
网　　址 http://www.xmupress.com
邮　　箱 xmupress@126.com
印　　刷 厦门集大印刷厂

开本　　880mm×1230mm　1/32
印张　　12.5
插页　　2
字数　　330 千字
印数　　1～1 500 册
版次　　2016 年 5 月第 1 版
印次　　2016 年 5 月第 1 次印刷
定价　　42.00 元

本书如有印装质量问题请直接寄承印厂调换

厦门大学出版社　　厦门大学出版社
　微信二维码　　　　微博二维码

目 录

第一章　导　　言 …………………………………… 余光弘/1

第二章　蔡坂村的人口与家庭结构 …………………… 康杨微/9
　　一、前　言 ………………………………………………… 9
　　二、人口构成 ……………………………………………… 10
　　三、家庭结构 ……………………………………………… 25
　　四、分　家 ………………………………………………… 35
　　五、结　语 ………………………………………………… 40
　　附录一　蔡坂村基本家庭调查表 ………………………… 42
　　附录二　福建省迁入人口计划生育信息采集卡 ………… 44

第三章　蔡坂村的权力结构与社会秩序 ……………… 季伟杰/47
　　一、前　言 ………………………………………………… 47
　　二、权力结构体系 ………………………………………… 49
　　三、乡村社会的秩序与规约 ……………………………… 65
　　四、村治过程中权力的竞争与合作 ……………………… 74
　　五、权力结构对社会秩序的影响 ………………………… 81
　　六、结　语 ………………………………………………… 84

第四章 蔡坂村的蔡氏宗族 郭文华/87
- 一、前言 87
- 二、宗族源流 89
- 三、宗族的象征 94
- 四、宗族组织 99
- 五、宗族概况 101
- 六、宗族祭祀 105
- 七、结语 108

第五章 蔡坂村的家庭宗教 汪琪/114
- 一、前言 114
- 二、家宅建造 115
- 三、家庭神明 128
- 四、祖先崇拜 135
- 五、辟邪禳灾 137
- 六、祭器 143
- 七、结语 147

第六章 蔡坂村的聚落宗教 宋祺/149
- 一、前言 149
- 二、祠庙概况 150
- 三、庙宇管理 161
- 四、聚落性宗教活动 167
- 五、跨聚落宗教活动 179
- 六、神职人员 180
- 七、结语 184

目 录

第七章 蔡坂村的岁时祭仪 ……………… 朱晨曦/186
- 一、前　言 ………………………………… 186
- 二、春季祭仪 ……………………………… 187
- 三、夏季祭仪 ……………………………… 193
- 四、秋季祭仪 ……………………………… 194
- 五、冬季祭仪 ……………………………… 198
- 六、岁时祭仪中的供品 …………………… 200
- 七、结　语 ………………………………… 209

第八章 蔡坂村的婚姻习俗 ……………… 陈尊慈/211
- 一、前　言 ………………………………… 211
- 二、说　亲 ………………………………… 212
- 三、订　亲 ………………………………… 216
- 四、婚前准备 ……………………………… 221
- 五、成　亲 ………………………………… 228
- 六、婚后仪式 ……………………………… 245
- 七、其他婚姻类型 ………………………… 247
- 八、结　语 ………………………………… 250
- 附录 "唱好话"辑录 ……………………… 252

第九章 蔡坂村的生育与养育 …………… 杨　璐/254
- 一、前　言 ………………………………… 254
- 二、祈子习俗 ……………………………… 255
- 三、孕产习俗 ……………………………… 258
- 四、新生礼仪 ……………………………… 264
- 五、养育习俗 ……………………………… 269
- 六、幼儿疾病的民间疗法 ………………… 275
- 七、结　语 ………………………………… 277

　　附录　蔡坂注生娘娘石牌……………………………………… 278

第十章　蔡坂村的医疗体系…………………………江玲丽/279
　一、前　言…………………………………………………… 279
　二、医疗保健体系的分类…………………………………… 280
　三、蔡坂人的健康观………………………………………… 282
　四、疾病的防治……………………………………………… 286
　五、蔡坂人的保健体系……………………………………… 305
　六、结　语…………………………………………………… 308
　　附录　部分蔡坂常用青草图片…………………………… 310

第十一章　蔡坂村的丧葬习俗………………………刘　波/313
　一、前　言…………………………………………………… 313
　二、终前习俗………………………………………………… 314
　三、初终的习俗……………………………………………… 317
　四、入殓的习俗……………………………………………… 323
　五、停柩待葬的习俗………………………………………… 328
　六、出殡的习俗……………………………………………… 331
　七、葬后的习俗……………………………………………… 338
　八、坟　制…………………………………………………… 346
　九、结　语…………………………………………………… 347
　　附录一　棺前悼文（夫悼妻）…………………………… 350
　　附录二　立冥厝契字……………………………………… 351

第十二章　蔡坂村的旅游开发………………………杨文皓/352
　一、前　言…………………………………………………… 352
　二、云洞岩的旅游资源……………………………………… 354
　三、政府对云洞岩的开发与未来规划……………………… 362

目 录

四、云洞岩旅游开发对村民的影响 …………………… 372
五、结　语 …………………………………………… 380
附录一　《漳州史迹》云洞岩记载 ………………… 384
附录二　《龙海县志》云洞岩名胜记载 …………… 386

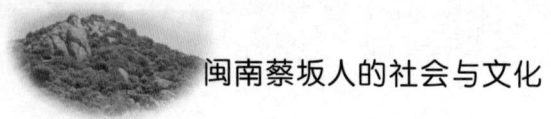

表格目次

- 表 2-1　性别与年龄统计表
- 表 2-2　出生与死亡变动情况表
- 表 2-3　死亡明细表
- 表 2-4　迁入迁出情况表
- 表 2-5　年龄、教育与性别统计表
- 表 2-6　性别、年龄与职业统计表
- 表 2-7　蔡坂村家庭结构表
- 表 2-8　家庭类型分布表
- 表 2-9　分家时间统计表
- 表 3-1　蔡坂村村两委概况及职责分工
- 表 3-2　蔡坂村内部组织设置概况
- 表 3-3　云洞岩古刹重建理事会主要成员
- 表 5-1　各家庭供奉神明抽样统计表
- 表 10-1　蔡坂常见食物属性分类
- 表 10-2　蔡坂人常用青草一览表

目　录

图片目次

图 1-1　蔡坂村地理位置图
图 1-2　蔡坂村简图
图 2-1　年龄组统计分布图
图 2-2　性别与年龄统计图
图 4-1　昭德堂正面
图 4-2　昭德堂内部
图 4-3　著存堂正面
图 4-4　著存堂匾额
图 4-5　守保堂正面
图 4-6　守保堂内部
图 5-1　安梁大吉
图 5-2　安梁大吉
图 5-3　龙须
图 5-4　神袍
图 5-5　木制八卦
图 5-6　纸制八卦
图 5-7　制八卦
图 5-8　玻璃制八卦
图 5-9　玻璃制八卦
图 5-10　瓷砖八卦

图 5-11　符箓
图 6-1　云洞古刹神明平面图
图 6-2　云洞古刹重修前神明平面图
图 6-3　公间庙神明平面图
图 6-4　节庆时期的昭德堂（抚顺将军祭仪）
图 6-5　蔡坂土地庙之一
图 6-6　后土土地庙
图 6-7　伽蓝大王神诞神明平面图
图 6-8　伽蓝大王神诞供奉神明处及烧香的村人
图 6-9　伽蓝大王神诞供奉神明处及烧香的村人
图 6-10　村人抢供果
图 6-11　村人抢供果
图 6-12　"三出头"仪式
图 6-13　"三出头"仪式
图 6-14　"上凤山"仪式
图 6-15　"上凤山"仪式后的表演活动
图 6-16　王母殿内神龛
图 7-1　七月的路灯
图 7-2　龟甲纹粿印
图 7-3　寿桃纹粿印
图 7-4　跳加官
图 7-5　红孩儿
图 8-1　头花与香粉两盒
图 8-2　大花帕
图 8-3　小花帕
图 8-4　净炉
图 8-5　上轿桌
图 8-6　红扇与手帕

目 录

图 8-7　　缘钱
图 8-8　　张贴数对喜联的祖厝
图 10-1　　金钱薄荷
图 10-2　　车前草
图 10-3　　风不动
图 10-4　　七里香
图 10-5　　叶下珠
图 10-6　　三角延酸
图 10-7　　穿山龙
图 10-8　　五色花
图 10-9　　玉叶金花
图 10-10　海金沙
图 10-11　木芙蓉
图 10-12　山狗善
图 10-13　太子香
图 10-14　半边莲
图 10-15　鸡骨癀
图 10-16　片仔癀草
图 10-17　壁梅
图 10-18　竹子草
图 11-1　　孝巾
图 11-2　　买水
图 11-3　　接棺
图 11-4　　感谢抬棺人
图 11-5　　点主
图 11-6　　灵堂
图 11-7　　白灯
图 11-8　　烧大厝

闽南蔡坂人的社会与文化

图 11-9 孝子服
图 11-10 孝女服
图 11-11 女婿孝服
图 11-12 鞋
图 11-13 椅形坟
图 11-14 并行坟
图 11-15 福神
图 12-1 云洞岩主景区全貌
图 12-2 "仙梁"石刻
图 12-3 "溪山第一"石刻

第一章

导　言

◎ 余光弘

　　蔡坂村是漳州市龙文区蓝田镇辖下的一个行政村,位于厦门往漳州的交通要道国道三二四线上,也在漳州往龙海以及漳州往漳浦、云霄、诏安高速公路的必经之路上;郭坑火车站距离蔡坂约10公里,漳州动车站就在九龙江对岸的龙海颜厝镇,漳州港及厦门机场也在车程一个小时左右可达,因此交通非常便利。蔡坂村之下又分出柯坑、沈厝、蔡坂、东墩、英桥、后吉、下尾等七个以"社"称之的自然村。蔡坂村全村1400余户,人口大约5400人。2014年厦门大学人类学与民族学系暑期田野调查实习的田野点选中的是蔡坂村的蔡坂社。

　　蔡坂社是蔡姓的单姓村,全社400余户、1400名左右的居民几乎都是蔡氏宗亲。近年由于社人投资建设数十家工厂,劳力需求增加,目前已吸引大约700位来自全国各地的农民工,长居社内的工厂中工作。20世纪80年代以前,蔡坂与漳州的典型农村

闽南蔡坂人的社会与文化

一样,以种植粮食作物的水稻和经济作物的甘蔗为主业,又因靠近云洞岩的地利之便,很多社人依赖开采云洞岩的山石维生。20世纪80年代初云洞岩辟为旅游风景区后,采石业被禁止,加上建设景区的设施与道路,以及其他的基础建设(如电塔),蔡坂的土地一再地被征用,迫使社人必须放弃传统的生计方式,转行从事木材加工及投资其他的工厂,或从事工商服务业。据2014年初步调查,蔡坂社内计有23家木材加工厂,从澳大利亚、新西兰等地进口的木料削出薄片,再压制成制作床板及办公桌椅所需的复合板。此外,蔡坂社内还有4家废铁加工厂,回收废五金并做初步的加工。从职业调查上看(参见本书"人口与家庭结构"章),蔡坂社人已经少有务农者,务农者的收入来自与农业相关的所得之比例也极低。蔡坂人的主要职业是个体工商户,除开设工厂外,蔡坂人还经营许多与旅游相关的生意(如餐厅、盐鸡摊、食杂店、茶叶店等),其次是务工及服务业,从事这三种行业者占蔡坂社十五岁以上就业人口中(不计无业者、学生及退休人士)将近八成[①]。

我们选择蔡坂社为田野点是通过前任东山博馆陈立群馆长的牵线。立群兄是我多年的老朋友,2010年我们在东山县陈城镇的北山与顶城两村的田野调查即是在他的帮助之下完成的。2014年春某日,我打电话与立群兄叙旧,他说他已离开东山,在云洞岩山下的漳州石刻博物馆筹备委员会中工作。我们通话时,他正巧与蔡坂村的陈沿海书记、蔡亚建村主任以及蔡坂社的支委蔡志强在一起,他知道我每年暑假都会带学生做田野调查,因此探寻我当年是否已有确定的目标、是否可以考虑到蔡坂;我当时

---

① 本次田野调查的分工中,经济方面是由金若郁负责;但是她在蔡坂一直为荨麻疹所苦,经过一再的求医无效只好在停留10天后离队返家休养。因此仅能就其10天中的简略调查所得,并参照家庭访问的资料对蔡坂的生计与经济略做介绍。

第一章
导　言

立刻问他几个有关蔡坂的问题,他转问蔡坂的朋友后立刻给我答复,我根据其答复判断蔡坂是可以考虑的田野点。

由于2012年及2013年我们选择的田野点(华安县新墟镇的绵治村与诏安县西潭乡的山河村)人口都超过2000人,参加调查工作的同学曾经反映村落规模太大较难进行深入的参予,所以我决定2014年要寻觅一个人口在1000上下的村庄。从立群兄在电话中的答复,获知蔡坂社人口是1500人以下,如果我们进驻可以借用一栋某位已迁居厦门蔡坂社人所有的空置楼房,立群兄也同时转达蔡坂朋友热情邀约的诚意。

我们在2014年5月到蔡坂踩点,不仅受到蔡坂朋友的热烈欢迎,漳州市龙文区文化体育局的张玉红副局长也到蔡坂与我们见面,并设宴招待。我与同行三位学生初步的观察都认为蔡坂是理想的选择,除去村落规模不大及主人的盛情之外,最重要的是被认为可以做为基地的楼房的位置极佳,不仅就在菜市场(参见地图1-2)南边数十米,方便每日准备餐食的采买,而且该楼位居蔡坂社中心,有利于学生与社人的接触,学生到全社各地也都极为近便。我们唯一的顾虑是蔡坂社人是依赖工商营生,而非如同前几年做过的村庄都以农业为主,但是我们讨论后都认为能够稍做改变或许并非坏事,故大家一致同意田野点就定在蔡坂。

2014年厦门大学人类学与民族学系的的暑期田野调查实习始于6月9日,至7月23日结束,是由冯莎教授与本人带队,参加的学生主要是厦门大学人类学系2013级硕士班的十三名学生,加上同级音乐系硕士班的学生一名。学生名单及调查主题如下:金若郁(经济)、康杨薇(人口与家庭)、刘佳琦(社会群体)、郭文华(宗族)、季伟杰(权力结构)、汪琪(家庭宗教)、宋祺(聚落宗教)、朱晨曦(岁时祭仪)、陈尊慈(婚礼婚俗)、杨璐(生育与养育)、王楠(妇女生活)、江玲丽(医疗)、刘波(葬礼)、杨文浩(旅游开发)。由于田野点的特殊情况,本次参加田野调查实习的学生有

闽南蔡坂人的社会与文化

稍高的比率未能完成可以出版的报告。

我们的队伍出发前获知,虽然经过蔡坂朋友的一再努力,并未取得前述屋主的同意,入住位置有利于调查工作进行的闲置楼房;幸亏陈沿海书记与村两委商议后,将村部三楼的四个房间借我们使用,村部也有厨房,我们可在内炊煮膳食。但是村部位于蔡坂社聚落的西南隅(参见蔡坂村地图),周围主要是公用建筑、工厂与商店,民居寥落,居住核心区方便与社人互动的原本预期落空了。

最麻烦的是盛夏的蔡坂社除了忙碌的工厂之外,家家户户几乎都是门窗紧闭,享受屋内的空调提供的凉爽舒适,不若在农村中随时都可在田间地头宅前屋后邂逅做农活的村人。前几年的调查中,学生很容易从帮助农民剥花生、捡茶枝等轻松工作上逐渐彼此相识相熟;在蔡坂的田野调查初期,如何增加与社人见面的机会并建立投契变成每个学生的严酷考验。其次是近年诈骗分子横行,时有不法之徒入村企图诈财行骗,凡此皆造成蔡坂人对陌生人的戒心,在田野调查的初期形成不小的障碍。

尽管调查环境较往年更为严苛,在盛夏的40余日调查中,每位学生必须一方面发挥课堂中习得的田野调查方法,努力搜集与各人研究主题相关的材料,同时也要群策群力,解决日常生活中面对的问题。结束调查工作后,学生在暑假中将田野材料迅速整理成初步的报告,在秋季学期开学后交给冯莎教授与我审阅,并对报告内容与我们反复讨论及修改,最后才定稿结集成本书。必须声明的是本书仅是学生的实习报告,注重的是学生在田野调查中搜集资料,以及调查结束后整理资料并撰写报告的完整训练,我们确实能看到学生在参与的整个过程中取得的进步。所以要从学术的标准来衡量,本书收录的每一篇报告并非都达到出版的水平,但基于对学生的努力的肯定,还是将多数人辛苦一两年的成果呈现。由于学生大都不谙闽南话,大多数的访问都是透过各

第一章
导言

种年龄及不同教育水平的社人之翻译,记录的资料可能会有一些问题,希望蔡坂的乡亲以及大雅方家不吝赐予指教。

本书能够出版,首先要感谢蔡坂的所有父老兄弟姊妹,在我们田野调查期间对我们的耐心指导与热心招待,经常要不厌其烦地回答学生无尽的问题。我们对蔡坂社乃至蔡坂村乡亲的感激难以笔墨形容,由于篇幅的关系在此不能列出所有村人的名字,仅能对全体蔡坂人致上最真诚的谢意。对于陈沿海书记、蔡亚建村主任、蔡志强支委及蔡坂村两委的所有成员我们更要致以最深的谢忱,感谢他们耗资整修村部的房舍、卫生间、厨房,并添购热水器、煤气灶、冰箱等家电及床铺,让我们的食宿问题得到最妥善的照顾;也在调查期间提供我们所需的各种资料;陈沿海书记获知本书的印刷费尚缺一万元时,也立刻伸出援手,从村财中拨款挹注。凡此种种,我们都将永铭于心。

感谢厦门大学研究生院的支持,提供本次田野调查实习大部分的经费。也要感谢漳州市各级领导对我们调查工作的关心与协助,漳州市政协杨银玉副主席与时任文史委涂志伟主任、龙文区政协许鹃君主席及纪跃进副主席、时任龙文区委常委兼宣传部叶明义部长及蓝田镇党委的陈奕杰书记联袂到蔡坂探望我们,市政协文史委还带来时新荔枝一大篮表示慰问;蓝田镇林雪峰镇长在我们刚到蔡坂的第四天即设宴招待;2013年时任绵治村挂职第一书记潘建忠暨绵治村的邹至章书记率领村两委的干部到蔡坂探访,并设宴与全体学生共餐交流;南靖璞山村的王余杰村主任、诏安山河村的沈琼雄村主任也先后携带水果到蔡坂慰问我们;各级地方领导对我们爱护,是我们在辛苦的调查工作中最大的鼓舞。立群兄告知东山的朋友王瑞亮先生我们在蔡坂的消息后,他立刻派专人送达一大箱鲜鱼海产,让我们一整个星期都"食有鱼"。

最后要感谢刘波为本书准备的两张地图。图1-1的底图取

 闽南蔡坂人的社会与文化

自六图网:http://www.16pic.com/photo/pic_739332.html;图1-2的底图是宋祺所绘。

《闽南蔡坂人的社会与文化》一书的出版,是我带领厦门大学人类学与民族学系学生的田野调查实习的最后一项工作,谨借此一角感谢各个田野点的乡亲朋友、厦门大学人类学与民族学系及人文学院的同仁,以及厦门大学出版社编辑薛鹏志兄多年来的支持与协助,让我的工作画下一个温馨美好的句点。

第一章 导言

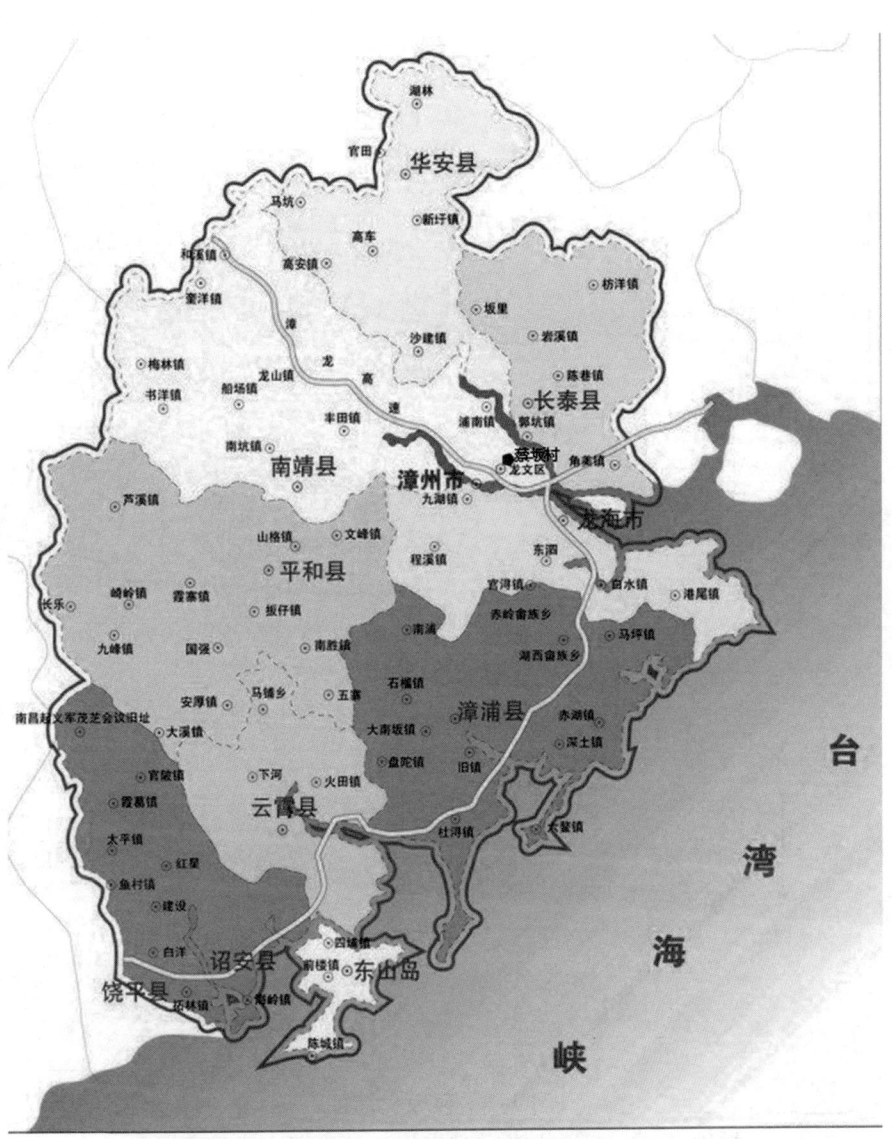

图 1-1 蔡坂村地理位置图

 闽南蔡坂人的社会与文化

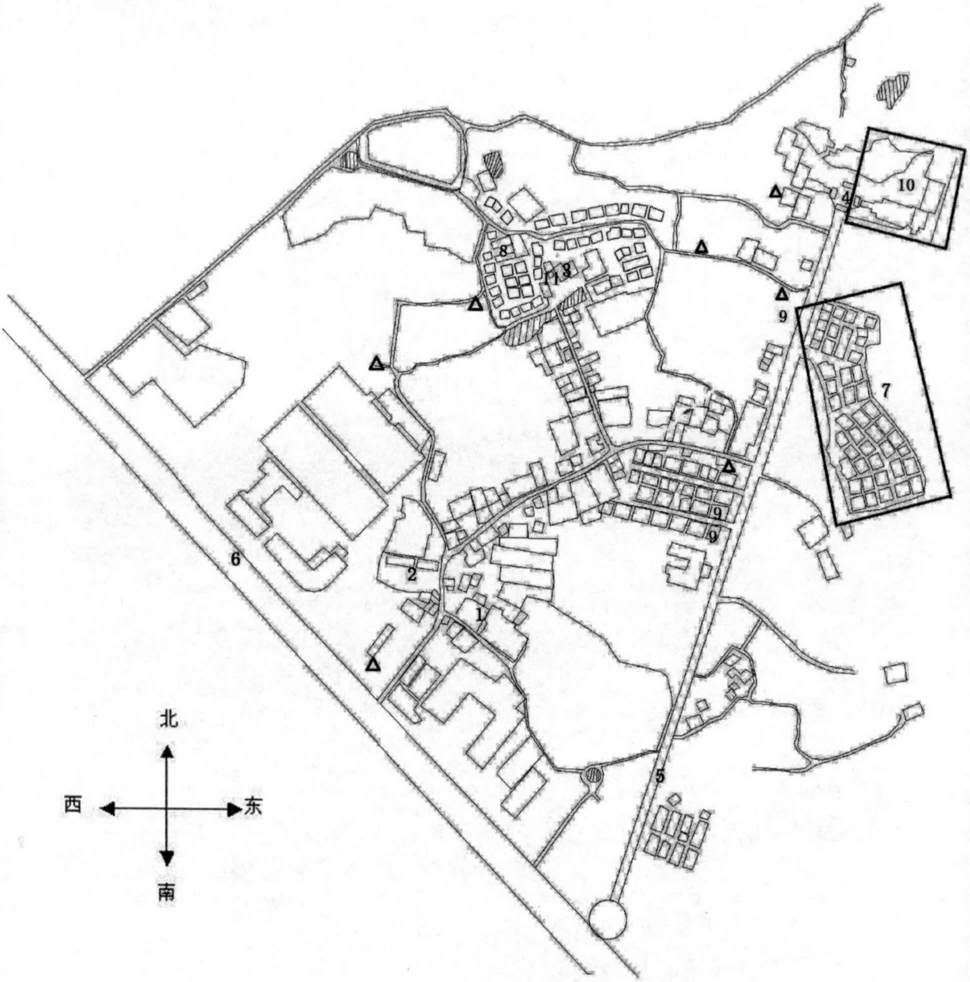

图 1-2　蔡坂村简图

1.村委会　2.蔡坂小学　3.宗祠　4.云洞岩风景区入口
5.云洞岩路　6.G324高速　7.蔡坂新村　8.菜市场
9.盐鸡饭店　10.香格里拉酒店　11.公间庙　△土地庙

第二章

蔡坂村的人口与家庭结构

◎ 康杨微

一、前　　言

本报告是在为期约七周的田野调查基础上撰写,调查的地点是漳州市龙文区蓝田镇蔡坂行政村蔡坂社①。蔡坂行政村总面积2.8平方公里,辖有21个村民小组,人口1430户,5400人,村民主要从事旅游服务、运输业、木材加工业。

田野调查中搜集资料的方法主要有访谈法、观察法,并辅以问卷调查获取资料。使用的家户和人口资料来源于以下三个渠道:一是由同学分工完成的家户调查;二是从蔡坂行政村村委会得到

---

① 蔡坂行政村辖有沈厝、蔡坂、柯坑、东墩、下尾、英桥、后吉七个自然村。下文中若非特别指明所谓的蔡坂皆指蔡坂自然村,即蔡坂社。

闽南蔡坂人的社会与文化

的人口资料；三是从蓝田镇的官方统计网站得到的资料。政府统计资料对人口、性别、年龄和家庭状况有详细记载，但是缺乏职业、教育方面的内容，并且存在统计滞后于人口变动的缺陷，所以这几个方面的分析将主要采用家户调查和访谈资料。家户调查预期从蔡坂社410户中抽出约30%,130户，再另外抽取20户做为替代样本，替代样本用于替代调查中无法访问到的个案，但走访初期一些家庭住户的成员较难找到，调查员须动用替代样本来访问，其中包括在户籍册中有记载但是本人已经过世、编号所对应户为空户，以及该户已搬离蔡坂村的情况，因而可能导致数据不甚准确；在使用替代样本时，其中大部分样本为单身家庭，因为在所获得的蔡坂村整体家庭结构中，单身家庭所占比例有所减少。

在田野调查的过程中，少数村民对我们的调查不愿配合，不愿提供相关资料，我们也仅能尊重他们的决定；加之受人力、调查时间的影响，家户调查不能实现对每个样本家庭入户进行访谈，部分家庭资料来自其邻居或亲人。但是从整体上看，所获资料应该在相当程度上能够体现蔡坂村人口与家庭的基本情况。分家这部分没有可参考的资料，因此所使用资料主要是取自主要报道人的访谈资料。

除了前言和结语外，本文主要包括人口构成、家庭结构和分家。其中人口构成包括人口性别与年龄结构、出生与死亡情况、人口流动、教育程度、职业五个部分。家庭结构包括核心家庭、主干家庭、单身家庭、扩展家庭、隔代家庭在内的家庭基本形式、各种类型家庭比例以及其基本情况。分家主要介绍蔡坂村分家的原因和形式、分家仪式及财产的分配。

二、人口构成

蔡坂社由五个村民小组组成，即三至七组，依据蔡坂村村委

第二章
蔡坂村的人口与家庭结构

会户籍册,2014年自然村有男710人,女661人,共1371人,全村人口在整个蔡坂行政村7个自然村中排在首位。

（一）人口性别与年龄分组

蔡坂村人口的性别与年龄分组资料主要来自于村委会户籍册,详情见图2-1、图2-2及表2-1。

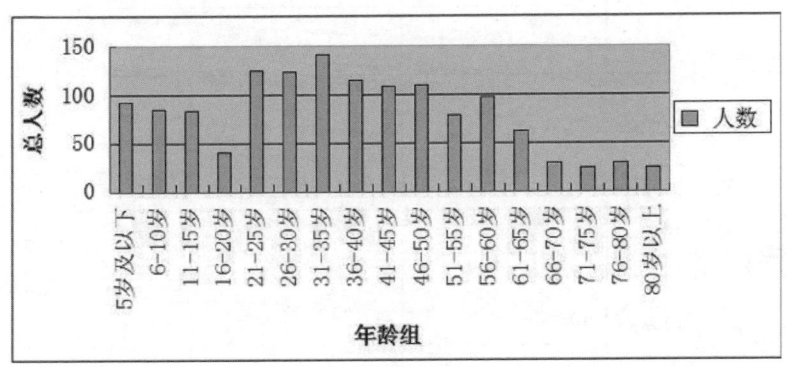

图2-1　年龄组统计分布图

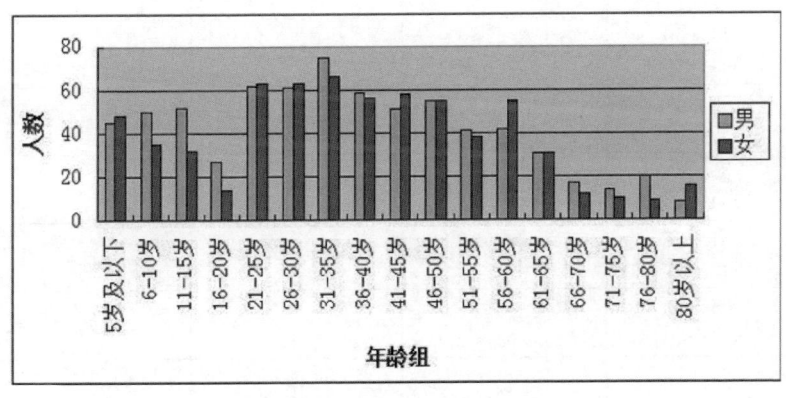

图2-2　性别与年龄统计图

闽南蔡坂人的社会与文化

表 2-1 性别与年龄统计表

年 龄	性 别		合计
	男	女	
5岁及以下 (2009—2014)	45	48	93
6～10 (2004—2008)	50	35	85
11～15 (1999—2003)	52	32	84
16～20 (1994—1998)	27	14	41
21～25 (1989—1993)	62	63	125
26～30 (1984—1988)	61	63	124
31～35 (1979—1983)	75	66	141
36～40 (1974—1978)	59	56	115
41～45 (1969—1973)	51	58	109
46～50 (1964—1968)	55	55	110
51～55 (1959—1963)	41	38	79
56～60 (1954—1958)	42	55	97
61～65 (1949—1953)	31	31	62
66～70 (1944—1948)	17	12	29
71～75 (1939—1943)	14	10	24

续表

年　　龄	性　　别		合计
	男	女	
76～80 (1934—1938)	20	9	29
80岁以上 (1933年及以前)	8	16	24
合计	710	661	1371

从中可以看出,蔡坂村21～60岁人口占65.6%,其中0～15岁之间的三个年龄段人数分布稳定,并没有出现大的波动,但是在16～20岁这一年龄段,人数陡然减少,而21～50岁区间,人数又恢复平稳,围绕100浮动。根据观察,出现此种波动的原因,主要有二,即青、少年外出求学以及壮年留村创办木材加工厂。同时60岁以上人口为168人,占12.3%;65岁以上人口为106人,占7.7%。按照联合国的标准,一个国家或地区60岁及以上人口超过10%为老年型人口;或者65岁及以上人口超过7%即为老年型人口。综合这两个标准,可以得出蔡坂村人口存在较严重的老龄化现象。

（二）出生与死亡

根据蔡坂村村委会计生协会统计的人口变动情况,从2010年—2014年7月,蔡坂村人口的出生率呈现出增长的趋势,而死亡率一直在每年10人次左右上下波动。截止到7月份为止,2014年上半年共计有21人出生,其中包括男6人,女15人。同一时间中共有7人死亡,比前一年均有所增加。

闽南蔡坂人的社会与文化

表 2-2 出生与死亡变动情况表

	2010年	2011年	2012年	2013年	2014年7月
出生	16	17	19	20	21
死亡	6	9	11	6	7

计生协会的统计资料显示,当地居民中存在新生儿出生一两年后才补登户籍的情况。截止到 2014 年 7 月,此种补报情况已发生 5 例。出现这种情况的原因大概有三类:一是孩童由父母从其祖父母或外祖父母处接回,迁入蔡坂村;二是相关部门并未谨慎处理人口变动的相关事务;三是属于超生人口,谎报或者不报家里育龄妇女的真实情况。

总体来看,蔡坂村的计划生育工作依然落实得相当严格,每年 1 月 15 日、5 月 15 日、9 月 15 日都会有计生协会工作人员对村内的居民进行"双查",即查环(检查宫内节育器是否脱落)、查孕(检查育龄期妇女是否怀孕)和政治思想教育。如果有孕妇是计划内生育,则要求其办理准生证等一系列证件;如果属于计划外生育的个案,计生人员即会采取一定的措施以终止妊娠,即人工流产术、中期引产术。

但是人流这一措施仅适用于孕妇妊娠不超过 4 个月的情况,妊娠时间超过 4 个月者则要进行引产。与人流手术相较,引产手术更加要繁琐,常用的方法有水囊引产、药物引产和剖宫取胎术。中期引产术首先征得孕妇同意,在签订同意书之后才可以进行手术。在一般情况下,如果孕妇已经怀孕长达 4 个月以上,都不会被强制引产,而是要求其在生育之后缴纳罚款,即 72000 元/胎,罚款并不要求一次性缴清,可以采用分季度偿还的方式。

输卵管结扎术是一种永久性避孕方式,主要是为不再有生育需求的妇女所做。根据计生协会工作人员的叙述,结扎手术并不仅仅局限于女性,如果家中已无生育需求,男性或者女性都可结扎。但是由于蔡坂人认为男性要在生产活动中担任重要角色,负担家庭的主要经济来源,而女性只负责家务,并不从事苦力活、重活,故一般要求女性做手术,故蔡坂村内女性实行结扎手术的比例高达95%。因为疾病或身体缺陷导致不能做此手术的妇女,才会要求其夫做结扎手术。

蔡坂村人口死亡的情况大致可以分为三种,即一是病逝或自然死亡,一般发生在上年纪的老人当中;二是意外或事故死亡;三是婴儿夭折,这种情况概率较低。根据计生协会相关资料以及对当地村民进行家户访问等多种方式,发现2010年死亡的6人均因疾病而亡;2011年9人中,7人死于疾病,2人死于意外;2012年的11人均死于疾病;2013年6人中,仅有1例是新生儿夭折,其余为老年人死于疾病;2014年上半年7人中,1例为新生儿夭折,1例意外死亡,其余5人因病去世。具体情况见图2-3。

表2-3 死亡明细表

原因	死亡					
	2010年	2011年	2012年	2013年	2014年7月	合计
病故	6	7	11	5	5	34
意外	0	2	0	0	1	3
夭折	0	0	0	1	1	2
合计	6	9	11	6	7	39

(三)人口流动

人口流动可以分为迁入人口和迁出人口,迁入人口是指来到该地区的非户籍人口,迁出人口是指离开该地区到其他地方居住的户籍人口。而流动人口根据流动性可以分为常住流动人口和短期流动人口,常住流动人口一般指在该地区居住较长的一段时

闽南蔡坂人的社会与文化

间(如5年及以上)。目前流动人口的行政管理以公安部门为主,主要负责流动人口的治安问题。劳动和社会保障、卫生、教育、计划生育、社区流动人员,和出租屋管理服务站等部门,分别管理流动人口的不同方面。

1. 常住人口的迁入迁出

常住人口指经常居住在某一地区的人口,不包括临时寄住的人口。按照人口普查和抽样调查的规定,主要包括(1)除离开本地半年以上(不包括在国外工作或学习的人)的全部常住本地的户籍人口;(2)户口在外地,但在本地居住半年以上者,或离开户口地半年以上而调查时在本地居住的人口;(3)调查时居住在本地,但在任何地方都没有登记常住户口,如手持户口迁移证、出生证、退伍证、劳改劳教释放证等尚未办理常住户口者,即所谓"口袋户口"的人。

蔡坂村常住人口的流动范围大多是在蓝田镇各个村内,以及镇之间互相迁移,原因主要有婚嫁迁入或迁出、离婚迁入或迁出、夫妻投靠、父母与子女相互投靠、家属随迁、退伍或转业,和子女外出读书,其中又以婚迁和投靠关系所占比例最高。如常住人口迁入迁出情况表所示,蔡坂村常住人口的迁入和迁出一直处在上下波动的阶段,并没有出现持续上升或者是降低的情况,在近5年的迁入总人口数和迁出总人口数上,两者几乎持平。

表2-4 迁入迁出情况表

	2010年	2011年	2012年	2013年	2014年7月	合计
迁入	15	12	19	15	8	69
迁出	24	7	16	10	13	70

2. 外来流动人口情况

流动人口,是指离开户籍所在地的县、市或者市辖区,以工

第二章
蔡坂村的人口与家庭结构

作、生活为目的的异地居住的成年育龄人员,因而外来流动人口又称为"外来劳动者"或"外来民工"。蔡坂村外来流动人口的迁入地区主要聚集在村内各大木材加工厂,而迁出地区主要为广东非珠地区、川、渝、黔、桂,及中部地区如江西、湖南、湖北等地。

在蔡坂村进行调研时,恰逢计生协会统计村内木材加工厂的流动人口,笔者便与其工作人员一起对流动人口进行统计。统计村内分布的流动人口共花费三天时间,首先从蔡坂自然村内的工厂开始,主要根据统一的表格"福建省迁入人口计划生育信息采集卡"进行登记与统计。在进行流动人口统计时有两种方式,一是计生协会工作人员提前将采集卡下发到各个工厂,由工人自行填写,再由工作人员到工厂内收集采集卡;二是工作人员到厂里自行收集,只需要工人提供身份证或身份证复印件即可,复印件在信息采集完毕后交还给相应人员。在此次流动人口的统计工作中,发现工作人员在根据工人提交的身份证复印件完成信息采集卡时,并未将所需资料全部填完,只填写姓名、身份证号码以及户籍地详细地址,对于如户口性质、婚姻状况、文化程度、迁入日期、流动原因等均略而未填。某些工人所提交的身份证复印件由于字迹不清或者其他原因,导致工作人员无法正确填写时,并未促其重新复印或者让本人自填,而是略过不填;现场填写采集卡时,由于工人均在上班,并不是全部工人都自行填写或提交身份证原件,有些工人被忽略。证件不清及未精确计算各厂工人的问题导致统计的数据并不能够真实反映村里各大工厂流动人口的实际情况。

根据计生协会登记在册的数据表明,2013 年在蔡坂村各大工厂内的外来工人有 495 人,截止到 2014 年 7 月,人数上升至 653 人,增加 158 人。其中外来流动人口的年龄跨度较大,从 2、3 岁至 50 岁不等,而 2、3 岁的孩童大多都是随父母到本村务工来此地,根据登记的资料显示,外来流动人口主要来自重庆、广西等

17

闽南蔡坂人的社会与文化

西南地区。

外来流动人口大量迁入蔡坂村,首先为本村不足的劳动力做了适当的补充。蔡坂村内有许多木材加工厂,对劳动力需求较大,形成了吸引流动人口的"盆地效应"。其次来自全国各地的迁入人口也给本村带来一些技术、管理等方面的经验。但是涌入的外来人口过多,对本村的住房、交通、治安均造成一定程度的影响,社会稳定压力较大。蔡坂村治安问题显得尤为突出,根据村人的说法,有些工人经常聚众酗酒,之后便寻衅闹事,给村民带来不少困扰。虽然此种事件并非频繁发生,但多少使得村人对来到此地的"打工仔"抱有歧视或者偏见。

(四)教育程度

蔡坂人教育程度的资料主要来源于村委会的计生、户籍资料和家户抽样调查,通过自然村家户抽样调查,对蔡坂村居住人口的教育程度进行统计(参见表2-5),发现不同年龄段及不同性别在教育程度上都存在若干差异。从表2-5和表2-3可以看出,男性中25到29岁教育程度最高,都接受过初中以上的教育,其中高中或高职的共7人,是接受高中或高职教育人数最多的一个年龄段,并以此年龄段为界,接受高中或高职教育的人数随年龄的增长呈现递减趋势。10到44岁的男性都接受过小学以上的教育;35到39岁年龄段间,接受初中教育的有20人,是男性接受初中教育人数最多的年龄段。男性45到84岁年龄段的教育程度与之前年龄段相比明显有两极化趋势,即0到44岁年龄段间的男性没有文盲,多多少少都接受过教育,甚至在20到24岁年龄段间有4人接受过本科及本科以上的教育;而在45到84岁年龄段间则有文盲19人,也就是说,蔡坂村被抽样统计出来的19名文盲,均来自45到84岁年龄段间。

第二章 蔡坂村的人口与家庭结构

表 2-5 年龄、教育与性别统计表

年龄	男性						女性						合计
	文盲	幼儿园	小学	初中	高中或高职	本科及本科以上	文盲	幼儿园	小学	初中	高中或高职	本科及本科以上	
5～9	0	2	5	0	0	0	0	1	4	0	0	0	12
10～14	0	0	15	4	1	0	0	0	9	5	0	0	34
15～19	0	0	0	6	2	0	0	0	0	4	2	1	15
20～24	0	0	1	8	4	4	0	0	1	3	4	2	27
25～29	0	0	0	18	7	0	0	0	0	7	7	4	43
30～34	0	0	3	13	4	0	1	0	3	9	2	1	36
35～39	0	0	5	20	1	0	2	0	3	9	2	2	44
40～44	0	0	4	9	2	0	1	0	6	4	2	0	28
45～49	1	0	9	8	3	0	4	0	13	1	0	0	39
50～54	4	0	11	4	1	0	6	0	3	1	2	0	32
55～59	2	0	5	1	1	0	10	0	1	0	0	0	20
60～64	3	0	6	2	1	0	7	0	8	0	0	0	27
65～69	4	0	9	0	0	0	4	0	2	0	0	0	19
70～74	1	0	4	1	0	0	2	0	1	0	0	0	9
75～79	1	0	3	1	0	0	0	0	1	2	0	0	8
80～84	4	0	4	0	0	0	5	0	0	0	0	0	13
85～89	0	0	0	0	0	0	0	0	0	0	0	0	0
90～	0	0	0	0	0	0	1	0	0	0	0	0	1
合计	19	3	84	95	27	4	43	1	55	45	21	10	407

说明：表中数字包括肄业和在校的学生。

闽南蔡坂人的社会与文化

从表中可以清晰地看到,初中教育在所有的教育程度中人数最多,共有 95 人,所占的比例 41%也最大;其次便是小学教育,共有 84 人,在总人数中达到 36%;再次人数最少的教育程度即为本科及本科以上,仅有 4 人,所占的比例不过为 2%。

以女性来看,25 到 29 岁年龄段也是教育程度最高的,几乎都接受过初中以上的教育,其中有 7 人接受高中或高职教育,是所有年龄段中接受高中或高职教育人数最多的,同时有 10 人接受本科及以上教育,也是所有年龄段中接受本科及以上教育人数最多的,也以此年龄段开始随年龄增长呈现递减趋势。女性接受本科及本科以上教育的人数多于男性。和男性不同的是,女性仅在 10 到 29 岁年龄段中接受小学以上的教育,而男性接受小学和初中以上教育则是在 10 到 44 岁年龄段之间,比女性整整高出三个年龄段。女性 55 岁以上几乎都是文盲,男性的文盲分布并不像女性文盲分布如此集中,而是呈点状分布。

从表 2-5 中可以看出,接受教育程度人数最多的为小学教育 55 人,在总人数中所占比例为 31%;其次为初中教育,共有 45 人。

表 2-5 中,0 到 4 岁没有上学的孩子在统计时已经剔除,因此 0 到 4 岁中的文盲人数为 0;男性文盲总人数为 19 人,女性为 43 人,女性文盲人数比男性多 24 人;在本科及本科以上教育程度中,男性总人数为 4 人,女性为 10 人;在其他教育程度上,男性的总人数均多于女性,一定程度上反映出农村中普遍存在重男轻女的思想。相较来看,男性接受本科及本科以上教育的年龄段集中在 20 到 24 岁,而女性则分布在 15 到 39 岁之间,从中也可以看出,父母在让子女接受教育方面,基本上体现男女平等的情况,重男轻女的思想已不像老辈明显。

第二章
蔡坂村的人口与家庭结构

（五）职业

蔡坂社传统上虽然是个农村社区，但是现在农业却并非村民的主业。根据实际访问和调查结果，蔡坂社人口的职业分为务农、散工或者做工、学生、清洁员、军人、公教人员、服务业、医生、职员、退休和个体工商户十一种。

务农是指在家从事花生、笋等农作物的种植；散工或者做工的意义较广，既指工作时间相对较短且种类较多的职业，也指一般在工厂内从事工作时间长、比较固定的工作；清洁员是在蔡坂社从事道路清洁工作的人员；公教人员即为教师和在政府机构任职者；服务业包括以提供民生服务而获得收入的人员，如担任司机、理发等职业者。要特别指出的是，由于在家户抽样的过程中，有三人职业分别是庙公、庙祝或乩童，在此也将其归入服务业中；医生特指在医院、卫生所工作的人员；而退休者是年满65岁，已经退休在家，但每月领取退休金的老人；个体工商户主要指的是依法核准登记在蔡坂社内从事工商业个体经营的公民，包括各大工厂老板，如木材加工厂、食品加工厂、废铁加工厂等，以及以商铺门店为经营方式，通过零售商品为手段获得收入者，如茶叶店、水果店等。而在本次的随机抽样调查中存在不少的无业人员，无业是指没有工作的人，包括在家做家务、带孩子的妇女，和赋闲在家的男性。退休与无业的区别在于无业者是指具有劳动能力，属于法定工作年龄之内，却失去工作的人员；而退休人员则指已经丧失劳动能力，法定退休享受社会保险的人员。

表 2-6 性别、年龄与职业统计表

年龄	男性												女性												合计
	无业	务农	散工或者做工	学生	清洁员	军人	公教人员	服务业	医生	职员	退休	个体工商户	无业	务农	散工或者做工	学生	清洁员	军人	公教人员	服务业	医生	职员	退休	个体工商户	
15~19	0	1	1	5	0	0	0	0	0	0	0	1	0	0	1	5	0	0	0	1	0	0	0	0	15
20~24	2	0	3	3	0	1	1	2	0	2	0	1	3	0	1	1	0	0	0	2	0	1	0	1	24
25~29	2	0	10	0	0	0	0	5	0	1	0	7	8	0	5	1	0	0	1	0	0	4	0	4	48
30~34	1	0	6	0	0	0	0	4	1	1	0	10	2	0	3	0	0	0	1	1	1	2	0	6	36
35~39	2	0	6	0	0	0	1	3	0	1	0	12	1	1	4	0	1	0	1	0	0	1	0	11	44
40~44	0	1	2	0	0	0	1	3	0	2	0	6	3	0	3	0	0	0	0	1	0	2	0	3	28
45~49	1	1	3	0	0	0	0	6	0	2	0	8	4	0	5	0	0	0	0	1	0	0	0	9	38
50~54	0	0	6	0	0	0	0	1	0	2	0	5	2	0	3	0	1	0	0	2	0	0	0	6	32
55~59	0	2	5	0	0	0	0	1	0	0	0	2	4	4	13	0	1	0	0	0	0	0	0	1	33
60~64	2	3	3	0	0	0	0	0	0	0	0	2	9	0	2	0	1	0	0	1	0	0	0	3	29
65~69	0	4	4	0	1	0	0	0	0	0	0	3	1	2	0	0	0	0	0	1	0	0	1	0	18

续表

年龄	男性													女性												
	无业	散工或者做工	务农	学生	清洁员	军人	公教人员	服务业	医生	职员	退休	个体工商户	无业	散工或者做工	务农	学生	清洁员	军人	公教人员	服务业	医生	职员	退休	个体工商户	合计
70~74	2	1	1	0	0	0	0	1	0	0	0	0	0	0	1	0	1	0	0	0	0	0	0	0	7
75~79	1	0	3	0	0	0	0	0	0	0	0	0	0	1	1	0	0	0	0	0	0	0	0	0	6
80~84	2	1	1	0	0	0	1	1	0	0	0	0	1	0	3	0	0	0	0	0	0	0	0	0	10
85~89	0	0	0	0	0	0	0	0	0	0	0	0	1	0	0	0	0	0	0	0	0	0	0	0	1
90~	0	0	0	0	0	0	0	0	0	0	0	0	0	0	1	0	0	0	0	0	0	0	0	0	1
合计	15	51	17	9	1	1	4	27	1	11	2	57	39	41	14	7	5	0	3	10	1	10	1	44	371

闽南蔡坂人的社会与文化

从性别角度来看,男女在若干职业上存在差异(见表2-6)。从表2-6可见,男性职业中人数最多的是个体工商户,共57人;其中35到39岁年龄段有12人,是工商户中人数最多的年龄段。女性个体工商户44人也是女性从事人数最多的职业,主要分布在35到39岁年龄段之间。蔡坂村唯一的军人是22岁的男性。还有一个男女差距较大的职业是服务业,男性有27人,女性只有10人,这与职业的工作内容有关。蔡坂村男性从事服务业的大多都是司机,即在云洞岩风景区开车载客,并且之前所提到的3例神职人员中,仅有1例为女性。服务业大多是由20、30多岁的男性从事。也有某些职业是女性人数多于男性,如清洁员中女性有5人,男性只有1人,女性比男性人数稍多。表格中的无业者,并非无收入的意思,年满65岁的老人每月都领到政府的补助。女性的无业人数是39人,男性有15人,女性的无业人数高于男性,男性在一定程度上仍然是家庭的经济支柱。由于蔡坂村内依然存在的重男轻女观念,男性迫于社会压力也会不得不外出务工,而赋闲在家的男子则会被村民轻视。

蔡坂村的农地现在已经不多,大多数都被占用,或修路,或建厂,或改建新居,现存的少量农地都是零零散散分布在村内各处,其中较为集中的即为云洞岩的背面山上。由于村民手中的农地过少,因此并不将耕种的中心放在水稻、小麦或者其他需要大量种植的农作物上,而是种植如花生、笋之类的作物,且务农的村民农产并非用来贩卖,而是自家食用,从统计表中也可以看到,大多数务农的男性或女性都是40岁和40岁以上的年龄段,仅有一名女子是30岁,农业也不是他们的主要经济来源。由于在进行家户调查时,被抽中的村民在填写职业这一项目时,通常是根据自己的具体情况如实填写,因此会常常出现有两到三种职业同时存在于一人身上的情况。而在统计时往往将其现在正在从事的职业当做主要职业,但是并不等同于主要的经济来源便是此项职业。散工或者做工这一职业是除了个体工商户之外人数次多的,男性有51人,女性也达到41人,两者相差10人。蔡坂村内的各大工厂成为经济发展的重要因素,不仅实现了村民当地就业,解脱全村就业压力,也吸引大量的外来劳动力。从统计表中也可以看出,散工或者做工跨越的年龄段非常广,几乎是从15到80岁均有分布,男性主要集中分布在25到29岁年龄段,女性则在55到59岁年龄段。

三、家庭结构

家是由有血缘、姻缘或者收养关系的一群人共同组成的经济与生活单位。家庭最基本的是由父母及其子女组成,家庭成员相互承担特定互惠的权利与义务,特别是在经济方面。家庭成员通常生活在同一住宅中,但同居共处并不是家庭的一个明确特征。家庭结构是指家庭成员之间的代际关系,因此家庭结构不是一成不变的,会随家庭成员代际构成的变化以及成员增减而变化。下文将对蔡坂村的家庭类型、各种家庭类型比例,以及不同家庭类型的形成进行简单的分析。

家庭类型调查并非以政府部门登记"家户"为单位,而是以家庭成员间是否分灶或共灶吃饭为原则。所以为了保证调查能够真实地反映蔡坂村的家庭结构,采用"分灶"原则,即分开生火,不在一口锅上吃饭即为两个家户。通过调查队同学的共同努力,共完成130户家户调查,以下是130户家庭的基本结构。

表2-7 蔡坂村家庭结构表

序号	家长	家庭关系	人数	家庭类型
001	男	蔡文进+父+母+妻+子	5	主干家庭
002	男	陈小明+妻+女+子	4	核心家庭

续表

序号	家长	家庭关系	人数	家庭类型
003	男	蔡锦坤+妻+子+父+母	5	主干家庭
004	男	蔡文贵+妻+子	3	核心家庭
005	男	蔡清松+父+母+女	4	不完整主干家庭
006	男	郝方勇+妻	2	不完整核心家庭
007	男	蔡俊霖+妻+父+母+子	5	主干家庭
008	男	蔡宝军+妻+父+母+女+祖父	6	不完整主干家庭
009	男	蔡剑伟+妻+父+母	4	主干家庭
010	男	蔡茂辉	1	单身家庭
011	男	蔡茂南+女	2	不完整核心家庭
012	男	蔡建溪+妻+2女+子	5	核心家庭
013	男	蔡和听+妻+3子	5	核心家庭
014	男	蔡亚章+妻+女+婿+外孙+外孙女	6	主干家庭
015	男	蔡泗雄+妻+子	3	核心家庭
016	男	蔡文祥+妻+子+媳	4	主干家庭
017	男	蔡进中+妻+子+女	4	核心家庭
018	男	蔡艺敏+妻+子	3	核心家庭
019	男	蔡油缸	1	单身家庭
020	男	蔡和平+妻	2	不完整核心家庭
021	男	蔡金钟+妻+子+媳+孙	5	主干家庭
022	男	蔡建西+妻+子	3	核心家庭
023	女	蔡美玲	1	单身家庭
024	男	蔡海发+妻+子+媳+孙	5	主干家庭
025	男	蔡池+孙女	2	隔代家庭
026	男	蔡顺江+妻+2女	4	核心家庭
027	男	蔡进顺+妻+子+女	4	核心家庭

第二章 蔡坂村的人口与家庭结构

续表

序号	家长	家庭关系	人数	家庭类型
028	男	蔡旺根＋妻＋子＋媳＋孙	5	主干家庭
029	男	蔡志滨＋父＋母＋祖父＋子＋女	6	不完整主干家庭
030	男	蔡进财＋妻＋子＋媳＋孙	5	主干家庭
031	男	蔡粪福＋妻＋子＋女	4	核心家庭
032	男	蔡永艺＋妻＋父＋母＋女＋子	6	主干家庭
033	男	蔡泗孜＋母＋子	3	不完整主干家庭
034	男	蔡卫国＋妻＋女＋婿＋孙女	5	主干家庭
035	男	蔡建树＋父＋妻＋2子＋2媳＋2孙女＋孙	10	扩展家庭
036	男	蔡茂清＋妻＋子＋媳＋孙	5	主干家庭
037	男	蔡福建＋妻＋子＋媳	4	主干家庭
038	女	颜红枣	1	单身家庭
039	男	李燕南＋妻＋岳母＋子	4	不完整主干家庭
040	女	林玉里＋保姆*	1	单身家庭
041	男	蔡水克＋妻＋子＋媳＋2孙女＋孙女婿＋曾孙	8	主干家庭
042	男	蔡亚中＋妻	2	不完整核心家庭
043	男	蔡海龙	1	单身家庭
044	男	蔡料＋子＋媳＋孙女＋孙	5	不完整主干家庭
045	男	蔡央来＋妻	2	不完整核心家庭
046	男	蔡群财＋妻＋子＋父＋母	5	主干家庭
047	男	蔡旺朝＋妻＋子＋女	4	核心家庭
048	男	蔡刘松＋妻＋子＋媳＋孙＋孙女	6	主干家庭
049	男	蔡亚元＋妻＋子＋媳＋孙＋孙女	6	主干家庭
050	男	蔡锦辉＋子＋媳＋孙	4	不完整主干家庭

续表

序号	家长	家庭关系	人数	家庭类型
051	男	蔡建港＋妻	2	不完整核心家庭
052	男	蔡松河＋妻	2	不完整核心家庭
053	男	蔡松坤＋妻＋子＋媳＋孙＋孙女	6	主干家庭
054	女	林素英	1	单身家庭
055	女	张云秀＋子＋媳	3	不完整主干家庭
056	男	蔡漳忠＋妻	2	不完整核心家庭
057	男	蔡志通＋妻	2	不完整核心家庭
058	男	蔡群辉＋妻	2	不完整核心家庭
059	男	蔡春辉＋妻＋父＋母	4	主干家庭
060	男	蔡丰河＋妻	2	不完整核心家庭
061	男	蔡泗明＋妻	2	不完整核心家庭
062	男	蔡圳蘋	1	单身家庭
063	男	蔡艺彬	1	单身家庭
064	男	蔡泗辉＋妻	2	不完整核心家庭
065	男	蔡顺忠	1	单身家庭
066	男	蔡松金＋妻	2	不完整核心家庭
067	男	蔡国财＋妻	2	不完整核心家庭
068	女	蔡淑曲＋夫	2	不完整核心家庭
069	女	唐秀清＋子	2	不完整核心家庭
070	男	蔡港根＋妻＋2子＋女＋媳＋孙＋孙女	8	主干家庭
071	男	蔡国辉＋妻＋女＋子	4	核心家庭
072	男	蔡溪水＋2子＋媳	4	不完整主干家庭
073	男	蔡河根＋妻	2	不完整核心家庭
074	男	蔡建明＋妻＋子＋媳＋孙女	5	主干家庭

第二章 蔡坂村的人口与家庭结构

续表

序号	家长	家庭关系	人数	家庭类型
075	女	蔡小美＋父＋母＋子	4	不完整主干家庭
076	男	蔡土粪＋妻＋2子＋媳＋孙女	6	主干家庭
077	男	蔡惠明＋妻＋子＋女	4	核心家庭
078	男	蔡建能＋妻＋子＋女	4	核心家庭
079	男	蔡文龙＋妻＋子	3	核心家庭
080	男	蔡粪辉＋父＋母＋子	4	不完整主干家庭
081	女	林素莲	1	单身家庭
082	男	蔡志荣＋妻＋子＋女	4	核心家庭
083	男	蔡茂顺＋妻＋子＋媳＋孙女	5	主干家庭
084	男	蔡坤英＋妻＋子	3	核心家庭
085	男	蔡金泉＋妻＋子＋媳＋孙＋孙女	6	主干家庭
086	男	蔡潮州＋妻＋子	3	核心家庭
087	男	蔡松溪＋妻＋子	3	核心家庭
088	男	蔡海林＋妻＋父＋母＋兄＋女＋子	7	主干家庭
089	男	蔡长铃＋妻＋2子＋女＋2媳＋婿＋孙＋孙女	10	扩展家庭
090	男	蔡水根＋妻＋女＋子	4	核心家庭
091	男	蔡国明＋妻＋女	3	核心家庭
092	男	蔡志强＋妻	2	不完整核心家庭
093	男	蔡亚林＋妻＋子＋女	4	核心家庭
094	男	蔡连根＋妻＋2子	4	核心家庭
095	男	蔡溪根＋妻＋2子＋女	5	核心家庭
096	男	蔡耀明＋妻＋2女＋子	5	核心家庭
097	男	蔡爱国＋妻＋子	3	核心家庭
098	男	蔡发＋妻	2	不完整核心家庭

续表

序号	家长	家庭关系	人数	家庭类型
099	男	蔡志远	1	单身家庭
100	男	蔡国钟＋妻＋女＋子	4	核心家庭
101	男	蔡庠斗＋女＋2子	4	不完整核心家庭
102	男	蔡海池	1	单身家庭
103	男	蔡智勇＋妻＋女	3	核心家庭
104	男	蔡振龙＋妻	2	不完整核心家庭
105	男	蔡和中＋妻＋女＋子	4	核心家庭
106	男	蔡国勇＋妻＋2女	4	核心家庭
107	男	蔡龙泉＋妻＋子＋孙	4	不完整主干家庭
108	男	蔡福中＋妻＋子	3	核心家庭
109	男	蔡文田＋妻	2	不完整核心家庭
110	男	蔡永发＋妻＋2子	4	核心家庭
111	男	蔡赐坤＋妻＋女＋子＋父＋母	6	主干家庭
112	男	蔡海祥＋妻＋2女＋2婿＋外孙	7	扩展家庭
113	男	蔡井根＋妻＋女＋婿＋子＋2外孙	7	主干家庭
114	男	蔡国强＋妻＋子	3	核心家庭
115	男	蔡金山＋妻	2	不完整核心家庭
116	女	蔡秀华＋女＋婿＋孙＋孙女	5	不完整主干家庭
117	男	蔡志辉＋妻＋子＋女	4	核心家庭
118	男	蔡建南＋妻＋子	3	核心家庭
119	男	蔡跃山＋妻＋子	3	核心家庭
120	男	蔡海木＋妻＋孙	3	隔代家庭
121	男	蔡永富＋妻＋子＋女	4	核心家庭
122	男	蔡志清＋妻＋子＋媳＋3孙	7	主干家庭
123	男	蔡和江＋妻＋子＋媳＋孙＋孙女	6	主干家庭

第二章 蔡坂村的人口与家庭结构

续表

序号	家长	家庭关系	人数	家庭类型
124	男	蔡亚明＋妻＋子＋女	4	核心家庭
125	男	蔡俊鹏＋妻＋子	3	核心家庭
126	男	蔡俊雄＋妻＋子	3	核心家庭
127	男	蔡荣辉＋妻＋女＋2子	5	核心家庭
128	男	蔡连山＋妻＋子	3	核心家庭
129	男	林志华＋妻＋子	3	核心家庭
130	男	蔡跃彬＋妻	2	不完整核心家庭

＊在家户调查中,未将流动人口计算在内。蔡坂村流动人口家庭较多。保姆也列入流动人口中。蔡坂村只有一个家庭有保姆,即040号家庭。

将所获得的蔡坂村家庭结构类型进行统计后得到表2-8。

表2-8　家庭类型分布表

家庭类型	核心家庭		主干家庭		扩展家庭	单身家庭	隔代家庭	合计
	完整	不完整	完整	不完整				
户数	44	25	30	13	3	13	2	130
人数	162	52	167	56	27	13	5	430
比例	33.8%	19.2%	23.1%	10%	2.3%	10%	1.5%	100%

由表2-8可以看出,抽样的130户中,核心家庭69户,主干家庭43户,扩展家庭3户,其他家庭15户。由此可以得出在蔡坂村核心家庭是最主要的家庭类型,其次是主干家庭,再次是其他家庭,而扩展家庭最少,只有3户。以下将详细介绍各类型家庭的情况。

闽南蔡坂人的社会与文化

（一）核心家庭

核心家庭通常是指一对夫妇与未婚子女一起生活的家庭,是蔡坂村主要的家庭类型,占全数样本中的69户,是所有家庭类型的53.1%。其中完整型核心家庭44户,不完整型核心家庭25户,分别占家户总数的33.8%和19.2%。完整型核心家庭一般是由父、母和子女三种角色组成,是现代社会中出现越来越多的家庭类型。根据调查,造成蔡坂村完整核心家庭户数最多的原因是多方面的,分家是其中很重要的一个原因,子女在各自成家立业后,分出去组成属于自己的小家庭。

不完整核心家庭包括夫妇离异、配偶死亡,以及无子女或子女皆已分家独立等多种"变异"形式。蔡坂村的不完整核心家庭共25户,其中无子女或子女分家独立而造成的不完整核心家庭有22户(006号、020号、042号、045号、051号、052号、056号、057号、058号、060号、061号、064号、066号、067号、068号、073号、092号、098号、104号、109号、115号和130号);夫妇离异或配偶死亡的有3户(011号、069号和101号)。不完整型核心家庭由于其家庭内部成员不健全,故没有完整型核心家庭稳固,对于因丧失配偶或夫妇离异而形成的不完整型核心家庭,多容易出现子女教育及其他生活上的问题;对于因子女外出和分家而独留父母在家而形成的家庭,常被称为"空巢家庭",容易出现父母生活乏人照顾,精神上孤寂等问题(林筱文1997:30)。

（二）主干家庭

主干家庭一般可以跨越3~4代人,但是每一代人中只有一对已婚夫妇。主干家庭的家庭成员可以由父、母、子、媳和孙子女组成,也可以由父、母、女、女婿和外孙子女组成。主干家庭同样也可以区分为完整型和不完整型,后者通常是由于已婚夫妇某一

第二章
蔡坂村的人口与家庭结构

方配偶缺失而造成的。蔡坂村家庭结构表的统计数字显示:样本中共有主干家庭45户,其中完整型30户,不完整型13户,分别占家户总数的23.1%和10%。完整型主干家庭是仅次于完整型核心家庭的第二大家庭结构类型,但是相对于核心家庭,主干家庭的总人数却是最多的,其中属于完整型主干家庭的有167人,不完整型主干家庭的有56人,合计共有223人,较生活于核心家庭的214人略多。造成不完整型主干家庭出现的原因主要是年龄或疾病等问题,这是指配偶中的一方由于年龄或疾病先去世,而造成主干家庭中成员不完整,此种情况在蔡坂村共有9户(008号、029号、033号、044号、050号、055号、072号、107号和116号)。另外是由于分家的缘故,父母分别随二子生活,使得家庭中缺少父或母的角色,如039号,其母亲跟随女儿、女婿一起生活,而父亲所在的家庭由于在进行随机抽样时并未被抽中,因而在样本中没有得到具体的体现。还有少部分是由于夫妻离异所致,如005号、075号和080号。088号家庭中,本属于完整型的主干家庭,但是由于其家长之兄幼时生病导致其智力受损,便一直与其住在一起。但是其兄长身体健康且硬朗,在村里时常做些修理小物件之类的零工,从中赚取些微的工钱,也能与户主一起承担赡养父母的责任与义务。

(三)单身家庭

单身家庭是由一个人所构成的家庭,蔡坂村130户样本中共有单身独居家庭13户。单身家庭的形成一般有两种原因,其一是由于户主未婚而形成的单身户,其二是配偶一方死亡而又无子女,或子女分家独立而形成的单身家庭。其中因前一原因的共有4户(062号、063号、099号和102号);由于后一原因而形成的单身家庭共有7户(010号、019号、023号、038号、040号、054号和081号)。043号家庭之所以成为单身户,是因为该户户主与其妻

均患病,因而夫妻分居两地,而其子由叔父抚养。而065号家庭则是由于离婚而形成的单身家庭,在蔡坂村内,离婚率相对较高,主要原因可能是在于经济发展,村人的婚姻家庭观念发生巨大的转变,不满足于婚姻现状的男女性敢于提出离婚。

(四)扩展家庭

扩展家庭一般是指由父母和多对已婚子女及孙子女组成的家庭。扩展家庭是核心家庭扩大形成的结果,一般是兄弟结婚以后出于共同继承财产的需要,或是兄弟感情较好,或是父母权威较大不允许分家而形成的。蔡坂村内扩展家庭共有3户(035号、089号和112号),在112号家庭中,该户户主无子,仅有两女,二女均招赘女婿进门,从而形成扩展家庭。

(五)隔代家庭

隔代家庭应该算是不完整主干家庭中的一种,但是在随机抽样调查中发现蔡坂村内存在此种情况,从中也可以简单看出"我国社会转型时期农村劳动力外流对家庭所造成的影响"(李全棉 2004:31)。隔代家庭是指由三代以上组成,但中间缺失一代,即由祖辈和孙辈所组成的家庭。关于隔代家庭中"断代"的原因是多方面的,如缺少的第二代多长年在外工作、经商或去世,故形成子女转交父母照顾的现象。蔡坂村有2户隔代家庭(025号和120号),一个是由祖父和孙女组成,一个是由祖父母和孙子组成。其中120号家庭是因为父母常年在外工作造成的,也就是郭志刚教授在上世纪90年代初所称的"假三代家庭";而在025号家庭中,户主的孙女是被视为童养媳从贵州抱养的,但是其孙子几年前不幸意外死亡,因此该孙女与孙子结婚的这件事情也就不了了之。

第二章
蔡坂村的人口与家庭结构

四、分　家

"树大分支，水大分流"，分家在中国社会被认为是一种理性的选择，也是实际生活的需要。同样的分家在蔡坂社也是大多数家庭必须经历的，尤其是子女数量较多的家庭。随着子女的成长和成家，众兄弟之间常须分家和分产。

（一）分家的原因和形式

分家常是因兄弟各自成家后要各自出去打拼，不能再继续依赖父母。其次可能是因为兄弟各自成家后妯娌之间不和，或婆媳之间不和，一般兄弟之间也会因妯娌关系或婆媳关系而产生不和，从而引起分家，据说蔡坂村因兄弟之间产生不和的情况所占比例很少。

分家的形式不一而足，不可一概而论。有的父母健在就不会分家，认为一家人就应该生活在一起。有的由父母主动提议进行分家。后一种情况在蔡坂村所占的比例较大。据报道人说，有的兄弟在未分家之前有矛盾，或许是因为妯娌之间过于斤斤计较，但是分家后自立门户、各自奋斗，矛盾反而解决了，兄弟之间相处得更好。有的兄弟中有一个结婚，父母便会提出分家。也有⽗母会在诸子均结婚后才会提出分家。

分家的时间一般都是不确定的，而蔡坂村内的家户进行分家的具体时间主要可以分为两类，即一子结婚后分家、众子结婚后分家。其中在进行随机抽样时有遇到未分家的情况，在此则略过不提。根据家户调查表可将蔡坂村内的分家时间进行具体的统计。从分家时间统计表（表2-9）中可见，蔡坂人分家一般是在一子结婚成家后，便将其从家里分出去，如果家中只有一子，大多不会进行分家，除非婆媳问题十分尖锐。若是因为婆媳难相处而导

闽南蔡坂人的社会与文化

致的分家,会被村人嘲笑或轻视。从表2-9可以看到,一子结婚后分家占据较大的比例,在总的家庭户数中占到了41.5%,共54户。

表2-9 分家时间统计表

分家时间	一子结婚后分家	众子结婚后分家	其他	合计
户数	54	40	36	130
比例	41.5%	30.8%	27.7%	100%

(二)分家仪式

分家意味着兄弟从此开始独立生活,同时父母也不再扮演家长的角色,转而进入被赡养的阶段。分家事关重大,所以每个家庭都格外重视,也要经历一系列仪式,如家庭内部协商、选日子、公证人主持分家等。

一般情况下,为保证分家顺利进行,避免兄弟之间的矛盾,以及分家后产生的不愉快,每个家庭在分家时都尽量将家中的所有财产平均分配,分家过程尽量做到公开、公平、公正。但是有的家庭中兄弟感情深厚,便不会计较分多分少的问题,而是根据兄弟实际的生活状况进行分配,甚至在某些家庭中,并不是由父母来决定兄弟家产的分配,而是由兄弟自行分配。

分家时为表示对母舅的尊重,会请母舅主持,正所谓"天上有天公,地上有母舅公",在蔡坂人的心目中,天公是天上最具权威的神,而母舅公同样是权威的象征。但是有时母舅会有娘家不管婆家事的心理,并不会到场。若母舅不在,就会请族中德高望重的长者(如伯叔父)替代。参与分家者除当事人外,一般有见证人(又称知见人),见证人主要是父母、母舅、族中长老等。如果是一个有经济纠纷或矛盾的家庭分家,则会请村中的文书先生撰写相

第二章
蔡坂村的人口与家庭结构

应的分房文书,在蔡坂村中,这样的情况是非常少的,因为在他们看来,分家需要请文书先生是一件丢脸的事情,会被邻居亲朋耻笑。因此如果到了非请文书先生不可的地步,就一定是私底下进行,不会让旁人知晓。

正式分家前会先选吉日。选择吉日可由家中的父母查看黄历,或是父母去庙中掷筶,也可请地理先生帮忙选日子。根据黄历挑选日子时主要注意该日是否冲撞家中人的属相生肖,或宜忌事项以及时辰吉凶。关于挑选吉日,有一种说法是每月初八都是宜于分家的吉日,俗称"初八分家";但实际上多数家庭还是会慎重选择分家吉日。下文以蔡坂村第三组村民小组长的分家情况为案例,说明如何挑选吉日。

报道人今年五十六岁,有一子两女,其子是从别处抱养,次女已经嫁到漳州市区,长女则招夫婿入门,现与妻子和外孙住在一起。目前与妻子所住的房子已经在分家时分配给女婿,而分配给儿子的房子已经被拆迁占用,到目前为止,还没有得到任何补偿。是儿子提议分家,当时女儿也已经结婚。报道人分家时,就只对房子进行分配,其中由于其子所分得的房子较老旧,故又分予两万元现金。而已经嫁去漳州的次女则未参与分配家产,当地的俗语是"有在家,有家产;没在家,没家产"。村民的解释是,女儿既然已经嫁出去,就不用她来负责赡养父母,所以也就不能分得家产。原则上女儿如果愿意回来赡养父母,则也可参与分家;然而这只是一种推测性的说法,蔡坂村内还未曾出现女儿回娘家来分家产的情况。报道人说,女儿出嫁时的嫁妆也就是家产的一部分,因此不会再回来分家产。有一些报道人则倾向于"嫁出去的女儿,泼出去的水"这一说法。还有人认为女儿出嫁之后将来要分夫家的一份家产,因而没有资格回娘家来分家产。

在提出分家之后,报道人便要开始决定分家的时间,也就是挑选好日子。他采用了第一种办法,即根据黄历自行挑选。首先

他考虑到家人的生肖问题,包括自身、妻、子、媳、女、婿诸人的生肖,而其他人(如祖辈、母舅和见证人等)则不必考虑,因为在分家当天祖辈如报道人父亲无需出席。在报道人家中,涉及的生肖为鸡和马,因此需要挑选的日子必须是对鸡、马均不相冲的。在黄历的左下角处有记载,如2014年8月13日是龙日冲狗,即当天对龙是大吉,狗则犯冲,而对于报道人一家则可做为分家的日子。其次便是看当日具体的宜忌事项。黄历每天都会有不同的宜忌事项,如宜结婚,忌针灸;宜嫁娶,忌开业;宜动土,忌学艺等;对于分家而言,则应该是宜入宅,就要在黄历上找到宜的具体事项中有"入宅"这一项的。8月13日刚好有"入宅"这一项,故可以将它暂时选定。再次要看时辰吉凶,这一项内容在黄历中也有显示。时辰吉凶主要包括两个具体的内容,其一为时辰,也就是子、丑、寅、卯等十二个时辰,子是指午夜11点到凌晨1点,丑是指凌晨1点到3点,寅是指3点到5点,依此类推;其二即为吉凶,也就是黄历上所显示的合、中、吉、凶、禄、进、贵、退等描述吉凶程度的字眼,"吉、进、贵"表示吉时,"凶、退"表示凶时,万万不可,"合、中、禄"则表示时间不好不坏。时辰并不仅仅简单的意味着二十四个小时,含有十二生肖的含义,分别对应鼠、牛、虎、兔、龙、蛇、马、羊、猴、鸡、狗、猪,也就是子代表鼠、丑代表牛、寅代表虎等。因此在挑选时辰时,先剔除凶时。以8月13日为例,凶时是子时、寅时、辰时和戌时,剩下的其他时辰则可以根据实际情况进行挑选,就算是日子已经挑好,如果觉得这一天好坏并无把握,也可以多选几天吉日,再由家人商量决定。

"杯筊"是庙中卜问吉凶的竹片。将分家者已经挑好几个日子,但是一直拿不定主意,到底应该挑哪一日,则可到庙里进行询问,依掷筊求神帮助,问时应默祷,即"菩萨,我选了某年某月某日来分家,您觉得那天怎么样",然后掷出杯筊。如果为阴杯,则将之前已经挑好的日子逐一问一遍,直到菩萨同意其一为止。事先

第二章
蔡坂村的人口与家庭结构

并未挑日子,也可直接到庙中询问,按月、日、时依次掷筊。

请地理先生帮忙挑选好日子要送红包,一般一封红包装一百二十、两百、两百四十、四百或者八百,不能送六百,因为"六"在闽南话中的发音为"lak",意思是猛抓或拿,寓意不佳。而"四"较好,因为它象征柱子的四边,具有稳定性。请地理先生"请远不请近",在蔡坂人看来,远神会更为灵验一些。

日子挑选好之后,家人便可以开始准备分家。一般在分家之前,父母会购置一套全新的碗筷,即十只碗、二十根筷子,以及炉灶、新米以及其他生活用品,分家结束之后平分给诸子。而条件比较好的家庭还会分给诸子一定数目的生活费。在分家当天,全家要烧香拜拜,由母亲来做饭菜。饭菜分成两份,一份在家现吃,一份由分家的诸子带回各人的新家。全家一起准备吃饭时,口中要念到"今天是我们分家"等词句。要带走的饭菜与现吃的饭菜做法也不一样,在做前者时,母亲会煮一大锅稀饭,煮熟之后将稀饭捞成干饭,再将干饭按照兄弟人数平均盛到不同的篮子里。诸事完毕后,诸子便带着篮子离开父母家,所有的兄弟都要回去单独生火,此一行为就象征着分家。在分家以后的第四天,各自拥有小家庭的兄弟会请客吃饭放鞭炮,一般都只请亲戚,并不会请其他外人。

(三)财产的分配

不管是父母提议引起的分家,还是兄弟各自结婚之后而自然导致的分家,分家在很大程度上是财产的分配。如果家中并无恒产,就只是分开住,自谋生路,父母轮住或者是固定跟着某子吃住,其他诸子则支付一定的赡养费。

有财产的家庭,分配财产成为分家时的要务;可以一具体案例略窥蔡坂人的分家析产情况。某位今年七十八岁的报道人,有四子,三女。分家时是两两分家,即老大和老二结婚之后即分,老

三和老四结婚后再分。分家由报道人本人提出,认为儿子成家立业之后便不能再继续依赖父母,而是要自行奋斗、打拼。家产的分配主要包括房子、土地、债务等,以前家里较穷,没有其他钱财可以分给儿子。报道人以前住在祖厝,在给长子和次子分房时并没有闲余房间可以分,于是便在农地上因陋就简修建了两间房给两子居住。报道人分家并不完全是根据平均分配的原则,而是考虑到诸子赚钱的能力等问题。但是在对待债务问题上,则不考虑能力大小。长子和次子分家时,报道人有2000元的债务,因此两子分别承担1000元。分配财产时,还有另外一种情况需要考虑到。如果长子已结婚生子,即家中有了长孙,在分家时,长孙也需要被考虑进去。

报道人表示关于财产的分配其实要看兄弟的度量,多一点少一点不锱铢必较,即能顺利完成分产。有些兄弟会为分财产而争夺、吵架,如此即须劳烦母舅或叔父,甚至是族中长老主持公道;如果这样也无法获得信服,只好再搬请文书先生。在蔡坂村,如果已经闹到了请文书先生的地步,即表示事态已格外严峻,不会再有人想通过法律途径来继续寻求解决。

五、结　　语

人口与家庭结构是人类学研究中一个重要的研究主题,通过对一个多月田野调查所获得的各种资料分析,我们力图真实反映当地的人口和家庭的相关信息。本章以蔡坂村蔡坂社的人口与家庭为题,从人口数、性别、教育、职业、家庭结构以及分家原因、分家仪式等诸多方面对其进行描述和分析,从中了解蔡坂村的人口结构和家庭结构,总结出蔡坂村人口特征和男性与女性在教育、职业上的差异,蔡坂村目前主要的家庭类型及蔡坂村分家的特点。最后,希望本章对读者了解蔡坂村蔡坂社的人口和家庭结

第二章
蔡坂村的人口与家庭结构

构略有帮助。随着社会的发展,人口与家庭结构也会随之进行一定的变迁,蔡坂村也会是如此。

参考文献

郭志刚
   1995 中国人口发展与家庭户的变迁。北京:中国人民大学出版社。

李全棉
   2004 农村劳动力外流背景下"隔代家庭"初探——基于江西省波阳县的实地调查。市场与人口分析(6):31—36。

林筱文
   1997 福建家庭规模和结构类型转变对社会的影响。发展研究(6):30—31。

闽南蔡坂人的社会与文化

附录一

蔡坂村基本家庭调查表

编号： 报道人：
调查日期:2014年月日;调查地点:蔡坂村　　组　号
调查人：

称谓	户主						
姓名							
性别							
出生日期							
出生地							
教育程度							
户籍所在地							
常住地							
职业及工作地点							
分家时父母存殁情况							
分家时间							
家里供奉神灵	□祖先牌位□伽蓝大王□福德正神□灶神□玄天上帝□关圣帝君□哪吒三太子□天公□菩萨□三平祖师□抚顺将军□其他						
常去祭拜场所	□公间庙□云洞岩大雄宝殿□土地庙□佛母殿□王母殿□角美青礁□其他						
是否借住	□是　　　　□否						

第二章
蔡坂村的人口与家庭结构

1. 出生地:若出生地为蔡坂村,需询问至第几组。
2. 职业一栏,如果不是务农,则补问开始那一行业的时间。职业具体是做什么的越详细越好,如果一年内或者工作长期变化的,按主次列出。
3. 分家时间:众子均结婚后分家;某子结婚后即分家;其他,需写明。

附录二

福建省迁入人口计划生育信息采集卡

用工单位：　　　　法人代表：　　　　联系电话：
镇　村　组　出租户：　　门牌号：　　　联系电话：

户主信息	基本信息	姓名	公民身份证号码		户口性质：①非农业②农业③其他
		婚姻状况：①未婚②初婚③再婚④复婚⑤丧偶⑥离婚⑦其他		文化程度：①文盲或半文盲②小学③初中④高中⑤技工⑥中专⑦职高⑧大专⑨本科⑩研究生班⑪硕士⑫博士	
		户籍地详细地址	省　　市　　县（区）乡（镇、街道）　　村（居、社区）		
	流动信息	迁入日期：　年　月　日	流动原因：①务工经商②随同流动③其他		联系电话：
		离籍日期：　年　月　日	是否家庭流动：①是　②否		配偶是否随同流动：①是②否

续表

配偶信息	基本信息	姓名	公民身份证号码		户口性质：①非农业②农业③其他
			婚姻状况：①未婚②初婚③再婚④复婚⑤丧偶⑥离婚⑦其他		文化程度：①文盲或半文盲②小学③初中④高中⑤技工⑥中专⑦职高⑧大专⑨本科⑩研究生班⑪硕士⑫博士
		户籍地详细地址	省　　市　　县（区）乡（镇、街道）　村（居、社区）		
	流动信息	迁入日期：年　月　日	流动原因：①务工经商②随同流动③其他		联系电话：
		离籍日期：年　月　日	是否家庭流动：①是　②否		配偶是否随同流动：①是②否

其他成员信息	姓名	性别	公民身份证号码（出生日期）	与户主关系	文化程度	迁入日期	流动原因	离籍日期

闽南蔡坂人的社会与文化

续表

已婚育妇婚育信息	初婚日期： 年　月 日	现有子女数：男 　　　　女	避孕状况： ①结扎②上环③皮埋 ④药具⑤无措施⑥现孕
	避孕日期： 年　月 日	有效生育证号：	最小子女出生日期： 年　月　日
	婚育证号：	办理状态：①已办②督办	发证日期：　年　月　日

第三章

蔡坂村的权力结构与社会秩序

◎ 季伟杰

一、前　言

中国农村社会的权力结构是在社区的公共权力配置与运作过程中形成的相对稳定的结构形态,反映出公共权力的分配状况,主要表现在农村中各种正式与非正式组织的权力关系和基本结构,及村落中公共权力自身的配置和运行状况等两个方面(刘华安 2007:75)。在中国基层农村社会的治理实践中,社区的权力结构既是村政的核心,也是农村政治研究的切入点,对农村社会发展与秩序稳定具有深远的影响。刘华安指出,中国乡土社会的权力结构大致经历了国家政权内卷化(晚清至民国时期)、人民公社(1958 年到 1982 年)和乡政村治(1982 年至今)三个重要阶段。

闽南蔡坂人的社会与文化

近百年来国家权力在乡村日益深入,与改革开放后农村自治权的迅速成长,造成农村中空前复杂的权力互动,构成中国底层农村政治的动态的和主要的层面(金太军 2002:119)。当前中国乡村社会的权力结构多元化的态势虽能部分满足农民多样化的需求,在一定程度上促进了农村经济发展和基层民主的生长,但同时也增加了农村基层社区①社会整合的难度。本文拟通过福建南部一个小村落——蔡坂做为个案,分析此城镇化程度较高、介于传统与现代之间的村落,由权力结构与社会秩序的角度,来探寻随着经济发展所呈现的闽南农村政治生活的形态与特征。

本章共分六节,即前言、权力结构体系、乡村社会的秩序与规约、村治过程中权力的竞争与合作、权力结构对社会秩序的影响、结语。其中,第二节"权力结构体系"着重从权力中心和民间力量两个部分透视正式权威与非正式权威在乡村政治中的地位、关系和作用,以及权力分配格局中地方精英产生的影响力;第三节"乡村社会的秩序与规约"主要从主体和规约两个不同层面,结合具体案例来描述乡土社会的秩序如何通过组织、制度、仪式和传统习惯等进行维护;第四节围绕农村社区政治生活的两个重要内容,即农村政策和村民选举,阐述村治过程中不同的权力主体、利益群体之间的竞争与合作;第五节是以前文所论述内容为基础,具体联系蔡坂村的权力结构和社会秩序的不同面向,梳理在农村社会中二者间的相互影响;结语部分的内容主要是对整篇调查报告的主旨内容进行总结。

---

① 本章使用的"社区"概念是指若干社会群体或社会组织聚集在某一领域里所形成的一个生活上相互关联的共同体,其特点包括有一定的地理区域、有一定的数量人口、居民之间有共同的意识和利益、有较密切的社会交往等。基于上述定义且参照法定行政社区的范畴,蔡坂村属于受城市化影响的发展中农村社区。

第三章
蔡坂村的权力结构与社会秩序

二、权力结构体系

权力的研究主要有三种理论视角,一种源于 Anthony Giddens,他认为构建社会理论最重要、最基本的概念就是权力,并且由于个人能力的不同,所以无论是在配置物质性资源还是权威性资源的过程中,每个人都拥有或总是在行使着某种权力;第二种视角来自于 Max Weber,他认为权力是掌握经济、人脉与政治等资源所衍生出的一种功能,而且地位和等级的高低象征着社会精英是否拥有权力及其权力的大小,权力并不代表权威,但同样会吸引一些人对另一些人的效忠与追随;此外费孝通于20世纪40年代进行乡土中国的研究所引入的横暴权力、同意权力与教化权力的概念,在农村社会权力结构的研究中也经常性地被引述,他认为横暴权力是指利用暴力进行自上而下的、不民主的、威吓性统治力量,也称正式权威,具体表现为封建社会或者威权统治下的国家权力;同意权力是指在社会中经由默认、契约与妥协退让而形成的力量;教化权力则是指通过文化的传承和传统的限制所造成的力量和社会支配,后两者往往被纳入非正式权威之列(费孝通1998:37、42)。本文论述政治精英对资源的利用,以及政治操作规则时借鉴了 Giddens 与 Weber 的观点,但在总体上更加倾向于费孝通有关乡土社会"权力"研究的思路,侧重于探讨、分析基层行政村①的权力在不同的家族(宗族)、不同的自然村乃至不同的地方精英之间的分配,进而对蔡坂行政村的权力结构予以

---

① 行政村是依据《村民委员会组织法》设立的村民委员会进行村民自治的管理范围,是中国农村基层群众性自治单位。行政村一般由几个自然村(或者组)组成,通常每个自然村设一个村(组)长。管理和领导行政村的领导班子即村党支部委员会和村民委员会。

客观的呈现。

（一）基层地方权力结构的历史演变

国家政权对基层的农村社会实行权力渗透和治理管控,最早可以追溯到秦朝的"乡亭制度",其核心特征是"官民共治",该模式基于古代中国以农为本的治理思想之上,即国家为了便于从乡村社会汲取物力和人力资源,同时考虑到国家不可能在每个村落建立起官守机器,因而依托乡村内生的民间权威,以此来建立一个国家代理人集团,通过这个以地主和乡绅为主的集团来实现国家治、御、管、控的政治目标。至北宋王安石变法开始推行保甲制度,愈发强化了国家政权对乡村社会的控制程度。晚清内忧外患加上国家机器自身的沉疴积弊,使乡村权力结构体系逐渐变得羸弱不堪,此一时期中国社会政治结构日趋分化与解体,中央政府权力式微,地方势力迅速膨胀,在这种情况下,清政府不得不开放部分地方政权,吸收各种新兴政治力量参与社会管理,以期实现社会政治的重新整合。因此"地方自治"成为晚清农村基层政权的基本组织形式(刘华安 2007:75—76)。南京国民政府成立伊始,将乡镇机构固定为政府的基层政权机构。在广大农村地区,国民党实行保甲制度,通过保甲连坐的办法强化对乡村社会的控制,保甲制度乃成为承载村政全方位职能的制度化权力结构,亦成为国家借以对地方社会进行更深入渗透的工具。

随着新中国成立后土地私有制和保甲制的废除,中共的社会主义改造运动彻底瓦解了传统的地主权力、乡绅权威和宗法统治,原有的农村权力结构迅速崩塌。昔时的国家政权、士绅或地主、农民之间的三角关系被新的国家政权与农民的双边关系所取代。在人民公社时期,中国村级政权的职能从治安、税收,扩大到组织生产、政治运动、文教卫生、民政等,使得社区既是一个基层的管理单位,又是一个生产组织单位。这一时期的农村之所以能

第三章
蔡坂村的权力结构与社会秩序

够做为一个社区或单位存在,主要依靠的是国家力量建构并赋予生产队的特殊权力。正是这种"制度型权力"重塑了村民与村民之间的联结方式,并且对村民具有强有力的支配能力。20世纪70年代末80年代初,随着农村家庭联产承包责任制的推行,人民公社体制因不能适应分散经营的农业生产方式而逐渐解体。国家实行改革开放后,在农村推行"乡政村治"的治理模式,直属的行政权力上收至乡镇一级,在乡镇以下推行村民自治。自此农村社会的权力结构转变为"党政二元权力结构",即村党支部与村民委员会构成的两套管理班子合称的"村两委",成为权力结构中代表官方正式权威的权力中心,而随着基层民主自治的深入实践,一些民间组织和地方有力人士所构成的民间力量也开始在乡村治理中发挥重要作用,形成权力中心之外的非正式权威。本文以蔡坂村为调查研究对象,讨论农村基层政权的权力结构与社会秩序,在时间上主要聚焦于1980年改革开放后中国闽南地区基层农村的发展现状。

(二)权力中心

新中国成立后,出于历史传承和现实国情两方面的考虑,中国成为一个单一制①结构的国家,从中央到地方实行自上而下的层级制管理模式,也就是说整个行政体系由最上层的中央下行到各省、地级市、县(区)和乡(镇)。理论上乡(镇)一级乃是国家行政管理触角的末端,而在乡(镇)以下的各个行政村从1980年代开始便实行村民自治制度。村民自治制度的要义是村民直接行使民主权利,依法组织、管理社区公共事务。行政村在村民自治

---

① 单一制是一种国家结构形式,指由若干不享有独立主权的一般行政区域组成统一主权国家的制度。单一制与复合制(包括邦联制和联邦制两种类型)相对。

闽南蔡坂人的社会与文化

制度的框架下设有村党支部和村民委员会,共同承担治理本村的职责。依照《中国共产党农村基层组织工作条例》的相关规定[①],村党支部是党的权力在基层组织中的延伸和拓展,虽然村民委员会[②]是由村民民主选举产生,但村党支部做为农村全部工作的领导核心,可以从思想政治、大政方针上指导村委会的工作,村委会则负责具体村务的管理和政策的执行。因此包括蔡坂村在内的广大农村地区日益形成以"村两委"为权力中心的格局。

1. 蔡坂村的两委会

1980年代逐步实施村民自治制度后,蔡坂村所属的步文公社转变为步文镇,之后不久漳州市先后筹建龙海县级市和龙文区,龙文区建成后又在先前分属龙海市和步文镇的部分辖区基础上设立蓝田镇,自此蔡坂村被划入蓝田镇管辖。从行政层级的角度看,蔡坂村隶属福建省漳州市龙文区蓝田镇,在蓝田镇8个行政村中,蔡坂村是第二大村落,在行政管辖方面蔡坂村须接受蓝田镇党委和政府组织上的规范、业务上的指导与财政上的监督。从经济发展的角度看,蔡坂村的村两委工作较为到位,在与市政协领导、镇长以及村干部的多方面交流中,他们也都普遍认为蔡坂村是经济基础厚实、发展较快的村子,若是引用村书记陈沿海的话讲,"蔡坂村的经济已经坐上动车组,正在向高铁提速"。

---

① 《中国共产党农村基层组织工作条例》第二条明文规定:"乡镇党委会和村党支部(含支委、党委)是党在农村的基层组织,是党在农村全部工作与战斗力的基础,是乡镇、村各种组织和各项工作的领导核心。"

② 《中华人民共和国村民委员会组织法》第二条规定:"村民委员会是村民自我管理、自我教育、自我服务的基层群众性组织,实行民主选举、民主决策、民主管理、民主监督。村委会办理本村的公共事务和公益事业,调解民间纠纷,协助维护社会治安,向人民政府反映村民的意见、要求和提出建议。村民委员会向村民会议、村民代表大会负责并报告工作。"

第三章
蔡坂村的权力结构与社会秩序

表 3-1　蔡坂村村两委概况及职责分工

姓名	所属自然村	职务	职责分工
支委会			
陈沿海	东墩	书记	主持支委会全面工作
吴海宝	下尾	副书记	农业、林业、水利、土地、城建工作
陈志明	东墩	组织委员	组织、纪检、信访、党建、精神文明
蔡志强	蔡坂	治保、调解主任	综治、治安、调节、卫生、宣传统战、教育、创卫等工作
村委会			
蔡亚建	蔡坂	主任	主持村委会全面工作
陈梅珊	后吉	副主任	劳动保障、老龄委
蔡军清	柯坑	村委	民兵、企业、安全生产、环保、文化
翁国强	英桥	村委	民政、体育、交通
沈茂金	沈厝	村委	文书、科技
蔡月琴	蔡坂	妇女主任	计划生育

从村落内部构成现状的角度看,蔡坂行政村的人口规模约为5000多人,下辖蔡坂、柯坑、沈厝、后吉、英桥、东墩、下尾等7个自然村、21个村民小组。从村两委人员配备情况看,蔡坂村最近一次换届选举在2012年,选举产生现任党支部书记陈沿海、村委会主任蔡亚建等两委会成员共计10人。这10人中有2人来自蔡坂社,分别是村主任蔡亚建、村支委蔡志强;2人来自东墩社,分别是村支书陈沿海、村支委陈志明;2人来自后吉社,分别是村副主任陈梅珊、村妇女主任蔡月琴;1人来自沈厝,即村委沈茂金;1人来自下尾社,即村副书记吴海宝;1人来自英桥社,即村委翁国强;1人来自柯坑社,即村委蔡军清。蔡坂行政村村两委的构成概况及职责分工情况可见表3-1。除村两委会成员之外,辅助村

闽南蔡坂人的社会与文化

两委开展具体工作的还包括报账员蔡泗坤、计生管理员蔡荣秋、负责共青团工作的蔡中彬三人。可以说,这个由十余人组成的团队每日出入村部的三层小楼,各司其职,形成了蔡坂村的权力中心。

从表 3-1 中不难发现,村两委的人员构成充分考虑到平衡各自然村的利益。由于蔡坂村最重要的五个姓氏分别是蔡、陈、吴、沈、翁,他们分布在不同的自然村之中,因此在村两委的选举和人员安排上也必须兼顾到自然村和宗族两方面的利益,尽可能保证每一方都能够较为平等地对村内事务拥有发言权。此外因为不同自然村所举荐的人在本村或者本族具备相当广泛的群众基础与影响力,所以来自不同自然村的村干部在正式担任村两委成员后,两委会即顺水推舟让相应的村干部负责各自所在的自然村事务,成为本村的包村干部,负责该自然村生产、生活中的一切大事小事,当然包村干部在获得村两委会正式任命授权后,开始成为合法性体制的一部分,象征着正式权威的代理人,他们不仅要继续带动村民一起致富,更要配合村两委的工作,从村干部的角度处理本村公共事务,搭建起上传下达的沟通桥梁,而且包村干部要站在行政村管理者和自然村代言人的双重立场上维系权威,承担起本自然村第一责任人的职责。

据村民回忆,蔡坂村在十几年前就已经少见用于农业生产的土地,反倒是本村的木材加工业和运输服务业①办得如火如荼。漳州市的木材加工业在全国都很有名气,占据该行业内相当大的市场份额,该村村民十之八九都从事木材加工业,几乎所有的村干部都身兼某木板厂或家具厂的经营者的角色,亦即村两委往往

---

① 木材加工业和运输服务业是当前蔡坂村经济发展的两大支柱,另外还有食品加工、废品回收等规模不一的驻村工厂或作坊。总体而言,蔡坂村的经济基础较为扎实,对地方税费以及本村财政的贡献也颇大。

第三章
蔡坂村的权力结构与社会秩序

身兼多职,可能担任村干部反而是兼职,这与传统观念中对农村社会和村干部的想象存在着差距。在田野调查中发现,蔡坂村遴选村干部一个非常重要的标准就是具有较强的经济实力,现任的多数村干部都是各自然村经济地位较高的"实业家",他们在"先富起来"的同时积极带领村民一起致富,因而在自然村中留下不错的业绩与口碑。另一方面,不少村干部认为必须自身有实力,村民才会信赖他们有能力将本村治理好,而且经过开办木材厂以及多年做生意的磨砺,他们积累了大量的管理经验。从表3-1中可以看到,每位村干部所担负的职责很多,包括村里经济、政治、文化、社会福利等方方面面的事项,这对村干部自身的能力、经验和素质要求都颇高。

所谓"麻雀虽小,五脏俱全",做为国家政权所认可的合法性代表,蔡坂村的两委会既是本村治理中的正式权威,又是农村各项制度、政策运作实施的权力主体,其内部组织结构设置(见表3-2)一方面体现出基层公共事务的管理纷繁复杂,另一方面也反映出权力中心对乡村社会的管理技术和控制程度。蔡坂村在村两委之下设立许多机构,既包括与村政村务相关的常设机构,也包括部分临时性的机构,从机构的属性与设置上可以看出权力中心内部的政治操作规则和权力分配状况。在上下级的联动方面,蔡坂村多数的"官方组织"都是为了便于和上级党委、政府的相应组织对接,从而方便上级对下级的组织、业务进行一定的掌控、监督,同时也利于村民办事时可以明确上一级的对口部门,这一类机构包括综治信访维稳工作站、计生协会等。此外乡镇政府和行政村还形成一套更快捷的上传下达机制,即"驻村干部—村两委—村民小组长—村民",这套机制不仅有利于自上而下方针政策的贯彻实施,而且也为自下而上的民意反馈构建了畅通的渠道,还为上下级权力主体的互动预设一套快速反应的应急管控机制。在乡村内部治理的常设机构方面,由村两委统筹的人民调解

闽南蔡坂人的社会与文化

委员会和治安保卫委员会是至关重要的两个部门。农村社会的纠纷处置与治安维护是确保社区秩序稳定的两项基础性职能,村干部可以通过这两个机构与村民接触、交流,并以此树立自身与村两委的权威。在村务、村财的监督方面,蔡坂村设立了财务监督委员会和村务监督委员会两个机构,前者由村书记陈沿海领导,村支委蔡志强、陈志明及计生员蔡荣秋一起负责。在与陈书记的访谈中,他透露村财的监督以前并不透明,蔡坂村历任的村干部中也出现过贪污腐败的现象。从2005年开始村财①的花销必须打报告申请,经办人须先经过村主任审批,再出具3到4人的证明,如果开支在1000元以上还须由村书记过目查验,之后方可报销,开支的发票还要上交镇理财管理中心存证。可以说这个机构的设置使得村财的监管程序愈发完善,且在支配村里财政资源时并没有将权力完全集中在村支部或村委会,而是通过双方联署签名的方式避免舞弊。村务监督委员会则由非两委会成员的村民担任,他们往往是村里的党员、村民代表或者村民组长,这些人从外部对村两委展开监督,一定程度上对村两委起到权力制衡的作用。另外蔡坂村还设有一些政策导向性或临时性的机构,如无邪教创建办公室、和谐乡村促进会等,在此不拟赘述。

总体而言,从两委会人员构成、职责分工、组织设置等角度看,蔡坂村权力中心的资源分配较为均衡,在本村各项事务中拥有较高的权威和掌控力。

---

① 村财的来源主要有三个渠道:一是乡镇政府的拨款,一般视上级配额和下级预算需求而定,每月划拨数万元不等;二是征地管理费,只有当本村土地用于城建规划时才能从征地补偿中提成管理费用;三是经济创收,如经营集体企业所获利润。村财用途广泛,除村两委办公经费外,多用于基础设施建设、村民福利、灾害应急等方面。对村财收支的管理是两委会非常重要的一项工作。

表 3-2　蔡坂村内部组织设置概况

属　　性	名　　称
监督	财务监督委员会、村务监督委员会
问询办事	蓝田镇蔡坂村便民服务代办点
地方治安	治安保卫委员会（下辖治安联防队）
法治	人民调解委员会
法治	漳州市龙文区人民法院朝阳人民法庭便民服务联系点
法治	法律顾问工作室
基层维稳	综治信访维稳工作站
宗教事务	无邪教创建办公室
宗教事务	云洞岩古刹重建管委会（合署）、理事会
人口与计划生育	计生协会
挂靠村两委	和谐乡村促进会
民间群团组织	社区民兵连
民间群团组织	社区共青团组织
民间群团组织	老年人协会
民间群团组织	蔡坂武馆、鼓队

2. 蔡坂村的社区政治精英

当代"乡政村治"格局下的农村治理精英有两种类型，一种是掌握本村正式权力资源的政治精英，一种是掌握族权、宗教事务管理权等其他传统资源的社会精英，亦可将这两类社区精英称作体制内精英和体制外精英（金太军 2002：119）。在蔡坂村的权力结构体系中，同样存在一群发挥着重要影响力、占据在村级权力中心的政治人物，或是地方有力人士，考察这些体制内政治精英的行为，能够从另一角度更直观地审视权力格局形成之原因，权

闽南蔡坂人的社会与文化

力中心内部的操作规则与关系网络,政治精英如何取得信任并保持权威,以及这些社区精英如何发挥专长管理本村的公共事务。在所有接受访谈的村干部中,陈书记和蔡支委是最具代表性的两位社区精英人物,通过他们的事迹与经历,或许可以一窥精英治理下的蔡坂村独特的政治生态。

陈书记在蔡坂村担任党支部书记已近20年,不论是在村内党员群体中,还是在村两委其他村干部看来,陈书记都是权威型的人物。他的老战友——蓝田镇派出所的一名警长——总是称他是蓝田镇少有的"常青树","为官"多年而能屹立不倒。从公社时期算起,陈书记之前的蔡坂村共有三任村支书。第一任书记蔡坑垯自1961年至1991年担任村支书,在"文革"期间曾一度"靠边站"很多年,经常受到村民的批斗,但在其任内蔡坂村的经济逐渐实现从农业向制造业和加工业的转型;第二任书记自1991年至1997年担任村支书,村民普遍评价他是村里名声最不好的村干部之一,因生活作风和挪用公款等问题被查处;第三任村支书由于上一任的仓促下台,便由当时还是村主任的沈龙海兼任,一年半之后经过党内选举,陈书记"临危受命"接任村支书。陈书记来自东墩自然村,在村里崭露头角以前,他曾在南京空军后勤部当过五年工程兵,那时正值中国对越自卫反击战,陈书记曾主动报名要求调派前线参与作战,后虽未获准,却足见其是一个有血性的军人。陈书记在部队表现出色,五年优秀、三年先进个人、一次三等功,转业回乡前已成功入党,并担任党小组组长与副排长。在部队的经历让陈书记磨炼出遇事果决、注重效率和团队合作的行事作风,当年的同袍战友也成为他日后重要的人脉基础。退伍后陈书记当过机修工,开办过养殖场,一路摸爬滚打,最终得益于龙文区木材行业的兴起,他从开办的家具厂中收获人生第一桶金,也为后来凭借经济实力和人生阅历入主村两委奠定坚实的基础。陈书记事业稳定后,开始兼任东墩自然村的村长(相当于现

第三章
蔡坂村的权力结构与社会秩序

在的村民组长),1997年被选为村支委负责纠纷调解工作,而后又被补选为村支书。蔡坂村是一个蔡姓占多数人口的村落,陈书记能够在蔡坂保持政治优势自有其过人之处。首先陈书记为人做事非常自信,这份自信来自于他的工作能力和经济实力,他上任之初蔡坂村因贪腐、借钱建学校等拖欠了187万元的债务,经过他十多年的苦心经营,蔡坂村不仅还清债务,还成为当地经济发展相当不错的行政村。其次蔡坂村的发展不但为他树立了威信,也赢得村民的认可,陈书记特别重视在村民中保持正面的形象,他认为要想获得村民的支持与信赖,必须真心诚意地为村民办实事。再者陈书记为人务实,人脉较广,且十分看重团队协作,他通过战友、生意伙伴以及担任村支书发展的人脉,编织起自身的关系网络,当他需要的时候便通过这些网络帮助以解决实际的问题。总的来说,陈书记这一类的社区政治精英内生于本土乡村,沉稳、干练、务实,深谙权力与权威来源于民众支持的道理,他能够最大限度地整合政治、经济、人脉等各种资源来最终完成自我设定的目标。

与陈书记有所不同,蔡坂村另一位重量级人物蔡支委则属于典型的社区经济精英,其迈入蔡坂村的权力中心始于2012年。他与内生型逐步融入本村体制内的政治精英有所不同,他曾常年在外经商,本无意涉足本村的政治与行政事务,但是在各方的请托与推荐之下,才下决心为乡里和宗族尽一己之力。蔡支委来自蔡坂行政村下辖的蔡坂社,不仅蔡姓是7个自然村中的第一大姓,蔡坂社也是人口最多、面积最大的自然村。在蔡坂村所辖的7个自然村中,关系最近的蔡坂、柯坑、沈厝三个村的人口约略等于其他四村,而蔡坂、柯坑、后吉三个自然村基本上都是以蔡姓为主,因此蔡姓宗族的势力在蔡坂村中颇为雄厚。然而蔡姓宗族实力虽强,宗族内部却不团结,这就要有一位强有力且能够被各方接受的人物,以凝聚起各房支。蔡支委所在的房支向来是蔡姓宗

闽南蔡坂人的社会与文化

族中较为兴旺的一支,其父亲曾担任过生产大队的副队长(相当于现在的村副主任),早在1970年代蔡支委的父亲就创建村办机床厂(当时的漳州市仅有两家),惠及很多的村民,因而蔡支委无论在经济实力方面,还是家族声望方面皆为蔡坂村首屈一指的。蔡支委初中毕业后就出外打工,做过泥瓦匠,开过拖拉机,当过工人,还和朋友一起合资修过公路,用他自己的话说,"年轻时一路走来充满了艰辛非一言两语可以说完"。1999年做生意亏本、历经磨难后,他开始改行做木材加工业,从2003年至今生意越做越大,分别在上海、广西、江西、四川、安徽、福建、广东等多省市开设厂房和销售点,经办木材加工生意,直至2012年回村担任村支委与治保主任,才将各处生意交由儿子、女婿和妻舅打理。蔡支委在蔡姓宗族的力邀下出任村支委后,力倡移风易俗、重建云洞岩古刹、兴办武馆、改组老人会等村务的革新,既为村里办了不少实事,又让蔡姓宗族重新团结起来。鉴于其雄厚的经济实力和在宗族中的威望,他在蔡坂说话办事几乎是"一言九鼎"。可以说蔡支委在村庄治理中扮演的角色就像是"改革派",他见多识广、人脉通达、家底殷实,通常由他出面调解的村民纠纷都会很快解决。他还用多年经商积累的经验管理云洞岩古刹重建理事会,实现寺庙公司化的运营模式。蔡支委这一类的社区精英从体制外流入体制内,属于典型的"城归精英"[①]。"这些人走出封闭落后的乡村,常年在外,历经种种磨炼,不仅开阔了视野,增强了现代意识,而且累积了一定的经济资本,扩大了交往渠道。个人方面的成功,使得他们具备更多的现代性潜质,并有可能回归乡村社会成

[①] "城归精英"是指走出封闭的乡村到城市中拼搏发展,在取得一定经济成就之后,重又返村参政,其参政超越了传统精英必须从公共权力体系的底层做起的限制(一般发展路径为会计或村民组长——村主任——村党支书),而迅速走上政治前台,掌控村级公共权力行使的本村外归成员。

第三章
蔡坂村的权力结构与社会秩序

为村民自治的重要力量"(林修果、谢秋运 2004:24)。一般而言,像蔡支委这样的"城归精英"通常具有以下主要特征:有魄力、有眼光,事业有成,经济上有优势,具有政治抱负等。毋庸置疑,"城归精英"做为一种新鲜的外来强势力量,逐渐介入本村权力舞台,使得农村社会既有的思想观念和既有的精英体系都面临强大冲击,并由此可能引发权力结构重组与本村秩序的新型整合。在蔡坂村的田野调查中发现,围绕本村应该如何进一步发展等问题,代表传统与现代两种理念的势力之间的"路线分歧"已初见端倪。

从上述的事例不难看出,拥有合法性、政权与民意支持的村两委日益成为蔡坂村的权力中心。权力中心的政治精英基本上是社区中出类拔萃的经济能人,他们在担任村干部之前都致力于创办实业,并且随着日积月累获得了丰富的管理技能和实干经验,同样也通过带动本村经济的发展,使村民共同致富来获取其支持和信赖,而且村两委中的精英人物几乎都在自然村和宗族中有不错的根基,这些阅历、物质与人脉资源为他们积攒了丰厚的政治资本。

(三)民间力量

1978年实行改革开放政策以来,中国农村最大的变化从经济体制上说就是以现行的承包责任制替代原来的人民公社体制。从政治体制上说,就是各种民间组织开始出现,并且逐步推行建立在民间组织基础之上的村民自治制度(俞可平 2000:17)。而近几年来,老年人协会(下文简称"老人会")此种民间组织如雨后春笋般出现在中国农村,特别是在福建乡村,老人会组织非常活跃,成为村两委组织不可或缺的帮手。据福建省老龄委最新调查统计,全省行政村中老人会的普及率高达88.3%。做为城市与农村社区老年人的互助组织,老人会创设的初衷在于维护老年人的合法权益,增进老年人的社会福利水平(甘满堂 2008:18)。在闽南

地区,"世系宗族"的观念意识根深蒂固,因而在乡村社会中代表"族权"的老人会获得社会资源的渠道十分广泛,开展的老人互助与社会公益活动也较多,老人会逐渐发展成为一股糅合了宗族势力、社区派系的特殊民间力量,更被村两委所借重,共同参与农村公共事务的治理和社会秩序的维护。据蔡坂村老人总会会长沈龙海先生介绍,蔡坂各自然村的老人会于1989年左右先后成立,1992年正式开始运作。蔡坂村老人会总会长的产生通常是由村两委指派德高望重的退休村干部担任,各自然村的老人会会长一般在综合总会会长意见、老人会成员的意见以及村民代表意见的基础上选出、任命并对外宣布。本文以蔡坂老人会在本村事务中的活动为例,具体介绍老人会做为民间力量和非正式权威在农村社会中的分量和发挥的作用。

第一则案例是关于纠纷调解方面的。从蔡坂自然村老人会会长蔡亚祥的口述中了解到,老人会比较多地参与到村里纠纷的调解,与调解委员会出面调解的方式有所不同。老人会所调解的纠纷一般多是"鸡毛蒜皮"类的小型纠纷,以赡养老人、分家、宅基地界限、口角等家庭或邻里纠纷为主。调解纠纷时会安排涉事者族中立场较为公正的老人居中讲和,充分发挥老人会代表的"族权"。由宗族内德高望重的老人出面,年轻一辈的涉事者往往会听从劝解。现在的蔡坂村大部分青壮年人几乎都外出务工,村中居留的老人比例占绝大多数,当老人会为某一纠纷做出调解决定后,倘若有人不执行或是不服,村里的老人就会以强大的舆论攻势让不服者认识到发言权上的弱势。有时村委会有些不便出面的事情也会请老人会代为解决。譬如前些年新一届村两委上任后,发觉村民在办红白事时为了面子而攀比,造成极大的物力人力浪费。为减少村里铺张浪费的办事习俗,村委会请老人会一起商议如何精简婚丧嫁娶、神诞等事务的操办流程和花销,并将这些规定列为村规民约促使村民俭办红白事。然而在宣传移风易

第三章
蔡坂村的权力结构与社会秩序

俗、节俭办事的新规时,引起不少村民的不满。村民认为只要家庭条件允许,操办这类婚丧嫁娶的大事必定要摆足排场,为此老人会派出老人对不满的村民进行开导。虽然到后来,其他自然村并没有严格遵照移风易俗的新规,但蔡坂和沈厝两个自然村在老人会的劝解下改变部分易造成浪费的习俗,村民也因之认识节约而不攀比的好处。

除了调解民间纠纷,老人会的权威作用还显现在本村公共事务之中。蔡坂村因发展木材加工业的缘故,在十几年前就已无农田和从事农业生产的村人,因此村里农副产品的供应十分不便。为此村委会意欲在村社戏台附近搭建一个简单的菜市场(早市)以方便蔡坂与沈厝两村的村民。但戏台附近的居民怕菜市场的吵闹和脏乱影响到生活环境,还有原来有一些果树种在戏台附近,故有些村民坚决反对在此设菜市场。村委会考虑到老人会在宗族中的影响力,就请老人会出面对不同意建市场的村民进行劝说。对于怕占用屋前用地的村民,老人们则进行游说:每天早市到八点多就结束,不会影响太多,而且和这些商贩建立好关系也有好处;果树所有者主要是不愿意自己出钱雇人砍掉树再行迁走,老人会的蔡会长当场自掏腰包亲付一百元给那位村民,该村民后来也发觉没必要过于纠缠于此事,就自己处理了果树。市场开市后有外村的菜贩,价格更加优惠,与之前的本村人形成竞争,从而产生矛盾,老人会也多次出面斡旋。在菜市场建成后的几年里,村民也逐渐发觉日常生活中购买农产品的便利,因而更加赞扬老人会在处理这件事情中的先见之明。蔡坂以蔡亚祥会长为主心骨的新一届老人会也通过为村民办实事的方式获得了大家一致的认可与尊重。

老人会的所有职能中,承袭传统且又是老人最擅长的一项就是统筹宗教方面的事务,村两委对此一般不会插手过问,只有像

闽南蔡坂人的社会与文化

每年农历三月十五全村前往角美祭拜保生大帝这样的大事①,村委会才会和老人会一起协调组织。以前全村在没有组织的情况下前去祭拜,场面十分的混乱,有时候还会同其他村庄的人发生冲突。新一届的村两委上台后,意识到老人对于宗教方面的事务最为熟知,而且老人会在村里影响广泛,于是村委会开始借助老人会所具有的权威性和动员力量,致力于增强神诞、祭典活动的组织性。正式权威与非正式权威携手合作后,每年都由村长蔡亚建和包村干部蔡志强两人领队,老人会负责具体的协调。出发前往角美祭拜的当天,全村人按照先前从宗祠老人会处领取的号牌对号上车,私家车与包用的大车从1到100标号排序,每辆车都写有"蔡坂村"字样的标识牌,老人会还制作了蔡坂村的村旗以壮声势。村长与包村干部的车在去程一前一后负责引导车队有序行进,老人会则在中间的大车上用对讲机或者手提电话联络协调,确保不超车、不争抢。村干部和老人会为了避开高峰及可能发生的与别村的冲突,特意挑选在三月十六再上山,还邀请武馆、鼓队随行助兴。祭拜活动所有的公共花销,老人会列出清单后交给村委会报销支付。

从上文列举的三则案例可反映出蔡坂村老人会成功地行使着同意的权力和教化的权力,在整体的权力结构中占据举足轻重的地位。而村两委和老人会的互相需要与配合也体现在蔡坂村大大小小、纷繁复杂的公共与私人事务中,二者一个以"政权"为

---

① 蔡坂村民对保生大帝的尊奉由来已久。以前每年的农历三月十五日村民都会结伴去角美祭拜,但是因为周边其他村子也选择这一天上山祭拜,所以人潮涌动中难免发生一些村与村之间的口角纠纷。后来蔡坂老人会和村委会考虑到"角美祭拜"是村民热衷的盛事,必须确保村民安全及祭拜过程的顺利进行,因此老人会和村委会决定通力合作,宁可迟一天上山也要组织好这项全村性的活动。

背景象征农村社会的权力中心,一个延续着"族权"这种非正式权威,对传统民间社会的现代变迁继续发挥着极大的影响力。事实上任何一种社会形态都包括中心与边缘两个部分,中心是权威之所在,在大多数社会中,一个社会往往存在多个中心,即中心与次中心。非正式权威的存在并具有重大影响本身即说明传统权威形态尚未完全转化为理性与法律的正式权威形态,非正式权威在本质上相当于次中心的权威。通过对蔡坂村的权力结构的考察,从中心与边缘的角度厘清蔡坂村的权力体系主要由村两委和老人会构成,这两种权威模式虽然在性质、政治操作规则和资源配置方式上皆有不同,但是这种权力结构很巧妙地将乡村社区里不同年龄段、不同背景出身的政治、宗族、经济、文化精英整合于其中,为本村社会秩序的稳定提供了坚实的基础。

三、乡村社会的秩序与规约

乡村社会之所以产生、存在具有一定静态稳固性和社会流动性的地方权力结构,其目的便在于借助组织实体和文化规约以实现对社会秩序的控制。尽管出于严谨的考虑,秩序维护的主体与规约可以分别从村内和村外、防范和控制两组不同的视角阐述,但是本节更加侧重于村内的实际情况,而略述其他外部性的或不突出的因素,以求较为集中和具体地呈现出蔡坂村如何在现有的权力结构体系下管控社会秩序。

(一)秩序维护的组织实体

在维护蔡坂村社会秩序方面,主要有两种类型的组织实体发挥关键作用。一种是包括数十名村民小组长和村民代表在内的"准村干部",他们介于村两委和村民之间,是农村社会中维系权力中心与社区民众的桥梁和纽带。另一种是依托村两委的合法

闽南蔡坂人的社会与文化

性权威,在两委会之下设立的职能部门,亦即人民调解委员会和治安保卫委员会,这两个部门由正式选举产生的村干部监管,具体负责本村的治安和稳定工作。

1. 村民小组长和村民代表

村民小组长以及各小组选出的村民代表是农村政治生活中十分关键的角色:他们的存在一方面使得村两委会的权力进一步下沉到各自然村,能够处在更加贴近村民的位置,辅助两委会开展具体工作,强化对上百户村民的管理和控制;另一方面小组长和村民代表还肩负着维护本村本组村民利益的责任,在必要的情况下他们可成为村民与村两委沟通的桥梁,将村民迫切要解决的问题反馈给两委会。然而目前的农村中,村民小组长和村民代表都不是正式的职务,虽然在较为富庶的蔡坂村,他们可以从两委会获得一定的经济补贴①,但正是因为与权力中心的接近,有时某些小组长和村民代表便会与村民渐渐疏远,这就给角色本身带来了更为复杂或是尴尬的处境,即他们应该如何摆正心态、正确定位,从而在权力中心与边缘的村民之间平衡彼此的权益,妥善地维持乡村社会秩序的稳定。以蔡坂为例,蔡坂社原有4个村民小组,后来因为三组内部的矛盾,从中分裂出一部分村民建立了现在的五组。以往自然村分组的习惯都是凭借血缘的亲疏,按照角落进行划分,也就是说蔡坂社的诸多蔡姓后裔虽同属于二房,但是经过多年支系的繁衍,又在自然村内部形成由不同支系聚居的数个角落,每个角落上居住的村民通常都是在亲缘上关系较近的。蔡坂社基本保留过去分组的习惯,现任的5位村民小组长分别是一组蔡来成、二组蔡俊平、三组蔡建中、四组蔡海跃、五组蔡

---

① 对于村民小组长的经济补贴,在蔡坂村有个不成文的规定。但凡是由村两委会或是包村干部下达的任务,任务完成后由包村干部给予每次100元左右的补贴,其目的在于提高小组长的工作积极性。

第三章
蔡坂村的权力结构与社会秩序

旺能。然而近年来村中很多青壮年人出外开厂或是务工,所以在几位村民小组长中只有蔡建中、蔡海跃二位常驻村中负责相应的事务。

蔡坂社中村民小组长是与村民接触最多的"准村干部",他们既是由各小组的村民民主推选产生,同时也得到了村两委会的认可。他们既要配合村两委会做好政策、通知的下达与落实,又必须在必要时站出来为村民说话,承担起村民与权力中心的沟通交流。因此村民小组长以及各小组的村民代表在维护本村的社会秩序方面拥有"特别的身份"。从权力中心村两委会的角度观之,村民小组长和村民代表是基层权力的"代理人",他们贴近村民,能够协助村部将旨意覆盖、落实到每一户中的每一个人,甚至有时正式权威不得不仰仗这些"准村干部"行事;从普通村民的角度观之,村民小组长和村民代表就是村民自身的代言人,村部有什么指示,他们第一时间转告给村民,村民有什么想法或是不满,他们也会选择合适的方式帮助村民与村部沟通,在这种情形下村民小组的组长及其代表就像是本村社会秩序的润滑剂。蔡坂的村民小组长蔡建中担任小组长已经超过20年,他讲述的案例很好地呈现出村民小组长如何定位自身在村两委与村民之间的角色,并通过此一角色维持本村社会秩序的均衡。换言之,以蔡建中为代表的村民小组长在面对相对强势的村两委和相对弱势的村民时,仍然是选择站在弱势的一方以维持乡村的和谐与稳定。

据蔡组长的讲述,蔡坂村境内有一处云洞岩风景区,因龙文区城乡建设规划的需要,围绕云洞岩将要建一条东二环公路,蔡坂村临近云洞岩山脚的大部分区域都属于拆迁改建的范围。在拆迁前丈量土地商议赔偿金额的过程中,一棵老龙眼树引起不小的纠纷。这棵体型颇大的龙眼树属于蔡建中组长所在三组的一位村民所有,丈量土地时村里负责土地征用的村干部认为按照一棵树1000多元的标准赔偿即可。然而当物主蔡某找到蔡建中组

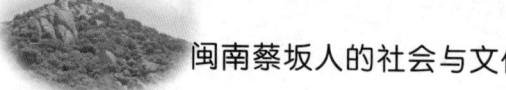

长询问时,蔡组长很实在地告诉他,如果算上龙眼树枝桠覆盖的面积,按照占地面积的平方数计算,可以获赔1万元左右。村民蔡某听闻后旋即要求村干部按照占地面积予以补偿,并声称是从村民组长处得到的讯息。事后负责拆迁的村干部联系到蔡组长,在电话里对其厉声责骂。蔡组长不以为然,当即反诘道:"他是我这个组的,又和我有亲戚关系,我知道[这个规定],为什么不能同他讲明?你当官有所顾虑,但我不是官,你凭什么管到我?"蔡组长后来透露说,若上头计划征地的面积为18亩,村里一般会多征2亩,上头也会默认多出来的2亩土地的"收入"归村委会,只有征地时村里才能享受到分成。然而据其描述,前些年村里征了300多亩土地,如今仍处在荒废状态。这起"龙眼树丈量事件"足见以蔡建中为代表的村民小组长坚定维护村民权益,勇于替弱势一方发声,恰是此种"抗衡"的声音,令强势一方意识到并不能过分地侵害弱势群体。

另一件"领导视察"的事例,亦可显现村民小组长和村民代表平衡上下权力关系和本村社会秩序的作用。在云洞岩和盐鸡城规划重整过程中,原先很多在云洞岩山脚下开店摆摊的商贩被迁至云洞岩山门外的道路两旁。除了亚章、恁北和大头盐鸡店等少数几家买得起店铺外,绝大多数商贩负担不起店面费用只能沿街摆摊叫卖。有一次区卫生局某位领导到村视察,村干部叫上村民组长一道陪同。当该局长看到摊位散乱,不满村民沿街叫卖破坏村容卫生时,他"命令式"地要求其中一位村民小组长强行驱离这些商贩。但村民小组长一来看不惯该局长颐指气使的官僚做派,二来偏护村民觉得他们为了生计也不容易,遂性情耿直地当场表示绝不会做这种事情,甚至言辞略显激烈,一度让"领导"很没面子。当时陪同在一旁的村干部已觉气氛尴尬,只能尽力打圆场。后来该局长担忧如果下面不配合工作,上级部门过来检查时若不合格,本身自然会受连累,于是赶忙向村民组长赔笑脸,恳求其配合工作。这位村民组长在访谈中曾以另一位区委书记做对比,他说那位书记的工作方法就很令他满意,对村民组长很尊重也很客气,总是拍着组长们的肩膀说"村里的工作需要大伙配合才能做到位",还盛情邀请组长们一同吃饭。对比这两位"领导",该村民组长表示,对于那些不拿架子、平易近人的领导,他很乐意尽心尽力配合,在具体工作上对上面予以支持。但对于有些"打官腔"的领导,他认为可以选择"不伺候",因为他不戴"乌纱帽",没有那么多的顾忌。

从上述事例可见,相对于体制内的村干部而言,村民组长和村民代表更加超然于权力阶序的限制,他们扮演"中间角色"所发挥的作用,在维护基层农村社区权力结构与社会秩序稳定中是不可或缺的。

2. 人民调解委员会

依据国家相关规定[①],每一个基层村民委员会或居民委员会都必须设立人民调解委员会,依法调解管辖范围内的民间纠纷。人民调解委员会的委员一般由村民会议或村民代表会议推选产生。人民调解的目的是通过说服、疏导等方法,促使当事人在平等协商基础上自愿达成调解协议,解决民间纠纷,避免进一步走司法程序解决争端,其实质是在治理主体内部形成一条纠纷排解和秩序管控的渠道,及时解决民间纠纷,维护社会的和谐稳定。

蔡坂村村民委员会于 2012 年 8 月组织村民代表选举产生新一届的人民调解委员会,其主任为蔡志强,两名委员分别是翁国

---

① 《中华人民共和国人民调解法》规定:人民调解是指人民调解委员会通过说服、疏导等方法,促使当事人在平等协商基础上自愿达成调解协议,解决民间纠纷的活动。调解委员会是依法设立的调解民间纠纷的群众性组织。人民调解委员会由委员三至九人组成,设主任一人,必要时,可以设副主任若干人。人民调解委员会应当有妇女成员,多民族居住的地区应当有人数较少民族的成员。

闽南蔡坂人的社会与文化

强和陈梅珊(妇女委员)。从蔡坂村《人民调解委员会民间纠纷调解(排查)登记簿》等相关资料,可以看出在农村社会纠纷可大致分为七类:婚姻家庭(婚姻、继承、赡养与抚养)、邻里纷争、房屋宅基地、债务清偿、生产经营、赔偿及其他类型纠纷。其中婚姻家庭、房屋宅基地和邻里纷争是发生频率较高的三种纠纷,而近年来随着蔡坂村民营工厂的发展和外来务工人员的流入,生产经营性纠纷等其他类型的纠纷也逐渐增多。蔡坂村对民间纠纷的调解形成一套较为稳重成熟的工作思路。一般诸如邻里纷争和婚姻家庭类调解难度较小、和解可能性较大的纠纷案件,村调解委员会不会直接出面,而是尽量安排老人会中德高望重的老人先行调解,倘若老人无法说服纠纷当事人息事宁人,调解委员会才会选派合适的调解员介入,调解员多为熟悉村务的包村干部或者村民组长,有时由调解委员会主任、委员亲自出马。在蔡坂村村部设有专门的调解室,位于村部二楼,调解室的墙壁上贴满相关的制度法规,室内黑色漆皮的"品"字形沙发搭配数张黑色的办公桌。当动用调解委员会的专门人员进行调解,往往会邀请双方当事人前往村部,由村干部与双方当事人分坐在沙发的不同位置,抬头即可望见的制度法规无形中显示出正式权威的威严,如果调解结果顺利,调解员会请双方当事人共同签署书面协议或达成一致的口头协议。然而一旦一而再、再而三的调解失败,调解委员会主任则视纠纷程度的不同或是报送派出所、司法所等,或是建议当事人尝试法律途径。村部设置的法律顾问工作室、基层人民法院便民服务联系点即可提供当事人一定的咨询服务。

现任调解委员会主任蔡志强指出,虽然上升到调解委员会层面的民间纠纷每年平均高达50到60起,但是他上任以来调解约150起的纠纷中,大多皆是能够内部解决的小型纠纷,因为蔡志强本人比较"公道、有魄力",所以由他出面调解,"道理都能够讲得通",即使是个别胡搅蛮缠的村民,见识他雷厉风行的"强硬派"

作风,也不太敢扩大事端。当然若村内实在无法调解的纠纷,也只能寻求外部的解决途径,譬如村里曾发生斗殴致伤的事件,即须移交派出所处理。根据蔡坂村2013年度《人民调解委员会帮教情况记录簿》中记录的13个案例显示,对于违反一定法律法规的村民,在接受处罚重新回到村里后,调解委员会还负有帮教的职责。总之,人民调解委员会在农村社会的秩序维护方面确实发挥十分重要的作用。

3. 治保会

治安保卫委员会(简称"治保会")是乡村社会中维护和稳定社会秩序的另一大职能主体,相对于其他组织而言在治安保卫、秩序维护、社会控制方面的职能更为直接和明显。漳州市龙文区治保条例规定,村治保会的主要任务有:(1)把维护稳定工作做为首要任务,及时排查各种矛盾纠纷,了解掌握社会动态特别是危害安全稳定、易引发群体性事件的信息,积极做好疏导与化解工作;(2)做好辖区内的防火、防盗、防爆炸、防破坏、禁毒等工作,协助公安机关开展社区治安巡逻和安全防范工作,及时发现和扭送犯罪嫌疑人,消除安全隐患;(3)加强对重点人群的管理和教育,对于流动人口、社会闲散青少年、刑释解教人员、吸毒人员等违法犯罪高危群体实施管控,预防和减少违法犯罪的发生;(4)开展法制宣传教育活动,动员大家积极参与维护社区治安,自觉抵制和举报赌博、偷渡、制毒吸毒、入室盗窃等行为,加强自我防范意识和安全生产意识。

在农村治保会是建立较早的且比较重要的组织,依托于正式权威和公安机关,专司地方社区的治安管治工作。当前蔡坂村治保会的组织结构共分为两个部分,其一是领导班子,即由治保主任蔡志强及翁国强和陈梅珊两名委员组成的委员会;其二是具体事项的执行组织,即蔡坂村治安巡逻队,共有13名成员,他们基本上是从各自然村选拔出来的青年。就蔡坂村治保会的领导班

闽南蔡坂人的社会与文化

子而言,主任与委员同时兼任人民调解委员会的主任与委员,因此治保会将矛盾纠纷排查调解的工作交由调解委员会承担。事实上在蔡坂村治保会组织内部实质性地履行职责的主要是治保主任和治安巡逻队。村民指出前些年蔡坂村的治安非常混乱,打架斗殴、入室盗窃、拐卖儿童、卖淫嫖娼时有发生,甚至还发生过较为严重的刑事犯罪事件,比如故意伤人、纵火等,加之外来流动人口较多,本地人与外地人很容易便因小事而产生对立和冲突。治安环境的不佳给村民带来不少困扰与影响,在蔡坂村调查期间确实可感觉蔡坂村的村民对陌生人充满戒心。新一届村两委上任后矢志改善村中不良的治安状况,重新组建治安巡逻队,任命民兵队长蔡腾蛟为治安巡逻队队长。据蔡腾蛟队长介绍,治安巡逻队建立之后,很快便与村里的民兵队和义务消防队融为一体,虽然三支小队职责划分与人员组成略有不同,可是但凡遇到紧急情况发生,三支队伍就会合力应对。在治安巡逻队成立后,队员不但在山林救火、洪灾、台风季等突发事件中身先士卒,挽回村民不必要的财产损失,更在每年春节前后治安最容易出现状况的时段通宵达旦地守护村民,由此在村民心目中日益得到赞许与认可,村里的治安也日渐好转。蔡腾蛟队长认为治保会重新组建治安巡逻队的这项举措,不仅恢复村里应有的良好秩序,给村民留下了良好印象,也对想在村内偷盗或是闹事的外人产生威慑。

(二)秩序稳定的规约

费孝通在对传统中国农村社会结构的剖析基础上以经典的概括和描述阐明农村社会的"乡土性",他将中国广大农村基层社会称作"乡土社会",认为乡土社会的特点是"富于地方性",即"他们活动范围有地域上的限制,在区域间接触少,生活隔离,各自保持着孤立的社会圈子"。因而在乡土社会中村人彼此之间都是熟人,信用的确立不必依靠对契约的重视。他们追求"无讼",所以

第三章
蔡坂村的权力结构与社会秩序

公共秩序的维持无须仰赖国家的法律,而是仅依靠"对传统规则的服膺",即所谓的"礼治"。假如我们把法律限于国家权力所维护的原则,他认为乡土社会是个"无法"的社会,但是"无法"并不影响这个社会的秩序,因为乡土社会是"礼治"的社会(费孝通 1998:9)。"礼"是不需要有形的权力机构来维护的,维护"礼"这种规范的是传统(董建辉 2005:93)。可以说"礼治社会"是费孝通对于传统中国农村社会的高度概括。

时隔多年以后,这种"依礼而治"的规约仍然深刻影响中国农村社会的秩序,地处闽南地区的蔡坂村亦是如此。当村民遇到纠纷矛盾时,最本能的一个反应便是"谁说的在理";当别家操办婚丧嫁娶事宜时,倘若知晓此事的村民故意逃避不去帮忙,其他人便会发起舆论攻势,指责这种"有失礼数、有悖传统"的行为。无论成文与否,在蔡坂村传统农村社会由祖祖辈辈延续下来的礼俗、人情、乡规、族约等都被视为"礼治"的典范,村民世世代代都尊奉这些规约,并参照与恪守这些规约,以此来筑守起本村社会秩序稳定的屏障。譬如在蔡坂村一直延续着一种传统的规矩,每逢村中有基础设施建设、神诞之类的大事,家家户户都必须按照人口数奉献出"丁口钱",村里也时常通过这种集资的方法来完成公共事务,村民大多也接受这种办事情的习惯。当然对于经济条件困难的家庭,村民都报以宽容、帮扶的态度,然而倘若有人故意违反规矩,则会成为众矢之的,受到其他村民"不守礼、不懂规矩"等言辞的"谴责"。不可否认的是随着现代化对传统社会与文化的冲击,特别是在年轻人的观念中,"礼"的繁文缛节越来越不适合快节奏的现代生活,加之国家政权扩大对基层社会的渗透和控制,"法治"观念逐渐在农村社会宣传与推广,大有"存法而废礼"的趋势。但是在本质上礼与法并不是水火不容的。在蔡坂村非正式权威与正式权威的携手合作,在某种程度上即是象征着礼法共治,上文提及的移风易俗的案例可为明证。礼与法的合力势必

成为乡村社会从传统向现代的转型过程中,确保秩序稳定的最重要方式。

四、村治过程中权力的竞争与合作

在"乡政村治"的基层管理模式下,代表政权的村两委、延续族权的老人会和伸张民权的村民代表构成了蔡坂村"三足鼎立"的权力体系。原则上这三极权力主体立场不同,对农村社会如何治理等问题难免存在相左的见解和对问题迥异的考虑角度,但是当面对诸多不涉及原则性的具体事务时,蔡坂村的社区精英更加倾向于采取"消弭纷争,戮力合作"的策略,实现彼此的互利共赢。事实上在蔡坂的政治竞技场中,不同的权力主体之间的界限并非泾渭分明,不仅正式权威与非正式权威在村治过程中经常性地保持高度的默契,体制内与体制外的精英也实现了流动渠道的互通与身份角色的互换。凭借此种政治操作规则,社区的政治精英、经济精英、文化精英和宗族精英尽管存在权力的竞争和利益的博弈,却总是能够灵活地进行腾挪转换,确保权力体系的稳定。

(一)政策实施中的竞争与合作

因城市发展需要,地处城乡结合部的蔡坂村有大量土地被征用和开发,故围绕土地征用与赔偿政策,不同的权力主体势必有不同的诉求。蔡坂附近的云洞岩山脚下,从管委会往龙文塔方向约340多亩的土地占据了极佳的地理位置,很多年前此地曾被台商看中,意欲借着龙文区发展旅游业的政策在此地兴建度假村,他通过龙文区政府的关系,很顺利地拿到土地使用的许可,但在征地开发的过程中却遇到若干阻碍。第一个阻碍是这300多亩的土地中有一部分实际归属临近的龙海市管辖。因为云洞岩有两个出口,其中之一靠近国道线的方向归龙海市,而蔡坂村的出

第三章
蔡坂村的权力结构与社会秩序

口归龙文区,在龙海市辖区内的部分土地征地工作并不成功,这对原先的度假村规划产生始料未及的影响。第二个阻碍发生在开发环节,因征地范围内有一处村庙,村民不愿意庙宇被拆除而得罪神灵,但某一天庙被突然地强行拆除,四下打听之后,村民得知当时的村干部与开发商达成了合谋协议,甚至还可能涉及村干部以权谋私,因此引发村民的集体抗议。合谋协议的内容源于国家征地补偿政策中的一项"征地提成",即行政村每征得1亩土地,村部可从土地补偿款①中(每亩赔偿7.9万元)提取6000元的抽成做为"征地管理费",余下的7.3万元则照规定发放给被征地的村民。倘若一次性征地300多亩,时任村两委将会获得至少180多万的财政收入,其中也许还不包括权力寻租所得的部分灰色收入,当时的村书记不顾村民反对擅自做主在同意书上签字,受到村民的抱怨。随着事态的发展,区政府派遣领导干部及村干部和村民代表谈判协商,最后的妥协是村庙得以恢复重建,被征的300多亩土地因为台商后来横遭车祸而至今荒废。在这次事件中,擅自做主的村书记事后因贪污和作风问题而去职,以村民利益为先的村干部获得村民的信任和支持,从而被选举担任为新一届的村两委,村民在此事发生过程中也算争得赔偿,捍卫自身的权益,权力体系通过与民妥协和内部血液的更新,进而确保了秩序的重建和结构的稳定。

另一则事例的背景是旅游开发政策的实施,蔡坂村境内的云洞岩风景区是漳州市重点发展的旅游景区。云洞古刹位于云洞岩之上,是蔡坂和沈厝两个自然村共享的公共资产,因其年代久远、建筑老化、管理落后,香火不复从前。随着漳州市大力推动旅游景区的开发,以及龙文区城镇一体化建设的政策扶持,蔡坂与

---

① 此处援引的数据出自蔡坂村两委的访谈摘要,可能与实际情况对比存有误差,以具体的数字举例是为了更加直观。

沈厝的社区精英都希望借助政策的优惠,重新整建云洞岩古刹,扩大其规模,实行公司化入股分红的管理模式,进而带动周边发展以惠及村民,增加村民的经济收入。为此蔡坂村两委出面,提议建立一个理事会形式的机构,整合正式权威与非正式权威两方面的资源和力量,专门负责推动这个项目的实施。原本村两委召集村民代表开会时建议由村主任兼任理事长,但是村主任推荐经济实力较强、人脉更广的村支委蔡志强担任,大家考虑到村主任负责村中大大小小的事务也较为繁忙,于是就投票同意改由蔡志强担任理事长,统筹古刹重建事宜,且蔡志强本人深觉此事既能造福乡里又能把握住依托云洞岩开发阳光养老中心的绝佳商机,故而欣然领命。

云洞岩古刹重建理事会实质上是权力中心和民间力量通力合作的一个典型的案例,毕竟类似于这种公益性的项目,能成功建成运作,将会有益于本村的发展。在结合村两委建议和村民推举两方诉求的基础上,蔡坂和沈厝的社区精英一起加入理事会。从表3中可以发现,副理事长多达十余人,理事长蔡志强指出古刹重建至少需要上千万的资金,而政府目前只支持数百万元,不足之数一方面通过村民集资,另一方面必须用公司化运作的方式对外进行融资,他强调但凡出资2万元以上的村人,都可以成为副理事长和享有股权,如此一来村里的经济精英便可以涉足公共事务之中,拥有一定的发言权和影响力;而像秘书长蔡严东、出纳蔡亚狮都颇有做生意、理财和经营管理的经验,能够很好地帮助理事会高效地运作;工程建筑方面的蔡北则是村里专门性的技术型人才,负责落实古刹设计方案、材料选备、工程队组建和具体的施工建设等;老人总会会长沈龙海在村里是个权威型的人物,他以前曾担任过村主任,为人和善,虽不负责太多的管理性事务,但有他在理事会坐镇,村民能够增添不少的信任感;另外蔡坂与沈厝的两位老人会会长的加入,也可动员更多的村民一起参与到云洞岩古刹的重建工作,而且老人会对本村的宗教事务较为熟悉。总之,理事会的设置与运作,体现出权力结构体系各个层级的合作,也反映出做为权力中心的村两委积极务实地拉拢民间力量,使之一起参与社区事务,更说明农村社会中不同的权力主体逐渐认识到自身权力的相对局限性,在不必排斥对方或者不太熟悉的事务中,权力主体之间存在着越来越多的合作、互利和共赢。

表3-3 云洞岩古刹重建理事会主要成员

村属	人员安排	姓名	备注
蔡坂社	理事长	蔡志强	统筹理事会各项管理,对外募集资金
不限	副理事长	沈茂金、沈溪波等十余人	捐资不少于两万元人民币即可成为副理事长
蔡坂社	秘书长	蔡严冬	经营管理方面的经验
沈厝	会计	沈龙海	现任老人总会会长,前任村主任
蔡坂社	出纳	蔡亚狮	在村庙占有股份
蔡坂社	工程建筑	蔡北	负责具体施工建设
蔡坂社	现场管理	蔡亚祥、蔡央来	蔡坂与沈厝的老人会会长

(二)换届选举中的竞争与合作

田野调查中所接触到的镇级、村级领导干部都普遍认为蔡坂村是一个基础很好的村庄,最重要的原因就是蔡坂村的选举工作从来没有出现过贿选等不端的行为。不仅如此,陈沿海书记还骄傲地表示,蔡坂村的选举曾经被视为基层选举的样板,而被漳州市媒体集中报道过。可惜的是,田野调查的数十天中无缘亲眼见证选举,只能通过经历过选举的村民和村干部的细致描述,略窥蔡坂村基层选举中的种种。

闽南蔡坂人的社会与文化

村两委的换届选举是蔡坂村村民政治生活的重要内容,也是广大村民通过选票选择中意的村干部,从而行使政治权利的一种方式。村两委的选举每三年开展一次,也就是说两委会村干部的一届任期为三年,工作能力好、得到村民认可的村干部可以连选连任,而部分达到退休年龄限制或是不愿继续连任的村干部则会在任期结束后卸任离职,至于那些工作能力差、不得民心的村干部亦会在换届选举时落选。因此对村民而言换届选举是评判两委会三年来工作绩效的一次审查,胜任者会继续得到村民的支持,不胜任者自然而然会在选举中被淘汰出局;对社区精英而言,体制内的精英三年来必须时刻如履薄冰,如此方可在换届选举时成功连任,而体制外的精英当然也可通过这次机会角逐进入权力中心,获得影响本村事务的更大的舞台。

一般而言,蔡坂村两委的换届选举工作是分开进行的,前后共分为四个阶段。第一阶段在换届选举当年的 6、7 月份,首先对蔡坂村党支部委员会进行换届选举。因为在"乡政村治"的治理模式下,党委会凌驾于村委会之上,指导村委会的工作。所以在村委会选举之前必须先经由蔡坂村近两百名党员的党内选举产生新一届的村党支部委员会,党支部换届选举结果须上报镇党委批复任命,而后再由新一届村党委会牵头安排村委会的换届选举工作。蔡坂村党支部委员会由 1 名书记、1 名副书记和 3~4 名支委组成。党员的内部选举规模较小、改选比例有限,相对于村委会选举而言,竞争更少、任职更稳定,蔡坂村现任的村支委当中连任了六、七届书记、支委的大有人在。

第二阶段是成立选举工作委员会。由新一届党支委召集各方召开选举工作前期筹备会议,并确定选举工作的方案。与会人员包括即将改选的村委、村民小组的 49 名村民代表、蓝田镇驻村工作队的 3 名驻村干部。这次会议的主要内容就是投票确定选举委员会成员的名单,并且明确选举委员会在负责换届选举各项

第三章
蔡坂村的权力结构与社会秩序

筹备工作中的具体职责,如宣传和执行关于选举工作的法律法规和相关政策文件,确定和培训选举工作人员,安排选民登记、选民审查以及公布选民户代表名单的时间节点,并且事先召开村民小组户代表会议,以无记名投票选出新一届的村民小组长和代表,然后由村民组长和代表落实各项选举准备工作。蔡坂村选举委员会一般由村党支部书记领导,委员会组成规模在7个人左右,大多为村支委,参照《中华人民共和国村民委员会组织法》《福建省村民委员会选举办法》和区、镇对换届选举的要求等规定开展筹备工作。

第三阶段是确定村委会换届选举的候选人。选举工作正式启动后,蔡坂村下属的7个自然村会在村民组长和村民代表的动员下开始推选本村的候选人,有时自然村内部可能会推选出多名候选人,而且经济条件越好的自然村其内部候选人的竞争可能越为激烈。当意见不一时,最常见的做法有两个:一是对多名候选人进行择优遴选,选出实力最强、当选可能性最大的候选人,将其名单报到选举委员会做为代表本村的唯一候选人。二是自然村会提名2~3名候选人(虽然原则上每个自然村只有一个名额),但是每位候选人参选的职务不同,其中实力最强的可以竞争村主任的职务,而其他人参选村委的职务。当然在自然村推选出的候选人往上呈报后,选举委员会、驻村干部和村民代表将开会讨论名单,对各候选人进行资格审查和预选。资格审查的标准主要是没有违反村里的计划生育规定、无打架斗殴或劳改入狱等不良社会记录、有一定的经济实力、对自然村贡献多、社会关系和睦、按时缴纳税费、至少初中以上学历等。预选则是指由49~50名村民代表以无记名方式现场对候选人进行投票,按照候选人所得票数从高到低排序,若最终需要选出5位村委,则依规定须保留20%的差额,即预选结果中得票排名前7位的候选人可以参加村民委员会的选举。蔡坂村选举委员会结合候选人意愿和预选得票数,将票数最高与次高的两位候选人分别确定为村主任、村副主任的候选人,余则皆为村委候选人,并将正式候选人名单及竞选职务予以上报、公示。另外在商议决定候选人名单之后,选举委员会还会选出选举当日的唱票员、计票员、监票员各1人,代写人员7个自然村各1人。

第四阶段是组织村民正式开始选举。通常蔡坂村在选举日前一天发放选民信,村民组长与村民代表带上选民信挨家挨户告知次日于何时何处投票;选举当日,村民组长和代表一大早约5点即前往村部领取选票,村里一般会提前贴出告示,告知在村中的公共场所(如菜市场、戏台)进行投票;当天在投票点会按时摆设桌椅及投票箱,大部分村民会参与投票,如遇不识字的村民,投票现场会有代写人员协助完成投票;如若有村民家中无人来投票,村民组长和村民代表会带上投票工具挨家挨户上门请村民参与选举;基本上一个上午投票工作即可完成。各自然村投票结束后,约在中午11点左右回到村部统计票数,在场人员主要有镇选举监督指导人员、村支委、村委候选人、村民小组长、村民代表等,一般50人左右在场见证开票、唱票、计票,直至得出选举结果。当选名单多在当天统计结果出来后反馈到镇党委审议,第二天才正式向全村公布。

蔡坂村的群众基础工作做得很好,选举流程参照规定而行,简单规范,很少出现违规或选举票数不足的情况。每次改选村委都会有1~2人出现变动,村主任、村副主任通常不会出现差错。只有一次某位候选人因未过半数票没能当选,一般参与选举的有效票在4000票左右,未过半数表示得票未满2000票,因为村民大多觉得该名候选人能力上有所欠缺,平时也并未将村民的利益放在首位考虑,尽管他赢得某些群体的允许通过候选人提名,但是村民对于"代表性不足"的候选人仍然选择不予支持。当时选举委员会出于必须使每个自然村的利益得到同等保证的目的,又

第三章
蔡坂村的权力结构与社会秩序

让该自然村现场重新推选一名候选人出来,由在场的村民代表投票表决。而之后推举的另一位翁姓候选人群众基础相对较好,并且得到蔡姓村民代表的联合支持。据说其他几个自然村对第二位翁姓候选人也并不是很熟悉,投赞成票的意愿并不是特别强烈,但现场有一位已经当选的蔡姓支委与候选人关系不错,在这位支委的力主倡议下,该名候选人得到了蔡坂村第一大姓的支持,遂以压倒性的优势赢得选举。选举得以顺利完成,既解决了突发的状况,又使得7个自然村都有人入主村两委会,这个结果不但可以让选举委员会圆满地向上级和村民交代,也维持了村与村之间权力资源分配的均衡,达到令各方皆为满意的圆满结果。

三年一次的换届选举是蔡坂村各项工作的重中之重,同样也是本村各派系势力在竞争中寻求合作从而实现权力结构体系重新整合的一次机会。从蔡坂村换届选举的诸阶段可以看出,第三与第四阶段是社区精英展开博弈的关键。一个政治权威人士的兴起,需要用适用于特定群体的思想意识和派别意识来确立自身的地位。在政治权力的潜在拥有者与民众之间,有一个交换的关系,前者要为后者付出一定的"服务",才可能获得后者的支持。而当前者成为权力拥有者时,后者则需要付出他们的支持和认可,方能从这个关系中得益。这就是社区精英获得、维持政治身份的最为普遍和通用的游戏规则。

五、权力结构对社会秩序的影响

就蔡坂村的权力结构与社会秩序的关系而言,权力结构的稳定程度、本村治理绩效和村民对权力的信任感,是衡量权力结构是否对社会秩序有正面影响的三项重要的指标。田野调查发现蔡坂村的权力机构相对而言具有稳定性,虽然部分村民对于选举和公共事务的参与热情不高,但是从基层选举的规范性来看,蔡

闽南蔡坂人的社会与文化

坂村并未出现过扰乱本村社会秩序的违规或越界行为。另一方面,从权力结构体系的内外流动性来看,蔡坂村形成一套适合自身发展的社会流动机制,不但正式权威与非正式权威之间可以实现权力结构内部的上下流动,使得二者保持着密切的互动互联,而且权力结构体系内的村两委会和老人会都对村落其他非体系内的精英采取开放的策略,尽可能地吸纳有能力、有影响力的社区精英进入权力结构内部,这样的一种社会层级流动机制较好地促进了权力结构的新陈代谢,减少村落社会的抗争性和不稳定性因素。因而蔡坂村权力结构的相对稳定为本村内部社会秩序的稳定产生正面的、积极的推动作用。若是从村落治理绩效这一指标来看,前文已用不少篇幅描述,概言之,尽管在土地征用、计划生育、村容整治、经济发展等涉及民生的具体村务中,村民与权力中心(村两委会)发生过一些矛盾,但是总体上这类事件并没有太多地降低本村治理的绩效,对于村民共同反映和关注的大的问题,诸如治安问题、本地人与外地人的冲突等,村两委和老人会采取了专项措施加以缓解。因此言及治理绩效,蔡坂村两委会和老人会的工作虽各有成败得失,但所做的努力都是为了不给社会秩序的稳定带来太多的消极影响。然而从村民对权力的信任感角度分析,蔡坂村权力体系对社会秩序的正面影响程度仍存在略微的瑕疵,这个结论与村两委会、老人会自身曾经犯过的错误息息相关。前文也已述及蔡坂村前任的村两委中曾出现贪污腐败、生活作风差的村干部,他们在村民心目中造成了极其恶劣的影响,导致至今仍旧有一部分村民对村两委会持谨慎和不信任的态度。另外一个事件则与老人会有关,使得老人会的权威在村民心中大打折扣。

　　老人会成立之初,正值政府出台政策鼓励民间信贷的发展,蔡坂老人会遂在1997年与沈厝一同以老人会的名义设置一个基金会,推举村中较有威望的老人担当理事,并选任会长1人,副会

第三章
蔡坂村的权力结构与社会秩序

长 1 人，会计和出纳各 1 人，由这些人具体负责基金会的运作。基金会的资金主要来源于 60 岁以上的老人，人均投入 800 元以存款的形式存入。基金会动员老人投资时许下的承诺是"多投则收益更高，高者可多达上万元"[①]，通过这种方式基金会当时积攒了 50 万元左右的流动资金。村民可以从基金会贷款，一般 5000 元起贷出，利息为一分半（也有人说是两分二）。贷款的村民须有担保人中介担保，这些担保人多是有钱且声誉良好的村人，但担保人不必承担坏账的后果。基金会成立的初衷一方面是为了让入股的老人能够靠"吃利息"改善生活，另一方面又能够帮助有资金需要的村民临时周转。后来因为违规借贷所导致的坏账越来越多，基金会最终于 2002 年破产。据村民反映，当时破产的导火索是基金会的某位核心人员，因人情关系违规借贷给湘桥镇的一家快倒闭的基金会，一次性借出十余万元，但是没想到湘桥的那家基金会很快垮掉后，十多万的贷款本息无归。一些贷款数值较小的村民便存"搭便车"的心理，与考虑到投资收不回来的村民一起扬言如果追不回，那些借出的八千、一万数额较小的贷款也不会退还。事件发酵的结果是，积累的不良贷款数值太大，无法追回，而村里也有大约 40 多户的借款未还，最终流动资金只讨要回笼 20%，大部分投钱的村民损失惨重。此后主管基金会的几位老人名誉扫地，老人会会长也在一片讨伐辱骂声中换届。

老人基金会事件与村干部贪腐事件接踵发生，让村民普遍对权力产生不信任，自此以后村民经常性地质疑与非议村两委和老

[①] 据报道人口述，人均 800 元的投资只是概数，并不一定准确，有的老人可能投资超过 800 元，而有的老人一时拿不出太多钱，则投资不足 800 元。因为基金会融资成功后，会以贷款方式将集资的钱贷出，从而赚取利息，因此通常情况下投资越多赚得也越多。反之，如果基金会运营不善，投资多者亏损也越多。

人会的行为举措。在当时大部分村民的钱都没有收回,村里往常安定祥和的秩序受到了极大的破坏。一方面村民开始对正式权威和非正式权威丧失信任感,以冷漠的态度拒绝参与或是配合任何由村两委和老人会发起公共事务;另一方面,村两委和老人会自身逐渐反省与改革,之前相互制衡的权力中心与民间力量皆因各自权威的折损而选择携手合作,希望以此促使村民重拾对权力结构的信心。虽然村两委与老人会的靠近给蔡坂村带来了新的政治气象,并且二者的密切合作也解决不少村民关心的问题,一定程度上让昔日的权威随着时间的推移和事实的检验而恢复,但是在近几年的合作中,蔡坂村老人会逐渐成为村两委会的执行机构,老人会原本应有的内部选举也变成村两委与包村干部的推荐任命,这一现象在部分村民心目中形成不好的印象,也在权力结构与社会秩序应有的良性互动之外埋下不稳定的隐患。

六、结　　语

如果用近现代提出的国家结构形式和科层制理论加以审视,中国农村社会从封建时代起就游离于中央集权体制和自上而下垂直管理模式之外,但这并非意味着农村地区自古便是一块独立的区域,不受中央与地方权力的约束,只是不同时期在管控和自治的效力上不同政权之间有所差异。中共执政后对于广大农村地区的行政管理,一改过去以地主乡绅为主的"代理人"模式,代之以"党政二元权力结构",确立了执政党组织对基层农村社会的领导地位,通过这种进一步将国家权力植入乡村的治理方式,重新调整了农村社会中政权、族权、民权三者的权力结构关系,并以此为基础渐进式地推动农村社会的发展和秩序的稳定。结合这样的宏观背景,本文在理论上以费孝通等学者关于乡土社会特征的相关论述为依据,并在实践中对蔡坂村开展了短期的田野调

第三章
蔡坂村的权力结构与社会秩序

查,以期从微观的视角具体展现1980年代至今蔡坂村权力结构和社会秩序发展演变的情况,以及在农村社会权力结构与社会秩序如何通过内外部因素而相互影响、相互制约。

"乡政村治"模式下的蔡坂村,从村民代表、村民小组长到民间组织老人会,再到合法性权威两委会,基本上实现新农村建设中关于村民直接选举和民主自治的要求。在权力结构体系内部,村两委与老人会分别象征着农村社会的正式权威和非正式权威,但二者又不可以简单地理解为官方权力与民间力量的分野或共治。如今蔡坂村的权力架构,虽仍以"党政二元结构"为主导,却已经呈现出权力多元化的态势,正式组织和非正式组织、权力中心和民间力量之间开展的竞争与合作,最大限度地整合了农村社区的物力和人力资源,既保留了乡土社会无讼而治的"族权"传统,又深受国家"政权"行政力量在组织和律法上的约束。与此同时因为在农村社会推行以选举为主要表现形式的村民自治,使得蔡坂村的权力结构越来越受到普罗大众"民权"的影响。综上所述,蔡坂村权力结构的特点是中心和边缘的权力主体已超越过去上下统属、等级分明的关系,转而演变为合作优于对抗的制衡关系。正是由于权力结构内部关系的调整,村两委和老人会必须以民意为基础而获得和保持权威,进行社区营造之时也必须顾忌村民利益和民间舆论,农村权力结构对社会秩序的影响也从以往的层级控制过渡为多元主体共治。

当然处于传统向现代变迁中的蔡坂仅是闽南乡村社会与文化转型的一个缩影,文中所叙述的内容只求能够凸显蔡坂村的特殊性,而未必可以兼具放之四海而皆准的普遍性。事实上人类学的政治研究,只是将政治做为社会文化众多面向中的一种,并须将其置于特定的社会、历史、文化背景下结合细致的田野资料加以分析,而绝不应该在如今呼吁政治体制改革的中国被孤立和割裂开来,从事片面的调查研究。囿于调查时间有限,且初涉权力

闽南蔡坂人的社会与文化

与秩序的研究,行文及思考多有不妥之处,期待日后能有机会再进行相关的调查研究予以充实或修正。

参考文献

金太军
 2002 村级治理中的精英分析。齐鲁学刊(5):119—125。

刘华安
 2007 村落社区权力结构变迁及其影响。理论与改革(5):75—78。

俞可平
 2000 中国农村的民间组织与治理的变迁——以福建省漳浦县长桥镇东升村为例。中国社会科学季刊(3):17—23。

周其仁
 1995 中国农村改革:国家和所有权关系。中国社会科学季刊(3):30—35。

李俊奎
 2013 村庄内部权力结构的一个实证研究——以晋南梁村为例。南京理工大学学报(社会科学版)(5):87—92。

费孝通
 1998 乡土中国。北京:北京大学出版社。

甘满堂
 2008 乡村草根组织与社区公共生活——以福建乡村老人协会为考察中心。福建行政学院福建经济管理干部学院学报(1):17—28。

董建辉
 1999 政治人类学。厦门:厦门大学出版社。
 2005 "礼治"与传统农村社会秩序。厦门大学学报(哲学社会科学版)(4):93—100。

阮云星、韩敏
 2011 政治人类学:亚洲田野与书写。杭州:浙江大学出版社。

第四章

蔡坂村的蔡氏宗族[①]

◎ 郭文华

一、前　言

本章是在2014年暑期田野调查以及其后数次回访的基础上撰写成的蔡坂蔡氏宗族报告，主要运用观察法和访谈法。通过调查，笔者发现蔡坂蔡氏宗族既有闽南地区宗族常见的特点，又有

[①] 本报告在写作过程中曾蒙蔡坂社蔡田根、蔡茂年、蔡来颂、蔡银井、蔡明生、林碧月等人的大力支持与帮助，他们尽其所能为我提供访谈资料，还在我遇到困难时帮助我，尤其是蔡田根伉俪，在我初次重回田野点时助我解决食宿问题，实在是不胜感激。林碧月在我田野调查生病期间细心照顾我，后来的回访也热情依旧，让我感到无比感动。蔡茂年及其孙女蔡晓秋则始终亲切如家人。这一切都使我收获到田野工作以外的宝贵财富，在此谨表谢意！

闽南蔡坂人的社会与文化

异于他族之处。本报告除前言、结语外,分为六节,第二节是宗族源流,第三节是宗族的象征,第四节是宗族组织,第五节是宗族概况,第六节是宗族祭祀。

早在1957年Freedman就已经指出在福建和广东两省有许多村落只有单个宗族(Freedman 2000)。蔡坂村就是一个单姓村,虽然有部分外来务工人员,但这些外来人员没有被纳入到本族或本村人的范围内。该村的蔡氏成员大都是蔡氏宗族师长公二房的后代。据说原来师长公生有四子,随着人口逐年增长,住宅用地和耕地紧张,部分蔡氏族人外迁到附近的柯坑社和后吉社。又有报道人说,在清朝至民国年间,出于躲避战乱的目的,师长公分衍出来的大房迁至印尼,后来三房因为经济发展迁至漳州市区并发展得较好,四房的子孙迁至后吉社,历经时代变迁,各房人丁都发展壮大,但仍追溯师长公为共同的祖先,这体现了宗族成员对蔡氏的持久认同感和强大凝聚力。

另一方面在开始本次田野调查之前,笔者预计蔡氏宗族会像闽南地区的大部分宗族一样有族谱,并将族谱视为本次田野的可能参考资料,希望从中可以了解蔡氏宗族的情况,然而让人意外的是蔡坂蔡氏并没有像大多数闽南地区的宗族一样,还拥有用于记载宗族的世系源流、族产、成员生卒年月等内容的族谱。蔡坂蔡氏也曾编修族谱,然而在1960—1970年代的特殊时期,由于族谱丢失加上各种因素导致蔡氏没能复修族谱,后辈对于宗族了解甚少,只能靠长辈回忆来恢复部分内容。自1980年代后,族中部分热心成员开始着手重写族谱的工作,由于各种原因这项工作至今仍在进行中。本报告主要是结合在蔡坂社观察及访谈的有限资料写成,虽然没有重要的族谱可参考,与本系列已有的四篇关于闽南地区宗族的田野调查报告做比较可能会有不少缺漏,但笔者还是尝试尽可能地呈现蔡坂蔡氏的整体面貌。

第四章
蔡坂村的蔡氏宗族

二、宗族源流

由于族谱丢失,蔡坂蔡氏族人对于祖先的了解有限,他们对于祖先的记忆最早可追溯到师长公,关于师长公以前的祖先的历史已经不清楚。结合村民的说法,以及参考漳台族谱对接网上各族谱,发现漳州蔡氏也和其他的宗族一样,认为自己的祖先来自中原,并且认为祖先是河南光州固始县人,在唐朝时随陈元光父子入闽并定居。

(一)蔡氏源流

关于蔡姓的由来,《龙溪姓氏》(政协福建省龙海市委员会 2008:9—10)中记载,蔡氏是黄帝后裔,关于其主要来源有三种说法,一是由外族改姓,二是蔡姓源自姞姓,三是蔡姓源自姬姓,前面两种说法多为传说,第三种说法是目前比较多人接受的说法,各个蔡氏宗族在追溯蔡氏祖先的来源时也多有提到。司马迁《史记·管蔡世家》云:"武王克殷纣,叔度封于蔡"。班固《汉书·地理志》云:"上蔡,故蔡国,周武王弟叔度所封。度故,成王填充其子胡"。唐代林宝《元和姓纂》云:"蔡,周文王第十四子,蔡叔度,生蔡仲胡,受封于蔡,后为赵所灭,子孙以国为氏"。《姓氏考略》上说:"周文王第十四子蔡叔度生蔡仲胡,受封于蔡,子孙以国姓为氏"。明代归震川《华亭蔡民新谱序》里则记载:"蔡之出先于周文王。而蔡叔度,武王同母弟,以武庚之乱迁。其子胡能改行,率德驯善,周公举以鲁卿士,复封于蔡,尚书蔡仲之命是也。其后平侯徙居今新蔡,昭侯徙州来,今寿县是也,后二十六年灭于楚"。这些历史记载虽然不尽相同,但是主要都是说明了蔡姓是姬姓的一支(尹全海、孙炜 2012)。

以族谱记载为例,宋绍兴五年(1135 年)工部尚书谢谔撰的

闽南蔡坂人的社会与文化

《蔡氏族谱序》(漳台族谱对接网 2014:13)中写道:蔡氏"出自周文王之子蔡叔度,生子曰仲,封于蔡国,子孙以国为氏,历传千百年,今枢密院使挺公、尚书郎抗公,概然欲统其宗,而思吾族播迁南北,苟元谱以志之,则吾始祖一体而分者,将近如路人,是故修辑谱书,以收其族心甚盛也,事甚美也……今日之举,亦为宗其宗,而不冒他人之宗;祖之祖而无舍己之祖,斯免不仁不智之说矣,爰书之以序"。又宋朝淳熙四年(1177 年)宝谟阁学士兴化军开国侯十世孙戬所写的《蔡氏族谱世系序》(漳台族谱对接网 2014:13—14)记述:"余蔡氏之先,出自姬,周文王第十四子叔度也(即以文王之元妃太姒所生,排行第五),封于蔡,上蔡其地也。叔度薨,其子□①、践诸侯位是为蔡仲。仲卒,子伯荒立。伯荒生宫侯,宫侯生历侯,历侯生武侯。武侯老,周历王失国牵巍时也。""桓侯卒,弟哀侯献舞立,哀侯为楚文王所虏,死于楚……灵侯之子曰约隐太子友,时为楚所灭,顷之楚。弃疾杀父自立,是为平王。平王欲亲诸侯,故复蔡后,乃求景侯少子立之是为平侯,平侯立九年卒……齐侯立四年,时国遭楚惠王所灭。子孙以国氏为姓著于春秋。"其他蔡氏宗谱之序言,也可发现关于蔡氏的源流大致如是。

  闽越地区人口迁入分为三个主要时期,根据陈支平教授的研究,早在孙吴时期,中原的一些驻闽人士和被流放的士人,便已开始移居闽中,到西晋时期中原士民开始大量迁移入闽,先后在西晋的永嘉年间、唐高宗统治时期和五代时期形成三个高潮(陈支平 2011:1—8),闽南地区族谱的世系源流部分几乎都会切合这三个时段来描述祖先的历史,甚至追溯到更早的时期。蔡氏第一次较大规模地入闽是在唐总章二年(669 年),因当时泉州与潮州一带发生反抗官府压迫的"蛮獠啸乱",朝廷派遣光州固始人陈政、

---

① 网上显示不清楚的部分用符号"□"代替。

第四章
蔡坂村的蔡氏宗族

陈元光父子率领中原河洛地区中州、光州、蔡州府兵入闽平乱,共有58姓,其中较知名的蔡姓族人有校尉蔡长眉、队长蔡彧,他们都是河南固始人。后来漳州蔡姓传衍形成的众多派系中主要有七支:蔡允恭派、蔡彧派、蔡长眉派、蔡炉派、蔡苣派、蔡翁庆派、蔡松涧派,这些蔡氏支派大多是唐宋时来自中原光州固始(政协福建省龙海市委员会 2008:10—12)。

与蔡坂蔡氏有关的蔡彧,据台北《鸿儒蔡氏族谱》记载:"先世居光州固始,军校蔡长眉、蔡彧于唐咸亨元年(670年),从高宗派遣陈元光伯父陈敏、陈敷率45姓军校,及魏妈举家同往之众进援,与陈元光同驻火田,绥靖边陲"(江苏蔡氏文化研究总会网)。

济阳蔡氏奉蔡彧(字德明)为始祖,他入闽并在漳州之东四望山(今龙海角美镇所在地)开基,繁衍生息,于是后代子孙遍布海内外。现时在角美镇洪岱村还保存着蔡氏宗祠一座(政协福建省龙海市委员会 2008:10—12)。

(二)蔡坂蔡氏

关于宗族的源流,在闽南地区的族谱中,各姓族人常将入闽始祖的历史附会到唐朝时开漳功臣陈政、陈元光父子入闽的故事中,如顶城陈氏(卯丹 2012)、陈坑陈氏(商艾思 2013)与绵治邹氏(杨洁琼 2014)。蔡坂蔡氏宗族的来源虽然缺乏族谱等重要文字资料,但根据田野调查过程中报道人的口述资料,以及参考漳州地区同一时期发展起来、堂号同为"济阳"的其他蔡氏的族谱,可以找到部分线索。因此我们主要是通过漳州地区其他"济阳"蔡氏族谱及福建地区姓氏源流的资料以推究蔡坂蔡氏的历史。

根据地方历史资料的记载,蔡坂社历史上属于漳州府龙溪县二十七都辖下的地方。历代修辑过的龙溪县志一共有三个版本,分别是明朝嘉靖年间、清朝乾隆二十七年(1762年)以及清朝道光年间的重修版本,但直到道光年间重修的龙溪县志上,皆未见

"蔡坂社"的记载。而据报道人所说,本地区内的村社都已经有数百年的历史。综上所述,关于蔡坂社建立的时间,一则可能官方资料的记载存在缺漏,二则可能"蔡坂"是本地人的称呼,而官方记载则有其他名称。不过根据天一阁所藏的明朝嘉靖甲午年(1534年)《嘉靖龙溪县志》和清朝乾隆二十七年(1762年)《福建省龙溪县志》,可以确认蔡坂社所在地区的确是龙溪县二十七都辖下的地方,所以县志部分也可以给本文提供较多信息。

查阅漳台族谱对接网上涉及济阳蔡氏源流的族谱,发现漳州的济阳蔡氏都将蔡彧奉为最早的祖先,蔡坂蔡氏也不例外。历史上闽南地区曾被认为是"蛮"人的地方,自宋明理学推广以后,民间经历了一次重大的礼仪的变迁,最明显的表现就是宗族的建立,组成宗族最重要的元素是族产、族谱和祠堂。其中族谱常常记载祖先是随陈元光父子入闽,而陈元光是中原人,由此切入,将祖先追溯为中原人,而有别于"蛮"。通过村民的口述,可知蔡氏也在宗族来源上采取了这一方法,将祖先描述为中原人士。虽然蔡氏的族谱已经在"文革"期间销毁,无法再了解族谱上的内容,但村中耆老的说法,与其他宗族源流的故事差异不大,蔡氏关于祖先源流的说法也含有传说的性质。

与前述的五个闽南宗族相比,蔡氏关于祖先的记忆是相当模糊的,问遍村中耆老,能说清楚祖先来源的人寥寥无几。有一种说法是龙文区和龙海市九湖镇自古至今各有一个称为蔡坂的地方,古时龙海市的蔡坂住的主要是蔡姓族人,龙文区的蔡坂住的主要是张姓族人。后来龙文区蔡坂的张氏逐渐式微,有一支蔡氏族人逐渐强大并取代了张氏的地位,取代张氏后人;后来张氏后人发现九湖镇也有一个住着蔡姓居民的蔡坂村,为了出一口气,张氏族人不管当地的蔡姓是否与现今龙文区蔡坂的蔡姓为同一族,就将当地蔡姓族人赶走并占据了当地,所以就有了"张换蔡、蔡换张"的说法。

第四章
蔡坂村的蔡氏宗族

另一说法是与陈元光入闽有关。蔡来颂老人是村中比较清楚祖先传说的人之一，在访谈中他提到：随陈元光父子入闽的将士中有一人名蔡彧者，后来在闽南地区定居，经历若干世代后，其中一支后人在今漳州市角美镇洪岱村定居并繁衍后代；又过一段时期，人口再次分化，其中一支后人迁至今天的蔡坂，奉师长公为肇基祖。师长公分衍四房，这四房又分别将居士公、逸士公、郎士公、田边公分别奉为本支的始祖。其中长房已经迁至印尼，对于长房迁出的时间有两种说法，一说是清代即已至南洋，一说是民国时期迁出。据报道人说，长房的后代曾经返蔡坂认亲，但由于拿不出作为证明的族谱，最终无法认祖归宗。至于二房逸士公的后代，除了居住在蔡坂以外，部分居住在附近的柯坑社。三房郎士公自第七世即迁至现漳州市区等地，而四房田边公则迁至附近的后吉社，另建祖厝祭祀。

二房的后人在不同的时期分出七个主要的角头，分别是：后面厝、新厝口、井巷、竹篙厝、上厅、下蚵仔角和鸭母埕。蔡坂过去分为上蔡和下蔡，除了鸭母埕在上蔡，其他角头都在下蔡，但具体分出角头的年代已不可考。每个角头都有祖厝（公厅），用以供奉本角头的祖先。由此可知，二房的后人，还根据一定的原则再分出七支，表面上是按照地理区分，但实际上更可能是按照血缘关系以及供奉的对象来分。昔时每个角头的后人都住在祖厝（公厅）的房子里，人口增多后，渐渐在周边建起新屋。现在村民大多搬出老房子而修建新住宅，地点也不限于祖厝周围，关于上蔡、下蔡的区分意识也变得淡薄，原本住在下蔡的村民现在可能在上蔡建了住房，反之亦然。同时由于村民之间出现矛盾，并不是所有人都会在公厅里祭祀祖先，有村民将自己认同的几位祖先的牌位或遗像移出角头，放在家中祭祀；随着观念转变，近年来部分村民不再将去世的亲人的遗像放到公厅，而是留在家中。

三、宗族的象征

在闽南地区的汉族农村,祠堂是常见的建筑。"祠堂是一个家族组织的中心,它既是供设祖先牌位、举行祭祖的活动场所,又是家族宣传、执行族规家法,议事设宴的地点"(陈支平 2011:26)。"祠堂是宗族的观念、组织、制度的空间的表现形式。一个姓氏血缘群体成为自觉性的宗族的关键,在于形成共祖的认同,祠堂的始祖之祭就是将共祖这一隐性事实转化为显性的客观实在,从而在宗族成员的观念和情感上确立这种认同,并通过不断的祭祀仪式加以维系"(郭志超、林瑶琪 2008:59)。蔡坂社现存有三个祠堂,其中,开基祖师长公的祠堂是昭德堂,二房祠堂著存堂,三房祠堂守保堂。二房和三房子孙每年都有祭祖活动,但与过去的祭祀有所不同了,三房迁至漳州市区以后另建新的祠堂,所以昭德堂和守保堂现在主要供二房的子孙使用。

(一)昭德堂

蔡坂报道人一说昭德堂是供奉师长公的祠堂,另一说是师长公长子的祠堂,但因为没有族谱等文字资料可参考,至今村民没有统一说法。20世纪60年代,在"文革"的影响下,昭德堂被改作他用,祠堂内的布置和设施都被破坏。1980年代后,政府管制放松,昭德堂成为供奉神明之所,但据说因为神明要求到云洞岩上的大雄宝殿接受村民供奉,所以只在过年过节时,昭德堂才作为临时栖神之所,村里负责人会组织村民将神像从云洞岩上抬下来摆供在此处,供村民祭拜,节庆过后再将神像送回山上的大雄宝殿。2015年阴历正月二十一日伽蓝大王过诞辰时,村民并未将神像抬到昭德堂,而是在武术馆前的菜市场搭建临时的大棚,用做神明观看戏剧的场地。平常昭德堂是村中的老年人活动中心,

第四章
蔡坂村的蔡氏宗族

由于功能改变,祠堂内部的摆设主要是为老人提供娱乐休闲的设施,例如茶具以及大量的桌椅。西边的墙上贴满了近段时间相关活动的公告和开支情况,村民可以到这里查看明细。而因妇女承担了家里大部分的家务,祠堂里休闲娱乐的人一般都只有男性。祠堂早晚都有村民负责日常管理,开门的人员实行轮流制,祠堂内的柱上贴着当月(按农历计算)的值班人员名单,如果有人自愿值班一个较长时段,告知老人会即可。盂兰节的晚上,昭德堂前会有布袋戏表演,村民吃过饭就会各自搬来小凳子看戏。

图 4-1　昭德堂正面

图 4-2　昭德堂内部

(二)著存堂

著存堂是二房的祠堂,修建的历史已不得而知。祠堂于1999年曾重修一次,内有一块名为《重修蔡坂著存堂记》的石碑,内容抄录如下:

> 鸿苑蔡氏世居云洞岩麓,山水奇秀,蔚为一方著姓。我洪岱始祖德明公,隋唐入闽。蔡氏子孙繁衍棋布星罗,或载国史,或登郡志,赫赫耳目者所在多有皆知之,今不忘祖德本支也。蔡讳德明公,生为开疆拓地之臣,繁衍枝分我派。肇基祖师长公分衍四房,长房居士,次房逸士,三房郎士,四房田边,均各立祠崇祀。我次房逸士公祠曰著存堂,因岁久剥

闽南蔡坂人的社会与文化

落,族众倡议修葺,合力鸠工,不日而成。

追祀肇基祖师长公,为尊本始也。予维吾祖考录族亲世代名官、征辟、科甲显荣。明理学家鹤峰先生烈,有清盛世时,十二、十三、十四、十五世祖等钦赐或敕封皇清儒林郎,授州司马殿臣等,侍郎等显职。清末拔元蔡公潮,初号略庵,为当时社会名士。其子蔡竹禅,又名大勋,民国任龙溪县长暨龙溪县商会会长,解放后任龙溪地区副专员。先烈英名,世人尊敬,裔孙之荣也。又念修祠诸君,尊祖敬宗,善推所为,可为世风也。鸿苑世泽,其方兴未艾矣。爰不辞而为之记。祠堂倡修,后裔子孙广议乐意捐资献款。始工己卯孟春,以越月竣工。

让著存堂世代裔孙供奉祀,以慰先烈英灵,佑我子孙福禄齐天,名官征辟科甲显荣,世代昌盛,物华天宝,人杰地灵。

岁己卯一九九九年桐月阖房裔孙立

图4-3 著存堂正面

图4-4 著存堂匾额

这块于1999年新刻的碑,提及洪岱始祖蔡彧(德明公)和蔡坂蔡氏开基祖,同时记载了族内部分有所成就的成员,一则为尊祖敬宗,二则寄希望于后代子孙,希望可以世代昌盛、人杰地灵。"文革"期间,著存堂内的祖先牌位、牌匾、对联等都遭到破坏,并且被改为粮仓。1980年代以后,族人希望重修祠堂和族谱,但因

第四章
蔡坂村的蔡氏宗族

资金缺乏,最终到了1990年代后期,在族中有威望的老人的号召下,族人捐资重修,并于1999年完工。祠堂内还有《重修著存堂捐资芳名录》和《理监事芳名录》的碑刻,以便村民了解当年捐助宗祠重修的成员以及宗族理事会的组织情况。

2013年之前,著存堂和昭德堂一起作为老人活动中心,但后来因经费开支问题,自2014年春节过后,著存堂不再作为活动中心,只在春节、冬至日等重要节日才开门。宗祠重修至今已经有16年,进入祠堂内部,可见当年其他蔡氏族人赠送给二房祠堂的纪念匾额。进门后抬头可见闽南蔡氏联谊会赠送的"济阳流芳"匾,祠堂正中上方挂有蔡坂社裔孙所立的"著存堂"的牌匾。除了牌匾等物,祠堂内还存放了一些桌椅、锅碗瓢盆、过节时抬神像用的轿子等,这些都是在特定日子才会用到的,平时都放在二房祠堂内。宗祠内重新安放了祖先牌位,但由于丢失了族谱,18世以前的世系已经不清楚,目前只有自18世以来几世祖先的牌位,而且因为人口的繁衍,族人众多而祠中位置有限,所以1999年重修时限定只有其祖先辈分较高、并交纳一定的资金给理事会的村民,才可以将祖先牌位放到祠堂里。

(三)守保堂

三房祠堂守保堂,最近几年也进行了局部的修葺。传说门口的一对石鼓因为历史悠久,价值较高,前几年被人盗走,现已换上新雕刻的石鼓。祠堂内部所摆放的物品相对较少,但设有一个较大的厨房。祠堂一般不开放,通常只有在族内成员去世时,由于村民家里会出现人多拥挤的情形,可以在丧事期间到著存堂将做饭所需工具搬到守保堂的厨房内为参与人员准备食物,不过按照本村的习俗,丧礼后的聚餐不在桌椅上饮食,而是在祠堂的地上以纸张等物品垫着"席地而坐",以表对死者的尊重。

闽南蔡坂人的社会与文化

图 4-5 守保堂正面

图 4-6 守保堂内部

三房祠堂内部也有一块石碑，碑文如下：

我族肇世祖考讳师长蔡公分派四房，我房行三，其祠系九世祖员峰公祀堂，被水倒坏，废延日久，实属辜恩。本年明来春祭，见地基庭砌依然无恙，而□桩屏□遗存虽有毁坏，可用尚多，比先人始建之费，拾省其七。与十五代孙□同心天志，拟议起□崇祀二世祖郎士公冲作同派子孙公业。爰捐本房富裕协助，俱各踊跃，乃兴工于七月下浣，落成于十一月初旬，共费银□□□员，祠宇焕然一新。又另盖护厝三间，以为四时祭祀子孙更衣聚宿之所。方圆紧固，可以永久，合将所有名次及公议条规勒石以垂不朽。

开列

员峰公派下子孙共捐银三百六十大员，又祀田二坵受种子二斗，一地本社东园尾石路□，一坵东墩社后。每冬税粟三石八斗

十七代孙玉山捐银二百员入主肆付

十七代孙烈捐银五十员入主一付

著思公远孙女全官捐银六十四员，入其生父母主一付

共捐来银

第四章
蔡坂村的蔡氏宗族

共用公银

议自此以后欲入主配享者每付纳银四十员以充祀田

议祠内除读书以外不得私借寄贮器□物件,并聚集闲杂人等。违者公罚。

道光七年葭月吉旦

十五代孙智华十六代孙贞明仝识

从以上的碑文内容得知,三房曾经拥有自己的族产及相关的族规,除有祀田外,还可以"另盖护厝三间,以为四时祭祀子孙更衣聚宿之所",足见其当时的经济实力,这也为三房后人在民国时外迁奠定了经济基础,三房迁至漳州以后,又修建了新的祠堂。现时三房祠堂内没有供奉神明或者祖先,也没有供桌之类的摆设,平日主要是由二房后人负责日常管理,问及祠堂的归属问题,管理祠堂的老人说三房的人都很热情,他们要求保持祠堂的整洁以及发生问题时及时反映,例如上述石鼓被盗的情况或祠堂失修等,除此之外二房后人可以随时使用。当然祠堂所有权仍归三房,近年因漳州市政府规划修建的新公路经过蔡坂社,需要征收土地的范围可能包括二房宗祠和三房宗祠,此时二房成员就须通知三房成员,征收补偿款也属三房所有。

四、宗族组织

"宗族作为一个社会群体要能够存续,就必须按照一定的运行机制来保持它的有序状态。如果宗族内部秩序遭到破坏,宗族的存续就会发生危机,宗族就有可能解体"(郭志超、林瑶琪2008:139—140)。经过了特殊时期以后,蔡坂社又是如何维系宗族成员的联系的?通过访谈了解到蔡氏的成员还保持着对蔡氏宗族的认同,虽然由于族谱丢失以致在区分成员的辈分方面有一定的难度,但成员之间还会互相尊重,尤其是老一辈的人,更加重视宗

族成员之间的联系。其中老人会和理事会发挥着重要的作用。经过战乱等艰难历史时期，蔡氏宗族原有的家长会已经解体，但80年代还是组织起理事会负责祠堂的重修。1980年代以后，漳州市倡导各村社建立本地老人协会，以协调本地的发展。老人会在维持本地社会秩序、村社卫生建设、老人福利等方面有积极的作用。

（一）老人协会

蔡坂社的老人协会是蔡坂行政村老人会的七个分会之一。1987年，漳州市开展建"三会"（老人协会、移风易俗理事会、青年新风促进会）、推动"四办"（婚事新办、丧事简办、乔迁省办、神事不办）活动（福建省龙海县地方志编纂委员会 1993：1014）。在各个村镇深入开展精神文明建设活动，蔡坂社的老人会也是在这期间组织起来的。自1987年漳州市第一个"老人协会"在步文乡小郭坑村成立到现在，漳州市的每个村镇都已组成老人协会，每个老人会会长产生的流程一般是经由市镇发通知到村，村干部通知村民选出老人中较为有威望的人选，再由村长将名单上交镇政府，经过批准，就确定会长人选，且老人会的成员选定后变动较小。老人会的成员在当地都有一定的威望，尤其是在熟人社会里，这种类似于昔时乡绅的人物在重要的事件中能起到重要影响。蔡坂社的老人协会管理的事务，大至安排代表参加世界蔡氏宗亲会活动，小至管理街道卫生，其中还包括管理现时云洞岩上的大雄宝殿的重建工作。每年的春节和重阳节，老人会总会就组织各分会的会长开会，商议为村中老人发慰问金的事宜，并亲自去派发。平日村中的卫生管理主要包括街道打扫、祠堂的日常事务，以及村中、云洞岩上大小庙宇的管理，老人会都要负责找到相关人员去执行，并检查工作质量。村中年轻人大多忙于工作，留在村中工作的人相对少，老人协会就担当起维持本地的日常运作的任务,重要的事情再联系后辈中能力出众的人来处理。

(二)理事会

上文在著存堂部分提到《理监事成员录》的碑刻,这是祠堂内部直接与理事会相关的资料。碑文主要是记载了理事长、监事长和理监事及捐资数目的内容。这是在1987年漳州市成立老人会之后重修祠堂时所刻的,当时政府认为对于"封建迷信"要严厉抵制,并且要求像祭祀、拜祭神明等事宜都要"讲究文明",致使各个村社特有的风俗习惯受到不同程度的破坏,在调查访谈的过程中对此体会甚深,每当问及此类问题,村民都会有点避讳,或者强调这是封建迷信之事。

老人会的成员中有部分也是理事会的成员,主要是因其在村中的声望或者做事能力较佳。理事会成员主要处理与本族有关的事务,例如重修祠堂、寻找族谱资料等。不过在1980年代重修祠堂以后,暂时再没有类似的活动。寻找族谱资料的工作非常耗时费力,但线索太少,能够长期坚持这样工作的人很少。报道人指出昔时过去宗族事务是由一个称为"家长会"的组织去管理,家长会的会长相当于族长,具有重要的决定权,在"家长会"的管理下,村民对于宗族有一定的义务,家长会成员也可以在重要事情上决定如何处理。现在理事会不再有权管理村民,村民能够更加自由地处理家庭内外的事务。

有关于宗族理事会,或者说是过去的"家长会",因为缺乏族谱资料,而村民中知之者也已记忆模糊,所以在此只能大概叙述。

五、宗族概况

蔡坂蔡氏宗族有自己的亲疏观念,并以这种观念来处理生活事件。值得注意的是,"文革"过后蔡氏宗族成员之间的凝聚力下

降,没能重修族谱。

(一)亲疏观念

在蔡坂人的观念里,同父同母的兄弟姐妹之间称为同胞或"真兄弟姐妹",同父异母的孩子之间称为亲兄弟,同母异父的兄弟之间称为"倒伙计"。同胞的第一代后人,称为"第一代隔腹"(意味不是同一个肚子出来的,也就不是同父母),依此类推,第五代"隔腹"之后的亲人之间都称为亲堂。至于亲戚,则是指妻子及妻子娘家的亲人,如果遇到入赘的情形,则是指男子"娘家"的亲人。笔者通过多次确认,村民的确是使用"亲堂"这个词,来区分"亲戚"的。至于堂亲和亲堂的区别,堂亲是指兄弟的子女之间的关系,而且一般不会强调代数问题,但蔡坂的"亲堂",则是按"隔腹"的代数推算出来的,第五代"隔腹"之后的亲人之间算是亲堂,这与当地的祭祀有关,过去村民一般在超过五代以后都不会祭拜共同的祖先,所以属于"亲堂"关系的村民之间彼此认同感会减弱。

蔡坂有句话:"有亲归亲,无亲归堂,无堂归社里。"意指如果一个人去世的时候没有结婚,没有后代为他办理丧事,那么就由他的亲兄弟来办理;如果没有亲兄弟,就由堂兄弟来办理;实在连堂兄弟也没有了,就由社里的成员共同办理。可以想象,如果一个人没有亲兄弟或堂兄弟,身后事当然就只能简单打理了。而如果是"倒伙计"的父亲去世,同母异父的兄弟可以选择是否参加丧礼,但正如村民所说,"人情薄过纸",如果"倒伙计"是富裕之家,会参加丧礼的人较多。一般情况下,同胞和五代隔腹之内关系比较亲密,亲堂之间则相对较疏远。如果遇到族中长辈去世,参加丧礼时隔腹要披麻戴孝,亲堂可以帮忙但不必如此。

由于部分家庭没有男丁,村民通过招赘婚形式延续家族香火的也不少。因招赘婚加入女方家庭的男子,不必改姓,而其子女从母姓。由于计划生育政策的实施,孩子数量减少,如果此时家中生养小孩多于一个,则第一个小孩从母姓,第二个小孩从父姓,如此类推。由于经济发展,部分家庭相对富裕,为了不使家庭财产外流,富裕的家庭在儿女双全的情况下也会采用招赘婚。其他的情况还包括通过收养"童养媳"来"招儿子":童养媳自小就由养父母抚养,但不用改姓氏,待到适婚年龄,与之结婚的男子就改为蔡姓。总之,村民对这两种形式现象习以为常,也不会因为对方是招赘而来的就产生不尊重的现象,相反,有村民认为男方愿意改姓或让子女随母姓,是值得尊重的。

(二)宗族成员关系

关于蔡氏在蔡坂开基后繁衍世代的数目,村民说法不一,有说二十四世,也有说二十六世。在族谱丢失的情况下,只有少数耆老记得十八世至廿二世的字辈分别是高、瑞、笃、茂和耀。茂字辈和耀字辈的人现在处于60至80岁之间,前三个字辈是靠这些村民通过追忆祖先的字辈、儿时长辈的口头传说的方式记下来的。从廿三世开始,都是村民自行起名字,没有统一字辈。由于宗族观念逐渐淡薄,加之年轻人外出,年轻一辈很少有意区分辈分,且会出现不认识同村人的现象。

年轻人有属于自己的生活节奏,而中老年人尤其是妇女则坚持其日常活动,每逢农历初一、十五日村中的妇女会约上邻里一起到云洞岩上祭拜神明,中老年的男性常常在大宗祠设立的老年活动中心打牌、喝茶、闲聊,其乐融融。村中的七大角头除了鸭母埕距离其他角头相对较远,其他六个角头都非常邻近,居民之间也不会刻意进行区分,他们常说大家都是二房的后代,都是亲人。至于村中耆老,老人会的成员较一般村民更热衷宗族事务,包括参加其他蔡氏的宗亲会活动,修建庙宇等。但老人会以外的耆老,则由于时间和精力问题,一般较少过问宗族事务。村中的中

 闽南蔡坂人的社会与文化

年人在经济富裕后更有力支持修建庙宇等事务,为老人会提供帮助。

总体而言,村民之间大致相处融洽,遇到问题还是会顾及同宗共祖的关系,笔者访问到一个曾做过治安队成员的村民,他说:曾经有两户村民因为某个问题发生矛盾,最后竟至动武但仍解决不了问题,他后来了解到这两户人是亲戚,于是将两户人的男性亲人组织到一起进行协商。整个过程起关键作用的是这个村民提醒双方,"大家都是由同一个祖先开支出来的,如果你们还继续不和,只会让祖先不安,同一个祖先的后代还要不和,那以后外族人欺负你们的时候谁来帮你们?"双方听到以后都恍然大悟,尤其是有威望的老人,觉得如果被外族人知道了是非常不好的事,于是提议彼此互相体谅,以后不要再出现此情况,最后以双方互相道歉、宴请告终。

(三) 宗族现状

经过了20世纪60—70年代的特殊时期,以及1980年代以来的倡导"四办"(婚事新办、丧事简办、乔迁省办、神事不办)的政策,组成宗族的三个重要方面:族产、族谱和祠堂,就蔡坂而言只剩祠堂了。过去云洞岩一带及蔡坂社周围的很多土地都是蔡氏宗族的族产,但新中国成立后就归国家所有了,现时则已开发为旅游区。族谱之事,几位热心的村民一直努力寻找资料,但限于人力财力,短时间内不太可能找到足够的修族谱的资料。

现在村中人口众多,民居密集,出于本地人口增多和经济建设的需求,村中的农田都改为住宅地或者厂房用地,曾经作为族产的田地也分给村民。开基祖师长公的祠堂昭德堂改为老人活动中心,村中年轻人很少入内,而二房祠堂著存堂只有特定的时间才开门。宗族成员之间共有的联系点越来越少,让不少村中耆老感到宗族成员间的疏远。另外相传蔡氏祖先曾请风水先生设

第四章
蔡坂村的蔡氏宗族

计七星塘,在祠堂前从左到右分别是东尾庙塘、顶面大塘、芒果脚塘、三房塘、大塘、添名阁塘、龟尾塘,因此蔡氏发展良好。但太平天国起义时,起义军到达蔡坂,发现蔡坂风水很好,心生妒忌,于是破坏这里的风水,之后,蔡坂只是人丁兴旺,而不出名人了。现在因为住宅用地紧张,七星塘中的添名阁塘和顶面大塘已经填平并建起住房,年轻一辈很少人知道七星塘的名字和历史。

六、宗族祭祀

宗族通过祭祖的形式来联结族人,在宗族还保有族产的年代,祖先祭祀更是围绕族产制定祭租、祭田、学田以及与之相关的规定族中成员权利与义务的条规、契约等(陈支平 2011:39—40)。但在政府的移风易俗、"文明建设"等要求下,蔡坂社的很多风俗习惯,包括祭祖活动都已经简化很多,田野调查过程中看到的都是被简化了的仪式,祭祖的活动也不例外。

(一)祖厝祭祀

蔡坂社的七大角头,各建有祖厝(公厅),认同于同一个角头祖的子孙会将自家祖先的牌位或者遗像放置于祖厝内,在死者的忌日,通常其三代至四代以内的直系子孙以及外嫁的女儿、女婿、外孙等会到祖厝祭拜。

临近死者的忌日时,死者的儿子(通常是长子)会提前通知兄弟姐妹,以便各自准备祭品,祖先忌日当天子孙将准备好的食品都带到祖厝,包括熟肉、糕点、水果、面食、饮料等,按距离神位牌从近到远摆放在八仙桌上,其中最重要的是白米饭和糯米饭,村民强调用碗盛好后,一定要将米饭砌成高出碗沿的圆锥状。如果当次拜祭是祖先生前有特别爱吃的食物,子孙也可以特地为他准备。总而言之,就是要让祖先获得满足。放好供品食物,子孙开始上香。在村民的观念中,祖先也是需要时间品尝食物的,在这期间,男性亲人要在手上绑红绳子,女性亲人要带头花,他们可以折自己带来的金银纸,待到一定时间,他们会通过一定的方式来确定祖先是否"吃饱了",现在常用的方法是抛硬币,只要结果是一正一反就说明祖先已经"吃饱了",子孙可以焚烧带来的金银纸。

子孙将金银纸在空地上放好一部分,有人负责点火,有人则要同时用水在周围浇水一圈以围绕纸钱,原因是祖先之外的孤魂野鬼会来抢这些纸钱,水有阻隔的作用,可以保证不受侵犯。直到将所有带来的纸钱烧完,众子孙就可以带着祭品离开祖厝。如果子孙已经搬到市镇居住,不能赶回来参加祭拜,可以在自家的阳台等处向着家乡所在的大致方位上香、摆设供品,表示自己已经拜祭过死者了。

按照习俗,子孙一般是在祖先去世后的第一个忌日才会准备较丰富的食物,而且来祭拜的后人会相对较多,有时候堂侄也会来祭拜,但随后就比较简单了,忌日也不再作通知,记得的人自己去祭拜即可。所以往往一定年份以后,祖先的忌日都办得很简单,女儿也不一定会参加。而且往往也会被更年轻一辈所遗忘。过去有族谱记载时,村民还可以追溯更早以前的祖先,但现时即使是隔了一代人也可能不知道祖先的忌日了,祭拜更不用说。

除了祖先的忌日会在祖厝祭拜祖先,春节、重阳等重要节日,村民也会去属于自己的祖厝里祭拜祖先。如果年轻人要办喜事,也会到祖厝祭拜。

(二)祠堂祭祀

蔡坂社的村民都属于二房,因此他们会在春节、冬至日等到二房祠堂著存堂进行祭拜。祠堂内的祖先牌位,除了二世祖逸士公的牌位,剩下的是十八世以后的祖先牌位,但是并不齐全。村

第四章
蔡坂村的蔡氏宗族

民的祖先牌位大多放在角头或者家中,但仍到祠堂祭祀,以表示对逸士公的尊敬。尤其在冬至当天,据说在解放前族中的家长会成员会身穿蓝色长袍,带领后人进行隆重的祭祖仪式。不过因为这样的仪式已经中断多年,已经没有村民记得具体的情景,所以难以窥其原貌。

现时的冬至日祭祀,主要是各家各户自行准备祭品(祭品跟祖厝祭祀类似),只要在当天天黑以前都可以各自去祭拜,但没有集体的仪式了。现在蔡坂社的发展模式已经变化,许多人自己办厂或者到镇上、市里工作,从事商业的人更难以抽出时间,所以自由祭祀更能适应当地的发展。

(三)墓祭

蔡坂社位于云洞岩山脚,据村中耆老的说法,云洞岩过去是蔡氏族产的一部分,在实行火葬制度以前,蔡氏及周边地区的人会将先人葬在山上。在云洞岩开发过程中,山上最大的一片坟地被清除,所以至今山上的坟墓所剩无几。剩下的坟墓,因为年代久远,大多墓碑已经不在或者碑刻已被磨蚀得辨不出文字。在田野调查期间,笔者发现个别新刻的墓碑,但是世代不详。火葬制度实施后,因已无坟墓村民一般仅在家中祭拜祖先。

村民回忆往昔每到立冬全族人会一起到云洞岩上祭拜蔡坂的开基祖师长公,冬至日整个宗族的男性会到洪岱镇角美村与其他蔡氏一起祭拜被奉为济阳蔡氏开基祖的蔡彧之墓,大寒则各角头的后代一起祭拜角头祖,其余的祖先则在立夏当天祭拜。上山祭拜祖先通常要好几天,花费甚多,极其热闹,祭品包括:猪头、发粿、水果、饮料、糕饼,以及金银纸、香烛、鞭炮,越重要的祖先,祭品越丰富。经历特殊时期的暂停,1980年代以来,这些祭拜逐渐恢复,但现在已经不会全族人到角美祭拜,祭拜师长公和角头祖也没过去热闹,村民各自抽时间祭拜角头祖而不再集体进行祭拜。

对于新亡者,其子孙在亲人去世后的三年内,都是在清明上坟。第三年的清明节,子孙要在上坟后办酒席宴请隔腹兄弟等人,并且要燃放鞭炮,表示"从白事转红事"了,从此也可以在立夏当天上坟了。

(四)杂祭

除了以上三种祭祀,村民每逢嫁娶、添丁、考上名校等喜事,正月廿一、三月初三、七月十五、六月廿八、七月廿八、除夕等时节,都会祭拜祖先,而且一般都是各家各户独立进行,时间自由。例如,新婚的夫妻,在婚后第四天回门就要到角头拜祭祖先,告知祖先有新的成员加入家族中了,以后要保佑平安。六月廿八要"开巷口",各家各户在自己家门口挂出平安灯,开始每天上香至七月廿八关巷口为止,当天晚上在门口还得先烧纸钱再熄灭平安灯。期间的七月十五盂兰节,晚上会在昭德堂门口设一供桌,摆放贴有"盂兰"二字、体积约一立方的纸糊房子,村民会在天黑以后到昭德堂把糖果放到该纸糊房子前,叩头过后把所带纸钱烧掉,接着再拿回一部分糖果回家。半夜时分,管理昭德堂的老人烧掉纸糊房子,点燃鞭炮,表示当年的盂兰节活动结束。

七、结　　语

本报告尝试将蔡坂蔡氏宗族与过往厦门大学人类学系已研究过的五个闽南宗族作对比,以了解蔡氏宗族与其他漳州地区同类亲族群体的异同。

闽南璞山简氏宗族(刘丽梅2010)对于对祖先的记忆的版本有两个,一个是当地人口述的版本,一个是根据族谱记载的版本,而族谱记载的版本众多,可以说简氏每个分支对于祖先的来源都

第四章
蔡坂村的蔡氏宗族

有不同的说法，不过这并不影响简氏族人的团结，宗族成员积极参与祠祭和墓祭，人际联系紧密，有利于宗族的维持和发展。而当地的旅游开发，将祖祠安龙仪式赋予文化的意义，增强当地人对宗族的自豪感，又促进宗族的凝聚力。近年来台湾宗亲回乡祭祖时会有捐赠，使得简氏宗族发展的经济基础更加坚固。总体而言，简氏宗族的发展呈现良好的状态。

顶城的陈氏宗族（卯丹 2012）认为陈氏的入闽始祖是南宋左丞相陈宜中，开基祖是陈宜中的后裔陈元朴，而陈氏还认为陈宜中与开漳圣王陈元光同为东汉陈实之后人，故与陈元光是同宗共祖。在明朝万历四十三年（1615 年）修建的陈氏宗祠，虽历经"文革"时期的破坏，但后来经台湾宗亲的资助得以两次重修，面貌焕然一新。陈氏族谱在"文革"时也遭到毁坏而不甚完整，但在这样的情况下，陈氏族人还是在 2001 年时修纂了《陈氏世系》。

金门陈坑陈氏宗族认为开基祖是陈元光的第二十一世孙陈八郎（商艾思 2013），宗族中最重要的组织为宗亲会，过去对宗族成员具有很大的权威与约束力，如今主要在于促进社区的发展，包括奖助学金、救济贫困人员等。陈氏宗祠始建于清朝，族谱则迟至 1986 年才开始正式编纂，随着宗族成员不断增加，每年都要续一次谱。陈氏本来是没有族产的，1953 年以后宗亲会将无人认领的土地作为族产使用。

绵治邹氏宗族关于开基祖的说法有两种（杨洁琼 2014），一是认为入闽始祖是唐朝初年随陈政、陈元光父子入闽的邹牛客，二是认为入闽始祖是唐末跟随王潮、王审知二人入闽的邹勇夫。绵治邹氏的祠堂、族谱等在"文革"时期也难逃一劫，直到 1990 年代以后才逐渐重新编纂族谱、修复祠堂，但原本各房支各自拥有的族田经过"文革"等一系列的社会变迁后不复存在。

山河村沈氏认为沈氏的入闽始祖是原籍河南光州固始县的"开漳圣侯"沈世纪，开基祖是清朝时人沈雍穆（程世全 2015）。山河沈氏宗祠比上述提到过的任一宗族拥有更多的祠堂,并且有专门用于供奉女性神位的祠堂。至于族谱,毫不例外也是在"文革"中被毁,1980年代以后,宗族成员着手重修族谱,而且女性也可以入谱。另外沈氏房头组织(指形式上或实际上主持和管理族中事务的族长、房头等)在编纂、完善族谱方面起着非常重要的作用,各个房头挨家挨户搜集信息,使得族谱的信息尽可能详尽。

  对比以上各宗族的情况,蔡坂蔡氏也认为蔡氏入闽始祖是河南固光州固始县随陈元光父子入闽的军士,这点和其他闽南地区宗族的说法类似。蔡氏聚族而居,曾有过族谱、族产和祠堂,也在特殊时期遭到毁坏,又在1980年代后尝试过重修祠堂和族谱;都有墓祭、祠祭和杂祭等。只是蔡氏宗族在经历特殊时期社会变动的冲击以后,没能像上述五个宗族一样顺利恢复原有的制度和仪式,宗族意识逐渐淡化,初步观察可能与以下的几个因素相关。

  首先是经济方面的原因。蔡氏宗族在1990年代曾经发生过经济诈骗案。据说当地宗族理事会的成员之一提出只要满60岁、每月交600元即可入股到其女婿所开设的公司,一人可认购多股,每月的股份分红可以作为老人养老金。当时村中老人都冲着养老金非常积极认购股份,开始的几个月老人们的确收到分红,但未久该理事成员的女婿卷款潜逃,导致众老人血本无归,从此村民对于理事会信任度下降,理事会内部因此出现分裂。

  宗族理事会与老人会的成员基本重合,于是老人会内部与理事会的分裂情况无异,耆老级的族人既无法同心合力,修谱之事自然很难推动。修族谱需要一定的人力、财力支持,上述璞山简氏、顶城陈氏在修谱时得到台湾宗亲的经济支持,并顺利修撰族谱。然而蔡坂蔡氏宗族近年不少人经营木材加工厂及其他事业有成,即便缺乏外援,本宗族内也应该有足够的财力可以成事,问题还是在族中的缺乏共识。在人力方面也只有几位老人默默地在做资料搜集,但系谱资料的搜集资料并非易事,由于上述原因,

第四章
蔡坂村的蔡氏宗族

宗族成员并不热衷于提供自家资料,或甚至抵制不合作,少数人的努力效果有限。1980年代初期闽南地区的宗族大多着手重修族谱,蔡坂虽也尝试过动员族中成员重修族谱,为此还集中蔡氏族人开会讨论,然而直到目前蔡坂蔡氏仍未完成修谱工作。

上述情况进一步影响蔡氏年轻一辈对待宗族的态度,青、中年人往往不确定其与哪个角头的祖先有关,也无法肯定族人彼此间的行辈关系,当笔者表达希望能找到蔡氏族谱做为研究参考时,往往表示族谱已经没有意义,问及为何有此想法,他们提到现时大家都到市里或镇里,迟早都会离开蔡坂谋发展,所以与村中族人的联系必定会减少,族谱能否修好对于要出外发展的人而言不太重要。而有另一种说法是,近年因为云洞岩旅游区的开发,蔡坂村很多土地被征收,部分村民已经不住在旧村,将来政府还会在其他地方新建商住楼给被征地的村民,未来大家都不住在一起了,有自己的空间和自由,不想太多麻烦。当然这或许是部分年轻人的想法,不能代表全体村民。

最能体现蔡氏宗族变化的现象是祭祀开基祖师长公的祠堂昭德堂,该祠在"文革"时期一度做为粮仓使用,失去祭祀祖先的功能,1980年代后至今一直没有得到修葺而显得很破旧。每年云洞岩上的大神过节时村民会将昭德堂做为临时供奉神明的地点,其余时候就作为老人活动中心使用。然而从2015年开始,村民在蔡坂社市场搭建新的供神场地,大神过节时村民都集中在市场,祠堂最后的祭祀功能也消失了。祠堂在宗族中的象征意义与实际意义都有不言而喻的重要性,然而蔡氏的祠堂在这两方面的意义都日渐消减,维系蔡氏族人的因素也越来越少。

就外部因素而言,自1980年代开始蔡坂发生了一系列的变迁,包括村中修建水泥路、村中出现首批木板厂、农田逐渐被征收开发等。随着周边地区及本地工业发展,农业逐渐消失,农田除了被政府征收利用外,大多用作建木板厂,村民逐渐从工而不务农。1980年代至今,重视经济效益的村民已经改变观念,只要还有参加工作的能力,大多会选择继续工作,时间的利用从农业时代自由灵活变成工业社会的规律定时,村民的休息时间是按照工业社会的时间来安排的,节庆则是按照农历来安排,常常与村民上班工作的时间冲突,于是联结村民的宗族祭祀、年节活动等也被不断简化。

综合上述情况,蔡坂蔡氏没能重修族谱、重修大宗祠包括了内在原因和外在原因,内在原因包括经历经济诈骗后蔡氏宗族成员彼此信任度降低并导致分裂,族中有影响力者不积极支持,一般成员难以动员,年轻一辈对宗族的认同不深刻。外在原因主要是经济发展后引起个人观念转变。但是在宗族意识逐渐淡薄的同时,村民对于神明的崇拜并没有减弱,共同的神明信仰成为联结村民的最重要的环节,甚至是取代族谱、祠堂等维系宗族的功能,蔡坂蔡氏宗族的情形和厦大人类学系以往所调查过的闽南宗族最大的不同正在于此,蔡氏宗族成员已经不再依靠宗族运作机制来维系彼此的联系,宗族理事会也失去在族中的权威,祠堂和族谱不再被成员视为重要的宗族象征,在这一层面而言,蔡坂蔡氏已经不是传统意义上的宗族。有学者提到"宗族作为一个社会群体要能够存续,就必须按照一定的运行机制来保持它的有序状态。如果宗族内部秩序遭到破坏,宗族的存续就会发生危机,宗族就有可能解体"(郭志超、林瑶琪 2008:139—140),希望蔡坂蔡氏宗族的未来不是此段话的注解。

参考文献

陈支平
  2011 近五百年来福建的家族社会与文化。北京:中国人民大学出版社。
Freedman, Maurice

第四章
蔡坂村的蔡氏宗族

  1958[1965] Lineage Organization in Southeastern China. London: The Athlone Press.

郭志超、林瑶琪（合编）
  2008 闽南宗族社会。福州：福建人民出版社。

黄剑岚主编
  1993 龙海县志。福建省龙海县地方志编纂委员会,北京：东方出版社。

卯丹
  2012 顶城陈氏宗族。载余光弘、杨晋涛（合编），闽南顶城人的社会与文化，页57—98。厦门：厦门大学出版社。

刘丽梅
  2010 璞山村的宗族组织。载余光弘、杨明华（合编），闽南璞山人的社会与文化，页68—99。厦门：厦门大学出版社。

商艾思
  2013 陈坑的宗族。载余光弘、杨晋涛（合编），闽南陈坑人的社会与文化，页206—232。厦门：厦门大学出版社。

杨洁琼
  2014 绵治邹氏宗族研究。载余光弘、钟鹭艺（合编），闽南绵治人的社会与文化，页107—190. 厦门：厦门大学出版社。

尹海全、孙炜（合编）
  2012 根在中原：闽台大姓氏探源（下册）。北京：九州出版社。

张龙腾
  2012 北山的宗族组织。载杨晋涛、余光弘（合编），闽南北山人的社会与文化，页223—264. 厦门：厦门大学出版社。

漳台族谱对接网
  2014 www.ztzupu.com。

政协福建省龙海市委员会
  2008 龙溪姓氏。

闽南蔡坂人的社会与文化

第五章

蔡坂村的家庭宗教 ▶▶▶

◎ 汪 琪

一、前 言

　　家是躲避风雨、安身立命之场所,也是心灵的避风港,给予家人慰藉和支持,因此合家安康是民间信仰最基本的诉求。家宅是抵御自然灾害和超自然灾害的安全堡垒,它不仅是建筑材料的堆砌和空间的营造,更融合了民间信仰的认知观念,肩负着家庭兴衰荣辱的命运。为构筑家庭的安全防线,家宅建造的整个过程皆有一系列的祭仪,且始终贯穿着对超自然因素的重视和考量。在日常生活中又通过神明、祖先祭祀以及祭鬼等禳灾避厄的诸多手段,以达到人与超自然力量的和谐相处,使家宅防御体系更为坚固。

第五章
蔡坂村的家庭宗教

本章根据在蔡坂村为期45天的田野工作所获资料撰写，主体分为五部分：第二节叙述房屋建造的过程与伴随的仪式；第三节描述蔡坂家庭供奉神明的种类和祭神活动；第四节介绍蔡坂的祖先崇拜；第五节描述祭鬼仪式和其他辟邪挡煞的手段；第六节介绍家庭中常见的祭器。

二、家宅建造

为构筑一个可以趋吉避凶、招祥纳福的家，从家宅的选址、修建到移居、修缮的整个过程都须严谨执行相关仪式。

（一）选址

蔡坂人重视风水，建房之前聘请地理先生堪舆乃蔡坂社的惯例[1]；堪舆的费用数百元不等，皆以吉利数[2]为准。除了专职的风水师，一位已故的乩童生前也能堪舆，而且无须使用罗盘，仅用肉眼即可相址选地。由于蔡坂人相信"近神不灵"，多会聘请远村或市区的地理先生。一般地理先生持罗盘到现场考察该块土地的地形、地势、地物、水流走向，然后综合考虑风水流年和家庭成员的生辰八字等因素，以确定房屋地址和朝向。

提及风水，不少村民耳熟能详"负阴抱阳，背山面水"等理论，即靠山的房屋可藏风纳气，屋前水流可引财气入门。背靠云洞岩

---

[1] 村中鲜有人违背此习俗，有几位村民坦言，即便视此类习俗为迷信，平时也从不"拜拜"，但因为舆论和社会压力，建房之前一定会请地理先生堪舆。

[2] 蔡坂人红包金额以双数为吉利，通常百元以120、200、240、400、800为吉利数。数字6与闽南话"抓"的发音相近，意味钱财被对方拿走，因此红包数目一般不用6；在很多地方因谐音"死"而被忌讳的数字4，却在蔡坂做为吉利数，因为村民认为4代表桌之四角象征"四平八稳"。

闽南蔡坂人的社会与文化

对村民而言是最引以为豪的风水吉格,可聚气生旺;风水中水主财,房屋水流走向的建造亦倍受重视,尤其是水管管道和排水系统。地理先生现场堪舆时会依地形高低、地表凹凸、水井位置、雨水流向的情况拟定最佳管道设计和排水方案,以求营造吉利的风水格局。

村民相信在不同的年月日时建造阳宅会影响家庭福祸兴衰,故房屋建造的重要环节包括动土、开梁、点梁、上梁、安灶、谢土、搬新厝以及新式房屋的封顶仪式,均要择吉日或吉时举行,通常由地理先生依罗盘走向、风水、施工进度等因素选定①。

地理先生在其他诸多方面也会提出建议,包括房屋基本架构、窗户大小数量和位置、神明厅高度宽度、房间功能和家具位置等。例如依据"左青龙,右白虎"、"龙强虎弱"理论,一般家宅左侧为大卧室,由家庭男主人居住或做长子婚房,俗称"龙边",右侧"虎边"一般是客厅或副卧;又如门窗,报道人指出客厅门正面向窗会导致财气不聚,乃风水大忌,俗称"通竹巷"。

(二)建造过程

房屋建造时凡是动土、点梁、上梁等重要营建环节均有仪式伴随,下文所述的仪式内容以古代大厝为标准,辅以庙宇和祠堂的资料做参考。

1. 动土

动土仪式的核心是祭拜土地公,目的是祈求土地公保佑工事顺利,仪式的日期和时辰由地理先生牵舆择址时确定。蔡坂人称

---

① 某些仪式如动土、上梁、谢土、搬新厝的时间一般要精确到某日某时,其他仪式则只要选定好日子即可;前者通常由选址时聘请的地理先生负责,后者可由村民查阅《日书》和黄历择双数吉日,或直接选初一、十五日之类现成的好日子。

116

此仪式为破土 paṇt'o，而以动土 taŋt'o 指代正式动工，有"先破土后动土"的说法；也有报道人称破土专指墓穴的开工仪式，而修建阳宅应称动土。

仪式由男性屋主负责，立于地基中后方，面朝房屋坐向（如房屋坐北朝南即面朝北方），供品为三杯茶，三或四种茶料如糖果（多为冰糖）、龙眼干、冬瓜条、水果、糕点等①，皆陈列于屋主面前的供桌上，一把锄头倚靠在供桌旁。吉时一到，屋主点燃手中的三炷香，持香作揖，同时默念祷词："今天良时吉日动土，求土地公保佑合家平安、建房顺利，等待完工后再大礼答谢"，祷告完毕后将香插于桌前土地中，继而持寿金作揖数下，口中亦默念祈福祷词。仪式结束后，屋主象征性地持锄头在房屋地基四角各挖一下，寓意屋主已征得土地公同意在此动工。继而屋主将刚祭拜用的寿金放在房屋后墙地基中央，以石块掩压以免被风吹散或被雨淋湿；正式开工时将寿金拿出存放于屋主家中，待谢土仪式时取出与同等数量寿金一同烧化。

除房屋起基前须举行动土仪式，其他修缮情况，例如毛坯房建成若干年后装修，或在已有房屋基础上加建一层楼，皆须行动土仪式。以加建一层楼为例，在即将动工的楼顶中央叠放用水泥砌合的三块红砖做为祭坛；供品与上述大致相同，置于砖前的供桌上，或直接陈列于砖前；祭拜仪式除了将香插于砖前，其余皆与动土仪式相同，在此不赘述。

庙宇和祠堂的动土仪式更为隆重，一般由德高望重的老人主持；仪式结束时会在木工工作场地搭建一个临时的土地公神龛，之后每月初二、十六都要祭拜。

2. 安门、下砛石

安装神明厅正门及砛石是一道重要的工序。门的规格很有

---

① 下文简称茶料。

闽南蔡坂人的社会与文化

讲究,昔时须合鲁班尺的吉利字,如鲁班尺八字诀"财病离义官劫害本","财"、"义"、"官"、"本"(又作吉)四字为吉利字,其中"财头本尾"说明"财"字最佳,但如今只要合红字即可;常见为长1.92米、宽0.915米,分别合鲁班尺的"迎福"、"大吉"。昔时门开两扇,安有一对铜制八卦门环,并书有一对门联,如"加冠"和"晋禄"。

门前砛石是连接神明厅与天井的台阶,是关乎家庭气脉的重要地点(陈婷婷 2013:297)。砛石必须用一块整石,不可拼接。这种做法称为"出丁"(陈支平、徐泓 2008:134)。泥水匠在固定砛石时须小心谨慎,并在条石下面放置铁钉①和硬币,以求添丁发财。

3. 开梁

中梁是传统民居的核心部件,在建筑结构上支撑屋顶,同时发挥镇宅平安的功能,代表着家族命运,故其神圣性不容小觑。开梁又称"作梁开斧",蔡坂人称之"开斧" $k'ui\ po$,顾名思义将制作中梁的原材料用斧头劈出雏形;梁木一般是上品杉木,多产自外地。开梁场所即木匠在室外临时搭建的工地。

木匠主导开梁仪式,首先是祭拜梁神。在梁木前摆放小供桌,桌上陈列三牲②、酒,以及木匠的曲尺、墨斗和泥水匠的瓦刀③。木匠和屋主燃香祭拜,并向梁神祈祷"保佑建房顺利!家宅平安!"继而烧化寿金并燃放鞭炮。梁神祭拜完毕,木匠持铁斧依次在木材的梁头、梁中、梁尾削伐,同时诵念:"第一斧在梁头,龙门开!第二斧在梁身,龙身在!第三斧在梁尾,出丁发财!"中梁忌讳沾染浊气,因此不能着地,制作时须用三角架支撑,若开斧当

---

① 铁钉谐音"丁",寓意出丁。
② 蔡坂人观念中的三牲通常为煮熟的猪肉、鸭肉、鸡肉三者任选一样或多样,搭配油炸物(如春卷、五香卷)、鱿鱼干和生碱面等,总共三样即可。
③ 下文简称为匠器。

天未能完工,便用绳子将其悬空挂起,制作完成后用红布包裹妥善安放。中梁无论制作时还是完成存放时皆禁忌女人触碰、跨过,开梁、上梁等仪式女人也不宜参加。

庙宇、宗祠、祖厝的中梁制作会另请雕刻师傅镌刻双龙戏珠等图案花纹,较考究的人家会请画师在梁中间绘制八卦,而小户人家一般仅用方形红布包裹梁身中段。红布上交错书写"安梁大吉"四字,"安"字朝神明厅门外,"梁"字则藏在梁后方,中间横写"大吉"两字(图5-1)。过去红布由四个2分或5分硬币固定的,左右两边各两个,红布缠绕一圈后用锤子将硬币像敲钉一般嵌入中梁半边,另外半边被锤平后扣在红纸上,硬币最终呈90度弯曲(图5-2)。

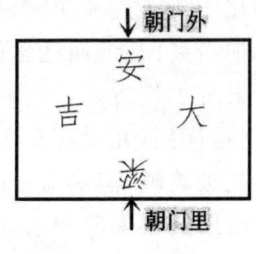

图 5-1 安梁大吉

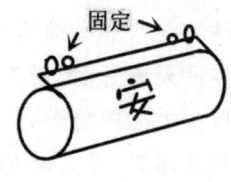

图 5-2 安梁大吉

4. 点梁 *tiam liɔŋ*

民间认为点梁仪式之后中梁才具灵气,宅内风水气运开始运转,故点梁仪式意义非凡。蔡坂社的点梁仪式先于上梁仪式,并将掀梁、点梁与上梁仪式合并在同一日完成,与金门陈坑掀梁、点梁日期晚于上梁日期不同(陈婷婷 2013:297—298)。

闽南蔡坂人的社会与文化

仪式当日,设八仙桌于神明厅中央,以五牲[①]、三牲、香菇干、发糕、红龟粿、水果、酒和茶为供品,匠器亦陈列于案,另备十二样吉利物件用红色袋子包成一袋摆放在八仙桌上:香蕉 dziu 谐音"招",梨 lai 谐音"来",芋 oa,谐音"旺",桔 kiah 谐音"吉",这四样物品寓意吉祥如意、财源旺来;木炭象征日子红红火火,铁钉代表丁,铜钱代表财,稻谷代表五谷,合起来象征添丁发财、五谷丰登;剩下四样东西分别为胭脂(谐音"姻",代表姻缘)、镜子(使鬼怪现形,驱邪挡煞)、棉花[②]、麻丝(麻丝坚韧,象征婚姻稳固)。

仪式之前屋主、木匠和泥水匠皆要礼拜诸神明,持香作揖并诵念祷语,继而插香于香炉,焚烧寿金并燃放鞭炮。炮声渐歇时锣鼓队开始奏乐。木匠将中梁制作完成后包裹的红布掀开,手持熏香炉在中梁四周转圈,以驱除邪气净化中梁。待清净完毕。由木匠点梁,在八仙桌前木匠将手中宝剑拍击桌面,继而诵念好话:"良时吉日天地开,鲁班先生赐我来;进梁进去进古来。"接着左手执宝剑,右手抓白公鸡,同时诵念:"指剑是你剑,九天玄女送我的剑;指鸡是你鸡,是人间鸡。"说毕,以剑割破鸡喉,滴鸡血于碗中;一般木匠取鸡血仅作形式,实际上碗中已用红银朱砂和水调制出红色浓浆。木匠以毛笔蘸取颜料开始点梁,依梁中、人、天、地、山、水的次序进行:木匠念道"点梁梁长寿"时,执笔点在中梁中央,若梁中绘制八卦图则点在八卦中央,若梁上雕镂双龙戏珠花纹则点红龙珠;念到"点人人旺盛",朱笔指向人;念到"点天天

[①] 闽南地区的五牲通常是指猪肉、鸡肉、鸭肉、鱿鱼、卤蛋,隆重时把猪肉替换为猪头。在蔡坂五牲主要用于祭拜天公或其他隆重场合,通常为猪头猪尾、猪大肠、猪肚、公鸡、鱿鱼干、碱面这五样,其中猪头、猪尾、猪肚、猪大肠皆须染红,猪大肠里灌以糯米和绿豆烹煮而成,和猪肚一同垫放在猪头和猪尾下面。下文将以五牲指代此类供品。

[②] 棉花的象征意义不详。

清",朱笔直指屋顶,象征点天;念到"点地地明",朱笔直指地面,象征点地;念到"点山山来龙"和"点水水朝堂"则各指两下屋外,象征点山和点水。

木匠点梁之后,泥水匠持白鸭进行"押煞"仪式[①],因鸭谐音"押",该仪式有辟邪制煞的功效。点梁、押煞仪式所用的鸡、鸭在仪式结束后由木匠和泥水匠带回家中烹煮食用。

5. 上梁

点梁、押煞仪式结束后随即进行上梁仪式。中梁的放置是否平稳关乎房屋整体结构是否牢固,而且民间相信上梁顺利可保佑家中合第平安、富贵长久,因而上梁仪式最为繁复隆重。仪式当日包括木匠、泥水匠在内的所有人员皆衣着整洁,腰间佩戴主人事前赠予的蓝白格子帔巾。蔡坂人认为帔巾有辟邪破煞功效,因此婴儿出远门时可用绣有"卍"图案的帔巾披盖,以免邪魅侵扰。

上梁之时,木匠站在梁东边代表"青龙",泥水匠站在西边代表"白虎"处木匠地位高于泥水匠,契合风水学上"青龙压白虎"的说法。两边墙各搭建一副脚手架,上面站立木匠、泥水匠的学徒和帮工,人数依中梁大小适当增减,他们负责将梁提至顶端固定好;拉梁所用工具是由一条红布、一条青布(深蓝色)和麻绳打结系紧的长绳,绳子捆绑在中梁两端。升梁时地面亦站立若干人,负责配合用力将梁顶到准确的位置。

蔡坂人将下方顶梁之人称为"出好下顶"*tsu ho āi tai*,关于这个俗语民间有一传说:昔时一户人家正在行上梁之礼,无奈单凭屋主一己之力不足为之。此时一乞丐路过欲帮助屋主,便向邻居呼唤"出好下顶",之后众人赶来相助,才使梁木顺利至顶,最后主人为答谢乞丐相助赠送大量钱财。从此以后"出好下顶"不仅成

---

① 由于报道人对"押煞"仪式具体步骤已生疏遗忘,因此在此无法详述。

为顶梁之人的代名词,亦是一句吉利话;这句俗语表面意思是指下面的人尽最大努力帮忙顶和推或是做好下面的工作,同时暗含"出丁发财"、"培育好下一代"之深意。

升梁时木匠反复诵念两句话:"梁升高出状元!梁高升出万丁!"直到中梁升至屋脊木匠方念道:"梁安在,富贵万代!"待中梁安置妥当,在梁两头各挂一盏红灯笼,象征人丁兴旺、家和万事兴;在梁两端各用红线绑一串三朵金花装饰;古人高中状元才可头戴金花,以金花装饰有期冀族人登科中举的寓意,如今是祝愿家中子女学业有成、出人头地。木匠和泥水匠在上梁仪式中占据主导地位,仪式结束后主人向二人赠予红包。

翌日主人在新厝门口祭拜"门口䖰①"mŋ k'ao aŋ,亦称"好兄弟"。"门口䖰"是因未得善终或无人祭祀而游走人间的孤魂野鬼,他们饥无饮食,寒无衣着,常常作祟害人;为防止他们侵害新居,须在上梁仪式第二日予以祭拜。屋主准备设供桌于门口,上面陈列四或六碗菜,四、五或六双银色或红色筷子,以及一个敞开锅盖的电饭煲,里面装着熟干饭②,焚香向周围四个方向作揖,拜毕香头朝外置于桌上,静候一段时间待"门口䖰"享用完毕,便将香与银纸一同焚烧。与新厝拜"门口䖰"不同,村庙上梁典礼第二日各家户须前往祭拜梁神,供品为12个红圆 aŋ î 和一袋碱面。

6. 安灶

昔时厨房灶台完工后,屋主须祭拜灶君,在新灶前陈列荐盒供品和茶,屋主烧香祭拜,同时口中默念"家中猪养得好"、"合家平安!添丁发财!"之类的祷语。如今新式厨房中煤气灶、电磁炉等已取代旧式大口灶,安灶仪式亦逐渐与入厝仪式合并,届时在厨房灶君龛前焚香祭拜即可。

---

① 䖰在漳州话里是指神的意思。
② 下文简称为饭菜筷。

第五章 蔡坂村的家庭宗教

7. 谢土

谢土对应于开工的动土,意即竣工时拜谢土地公,也象征新居建造过程的结束。供品较动土时更为丰盛,按"三牲酒礼荐盒茶"准备,即三牲搭配酒,茶料搭配茶。谢土时屋主持香祭拜,并默念感谢词与祝福语,而后取出动土时保留的寿金以双倍数量燃尽并放鞭炮。除了按约定给付工匠薪资,谢土之时屋主家还须烹煮闽南特色美食打卤面,招待木匠、泥水匠和所有帮工。报道人指出,建房时最好不要得罪师傅,过去有一位泥水匠与屋主结下私怨,为了泄愤在他家屋顶的瓦片上画一条大头朝外,小头朝内的船,代表财物入不敷出,后来那户人家果真败落。为免此类事情发生,谢土仪式也有借机拉拢酬谢师傅的意思。

8. 安龙须

谢土之后方能安龙须。龙须 liɔŋ tsiu 是指正门外屋檐悬挂的两条红色绸缎,上面印有"添丁进财"、"乔迁之喜"、"合家平安"等吉祥话,也有镇宅驱邪的作用,在蔡坂社家宅、庙宇等建筑物中非常普遍。龙须尾部呈倒三角形状的,镶有铜钱(图 5-3)或绣上⊕符号;有的龙须坠有三缕流苏。新

图 5-3 龙须

房建成后即可安龙须,泥水匠用铜钱或铁钉将龙须固定在墙面上,同时口中诵念:"龙须两边排,财源滚滚来!龙须两边排,添丁又发财!"仪式结束后屋主向泥水匠赠予红包以示感谢。

闽南蔡坂人的社会与文化

(三) 搬新厝

搬新厝是指正式搬入新宅①,对村民而言是幸福和隆重的大事件,因此倍受重视,与之相关的仪礼习俗也较为复杂,包括择日、安置神明、布置新居、入厝,四日后拜地基主、挑金水、摆筵席等。

1. 安置神明

蔡坂人普遍在家中供奉神像,而新居内神明的安置也是乔迁的头等大事。一般在正式入住前四日、前两日或当日将神像安置于新厝大厅的长案桌上,并在神像下方垫双数的寿金;寿金数量并无规定,双数即可,金纸可整叠对折或散开呈圆形两种形式。

购买或定制的新神像须请雕刻师或神婆、乩童为其开光点眼。开光仪式在店内或新家中举行皆可。事先准备茶料,待仪式开始,将包裹神像全身或遮掩眼睛的帔巾揭开,焚三炷香向神像作揖,将香插于香炉,持金笔蘸取备好的朱砂为神像点眼使神灵归位。执笔依序指向神像的眼、耳、鼻、口等七处,过程中一直诵念开光咒语,而后焚烧若干寿金,最后再取三炷香作揖礼拜。若是旧居神像,则用蓝白格子花帔包裹搬至新家,以常礼祭拜即可。

2. 岳家礼

乔迁新居时岳家须准备贺礼。妻舅②要赠送一幅装裱好的对联和众神挂像,常见以"金玉满堂"、"福禄寿喜"或"财子寿"为主题,画框上粘贴着落款赠予者名字的红纸,入厝之日起挂于神明厅墙壁正中央。除了神像画轴和对联,妻舅还赠送"金玉满堂"的

---

① 新屋落成后便可入住,但只有经过相关仪式后,才能称该家已经正式搬了新厝。

② 如果妻子没有兄弟则由岳父或岳家男性亲人代劳,下文中挑金水仪式亦如是。

第五章
蔡坂村的家庭宗教

红色横幅联彩,入厝之日起悬挂于大门门楣处,依旧俗挂至第十二日即可取下,而今有的任其悬挂数月;横幅取下后将其洗涤干净收藏,待儿子未来结婚时使用。岳家礼还包括八仙桌桌围和大红喜庆灯笼[①],红色桌围上方以金线绣有"金玉满堂"四字,图案多为"八仙"、"福禄寿三星"等,也有的绣龙和"福"字;大红灯笼样式较多,悬挂在新居正门外屋檐。为保证这些物品及时安装,通常在入厝前一天或若干天就送至新宅。

3. 入厝

入厝那日的吉时一到,家庭全员手持家什按照长幼依序鱼贯进入新宅:屋主之父持一炭火兴旺的炉(代表兴旺发达),母亲持一对保家灯(灯闽语谐音"丁",代表添丁),主妇持崭新的扫把和簸箕(代表净涤祛邪),长子持两只分别装满大米和稻谷的红桶(代表五谷丰登),孩童持书(代表学业有成);所有人在衣服口袋内塞入数颗龙眼干(代表团圆美满)和一个红包。进宅的同时口中须诵念吉祥语:"合家平安!添丁进财!五谷丰收!步步高升!"入宅后将正门阖上复开启,一关一开寓意财源广进。屋主之父所持的火炉放置于八仙桌正下方,任其燃尽熄灭;长子所持米和稻谷放置在神明厅门边的两个墙角,或是长子未来婚房的墙角,另一说法认为应该倒入米缸;新宅所有房间的每个墙角须安放一个红包。至此入厝仪式暂告一段落。按照旧俗正式入住后的四个月内陌生人不宜进入新家,恐会招引邪秽。

4. 拜诸神明

入厝当日屋主要在家中祭拜天公和诸神明。八仙桌上置香

[①] 可从商店内购得,但最好是岳家在村庙落成典礼(俗称"开大门")时所得。通常村落庙宇修建时会向各家户筹集善款,做为答谢,在"开大门"时向各家户赠予桌围、灯笼等物;村庙修建几年甚至几十年难遇,若有幸获得该礼,意义非凡。

闽南蔡坂人的社会与文化

炉一个、点亮的红烛和灯各一对、上置若干茶料的荐盒一个、圆形红糖发糕一个(约六七斤糯米制成)、红龟或红桃粿二十四个、酒壶和茶壶各一个、茶杯三个、酒杯五个、三牲、五牲,以及包着十二样吉利物件的红色信封袋一个①。屋主持香站在神明厅门外朝外作揖三下,口中诵念"求天公做主让我们一家人都平安,赚大钱",取一支香插于门口香炉;而后在屋内神像前作揖,将剩余的香插于香炉,最后持寿金拜数拜,并将纸钱在院中彻底烧化,最后放鞭炮;祭拜完大厅神明,屋主以三牲、茶料、水果、酒和茶为供品在厨房祭拜灶君。

5. 拜地基主

入厝后第四日,屋主要在门口②祭拜地基主。地基主亦尊称为地基祖,是指一块土地最早的所有权人或开发者,对该块土地的发展功不可没,他们与屋主之间有类似房主和租客的关系,因此屋主须定期予以祭拜表示感谢;有些地区将地基主奉为祖先,如金门人在家中正厅为其设"地基祖"牌位,供奉在长案桌上,于祖龛同侧(陈婷婷2013:319—320)。蔡坂人虽然没有专门设立地基主牌位,但入宅后必须祭拜地基主,希望地基主保佑家宅平安,降福免灾。祭拜时间一般在早上,以保证之后有充裕时间准备筵席招待宾客。供桌摆放在神明厅外的院落中,上面陈列饭菜筷。屋主站在供桌外侧朝屋内焚香祭拜,而后将三炷香搭在供桌桌沿,香头朝屋内方向。待香燃尽三分之一,屋主持寿金以及少量

---

① 附近杂货店均有贩卖,从两家店各买一包,拆开后发现仅有纸团、棉絮、陈皮、串珠和些许粉末;具体是哪十二样东西村人亦不甚了解。至于与前文上梁仪式所提到的十二样吉利物件是否是完全相同还有待考证。

② 与金门陈坑人在屋内祭拜(陈婷婷2013:319),以及华安绵治人在屋内向大厅后墙祭拜(谢琳2014:206)不同,蔡坂人祭拜地基主的位置为神明厅门外。但无论在陈坑、绵治还是蔡坂,祭拜地基主时均须朝屋内方向。

银纸作揖数下,在供桌旁将之与香一同放入金炉中焚烧,最后燃放鞭炮。

6. 挑金水

祭拜完地基主,屋主开始准备筵席,宾客也陆续来至家中。依照蔡坂人的旧俗,其妻舅须从娘家挑一担水送至新宅做为贺礼;现在常因岳家路途遥远,往往不可能实现,于是简化为就近装满两桶水。妻舅将两只红色水桶放到厨房地上,向桶内用力扔掷8或12枚硬币,同时诵念"金水满满"、"合家平安"、"添丁进财"等祝福语。硬币扔至桶中,桶内水满溢而出,象征着财如泉涌、财源滚滚。为表感谢,屋主回赠妻舅一个红包。

妻舅还须带约七八斤猪蹄拜访,并以之做为供品祭拜神明;仪式结束后屋主自留半份猪蹄,退回另一半,妻舅返家时屋主赠送若干祭神的供品做为回礼。

7. 大摆筵席

为贺乔迁之喜,入厝后第四日屋主在家中摆席设宴,款待亲朋好友。宴席一般下午开始,采用流水席的形式,每桌大约十四道菜。宾客接踵而至,携礼致贺;由专人负责收红包,宴会结束后主人将名字和随礼金额记在喜礼簿上,来日请人誊写于"乔迁志喜"的红纸,并贴在神明厅的墙壁上;除了礼金,蔡坂人有将石榴枝做为乔迁贺礼的习俗。宴后送客时,屋主向每位来宾回赠一个小额红包。

(四)家宅建造的演变

蔡坂社目前新建的住屋建筑以水泥房为主,传统红砖厝多已废弃,仅有少数房屋尚在使用,且主要是老人和外地打工者居住。随着社会变迁,蔡坂人在房屋建造技术、建造程序与相关仪式、居住形式上皆有所变化。

现代建筑发展的同时伴随着传统营造技艺的式微,如今钢筋

混凝土结构逐渐成为主流,无须再用梁木支撑屋顶,与中梁相关的仪式也随之取消。同时为彰显家宅建造的神圣性,与上梁仪式一脉相承的封顶仪式兴起。封顶是指用水泥板为新房顶楼夯顶,封顶顺利与否不仅关系建筑是否坚固,而且关系居住者是否富贵平安,因此要择吉日吉时举行;有的屋主会准备丰盛供品祭拜神明,并设宴邀请亲朋好友参加。

建筑技术的转变也催生了"借住"这样的新型居住模式,即新屋建成后并不马上装潢,屋主在毛坯房内居住若干年的情况。因为没有举行入厝仪式,属于非正式入住,所以称之为"借住"。关于借住的原因一方面可能是装修资金尚未到位,另一方面是考虑到房屋建成后三四年内地基容易下沉,对已装修的墙面会造成一定的损害。除了入厝仪式,借住与正式入住并无太大差异。神明厅的神像和厨房的灶君已经安置妥当,日常祭拜亦照常进行;大门口上方粘贴着红色纸质八卦图,待装修时用绘有八卦的瓷砖取代。装修动工时须再次举行动土仪式,完工亦再次谢土;装修时依自上而下的顺序进行,这样屋主无须搬至别处,只要通过换房间的方式即可达到装修和居住两不误的目的。

三、家庭神明

家宅既保护居住其内者免受风霜雨等自然力的影响,也承担纳福辟邪的功能。村民在家中供奉神明,以求祂们为家庭成员提供庇护。蔡坂社民间信仰内容丰富,家中祭祀的神明种类较多,其中大厅神明以伽蓝大王、土地公、佛祖最具普遍性;家中老人和妇女常承担起祭拜神明的职责,因祭祀活动频繁而全年忙碌。下文将简介蔡坂家中供奉的神明和举行的祭神仪式。

第五章
蔡坂村的家庭宗教

（一）神明

蔡坂人信仰的神明具有多样性，为便于介绍，在此将神明按有无象征物作分类，分为实体神明和虚像神明。实体神明包括神明厅供奉的雕塑神像、众神画轴、八仙桌桌围、符箓、神牌、令旗、香囊，以及厨房的灶君；天公、门神、车神、床婆、三界公这些神明没有象征物。蔡坂人家中供奉雕塑神像非常普遍，在随机抽取的121[①]户家庭中，未见供奉神像的仅3户，其中1户信仰基督教，另外2户是独居高龄老人。老人不与子女一起居住时可不供奉神明，原因主要有两个方面：一是老人年事已高，无力承担频繁琐碎的祭拜活动；二是拜神只因牵挂家人是否平安，如今子女皆在自家供奉神明并得其庇佑，老人不必多此一举；若子女平日无暇拜神，老人可去其家中代为祭拜。

表5-1 各家庭供奉神明抽样统计表

名称	伽蓝大王	土地公	佛祖	关圣帝君	哪吒三太子	三平祖师	玄天上帝	其他
家户数	105	64	60	35	19	10	10	10
百分比	86.8%	52.9%	49.6%	28.9%	15.7%	8.2%	8.2%	8.2%

备注：因疏忽未能在调查问卷中佛祖的定义做界定，因此在实际的调查和统计中，佛祖是指包括观音、释迦、弥勒在内的所有佛教神明。

由上表5-1可见蔡坂人普遍在神明厅供奉的神明主要是伽蓝大王、土地公、佛祖，约半数或更多的家庭供奉；关圣帝君、哪吒三太子、三平祖师、玄天上帝也有一至三成的家中供奉。伽蓝大

[①] 家户调查完成的抽样问卷总共为130份，但关于家庭宗教方面有9份问卷资料不全视为无效，因此本文统计数据来源为121户有效的问卷。

# 闽南蔡坂人的社会与文化

王是蔡坂社最有影响力的神明,有86.8%的家庭在家中供奉,与之相关的聚落祭仪亦非常隆重;至于何时开始以及为何奉其为地方守护神,已经无人能知其详,只知至少有百年以上历史。表5-1显示,大约半数的家庭供奉佛祖和土地公。拜佛祖盖因信佛之人较多,据报道人言,村中已有近五十位妇女皈依佛教;她们常组团去寺庙参加佛教活动,在家中亦虔诚诵念经文,并将佛祖视为大厅内地位最高的神。土地公又称"福德正神",蔡坂人亦奉其为财神,除了民居,店铺和工厂也多有供奉;农历八月十五土地公生日时,全村人须停工休息一天,如若私自开工就是对土地公不敬,原因是昔时农民靠地吃饭,而在土地公生日那天种地除草就等于拔了土地公的胡须。数据显示28.9%的家庭选择供奉关圣帝君,历史上关公重义气讲信用,商人尊他为行业神,而蔡坂社经商开厂之人较多,因此设坛希望关圣帝君保佑生意兴隆、财源茂盛。另有15.7%的家庭供奉哪吒三太子,又称"中坛元帅",其形象常为脚蹬风火轮,右手持火尖枪,左手执乾坤圈,民间信其神力巨大;农历九月初九时要以地瓜和芋头供奉,为其庆生,报道人指出系因为众神选生日贺礼时,哪吒贪玩迟到了,最后只剩地瓜和芋头可选。蔡坂8.2%的家庭祭拜三平祖师,村民对其信仰甚笃,每年前往漳州平和县的三平寺祭拜,虽然供奉的家庭不多,但几乎各家户的正厅门楣上都贴着三平祖师的符。玄天上帝的神像多为手持七星剑,脚踩龟、蛇,当地人又称之为"上帝公",漳州的凤霞祖宫奉其为主神,影响甚广,调查中有8.2%的家庭供奉此神。

至于神像的数量,根据统计数据,随机抽取的121户家庭中在神明厅内供奉三尊雕塑神像的家庭有53户(43.8%),所占比例最高,其次是一尊的有25户(20%),供两尊者有19户(15.7%);供奉奇数尊神像的家庭合计88户(72.7%),这大致支持了报道人"神像数量多为奇数"的说法。数据中有一户人家供奉的神像最多,有八尊,另有3户人家供奉七尊。昔时因雕塑神

第五章
蔡坂村的家庭宗教

像成本较高,大部分村民负担不起,20世纪90年代以后村民收入普遍提高,便花钱购买或定制神像,并花重金打造和装饰神坛。目前各家户中神像数量已呈现饱和的状态,曾有一位惠安的雕刻师傅住在蔡坂以手艺谋生,后来因为无生意可

图 5-4　神　袍

做而离开。关于神像的摆放顺序,报道人的意见莫衷一是:一说依照"以左为尊",应将对家宅最有裨益的神明放置在案桌最左侧,同时依神祇尊卑土地公应被放置在最右侧;另一种说法认为"中间为尊",家宅内主神(通常尺寸最大)应该放置在案桌中央。

　　蔡坂人相信神像经开光后便具有一定灵力,因此村民谨慎侍奉,不敢有一丝差池。蔡坂社有一则关于神像的传说:昔时云洞岩上大雄宝殿的抚顺将军神像颇为灵验,每至夜间常闻马铃叮当作响,正是抚顺将军骑白马游历人间,擒窃贼除恶霸,倍受民众爱戴。某夜抚顺将军遇到为其雕刻金身的匠人,当时雕刻师正卧在路中休息,抚顺将军请他让路,但师傅倨傲不肯,于是骑马从他身上跨过。师傅遂愤而将马蹄铁插入抚顺将军神像的头部,致使神像再无显灵。由此可见神像一旦损伤会大大影响其神性。村民每年仅在腊月二十四日前的某一天为神像"洗身",届时先以三牲和酒祭拜,然后用干净的脸盆和毛巾为其擦拭。多余的旧神像一般会被送至庙宇,而损毁的神像必须焚烧,决不能随意丢弃。

　　神像的身上普遍披着刺绣双龙的绸缎神袍。神袍种类多样,主色调主要有三种,按等级地位依次为黄、红、蓝,依照神明等级为神像穿戴,如土地公多为蓝袍。每逢春节、神诞,以及结婚和乔迁之日,屋主都会为神像购买新神袍,届时可直接穿戴在旧袍外

面或替换之。也有报道人称,由于神像同人一样有感知冷热的能力,所以每至深秋便为其加袍保暖,而夏日炎热一件袍已足。另外若家人就某件事向神明祈愿,来日如愿以偿,也要以新袍和供品酬谢。更换下来的旧袍洗涤干净后须小心保管,禁忌被女人踩踏、跨过。神袍若有破损不能随意丢弃,将其用寿金包裹置于金炉内焚毁。

(二)祭神仪式

蔡坂人的家庭祭神活动频繁,通过向神明献礼表明敬意,并祈求神明庇佑家庭成员。下文将简介蔡坂人的日常祭神仪式,以及拜天公、拜灶君、拜床母仪式。

1. 日常祭仪

日常祭仪包括每日早晚添香敬茶,月初和月中的拜诸神、做牙和拜车神。每日祭拜始于清晨,把供桌上茶杯内的水倒掉换上新的白开水,而后祭拜者取香数支点燃,站在神明厅门口朝外作揖三下并诵念祷词祭拜天公,将一支香插于门口香炉;而后回屋向众神作揖数下,插香于众神香炉,若供奉佛祖,还要分一支香插于佛祖案前的香炉;最后到厨房上香祭拜灶君。傍晚落日时分,再次焚香祭拜诸神明。初一、十五当天上午,村人不仅要逐一前往聚落的庙宇进行祭拜,在家中也以茶料和茶供奉,并点熏香礼佛拜神。由于供品不能重复使用,通常提前一天购置以备足量。农历初二、十六上午,蔡坂人要在家中"拜土地公",实际上并非仅祭拜土地公,而是仍按前述的天公、大厅神明、灶君顺序对诸神明进行祭拜;供品为三牲、茶料和酒。当日亦拜军将①,俗称"做牙",备饭菜筷祭拜。蔡坂村人经商者较多,故十分重视"做牙",相信

---

① 军将是指神明率领的部队,驻守村落的"五营"(东南西北中五处)。

可以保佑生意兴隆、财源广进。蔡坂人还认为拜车可保佑车辆出入平安,家中生意兴旺,因此有车之家在每月初二、十六祭祀车神。与金门(陈婷婷 2013:315)由男主人主事,以简单茶料为供品的拜车仪式不同,蔡坂一般由女主人主事,供品更为丰盛,除了茶料,还有三牲和酒。仪式流程则基本相同,上午 10 时左右,在自家车前搭一矮桌摆放供品,取三炷香点燃,祭拜后将香插于车头,持寿金祭拜,在供桌边将其烧尽后放鞭炮,最后收回祭品和供桌,留香于车头任其燃尽。

2. 拜天公

天公是闽南地区的普遍信仰,即玉皇大帝,做为众神之首,最受民众尊敬,从日常祭祀优先祭拜天公这一点亦可看出。正月初九乃天公生日,当天凌晨蔡坂社各家户礼拜天公;也有人家选择在初九子时[①]祭拜。祭拜时将家中八仙桌搬至院落,红色桌围朝外,再将中案桌上的众神香炉移置桌上,前面依次摆放五排供品:靠近桌围的第一、二排为茶和酒,俗称"茶前酒后";第三排左侧为五果(通常为香蕉、苹果、梨、红柑、桃子或李子),右侧为发糕和 24 个龟桃粿,中间是以香菇、金针菇、莲子、紫菜、豆腐和土豆为主食材分别制成的六道菜;第四、五排为五牲和三牲。祭拜天公时要站在正门和八仙桌中间面朝外持香作揖,有报道人称应拜 12 下并配合诵念《天公真经》的前几句"一拜天地功恩深,二拜宝镜照明心,三拜师尊来教法,四拜爹娘养育恩,五拜五谷好充饥,六拜灾难尽脱离,七拜南无弥陀佛,八拜莲花开满池,九拜释迦佛如来,十拜诸佛下天台,千拜万拜拜天地,拜到天上天门开",而后将寿金焚化,燃放爆竹[②]。

---

① 初八夜间 11 点便是初九子时。
② 家人去世三年内日常拜神活动皆不准放爆竹,只有春节拜天公时例外。

3. 拜灶君

蔡坂社几乎各家户都供奉灶君,村人相信灶君可保佑五谷丰收、富贵长久。由于厨房中的炉灶和煤气使用时有一定风险,灶君做为掌管食物的神明也有保卫厨房安全的职责。灶君一般安置在灶炉边的墙壁上,只有当厨房修缮或废弃时才被搬到中案桌上供奉。灶君神位大致有三种形式,一种是在墙壁上用不锈钢支架搭建神坛,其上摆放雕刻的灶君神像,以及灯、香炉、蜡烛、茶杯等物;第二种是装修时在墙上粘贴画有灶君神像的瓷砖,有的在该块瓷砖前搭建神坛,用以放置一个香炉、三个茶杯和其他祭器;最后一种是将金粉油印的"司命灶君"红纸以胶水黏在墙上,每年春节时更换。

灶君的日常祭祀较为简单,早晚添香敬茶即可,而腊月二十四、正月初四、二月初二日这几天要准备丰盛供品祭拜。民间认为众神在腊月二十四日上天汇报人间功过,为了让灶君"说好话",村民以鸡肉、碱面和面供奉灶君;灶君与众神在正月初四时返回人间,于是准备更加丰盛的供品包括鸡、鸭、面、饭菜、酒等欢迎其归来;农历二月初二日乃灶君生日,蔡坂人烹制称为"大猪粿"*tua ti kui* 的肉馅包子为灶君庆生。

4. 拜床母

民间信仰中床母是守护孩童的神灵,从婴孩出生到十六岁都要祭拜,可保佑孩童懂事、好养育。农历初二、十六日中午,在床头放一碗很满的米饭,一碗菜①和一盏煤油灯,祭拜者点燃一炷香搭在床沿,待香烧尽三分之一后将其同寿金一同烧化。所奉饭菜须由家长食用,若孩童误食会变得淘气顽劣。三月初三日、七夕和春节这三天亦祭拜床母;也有报道人称,只有出于孩童过分调

---

① 禁忌供鱼,据报道人讲述是因为注生娘娘的姓为"余",谐音鱼,若以鱼供奉是为不敬。但实际上闽南话"余"与"鱼"并非谐音。

皮或易生病等原因,向床母有更多祈求时才会在这几日祭拜。届时蔡坂人烹制一道香味浓郁的肉汤 ba tsiu(原料为猪肉或鸡肉、酒和红糖)供奉床母。

四、祖先崇拜

家族通过世代的延续传承,对祖先的祭祀既是后人表达缅怀和敬仰之情,也是希望祖先的灵魂能够为后人降福免灾。

（一）祭祖

蔡坂人普遍将祖先牌位和遗像供奉在祖厅,根据抽样调查的 121 户,仅有 13 户在家中供奉祖先。蔡坂社分为七个角落,每个角落分别建立其祖厅；其中某一角落的祖厅因动乱遭到破坏,该角落的人只能把牌位供奉家中；也有一些家户虽隶属某个角落,但出于某些原因选择在家中供奉祖先牌位。村民依岁时节日在祖厅祭祀祖先,主要是三月初三日、端午、中元、冬至、除夕等日,其中端午祭祖时要加上一碗卤面和若干粽子,冬至要多加一碗汤圆,若该年家中新添男婴,则追加一个发糕并鸣炮以传喜讯。另外蔡坂人的祭祖活动还包括扫墓和做忌。

1. 扫墓

祭扫坟墓是中国传统的祭祖仪式,一般在清明节进行；而蔡坂风俗中墓祭时间除了清明还包括立夏和立冬。清明主要是为了祭拜去世三年以内的亲人：第一年准备饭菜、三牲酒礼以及甜米糕(份数与亡者儿子人数一致)前去祭拜,按照长幼次序焚香祭拜,继而将折叠成小元宝或大船的银纸在墓前烧尽,同时烧寿金祭拜土地公；第二年扫墓时除了以供品祭拜,亲人须在坟前大声嚎哭以示哀思,俗称"哭孝"；在村民观念中,经过三年祖灵已适应周遭环境,故第三年扫墓亦称为"安墓",祭拜者准备比往年更为丰盛的供品并燃放鞭炮,结束时手持保家灯返回,意为祖灵照亮回家之路,并祈求添丁发财。如今蔡坂地区时兴火葬,并在公墓安置骨灰,故旧俗中清明扫墓的仪式逐渐省略。

立夏则是为旧坟扫墓,即去世三年以上亲人和更久远祖先的墓,供品较为简单,茶料即可。旧坟多杂草丛生,扫墓时要将墓旁杂草除净、清扫。立冬亦是为祖先扫墓,较为隆重。村民通常准备丰盛的食物包括卤面、五香卷等招待亲朋好友,俗称"吃祖",受邀的宾客被称为"墓客"。当年新添男婴的家庭要准备一个或多个发糕到祖先坟前祭拜,并燃放鞭炮;发糕上常用食用颜料书写"百子千孙"、"财丁两旺"等吉利话。

2. 做忌

做忌是指祖先忌日以供品纸钱祭祀,蔡坂人尤其重视头忌和三年忌,即亡者去世的第一、三年纪念日。通常在上午十时左右,家人从自家携带供品集聚祖厅,在祖龛前搭一张大供桌,置五牲、三牲、茶料、八碗或十碗菜、一个发糕、数把手抓面、数个龟粿、三杯酒、一碗甜面线和一碗很满的米饭。众人依长幼次序上香祭拜,有的因为逝者生前烟不离手,祭拜者会在香上插香烟以表心意。而后稍待一段时间,由长者掷硬币来询问祖先是否吃饱,得圣杯后将事先用银纸和金纸(通常共2000张)折叠的小元宝或大船在金炉中引火点燃,并在焚烧的纸钱堆外用水浇一个圆圈,村人认为如此可以防止纸钱被野鬼抢夺。第三年忌和"安墓"有异曲同工之意,即象征亡者已在祖厅安位,祭祀完毕时所有女眷在头上佩戴一多粉红的绣花,据说有保佑平安、驱邪避凶的功效。

(二)拜地基主

地基主并非隶属祭拜者所在的继嗣群体,但出于尊敬和感谢,他们的地位被提升到鬼和祖先之间靠近祖先的位置。除了前文提到的乔迁新居之时祭拜地基主,还包括三月初三、中元节和春节三个节日;不仅在新居,所有旧宅皆须依次前往祭拜,而这几日又恰逢诸多祭仪并行,因此祭拜者要带着供品辗转多处,非常忙碌。

五、辟邪禳灾

家宅建造时将有形的建筑与无形的神明信仰相结合,再加上神明和祖先的庇佑,足堪保证家庭成员的安好,然而家宅外仍存在的未知凶险——鬼。鬼几乎可以用来解释所有的不幸和厄运,他们因无人祭祀而长年漂泊、居无定所,于是对世人充满怨恨,成为潜在的威胁;对他们的祭拜不可怠慢。除了鬼,其他未知的超自然力也可能打破家宅的和平,对此蔡坂人有多种手段,如转运、驱邪,又如风水上的不足,可通过安置厌胜物来弥补。

(一)祭鬼

村民定期对鬼予以祭拜,为其提供衣食;除了三月初三、六月半和中元这三个节日,每月亦在家门口祭拜"门口厄",并在农历七月密集地举行一系列祭鬼活动。

1. 拜"门口厄"

关于每月拜"门口厄"的时间,有报道人称须择农历初七、十七和二十七中的某一日举行,另一说法每月二十日以后的日子皆可。下午四、五点,在家门口右侧搭一矮桌,上置饭菜筷。主事人手持三炷香向四方位的"门口厄"作揖数下,同时默念祷词,内容主要是"请你们吃饭,然后快快走吧",另说清家中亲人名字和工作的地方,希望"门口厄"保佑他们工作顺利身体健康[①]。继而将

---

① 向几位报道人求证后,确认蔡坂人有鬼能庇佑家人的说法,这与传统观念中孤魂野鬼多为求得供奉而为恶的形象相悖。

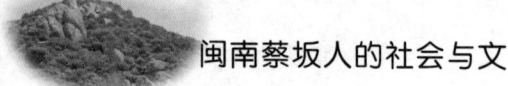

闽南蔡坂人的社会与文化

香头朝外置于桌沿用碗压住,待香燃尽三分之一,执银纸散开再向四方祭拜并口念祷语,最后将银纸、香和一小撮饭和菜在金炉内一同焚烧。祭拜过的饭菜做为晚餐食用,民间认为祭拜过"门口疐"的饭菜非但无害,吃了还能得裨益。

2. 七月祭鬼

民间信仰中农历七月是鬼月,传说阴间的鬼魂在这个月可自由游走阳间。蔡坂人认为六月二十七、二十八日左右是阴曹地府开鬼门的日子,俗称"开限口",应于门口右侧设供桌祭拜;如果适逢节气则避开那日,如田野调查结束那天为六月二十七日,正逢大暑,故大部分村民提前一日举行"开限口"的仪式。供品包括生米(昔时用米斗盛,一斗约15斤,现在多以脸盆盛装)、饭菜筷(每碗菜上面放置一朵鲜花或一片红纸)、茶料等。祭拜时持香朝四方作揖,继而将香插在生米上或插在门口右侧临时安装的香炉内,最后将香、银纸、少量饭和菜,以及一套红色绣龙的绒布衣服和裤子放入金炉内焚化。自该日起,在门口右侧悬挂一盏灯,每晚点亮直至鬼月结束。一个月后众鬼返回阴间,俗称"关限口",这一日应准备更为丰盛的饭菜祭拜,意在让众鬼饱食后心甘情愿地回去;也有报道人称七月尾祭鬼叫"谢路灯",须附带烧些寿金。

七月二十一日是蔡坂人拜普渡公的日子,村内蔡氏祠堂里有布袋戏演出,为无祀孤魂超度。蔡坂社以河为界分上蔡(包括新村)和下蔡,昔时两区分别各办一场布袋戏,现在合并为一场;届时上蔡的每户人家持一碗米和一碗菜去宗祠祭拜,并取回头家准备的一勺米。村民在家门口亦设供桌拜普渡公,供品为八碗或以上的菜、若干咸味的白色糕点、饭以及家中孩童"乞米"[①]所得的生米、酒和茶各四杯、筷子四、五或六双;往昔拜普渡公之日村民会

---

① 参见第九章"蔡坂村的生育与养育"。

在家中宴请亲朋好友,后来因为不少客人开车前来不能喝酒,筵席气氛大不如从前,该习俗便逐渐消失。

(二)转运

对于运气不佳或是"犯太岁"者,蔡坂人试图借助超自然的力量躲避或解决。村人若有转运的需求,可通过神婆或乩童向神明求助;通常神媒会给予求助者准确的时间、方位,令其以红圆、面线为供品,在某时刻朝某方向祭拜,便可改运。

民间相信生肖与农历属相相同的那一整年,即本命年亦即"犯太岁",容易招致厄运,诸事不顺。蔡坂人在本命年的正月初一会在神明厅的神像前粘贴油印太岁图样的红纸,此举称为"补运",可消灾免祸,解除本命年的诅咒。

若接连遭逢不幸,村民或会求助于卜卦算命,试图找出运气不佳的根源。昔时蔡坂地区有甘蔗地,相传可通过甘蔗卜命。具体办法是通过掷杯珓向土地公求得某个方向,而后朝这个方向寻找甘蔗,取回甘蔗后再掷杯珓确定是否是这一根,若非则重复前述行为,直至出现圣杯,则这根甘蔗就可代表此人的命运,比如甘蔗头坏尾好象征先苦后甘。

(三)驱邪

针对一些无妄之灾,村民会认为是邪祟作祟,并口耳相传多种驱邪方式,以防止或消弭邪魅可能带来的伤害。几种常见的驱邪手段:家宅内若有"不干净",可用半碗盐和半碗生米混在一起撒在房间的地上,然后清扫;清明节在大门和窗户悬挂柳枝,端午悬挂蒲叶、艾叶、榕树枝、稻穗,皆可驱邪除煞。蔡坂社内古宅新房交错,各人进出道路上多有别家安放祖先牌位的祖厅,经过时常觉阴风阵阵。为不受厅内鬼魂烦扰,据说踏入祖厅时抬左脚踩着门槛进入,这样便可在气势上压制,防止他们作怪。

在蔡坂人看来，老幼妇孺或胆小者是"骨头轻"的人，更容易冲撞邪祟，而招致无缘无故的疾病，此类现象称为"被鬼问"。一位报道人讲述：有一村人某日开始莫名地浑身疼痛，但医生检查后判断他身体并无问题，最后家人通过硬币卜问，发现原来他之前经过的某条路上，曾有人被倒塌的石板压伤致死，他途经该地被鬼附身，才导致全身疼痛。"骨头轻"者平日可佩戴银镯、护身符等物辟邪；若不幸"被鬼问"，可掷杯珓或硬币询问神明是冲撞了何方"神圣"，朝各个方向掷杯珓直至出现一正一反的圣杯，而后朝该方向祭拜，据说拜过翌日便可不药而愈。

村民将迷路归因为"迷魂鬼"作祟，"迷魂鬼"专挑未婚的年轻男女下手，使他们神魂不清，迷路亦不自知。为防止被"迷魂鬼"缠身，夜间行路时男士可解开裤子拉链，女士解开上衣领口扣子。报道人也讲述一则关于"迷魂鬼"作祟的故事。邻村沈厝某人夜间在工厂运煤时无故失踪，第二天凌晨才找到他，当时他正健步如飞地推着一车煤在公路上狂奔，路人觉得奇怪便上前询问，他方才清醒过来，询问身在何地，路人说是×市，他惊诧不已，×市距离沈厝甚远，短时间内徒步到此是常人不可能做到的，而他对所发生的事完全没有记忆。由于惊吓过度加上身体劳累，此人不久便死去了。

（四）家宅厌胜物

家宅建造时将有形的建筑与无形的神明信仰相结合，再加上家人日常对神明、祖先和鬼的祭祀，造就多重防护足堪保证家庭成员的安好，但某些超自然力仍威胁着家宅的安全。村民认为在家宅内外安置厌胜物可弥补家宅风水的缺陷，达到驱邪避祸的目的。蔡坂社的厌胜物主要包括八卦、石敢当、八卦镜、符箓。

1. 八卦

蔡坂社几乎各家户皆在神明厅门楣中央安置八卦。八卦样式不一,按照材质划分主要有木质、纸制、漆制、玻璃材制、瓷砖材质。

木制八卦为方形,凸纹,中心并竖刻"太极"二字,多悬挂在旧厝门楣内侧(图5-5)。纸制八卦为金粉油印的红纸,中间绘八卦,四角分别写有"元亨利贞"四字,下方则横书"姜尚在此",亦有将八卦图纸以金框装裱(图5-6),常见于未装修的毛坯房。

图 5-5　木制八卦

图 5-6　纸制八卦

图 5-7　漆制八卦

图 5-8　玻璃制八卦

漆制的则直接以颜料在门楣上方描画八卦(图 5-7)。玻璃材质的以颜料绘八卦,中心绘蓝白两色的太极图案,四角书黄色的"元亨利贞"四字(图 5-8),有的描绘姜太公持剑御龙图画(图 5-9)。瓷砖八卦形长方,镶嵌在门楣上,是现代水泥房安装八卦的首选,早期以白色底砖为主,现在流行深棕色。瓷砖八卦花样繁多,中间可为八卦或姜太公画像,左右或为凤与龙的图案,或福袋与宝剑的图案,或书"禧鸿"二字,而"姜尚在此"四字可书于八卦下方或分布在八卦四角(图 5-10)。

图 5-9　玻璃制八卦

图 5-10　瓷砖八卦

2. 石敢当

石敢当是一种石雕,多为长方形,表面竖刻"石敢当"三字,有的镶嵌在墙面内,根据道路的方向调整角度,有的紧贴墙面立于地上。堪舆学认为大路延伸到房子后方或是路口正对大门,即"对路冲",恐为家宅招致祸端。为消灾免祸,地理先生会建议在正对路口的墙面下设置石敢当。蔡坂有一户人家以花岗岩雕刻"石敢当",上方横刻"泰山"二字和八卦。

3. 八卦镜

民间相信镜子和八卦都可挡煞,而将照镜和八卦相结合的是八卦镜,蔡坂人称为止煞 tsi sua。如今八卦镜并不普遍,但有报道人称往昔此种辟邪物家家户户皆有,只是经年累月后因固定之物损坏而脱落。八卦镜一般悬挂于门楣八卦图下方,常捆绑一支开光用的毛笔或一把红色剪刀,或是艾草和柳叶。样式主要有两种,一种为红色边框圆形镜子,上绘红色八卦;另一种是铜质八角形八卦,中间镶嵌圆形镜面,下方坠有流苏。

4. 符箓

符箓是常见的家宅厌胜物,主要贴在神明厅门楣内侧、窗外、厨房灶君旁和神明厅中案桌上数处,有驱邪挡煞、降福免灾的作用。符箓或从寺庙求得或是请乩童绘制,每年更换一次。

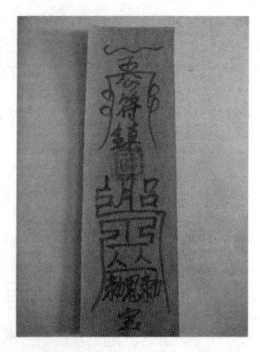

图5-11 符　箓

六、祭　　器

蔡坂社各家户供奉神明时均使用若干固定的祭器,放置在特定祭祀场所的特定位置。中案桌、八仙桌、金炉、杯珓、荐盒几乎每家必备,香炉、烛台、灯等按特定用途划分为数类,每类又有多样款式,一户家庭可能同时拥有若干样式。

(一)中案桌

中案桌多为实木制成,表面涂漆,有红、棕、金等多种颜色,桌沿和桌脚可采用镂空雕饰。常见为长2.34米、宽0.6米,分别合鲁班尺的"财德"、"进宝",高度则有1.17米(合"财德")和1.08米(合"添丁")两种规格。中案桌一般放置在正门所对墙面中央,上方悬挂众神画像和对联。案桌中间摆放神像、符箓、神牌、令旗等;案桌右侧[①]应供奉祖先牌位,然而由于蔡坂人多数将祖先供奉

[①] 左侧是指背对案桌时左边方向,右侧即为背对案桌的右边,下文同。

在祖祠,只有少数人家会在中案桌右侧的墙面悬挂祖先照片,并对应地在案桌右侧放置祭祖专用的香炉。其他的如香炉、花瓶、烛台、灯、杯珓以及春节孝敬神明的红包等祭祀物品也放置于中案桌上。

(二)八仙桌

八仙桌是指置于长案桌下方靠墙摆置的供桌,尺寸统一为100厘米、宽96厘米、高89厘米,分别合鲁班尺的"横财"、"益利"、"纳福";颜色、花纹多与中案桌匹配,村民一般成套购买或定制。八仙桌前绑系一块红色桌围,桌上摆放荐盒、茶杯和供品等;日常祭拜多使用八仙桌陈列供品,每逢春节拜天公时还将其搬至庭院。

(三)荐盒

荐盒是陈放茶料、水果等供品的台座,多为木制、红漆、双层,下层为长方盒,画有众神或其他吉利图案,上层为无盖托盘,印有"财子寿全"四字。荐盒内的供品常常换新,村民相信食用供奉过神明的食物有延年益寿保平安的功效。

(四)杯珓

杯珓是民间用以卜问神意的工具,多为硬木制成,形似新月,一面平(阳)一面凸(阴),两只凑成一对,多放在香炉两侧。掷杯珓时若一阳一阴称为圣杯,代表神明对所询问之事认可、满意;若两瓣皆阳面向上称为笑杯,代表神明笑而不答,事主须再次掷筊直至圣杯出现;若两瓣皆阴面朝上称为怒杯,代表愤怒与否决。日常祭仪中常用硬币代替杯珓,刻有数字的面视为正面。

（五）金炉

金炉乃焚烧纸钱的容器，常见村民将废弃汽油桶、铁锅做为金炉使用，也有村人从商店购置专门的红漆金炉。金炉常置于八仙桌下，由于纸钱焚烧时散发出大量刺激气味，所以多在室外使用。

（六）香炉

祭祀所用香炉按用途分别是祭神香炉、祭祖香炉、天公炉、祭鬼香炉、熏香炉。祭拜神明时使用的是圆形无耳香炉，放置于神像正前方；众神可同用一个香炉，也有些家庭会为佛祖单独设立香炉。祭拜祖先时则使用方形有耳香炉，通常置于长案桌右端。天公炉为每日早晚祭拜天公时所用，又称香筒，安置在神明厅门外左侧的墙上，样式各种各样，有形似葫芦的，有形似尖漏斗的，有用空易拉罐自制的；偶见天公炉内插着两支黑色羽毛，这是新年时拜天公所用之鸡的羽毛[①]，村人相信有祈福驱邪的作用。每年的农历七月，村民会在正门右侧临时设一壁挂香炉，用以祭拜孤魂野鬼。熏香炉多为铜制，初一、十五日拜佛时要在案前用它焚香，有驱邪净化的作用；也有的人家选择简便的环香替代。

（七）供杯

供杯种类较多，如红色龙凤福茶杯、大悲咒水杯、佛字莲花供杯、龙凤高脚酒杯等。日常供奉神明须使用茶杯，每日清晨用茶壶斟上约八分满的白开水；带盖的茶杯在供奉神明时杯盖须取下斜立搭在杯边，祭神完毕后盖回。祭神茶杯数量不等，常见三、四

---

① 拜天公所用的鸡不能切割，须"有头有尾"，鸡头和鸡尾的羽毛不能拔除。

个一排,或是十二个杯子排三列,每排四个;有的单独在佛祖或土地公前另设三杯茶;有的根据神像数量设相等数量的茶杯。茶杯可直接摆放于八仙桌上或中案桌的神像前,也可置红色供盘或杯托于杯下。酒壶和酒杯则用于特殊祭祀仪式,常搭配三牲、五牲使用。

(八)烛台和灯

神像前通常摆放成对的烛台和灯。烛光和灯光一方面代表神明带来的光明,一方面是凡人向神明表达敬意,也有报道人称灯火通宵不熄可招财进宝、驱邪破煞。烛台多有金色底座,蜡烛主体外装饰"福"等吉利图案。闽南话"灯"与"丁"谐音,象征"添丁发财"。灯的样式丰富,往往一个中案桌上就有若干种,主要有煤油灯和电灯两类,其中煤油灯可细分为手提马灯、手持煤油灯和老式琉璃煤油灯;电灯亦可细分为龙凤灯、寿桃灯、莲花灯、仿煤油灯、仿蜡烛灯等。除此以外还有天公灯和中元普渡灯。前者悬挂在神明厅门外的屋檐下,用以祭拜天公,多为六角形,镜面上绘有吉祥图样;虽然目前只有几户人家尚在使用,但报道人称过去非常普遍。后者是在七月祭鬼时将其挂在门廊下,通宵点亮,意在为孤魂野鬼照明指路,待该月祭鬼活动结束时取下。市面上有专门的中元普渡灯售卖,灯体上方书有"奠"和"心",下方书有"阴光普照"和"七月流火"的红字;也可在墙上安装电灯泡,或以走廊电灯、灯笼替代。

除了以上这些祭器,花瓶成对放置在中案桌两端,瓶内插着竹子、莲花等;凤梨、金龟等有吉兆、灵性的物品也常成为神案上的摆设。

七、结　语

本报告概略介绍蔡坂社家庭宗教的基本轮廓,而在细节方面仍有更多资料亟待补充。虽然只呈现了冰川一角,但家庭宗教对蔡坂人社会生活的重要意义可谓不言而喻。村民崇尚风水命理,在宅居地址、坐落朝向、排水系统、建造日程、基本格局等安排上皆考虑风水的因素;从房屋营建的各个环节,如动土、点梁、上梁、谢土仪式等,可见村人对超自然力量的重视和考量。入厝仪式后,有序地开展与神明、祖先和鬼相关的一系列祭祀活动;当邪祟破坏家宅的保护防线时,可安置八卦镜、石敢当等厌胜物来达到消灾解祸的目的。在此基础上,家宅不仅能遮风挡雨,还可以抵御超自然因素的威胁。

Wolf(1974)认为中国宗教是对社会面貌的写照,以玉皇大帝为首的神明等级体系,与皇朝中国的科层制相对应;凡人与神明的关系类比平民与官员,因此凡人按期祭拜神明以示尊敬,奉礼"贿赂"神明以求庇佑。家宅内有序举行的一系列祭神活动,是村民向神明表达敬意,并祈求得到祂们的庇佑。Wolf又指出(上引文)祖先与鬼是相对的概念,须从个人的角度来评判,一个人的祖先对别人来说就是鬼;在以祖先和鬼为两端的连续向度中间有一些半祖先半鬼的存在。蔡坂人祭拜的地基主,正是处于祖先和鬼之间的中介之灵,表现在祭祀空间上,兼有有祖先和鬼的祭祀特征,如祭拜朝向和祭祖一致,祭拜位置则与拜门口汉相同。

蔡坂社近年来经济迅猛发展,遍地是木材工厂,促使妇女逐渐走出传统的家庭生活而参与到社会经济生产当中。尽管如此,由妇女主导的家庭宗教祭仪仍保持兴盛;年轻妇女虽对许多习俗和传统一知半解,甚至完全不懂,但日常祭仪中也不乏她们的身影。值得一提的是,即使如今贫富差距呈扩大之势,不少村民仍

闽南蔡坂人的社会与文化

然笃信务实的人生信条,例如报道人陈述转运的方法时,亦坦言迎难而上、踏实苦干才是成功的关键,可见蔡坂人的民间信仰不单纯出于"添丁发财"、"家宅平安"等功利性目的。在这些信仰背后可能有某种强大的黏合剂联系着个人、家庭与社会,使其面对现代化的冲击仍能较完整保留。希望通过本文关于家庭宗教的基本内容能增进读者对蔡坂人民间信仰体系的了解。

参考文献

陈婷婷
  2013 陈坑的家庭宗教。载余光弘、杨晋涛(合编),《闽南陈坑人的社会与文化》,页293—325。厦门:厦门大学出版社。

陈支平、徐泓(编)
  2008 《闽南建筑》。福建:福建人民出版社。

谢琳
  2014 绵治的家庭宗教。载余光弘、钟鹭艺(合编),闽南绵治人的社会与文化,页191—222。厦门:厦门大学出版社。

Wolf, Arthur P.
  1974 God, Ghosts, and Ancestors. In Arthur P. Wolf(ed.), *Religion and Ritual in Chinese Soceity*, pp. 131—182. Stanford: Stanford University Press.

第六章

蔡坂村的聚落宗教

◎ 宋 祺

一、前 言

本报告的资料源于 2014 年暑假在漳州市龙文区蓝田镇蔡坂村为期约七周的田野调查,以及 2014 年 4 月、10 月和 2015 年 3 月的三次回访所观察的部分祭仪过程,重点在呈现蔡坂村人常去祭拜的寺庙现状,及其相关的聚落性宗教活动,由于笔者未能亲身经历蔡坂村所有宗教祭仪活动,部分资料来自村人和管理者的口述,具体细节恐有遗漏。现在对已掌握的资料进行梳理分析,初步地反映蔡坂村宗教生活的概观。

本章除前言、结语外,共分为五节,第二节介绍蔡坂村范围内的聚落性宗教设施,包括村里的重要庙宇和有宗教功能的重要祭

闽南蔡坂人的社会与文化

拜场所;第三节介绍蔡坂村管理庙宇和宗教事务的组织;第四节介绍蔡坂村贯穿全年的聚落性宗教活动,即蔡坂村所信仰的几位重要神明的神诞仪式;第五节介绍蔡坂村的跨聚落性宗教活动,即一年一度的青礁进香仪式,和蔡坂村的其他跨聚落信仰;第六节介绍蔡坂村的神职人员。

二、祠庙概况

蔡坂村是蔡姓的单姓村,村中有祀奉开基祖的祠堂1座,主庙1座,土地庙8座,村中300余户人家,普遍信仰民间宗教,仅有1户信仰天主教。蔡坂村人的主要活动领域包括蔡坂旧村、蔡坂新村和位于蔡坂村东北面的云洞岩风景区,云洞岩上有大雄宝殿1座,也是村人极为重视的宗教场所。

蔡坂人的日常祭拜仪式频繁,农历[①]每月逢初一、十五日,村人会前往主要宗教场所行烧香祭拜之礼;每隔数月逢蔡坂村重要神明诞辰,村人也会共同操办大型神诞活动,对神明行庆生祭拜仪式。往年位于蔡坂旧村的主庙和位于云洞岩的大雄宝殿是村人重要宗教场所,自去年起,大雄宝殿因年久失修启动重建工程,更名为云洞古刹,庙内神像被分奉于半山腰临时搭建的棚屋和蔡坂村主庙中,村人大部分宗教活动的位置也随之逐渐由云洞岩向旧村转移集中。蔡坂村全年各祠庙香火不断,现对主要祠庙概况进行简要介绍。

(一)云洞古刹

云洞古刹即云洞岩大雄宝殿,该殿历尽沧桑,始建于南宋理

---

① 本文所有日期若非特别说明皆以农历为准,以下不再注明。

第六章
蔡坂村的聚落宗教

宗年间(约 1278 年),几经兴废,有记录可寻的整建时间分别在元至正三年(1343 年)和清光绪年间(1871－1908 年),而现有的建筑为"漳州市建设云洞岩理事会"在 1989 年筹资投建。二十余年过去,大雄宝殿历经风雨,现已成危庙,其旧址院内杂草丛生,仅可见一木制院门,门板上右书"长春"、左书"法界",院门上方的红砖白石匾额书"悟云"二字,是一位名"净一"的僧人题,门里有一红漆木制"观世音佛祖"供桌,供桌上绘有神像三位,其名不详,体态轻盈,仙风道骨,似是天界神官,供桌上有"一九九三年"字样,为殿中旧物。

为重修大雄宝殿,2013 年蔡坂村村委会及村中理事会多方筹措资金组建了"云洞岩古刹重建管委会",着手寺庙的修葺事宜,重建设计沿袭往日的苏式古建筑风格,欲将其原有面积扩大至 1200 平方米,并将"大雄宝殿"更名为"云洞古刹"。该重建工程于 2014 年已经启动,土建工程主要由蔡坂和邻社沈厝的理事会及老人会共同监管,故在田野调查期间所见的云洞古刹正在大兴土木。

虽然云洞古刹尚在施工,蔡坂村人依然将其视为重要祭拜场所。每月初一、十五和重大节庆,部分村人都会依照往日惯例携供品和香烛上山祭拜神明,即使因时间或健康之故只能在山下主庙祭拜,村人在行礼过程中,也会朝云洞岩方向进香,以示对山上寺庙及所奉神明的敬意。每逢神明诞辰,许多蔡坂村人和云洞岩周遭其他村落的信徒会上山进香,部分蔡坂村中妇女会早早地在云洞岩临时管理处煮菜饭[①]供奉神明,并在午饭时间以菜饭招待上山祭拜的信徒和游客,通常待邻村村人进香礼毕后,蔡坂村人会将"过生日"的神明抬到山下村中供奉数日,以便本村人祭拜。

---

① 菜饭由香菇、青菜、胡萝卜等素食和大米共煮,在当日食用有保平安之寓意。

闽南蔡坂人的社会与文化

云洞古刹上供奉的神像有伽蓝大王、抚顺将军、注生娘娘、如来佛祖、观音菩萨、居公真人、送子观音,以及伽蓝大王的官将 2 尊和注生娘娘的婆姐 12 尊。寺庙所奉神明平面图如图 6-1 所示。

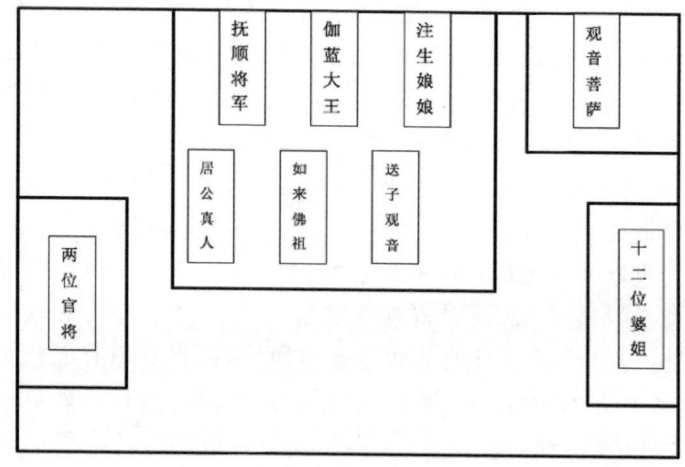

图 6-1　云洞古刹神明平面图

据村人回忆,云洞古刹在重修前所供奉神明及格局大致如图 6-2 所示,其真伪笔者暂无从考证。

昔时大雄宝殿中可能供奉三宝佛、玄天上帝、太保公及十八罗汉,但目前,其他神像去向不详,仅知原应供奉在云洞古刹的玄天上帝改奉在一位村人家中,村人称"玄天上帝"为"上帝公",其神像左脚踏龟,右脚踏蛇,手执一柄宝剑,是驱邪逐凶的神明,村中一年一度伽蓝大王神诞祭仪时,玄天上帝作为护持神明为游神活动开路,游神活动皆由当年的头家①筹办,玄天上帝神像的供奉

---

① 头家为筹备宗教活动的团体,由多户村人组成,组成细则及其职责详见后文。

第六章
蔡坂村的聚落宗教

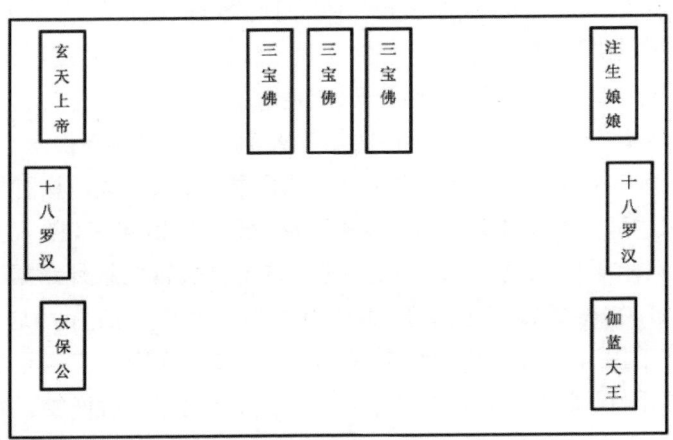

图 6-2 云洞古刹重修前神明平面图

位置则由当年的头家掷筊①决定,掷圣杯次数最多的头家即是当年供奉玄天上帝的头家,此人可将玄天上帝迎奉于自宅中,玄天上帝的神像也作为重要头家的身份象征。现在蔡坂村中主要神像都集中在旧村主庙和云洞岩山腰的棚屋内。

  寺庙修葺事宜不仅使许多神像的供奉位置发生改变,也使得蔡坂村某些大型仪式被暂时停止,例如,过去十余年中每年三月云洞古刹上举行的"拜千佛"仪式,此仪式为蔡坂村和沈厝村中皈依佛门的老人和青年男女共同发起筹办,已发展为全村人参与的重要仪式。事前,蔡坂和沈厝的老人会②各请 5 至 6 位会中的长者前往漳州的石厝岩、瑞竹岩③,请法师为仪式择日,并为村人写疏,疏上写有参与仪式的各户人家姓名和祝语,参与仪式的村人

---

① 掷筊为一种人与神明沟通的仪式,由掷筊者双掌手持杯筊,告知神明缘由并三次叩拜后掷杯筊于地,掷筊的结果有三种情况:一阴一阳时称圣杯,为吉象。二阳时称笑杯,为半吉半凶。二阴时称怒杯,为凶象。

② 老人会为村中老人组织,组成细则及其职责详见后文。

③ 皆为漳州市的寺庙。

闽南蔡坂人的社会与文化

每户捐款20元、40元、100元不等,同时各自准备供品、金纸、香烛、鞭炮,待仪式时使用;拜千佛仪式当日,村人聚集在云洞古刹,共同备上卤面和以地瓜、龙眼干、红糖熬制成的甜粥,作为集体敬神的供品,老人会的长者为神明添上香油,请来和尚环佛念经,为村人读疏,代表村人行拜天公、拜神明之礼,行礼后烧敬谢神明的金纸及"拜门口"的银纸,最后将香灰、纸灰收集起来,撒入九龙江①,以示平安礼成,仪式后村人还可自己再次行礼祭拜。据老人会理事说,蔡坂人安土重迁,家中有盖新房及搬迁的村人尤为重视"拜千佛"仪式,会特地前来参加,以求家宅安康。寺庙重建期间"拜千佛"仪式已被暂停两年,将在古刹修建完工后恢复。

(二)公间庙

公间庙坐落于蔡坂村旧村中心,是典型的闽南风格建筑,燕尾脊,红砖墙,面积约二十平方米,庙前有一湾池塘,是村中主要的流水区域。公间庙年代不可考,但村人认为应比云洞岩大雄宝殿更为古老,相传蔡坂村最早是张氏聚落,九湖蔡氏族人迁移至此建立宗族前就已有此庙,或许为前人所修。公间庙供奉有蔡坂村信仰的众多神明,主祀伽蓝大王。中间后排从左至右一列依次供奉二郎神、伽蓝大王(2尊)、佛公(清水祖师);前一列供奉地藏王、玉皇大帝②、土地公,左侧供奉保生大帝,右侧供奉抚顺将军,两侧还供奉有官将和八仙数尊,进香炉上刻有"云洞岩"三字,供桌下方有"虎爷"1尊。公间庙神明平面图如图6-3所示。

伽蓝大王俗称伽蓝公 kialamkoŋ,是蔡坂村的保境神明,其神像为黑脸长须、面容肃穆。据说伽蓝大王是以前蔡坂村的治安

---

① 笔者询问的报道人中无人知晓为何拜千佛仪式须将香灰、纸灰撒入九龙江。九龙江为福建第二大河流,亦称为"漳州河"。

② 蔡坂当地又称"玉皇大帝"为"天公"。

第六章
蔡坂村的聚落宗教

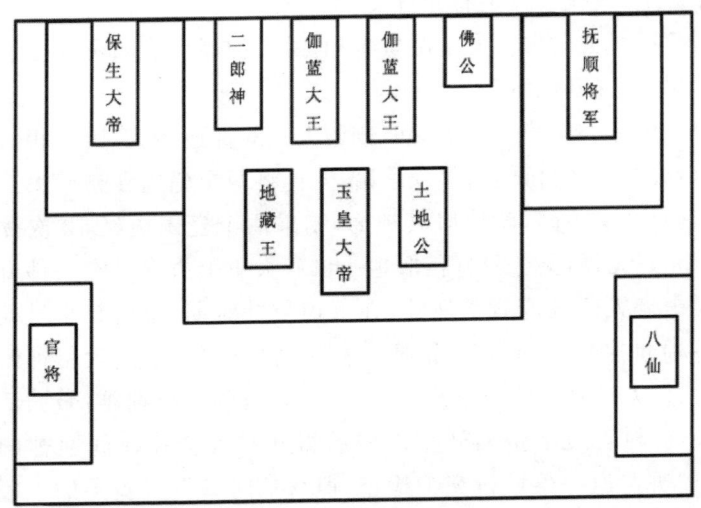

图 6-3　公间庙神明平面图

官,因将蔡坂村治理得风调雨顺,故被奉为守护神,是蔡坂村的主神。每年正月廿一日和八月廿一日是伽蓝大王的诞辰①,会有盛大的游神庆祝活动,尤其是正月廿一日,堪称蔡坂村最盛大的节庆。

蔡坂村的伽蓝大王虽是村庙神明,其神像却头戴宰相帽、身着宰相袍,问其缘由有传说如下:乾隆时期有漳浦县蔡新(1707—1799)者在朝为相,乾隆游江南时,问百官福建是否有值得游览之处,宰相蔡新答福建有"万里花园",三月时福建漳州树木繁盛、遍地百花盛开,如花园万里,十分美丽,乾隆听闻,三月来此地游玩,在蔡坂村休息时,向伽蓝大王的神像行礼,伽蓝大王因受不起天子行礼从神龛摔下,蔡新见状,立即将自己的宰相帽和宰相袍为

---

① 为何伽蓝大王有两个诞辰日笔者无从得知,据村人所述神诞日皆为前人传统。

其穿戴上,故伽蓝大王有此行头。

蔡坂村人对伽蓝大王敬重有加,对其神通广大的灵异传说很多,现整理几则如下:

相传有一年漳州县令听闻伽蓝大王的神通传言,因不相信其威力,故决定亲自试验,县令承诺,若他将两个瓷碗在迦蓝大王神像前摔12次不碎,就信服其神通,结果两个瓷碗历经12次摔掷后都完好无损,县令只好信服地为伽蓝大王上香。另有一件奇事为村中老人听政府官员所述,在人民公社时期,政府禁止村人举行各种迎神赛会,有官员留住在蔡坂村中监督,伽蓝大王神诞节庆时,村人计划等官员下班离开后,再在夜间进行迎神活动;活动当天,驻村官员下班离开蔡坂村后得知村人会在夜间迎神的消息,遂决定返回蔡坂村突击检查,但行动时却发现新买的三辆摩托车全部无法发动,因为缺乏交通工具,只好取消查检行动;第二天清晨,神诞庆典结束后,官员的摩托车又全部恢复正常。

另一位经常被村人提到的神明是抚顺将军,村人称其为 an tsəkoŋ,抚顺将军为红脸长须的神明,面目威严,相传为姓马的将军,是唐代开漳圣王陈元光的部将,骁勇善战。抚顺将军也是蔡坂村的"治安神",为武官,守护蔡坂境内安全,神诞日为九月十四日,因其神像威武,蔡坂村人认为信仰抚顺将军可以保佑家中添男丁。抚顺将军灵验的传说也有不少,有村人说,因为过去抚顺将军太过灵显,每天夜里会骑白马在村中巡逻,若有偷盗者或者歹人作恶,村人可听到"叮铃铃"的马铃声,是抚顺将军为民除害,缉拿歹人,有一位小偷因此对抚顺将军心存戒备,行偷盗之事前先趁夜在抚顺将军的神像上钉了钉子,使其退神,从此往后,夜里再听不到抚顺将军的马铃声了。

公间庙主祀蔡坂村两位"治安神",虽然空间不大,逢初一、十五日村人都会聚集到此烧香行礼,庙门的右上角挂有插香筒,村人祭拜时会先在庙外拜天公和云洞岩上的寺庙,将香插在庙外香筒里,再去庙内进香。在云洞古刹重修期间,公间庙内可分放云洞古刹的部分神像,但由于公间庙空间有限,游神节庆时抬下山的神像不再放入公间庙中,而被放入公间庙右侧的宗祠昭德堂。

(三)昭德堂

昭德堂是蔡坂村大宗祠堂的堂号,空间大,有天井,原是放祖宗牌位之处,堂内有"文魁"、"武魁"匾各一,年代不可考。如上文所述,村中神诞活动时,昭德堂被做为供奉神像的临时祭拜场所,近年村中有老人提出,虽然现在祖宗牌位已集中放置在宗祠①里,但昭德堂是过去放祖宗牌位的地方,不能与供奉神明的地方混淆,不赞成此种做法,建议重修一座稍大的村庙放置神像,然此提案还未付诸实现。现在的神诞活动,村人会在堂内搭好供桌,神明被抬至昭德堂暂奉后,村人将供品带到堂内行礼祭拜,故在神诞期间,昭德堂有供村人祭拜神明的功能。

平时昭德堂并无供奉神明,是蔡坂村的老年人活动中心,供村人休闲娱乐,同时还供放置节庆用的彩旗、辇轿、写有"金玉满堂"的横幅、供桌,墙上贴有象征神像的红纸,在进行神明节庆准备事宜时,写有资金收支的红纸也在昭德堂内粘贴公示。

(四)土地庙

蔡坂村大小土地庙共 8 座,分别位于蔡坂村不同的区域(参见图 1-2 蔡坂村地图),村人可就近进行日常祭拜。土地庙大小不一,多为燕尾脊的红砖建筑,即使有的只约一平方米大小,仅够放置神龛,也会建造成燕尾脊祠舍。

蔡坂村旧时划分为"上蔡"和"下蔡",村中只有两座主要土地

---

① 位于公间庙西面。

闽南蔡坂人的社会与文化

图 6-4　节庆时期的昭德堂（抚顺将军祭仪）

庙，后来随着村中人口数的增加，居住区域的扩大，又陆续增建数座土地庙。近年最新修建的一座土地庙位于蔡坂新村附近的榕树旁，可供部分搬迁至新区的村人祭拜。这些土地庙主祀的"福德正神"，面容慈祥，平易近人，比较大的庙中还供奉玄天上帝、观音菩萨、太子爷等神明。

蔡坂村人每月初一、十五日均会结伴去土地庙祭拜，妇女携带金纸、供品，前往各家附近的土地庙烧香，部分虔诚的村人会分别到全村所有土地庙烧香。除每月例行祭拜外，蔡坂村人大事、小事皆会去土地庙烧香敬神，以求顺遂。每月初二、十六日蔡坂村各工厂的业主会在家中祭拜福德正神。

土地庙由村人自愿管理，作为管理者的标识物为两块"福德正神"的木牌，象征土地庙的管理职责，在村人间轮流循环传递，木牌持有者可将其放置于厅堂的八仙桌或供桌上，也有保家人出行平安的寓意。管理者的持牌时间通常为 2 天、4 天、6 天或 8

第六章
蔡坂村的聚落宗教

图 6-5　蔡坂土地庙之一

天,可依据自身情况选择,主要工作是为各土地庙添香油及供品,并打扫卫生。由于村中土地庙较多,即使没有拿到木牌的村人,若是碰到有需要的情形,也会在祭拜或路过时主动地打扫土地庙。

蔡坂村众多土地庙中,有一座尤为特别,其位置在蔡坂村附近红厝口的一片竹林地中。红厝口昔时被称为后土,当地仍有一块石碑依稀可见"后土"二字,现在皆为荒田和半荒废度假村及工厂区。

这座土地庙在很长一

图 6-6　后土土地庙

159

闽南蔡坂人的社会与文化

段时间里都没有福德正神的神像,但香火依然十分兴旺,与其相关的故事一直被蔡坂村人津津乐道。相传后土原有一座明代坟墓,曾经有一位村妇路过此地时许愿,希望其饲养的猪只能顺理成长,并卖得好价钱,村妇的愿望实现后,为答谢神明,在此地修建一座土地庙,在其中供奉一尊石塑的福德正神。1950年代,这里的神像被偷走,只剩下香炉,但蔡坂村人仍会前去烧香祭拜,相传非常灵验。1997年有四个台湾商人买下此片土地,准备开发做为商业用途,须拆毁后土的已有建筑,当时村人反对意见极大,经村委会和老人会协调后,台湾商人答应村人不会拆毁这座土地庙才得以缓解。然而台湾商人在拆除旧房炸楼时,随炸药飞出的石头恰好砸毁土地庙中的香炉,村人知晓后十分愤怒,为了安抚村人,肇事者答应重新修一个香炉放置于土地庙中,但他们偷偷地将自己的名字刻在香炉上,之后这几个台湾商人都遇到飞来横祸,一个车祸死亡,一个突发疾病死亡,剩下的两位也无力再开发此地,以致这片土地成为未完成开发的废弃度假村,现在已经一片荒烟蔓草。台湾商人离开之后,村中信众于1999年重修后土的土地庙,由一位外村嫁入蔡坂的村人发动捐款,其名为卢一心。

蔡坂村土地神的神诞为每年八月十五日,也是中秋佳节,土地神神诞时有热闹的"乞龟"活动。村人以糯米和白糖制作称为"甜龟"①的龟形糕点,糕点大小不一,最大的能达120斤重,村人在甜龟的颈上挂一串钱,称之为 $ku\bar{a}$,金额根据甜龟大小由数百元到数千元不等,通常由负责当年乞龟节庆事宜的头家拟定。村人在祭拜土地神之后,若需要用钱,或是求男孙、求平安,可以连同甜龟身上的 $ku\bar{a}$ 一起将甜龟"乞"回家,既保一年平安,也可保佑所求之事顺利,$ku\bar{a}$ 则做为资金可自由使用。乞过甜龟的村人

---

① "甜龟"是根据闽南话的译名。

要在第二年的土地神生日时按照之前所乞甜龟重量的1.5倍制作新的甜龟,供其他村人求乞许愿,上一年的 $kuā$ 也要悉数挂在甜龟身上,金额无须增加,但蔡坂村人往往会在之前基础上再增加一些金额,以示答谢神明。

(五)公妈庙

在蔡坂村东侧的一条小路上,有一座不起眼的小庙,庙中并未供奉神像,只有墙上依稀可辨"公妈"二字,故村人称之为公妈庙,也另一称为"东尾庙"。公妈庙只有三面庙壁,正面并没有门,相传过去庙中还放置一些无主的牌位,村人对这座庙的历史和年代已不知其详,平素也少有人祭拜。有人说这是一座"阴庙",遭孤魂野鬼作祟的村人会来此庙烧香,所求之事也多为非常之事。有人说蔡坂村过去阴盛阳衰,为防恶灵作祟,每月月末的二十七日、二十八日,会有村人煮菜饭到公妈庙祭拜被称为"暗公"、"暗婆"的鬼灵,现在随着男丁兴旺,已少有人去这座庙里烧香,这座阴庙村人很少谈及,也无人打理,看起来较为荒废。

三、庙宇管理

蔡坂村管理宗教事务的组织为理事会、老人会和头家,三种组织各司其职,理事会负责宗教资产管理及公众事务决策,老人会打理各祠庙的日常事务,头家则负责村中的重大节庆活动。

(一)蔡坂村云洞古刹重建理事会

蔡坂村理事会成立于2013年,其职责与闽南地区大多数民间宗教神委管理组织相似,为宗教活动提供财力支持,并议决宗教管理事务。但蔡坂村理事会的成员组成方式与其他地区略有不同,闽南地区"理事会"成员大多是通过掷筊的方式,由神意来

闽南蔡坂人的社会与文化

决定,全村有意参选者参与掷筊仪式后方能加入理事会,如璞山村的介福坛理事会(戴五宏 2010:129—130)和北山村的理事会(马维新 2012:171),都是如此,蔡坂村的理事会成员并不用参与此类拜神掷筊仪式,有财力者捐出一笔款项后即可加入成为其成员,主要职责是为村中宗教活动提供财力支持,更像是投资持股的股东组织形式。

蔡坂村理事会成立的主要目的是为了筹办云洞古刹的重建工作,由于云洞古刹同属于蔡坂村和邻村沈厝,理事会成员由蔡坂村人和沈厝村人共同组成,分占理事会成员的百分之六十和百分之四十。理事会设会长 1 名,为蔡坂村村人,一说会长是由村两委指定,即村两委任命村中较有威望的村人为会长,一说是由蔡坂村和沈厝的村委会及老人会共同投票推选,即两村村人投票选举会长。虽然具体过程不得而知,但可以肯定的是蔡坂村昔时宗教事务,如祭仪、游神、兴建庙宇等,都由老人会协助村两委打理,但由于老人会财力有限,云洞古刹重修项目一直难以实施,现任理事会会长蔡志强财力雄厚,在云洞古刹重建筹资事宜上,率先捐输 20 万元,随后召集村中的村人带头乐捐修庙,并组织村人每人乐捐 400 元,在村人中影响力极大,村人重视的云洞古刹重修才得以进行,故被推选为理事会会长,现任理事长的主要责任是募集重建蔡坂村各寺庙的资金,协同村委会调动村中有威望的人进行各祠庙具体事务的管理工作。由于理事会刚成立不久,且云洞古刹还在基建工程中,暂时不会有换届事宜,理事会的换届细则尚未制定。

理事会共有名誉理事 50 余名,多为三、四十岁的青壮年人,按照理事会规定,捐资 2 万元的村人自动成为理事会的名誉理事,由于蔡坂村人多有生意在外,平日名誉理事可不参与宗教事务的具体工作,常驻蔡坂村执行事务的理事成员有 8 位,主要职责为跟老人会和头家共同协助办理村中宗教事宜,安排云洞古刹

第六章
蔡坂村的聚落宗教

修建工程等等。理事会中另设有会计1名、出纳1名、特邀理事1名,会计和出纳负责资金管理,特邀理事负责宗教事务的管理方法及文书等工作,特邀理事捐献的金额可不受2万元之限。

蔡坂理事会的主要经费来源为众理事乐捐,同时理事会成员还会向漳州市政府争取一部分经费,目前其经费几乎都用于云洞古刹的基建工程。云洞古刹重建之目的,一则为村人重修重要村庙,二则理事会欲利用云洞古刹的资金运作赡养村中老人,通过在宗教活动中为老人提供相关工作,以香油钱、慈善捐款等资金为老人发放工资,例如现在云洞古刹重建工程的管理人员,大多是村中退休的老人,理事会将具体工作安排给老人并提供每月1200元的工资做为回报。有村人表示,在蔡志强担任理事会会长之前,村两委对村中老人晚年生活不甚重视,蔡志强提议后,该情况得到很大改善。据理事长蔡志强本人所言,期望云洞古刹修建完工后,庙内香火钱可以为管理寺庙的孤寡老人、贫困老人的日常生活提供一定经济支持。

理事会除了为蔡坂村宗教事务提供资金财务支持外,还与村委会、老人会、头家关系密切,在议决重要宗教事务时,理事会要与和村委会一同收集老人会、头家、村人的意见,并做最终决定;老人会和头家在具体筹办节庆、寺庙管理过程中若遇到关键环节,如大笔的开销、活动流程的变动,也须向理事会请示。

(二)老人会

老人会是蔡坂村管理具体宗教事务的重要组织,村中60岁以上的老人皆为其成员,老人会负责村中的各项事务,包括协助村委会处理日常及宗教事务、调解村人纠纷、反映村人意见等等。老人会设会长1名、会计1名、出纳1名,其任职最初是由村政府推选,于新中国成立后第一次推选老人会会长后一直没有进行换届,至2012年方由村委会和上届老人会干部指定新的老人会会长,会计和出纳则由村两委和会长指定。理事会成立后,老人会和理事会关系密切,合作无间,主要合作形式是理事会为老人会成员提供工作,老人会成员则承担理事会工程计划的执行任务,故老人会遇到与理事会相关的决策,如寺庙重修工程的定案和花销等,须请示或报告理事会。

老人会成员在云洞古刹的重修工程中起到重要作用,蔡坂村的4名主要老人会成员每日都会到云洞岩上,分别负责基建工程、香油钱管理、接待捐资祭拜者,以及添香油、日常打扫等工作。工程前期,老人会成员为了寺庙重建四处奔波,参观各地寺庙,为新庙选择石雕、龙柱、神龛、香炉,并联系工匠制作,除此之外,老人会还须关照山下村中的公间庙、昭德堂等祠庙,指定某位老人会成员充当庙公,负责寺庙和祠堂的开门上锁、清洁打扫以及增添香油和供品等日常工作。村中重大节庆活动时,老人会成员会穿长衫、戴礼帽在活动中扮演特定角色,做诸如引导、致辞、善后的工作。

老人会因其成员年龄大、阅历丰富,加之积极参与村中事务,在蔡坂村中威望较高,在宗教活动中也有一定地位。

(三)头家

头家为出资推动并筹备村中"神诞节庆"的组织,通常与老人会共同协作。"神诞节庆"是蔡坂村重大的宗教活动,其中最为盛大的是正月二十一日伽蓝大王圣诞,另有三月十八日注生娘娘、八月十五日土地公、九月十四日抚顺将军等神诞,以及七月的普渡节、三月十六日的青礁保生大帝进香仪式,届时都由相关头家筹备庆典事宜。

蔡坂村"头家"的传统已有数十年,据村中耆老讲述,昔时蔡坂村人口较少,有12户头家,选出的过程不详。新中国成立后人口大幅增加,逐渐增加为24户"头家",皆为村中较有财力和威望

第六章
蔡坂村的聚落宗教

的人家。昔时每逢村中神诞活动都要向村人收"丁口钱",平均每年每人须交15元,每年大约可以筹得21000元左右为神诞开销之需,不足的经费就要靠头家出资填补,经费分别用于正月二十一日5元、八月二十一日5元、三月十八日2元、九月十四日2元、普渡节1元;三月十六日的青礁保生大帝进香仪式不收取丁口钱。

经村委会、理事会、老人会共同协商,除去全村一同去往青礁保生大帝处进香的跨聚落宗教活动,蔡坂村将本村的节庆活动分为"本村神明神诞"和"男孙节",采取新的"头家"制度,由两组不同的"头家"负责,具体规定由特邀理事安排。

"本村神明神诞"为伽蓝大王、土地公的生日和普渡节,负责的头家成员为理事会安排分组产生。蔡坂村现有300多户人家,1400多人,特邀理事将300多户人家以40户为一组登录,共计分成7组,按年排序。分组时特邀理事登录每户家长的姓名,分家后则写分后之家长姓名,亲兄弟不分在同年同组中,使得头家可有更多亲眷参与协助准备工作,家中若有丧事者可与其他年份的家户互换,但须告知理事会和老人会。当年担任"头家"的40余户人家要共同负责全年中正月廿一日和八月廿一日的伽蓝大王神诞及八月十五日土地神的神诞节庆活动和普渡节。施行新的头家制度后,村中节庆不再向村人收取"丁口钱",为筹备这些活动,每户头家每年大约须出资1000元左右。除了出资,头家还须分别保管重要祭仪用品(如神像、香炉、进香旗等等),保管者人选由头家组织掷筊仪式决定,每年十二月期间,即将上任的40余名头家名单会被特邀理事送去老人会,由老人会通知各户人家准备接任头家,并一同去云洞古刹或是公间庙①,在伽蓝大王神像前掷

---

① 往年地点为云洞古刹,由于寺庙重建工程,近两年地点改为公间庙。

签,得圣杯次数最多者为"大头",其次的两户为"副头",据特邀理事说明,40户头家也可以自行推选或抽签决定谁为"大头",若商议顺利,便可不举行掷筊仪式,"大头"产生后由家主烧香祭拜伽蓝大王,禀告神明。"大头"的主要责任是出资并负责安排当年神诞的相关工作,包括擦洗抬神辇轿、找锣鼓队、请戏班,以及购买金银纸、香炉、香油、鞭炮等,大头将这些工作分配给各户头家,并保证神诞当天各事项有序进行,其他头家则配合大头完成节庆各项准备工作,全部准备工作须在次年正月十八日前就绪。

"男孙节"祭仪为注生娘娘和抚顺将军的生日,分别是每年三月十八日和九月十四日,由于注生娘娘和抚顺将军是保佑蔡坂村人男丁兴旺的神明,负责"男孙节"的头家成员由村中生育男孩的家庭共同组成,每年三月十八日后第一户生育男孩的家庭为下一年注生娘娘生日的"大头",每年九月十四日后第一户生育男孩的家庭为下一年抚顺将军生日的"大头",随后到隔年同一期间生育男孩的家庭则都为下一年的男孙节"头家"成员,各户合力筹备注生娘娘和抚顺将军的神诞仪式。男孙节头家的主要工作也是出资,以及添置节庆用品、放鞭炮、抬神、游神、请戏,男孙节节庆活动中,"请戏"最为热闹,"大头"在神诞当晚要请戏班为神明和村人"做戏",称为"男孙戏",每年的"大头"至少要请两台戏,其他头家在接下来的数天中至少要请一出"三出头",即短小的剧目,一出仅有数分钟,蔡坂村请的戏有歌仔戏、布袋戏,剧目通常为吉祥戏码。

头家的制度和相互协作使得蔡坂村得以顺利操办丰富的聚落宗教活动,村人从年初到年末,都能参与各项祭仪,答谢神明庇佑,每一场神诞庆祝活动都有条不紊,热闹非常。

四、聚落性宗教活动

如上所述,蔡坂村举行聚落性宗教活动频率较高,一年当中正月、三月、七月、八月、九月都有神诞日,村人在神诞日举行游神活动和请戏,以表达对神明的感恩,并希冀继续得到保佑降福。在下文主要介绍村中主神明伽蓝大王神诞祭仪和村人最为重视的"男孙节",即注生娘娘和抚顺将军的神诞祭仪。

(一) 伽蓝大王神诞

蔡坂村主神伽蓝大王的生日为正月廿一日和八月廿一日,有村人猜测有两神诞的原因,其一为伽蓝大王在神界的诞辰,另一为伽蓝大王在人界的诞辰,这两日都会举行热闹的游神活动,其中以正月廿一日最为盛大。村人不仅在蔡坂村境内游神,还要集结成队伍一起上"凤山"[①]。由于凤山并没有被开发,山上没有道路,沿路长了极高的茅草,正月十八日头家便要一起先上凤山,除掉茅草,为几天后的游神队伍开辟出一条道路。同时头家还要提前清洁昭德堂,擦洗辇轿,准备鞭炮、香烛以及各类供品,整理社旗、彩旗。村人每家每户也会自行准备鞭炮和供品。蔡坂村的戏台在村中心的菜市场,戏台对面有一间可供放置神明的小屋,平日小屋的铁卷门是关闭的,神诞活动时才打开,正月十九日上午,蔡坂村人就会在村中戏台对面布置好供桌、社旗,并将山上神明和公间庙中神明以辇轿抬至该处供奉,供村人祭拜,供奉时间由头家在神明面前掷筊决定,各供桌上摆放的神明平面图如图6-7所示。

---

① 云洞岩附近的一座山,本地人称之为"凤山"或"凤凰山"。

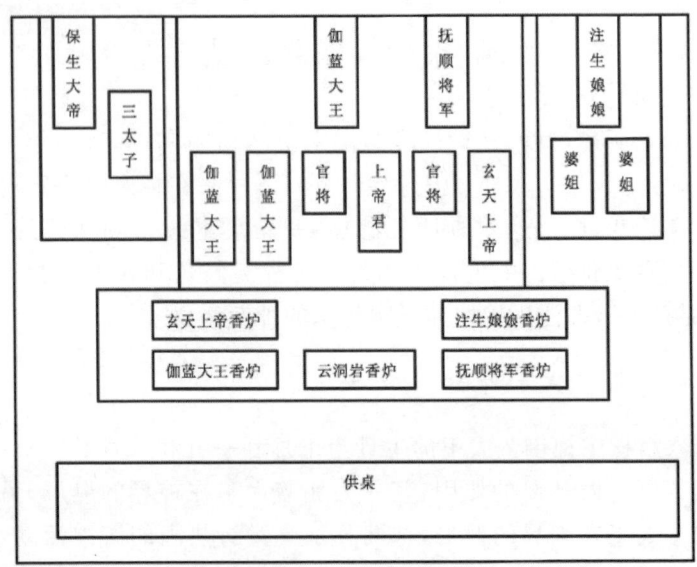

图 6-7　伽蓝大王神诞神明平面图

图 6-8　伽蓝大王神诞供奉神明处　　图 6-9　伽蓝大王神诞供奉烧香的村人

正月十九日下午,蔡坂村的彩旗队、锣鼓队、武术队、凉伞队会在昭德堂集结,开始在村中巡回奏乐表演,家家户户都会放鞭炮以示庆祝,表演队伍及随队村人一路走到邻村后吉社,在后吉社环游奏乐一周,再到后吉社的公共广场做八卦阵、凉伞舞表演,

第六章
蔡坂村的聚落宗教

村人也纷纷去祭拜后吉村庙的神明,奉上供品,这种去邻村表演并祭拜的活动被称为"讨年炮"。正月二十日同一时间,迎神队伍同邻村柯坑的表演队伍一起,在柯坑社进行巡演,每家每户都烧金纸,放鞭炮,表示欢迎,这是柯坑社的"讨年炮"。家中有丧事的村人,不能上凤山,也不能参与"讨年炮"。

正月廿一日下午,蔡坂村人集中在戏台对面神明供奉处请戏班做"三出头"仪式,"三出头"仪式由头家出资,各头家轮流进行。首先饰演天官的戏子以唱腔念头家家长姓名,饰演夫妻和八仙的戏子则由戏台走下,经过市场,行至戏台对面的神明供桌前作揖行礼,烧香祭拜,同时村人燃放鞭炮礼花,待戏子祭拜结束回到舞台上,演出小段剧目后,立即向村人投洒龙眼干、糖、花生、板栗等供果,村人蜂拥上来抢取或在地上拾取,村人说此供果表示福气、大吉大利、早生贵子,洒供果结束后,一位怀抱小男婴的男性村人从供桌处出发,持一装有玩具娃娃的托盘走上戏台,将玩具娃娃交给戏子中饰演夫妻的男演员,再持空托盘下台,饰演八仙的戏子则同饰演夫妻的男女演员一起持娃娃再度走下戏台,列队行至供桌前,向神明烧香行礼,再次回到戏台,接着,饰演天官的演员开始以闽南话念唱,"这场三出头是蔡某人[①]多谢伽蓝公,伽蓝公保佑全家平安,老人吃百岁,祝各行各业生意赚大钱,心想事成,万事如意,下一位蔡某人做好准备"。又有村人拿装着玩具娃娃的红色托盘由供桌处走向戏台,戏子取下娃娃,村人持空托盘先行下台,戏子同样抱娃娃再次行至供桌处向神明烧香拜祭,如此往复,持续至下午六点左右。该仪式中,第一位抱着男孩上台的头家为当年第一位生男丁的头家家长,由他执过的托盘和玩具娃娃意喻为玩具娃娃赋予"男丁"性别,象征"生男孩",饰演夫妻的

---

① 念唱为头家姓名,以"蔡某人"代替。

闽南蔡坂人的社会与文化

图 6-10 村人抢供果

戏子象征金玉良缘，烧香行礼是为替村人答谢神明，该仪式中村人由供桌行至戏台、戏子由戏台行至供桌并烧香行礼的一整个来回被称为一出"三出头"戏，还愿的头家需要出资请戏，头家全部演完后，求子的村人也可以自发出资请戏。

图 6-11 "三出头"仪式

图 6-12 "三出头"仪式

正月廿一日傍晚，经过两天"讨年炮"和"三出头"的预热后，众头家一同将伽蓝大王抬上辇轿开始游神，"大头"抬出供奉在家中的"玄天上帝"在队伍前方开路，先在整个蔡坂社境内游神，行经每户人家时，主人点燃鞭炮迎接神明，烧金纸祈求平安。环村

第六章
蔡坂村的聚落宗教

一周后,大小男丁至少四五百人,都将自家所奉神明①装在"香火袋"②中,也有以红绳将神明背负在背上者,众人皆持火把、提保家灯、手电筒跟随游神队伍一起上凤山。凤山路口有四名头家把守,上凤山的只能是男丁,女眷不可随行,据说是某一年有女人随队伍上山,当日下起雷雨,天气恶劣,之后蔡坂村人便十分忌讳女人随行上凤山。

图 6-13 "上凤山"仪式

游神队伍如同一条火龙,由"大头"家中的男丁合力抬着玄天上帝的辇轿开路,跟随玄天上帝之后的是大、中、小三尊伽蓝大王的神像,分别坐在轿中,在村人保家灯和各家神明神像的簇拥下被一路抬上山顶,从凤山脚下一路行进到山顶,沿路经过的人家都会燃放鞭炮焰火,鞭炮震耳欲聋,烟火争奇斗艳。

据一同参加仪式的男同学描述,上凤山仪式的队伍有老人、小孩以及中青年人,皆为男性,女性只可陪伴至山脚下,上山的全

---

① 村人选取自家神明前需要先以掷筊的方式同神明沟通,问其是否愿意同村人一同上凤山。

② 香火袋多为布制小袋,村民将神明装在袋中挂在身上。

程队伍都是跑步前进,象征"步步高升",抬神的队伍上到山顶立即下山,中途没有任何间断和停止,离山下还有一、二千米时就有人开始加速奔跑,众人如赛跑一般向山下冲刺,村人说第一个到达山下的人会"生男丁",

图 6-14 "上凤山"仪式

随队伍一同到达山下终点时,山下凉伞队、锣鼓队在山脚下开始表演,全村人再次燃放鞭炮礼花迎接队伍,给上凤山者极强的仪式参与感和荣誉感,仿佛是全村人迎接的勇士。

上凤山的仪式结束后,伽蓝大王和玄天上帝的神像被抬回村中戏台正对面的供桌处,同时村人都聚集到戏台前准备看戏,头家会请二到三台戏。演戏前先放鞭炮、拜神,由头家和戏班演员念贺词,然后正式开始演戏。蔡坂村所请的戏大多为歌仔剧和布袋戏,演员往往都以闽南话演唱,戏台的大屏幕会有念白字幕。村中很多老人尤其喜爱看戏,都搬板凳出来早早地坐在戏台前等候。演戏结束后,各表演队伍开始纷纷在市场空地处表演,村人燃放礼花,头家将伽蓝大王抬入辇轿中飞快地在村人中间绕圈。游神结束后,村人再将伽蓝大王抬至昭德堂供奉,待之前掷筊供奉的日期满后,村人将神明抬回云洞古刹和公间庙。

蔡坂村正月廿一日的游神活动年年都会下雨,即使当日白天是晴天,上凤山时也会下小雨,据村人说,游神活动自古以来遇到的晴天就很少,而正月二十三日游神的邻村天宅村则年年都是晴天,有一个说法是"下雨在蔡坂,晴天在龙池"。笔者特别提到此事一者因为参与蔡坂村游神当日天气转变怪异,再者结合笔者在闽东地区参加的两次游神活动,也都有天气突变的现象,在闽东参与的游神村落为"无论下多大的雨,游神的时候会是晴天",其

第六章
蔡坂村的聚落宗教

图6-15 "上凤山"仪式后的表演活动

隔壁村则"无论天气多好,游神时会下雨"。这两处村落有一个共同点,天气不同的相邻两村皆有"两村械斗"等关系不佳的过节,且主祀神明的传说也稍有对立处,由于天宅村供奉的主神"佛公"传说暂无从得知,难以从传说源由考证归纳,但"邻村村人关系对立,各自主神的游神祭仪天气相反,且每个村的游神天气都长期以下雨或晴天为主"的现象还是十分引人注意。

伽蓝大王的祭仪除正月廿一日外,还有八月廿一日的游神活动,虽不如正月廿一日隆重,也是村中重要节庆之一。八月廿一日下午两点,头家将伽蓝大王从云洞岩抬下,沿村绕巡一周,每家每户放鞭炮迎神,游村结束后,游神队伍将伽蓝大王抬往昭德堂,村人纷纷前去奉茶、祭拜、烧金纸。晚上七点头家请戏,村人将伽蓝大王抬去戏台前一同看戏。八月廿一日的游神和请戏活动一般持续二到三日。

(二)男孙节

三月十八日和九月十四日是注生娘娘和抚顺将军的神诞,也都是蔡坂的"男孙节"。

1. 注生娘娘神诞

蔡坂人亲切地称注生娘娘为"娘妈",注生娘娘不仅能保佑村人家中添丁,更能保佑村中男丁兴旺。蔡坂人极其重视男孩的生养,故每年的三月十八日,注生娘娘神诞的庆典甚为隆重。

三月十八的清晨,做为"大头"的村人就要去村庙为村中神明奉茶,要用两套不同的容器,小的装茶水,大的装面线糊。一天的日常祭拜结束后,当日下午5点,头家组织的游神队伍将注生娘娘从云洞岩上抬下山,一起游神的还有锣鼓队、腰鼓队,昭德堂门口插满社旗[①],注生娘娘随游神队伍下山后,即在村中各处巡游,村人纷纷燃放鞭炮,迎接"娘妈"。

游神当日的注生娘娘神像头上、颈上都挂满纸做的"草花",这种花是头家和村人一起制作的,有的是项链状,有的可插在头发上,"草花"寓意丰富,象征吉祥平安,更象征生养男丁。村人会一路追随游神队伍,希望能拣到注生娘娘头上掉下来的"草花"以求保佑添丁。为了使"草花"掉落,抬辇轿的村人会一直摇晃辇轿,村人也会上前相助,摇得越厉害,就会有越多的"草花"掉下,村人可以捡回家中供奉,也可以送给希望生育男丁的亲戚朋友。

村人都认为每年三月十八日从注生娘娘头上掉下的"草花"特别灵验,村人讲述漳州有一对夫妻婚后多年一直没有生育,听说蔡坂的习俗后,求问村人可否帮助他们向注生娘娘求一对"草花",有村人在注生娘娘游神祭仪时捡到草花送给他们,让他们回家后放在枕头边,不久以后,这对夫妻果真生育一子,孩子出生后,这对夫妇专程到蔡坂村的云洞古刹烧香,感谢注生娘娘的恩德,并添了许多香油钱。

---

① 神诞时放在公间庙前的彩色旗帜,上会有将军、元帅等神明图案,村人称之为"社旗"。

第六章
蔡坂村的聚落宗教

注生娘娘神诞游神过后也要请戏,第一台戏往往是由头家请,下午五点左右会有一场比较短的戏,所演的大多是"招财进宝""八仙过海""吉祥如意"这种比较短的吉祥戏码,持续十分钟左右,做戏前头家会放鞭炮许愿。戏演完后,村里会继续放鞭炮、敲锣打鼓游神,直到晚上第二次演戏,晚上头家请的戏班会再演出一出较长的戏,剧目通常没有限制,但头家一般会选择比较吉祥的剧目,如《金玉满堂》。

晚上七点左右,注生娘娘和村中重要神明被抬往戏台对面,当晚请戏的头家和演戏的演员一同向神明烧香祭拜,点燃春雷①爆竹完毕后,演员回到戏台,再次拜天公神明,并念诵当晚的戏是由哪位头家所生哪位男孙答谢神明所请,祝愿请戏的头家和蔡坂村吉祥如意,演员祝词时,戏台下的头家会再次点燃一枚春雷爆竹。祝词结束后,演员开始表演,戏演完后,游神队伍和头家再一同将注生娘娘和众神明抬到昭德堂供奉。三月十八日接下来的数日中,由其他生男孩的头家请戏,持续表演三四天甚至一周。请戏的头家通常要给每个演员封两个小额红包,演员会将其中一个退回,金额通常为12元、24元、48元等偶数金额,以示吉祥。

2. 抚顺将军神诞

九月十四日是抚顺将军的神诞,其游神过程与三月十八日类似,不同的是所抬神明为抚顺将军,且抚顺将军的游神仪式中并无"捡草花"的习俗。抚顺将军既是蔡坂的守护神,又象征村人对男丁英勇强健的愿望,每年的抚顺将军神诞也是非常热闹,彩旗飘扬,锣鼓喧天,加之周边村镇的村民对云洞古刹上供奉的抚顺将军也虔敬信奉,所以九月十四日云洞古刹上也有盛大的进香仪式。

---

① 烟花爆竹的一种,点燃后声音非常响亮,中国很多地区用点燃这种爆竹象征"春的到来",故称之为"春雷"。

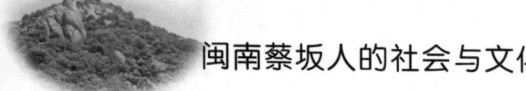

闽南蔡坂人的社会与文化

2014年的祭仪中,在蔡坂村的头家抬神下山之前有两队他村信徒到云洞古刹进香,第一队是漳州市龙文区朝阳镇科坑村苍门社人,第二队来自蓝田镇东屿村。

清晨7点蔡坂村老人会中负责云洞岩管理事务的4位老人便陆续上山,其中一名老人身着青黑色长衫,并携带礼炮、扩音器,老人会成员一起将扩音器调试就绪后,为庙中神明奉茶,奉茶的茶具有两套,一套为三个大茶碗,一套为一个小茶壶、配五个小茶碗,摆上供品、香烛、红包袋,供品有装在红色供盘中的金龙、金塔①,也有一些瓜果点心。云洞古刹内摆放神明神像、香烛和供品,庙外正对庙门处的石栏杆处摆放进香炉。

清晨约7点半,有一队沈厝村人以辇轿抬来两尊神明,两个箩筐中装有婆姐数位,沿路敲锣,据说是之前抬下山供村人烧香供奉的伽蓝大王和注生娘娘,今日清晨抬上山。老人会成员协助沈厝村人一起将神明归位,并为神明奉上茶水香烛,茶具为一个大茶壶、配左右各三个小茶碗。此时老人会成员收拾辇轿和固定神明用的麻绳、取出两条轿杆,斜放支撑在庙外的树上,供稍后上山抬神的蔡坂头家使用。

不久在一片鞭炮声中,苍门社的进香队敲锣打鼓抵达云洞古刹,进香队抬着该村神明坐的辇轿,仪仗队奏乐、打鼓,凉伞队和村人结成队伍跟在后方。苍门社进香团大概有数百人,抬辇轿的青壮年纷纷将神明安置于云洞岩庙内地上,蔡坂村老人会不断以扩音器维持秩序,着青黑色长衫的老人站在庙前迎接来进香的村人。村人为神明奉上供品,有鲜花、水果、点心,并开始烧香,进香后村人将金纸分散打开,团成圆形或扇形,在庙内和庙外香炉行礼许愿,许愿后将金纸在香炉上方顺时针环绕数周,结束时将金

---

① 金塔、金龙,金塔为塔形,金龙为龙形,塑料制,外层漆为"金"色,通常3个、5个累叠于红色供盘中。

第六章
蔡坂村的聚落宗教

纸交给蔡坂村负责接收金纸的老人会成员。

早上村人陆续前往庙旁的临时管理处为重建古刹捐献,蔡坂村老人会成员将各人所捐数目记录账中,开具收据,并给200元以上的乐捐者功德簿,乐捐者持功德簿再次入庙内进香,进香时老人通过扩音器为其祝福,乐捐者持功德簿在进香炉上方顺时针绕数圈再收起,以示带有"香火",将神明祝福带回家。苍门社理事为蔡坂村的云洞岩管委会奉上红包,全部村人进香完毕后,苍门社人抬起辇轿,奏乐、放鞭炮,随着敲锣声一同离去。

大约9点30分,东屿村千余人的进香队来到云洞古刹,敲锣打鼓,声势浩大,领头的长老着深蓝色长衫,戴黑色礼帽,颈上挂进香袋,以扁担挑着一个神龛和一个小箱子,紧随其后还有数位同样装束的长老,分别挑着几 $xiā$[①] 瓜果供品和数座装有该村神明的辇轿外,辇轿上插满五色彩旗。抬神队伍除长老外,统一着黄色T恤衫,颈上都挂着进香袋,肩头搭粉红色毛巾,队伍除抬着各种大小神像的神轿,还有两个扁担,分别担着4~8串金纸塔[②]。抬神队后有四匹马组成的马队,马身上都扎红绳和铃铛,铃铛随马的动作叮叮作响,象征对抚顺将军(马将军)的敬意。紧跟其后有舞狮队、腰鼓队、凉伞队、仪仗队,沿路奏乐放炮。

进香队到达庙前,长老一起先将虎爷的辇轿抬进庙里,然后是十几尊东屿村的神明依次抬进云洞古刹,空间不够的放置于庙外门前。一切就绪后,舞狮队来到庙前,起舞助兴,有一村人手拿人脸头罩,与狮子一同戏舞,腰鼓队着红色表演服,头戴红色礼帽

[①] 闽南话中装供品的容器。是刷红漆的长方形木器,有的两侧呈燕尾型上翘,有雕花装饰。通常两人合力用扁担抬一 $xiā$ 供品。

[②] 一种用金纸做成的塔状供品,村人将金纸叠成元宝形,扎为一圈做为一层塔,再将各层依大小累叠扎成金纸塔。祭拜后烧掉。这里的金纸塔由东屿村人制作,祭拜后留下一担给云洞古刹,其余的带回。

闽南蔡坂人的社会与文化

配黄色绒花,仪仗队着红色礼服,头戴红色礼帽配刺绣图案"东屿进香团",腰鼓队和仪仗队在旁奏乐,凉伞队表演凉伞舞。身着深蓝色长衫和绛红色长衫的东屿村长老共 11 位,在鼓乐声中先去庙内上香,上香后围成一圈站在庙内,开始"喊话"。"喊话"由一名长老带头起令,所有长老一起大声喊吉祥话,话音刚落所有村人一起应声"好!",长老团继续喊话,村人继续应声,如此循环十余次,将对本村的吉祥祝愿传递给神明、传递给村人,表达村人对生活的美好愿望。

此时东屿的村人也陆续列队上香,有的着黄色 T 恤队服,有的着日常服装,但村人都统一挂着进香袋。村人在烧香后会收集香灰,将香灰以金纸包起,装入进香袋带返家中。上香完毕后,不断有村人去管委会处乐捐,蔡坂村一名老人记录入账,颁发乐捐证书,一名老人持续地用扩音器在乐捐者上香时为其祝福,一名老人在庙门口的香油柜前为添香油的村人发红包,并用扩音器为其祝福,另一名老人则接收村人进香后的金纸。

东屿村全村人进香完毕后,鸣击六声锣鼓,击鼓完毕,东屿村的青壮男丁陆续将本村神明抬下山。每抬下一尊神明会再鸣击一次锣鼓,并燃放鞭炮,因此沿途鞭炮声不绝,村人在锣鼓声、鞭炮声中列队跳起凉伞舞、打起腰鼓,有序离开云洞古刹。东屿村进香队离开后,蔡坂村的老人会将所有金纸和金纸塔装入麻袋,以扁担将金纸挑去山上云洞古刹旧址的金炉处烧化。

东屿村人进香期间,蔡坂村的头家敲锣打鼓上山,将云洞岩上的一尊抚顺将军神像搬上插满五色彩旗的辇轿,抬下山去。抬神队伍沿山路下行,沿途家家户户放鞭炮,游村一周后抬至昭德堂,其他村人也将全村所有庙宇的神像集中到昭德堂。蔡坂村的头家在昭德堂内搭起供桌,拉起"金玉满堂"的横幅,摆上鲜花、茶水、供品、香烛,昭德堂外插上社旗,供村人前来为神明进香。从上午 11 时到下午,一直不断有村人携点心水果等供品来敬奉神明,进香许愿后,到昭德堂外的烧金炉里焚烧金纸。

晚上 7 时,蔡坂村村人将抚顺将军和部分神明抬至戏台前,开始演戏。演戏过程与注生娘娘祭仪相同,据村人说 2014 年抚顺将军祭仪要唱戏九天,九天后由头家将神明抬回云洞岩上归位。

五、跨聚落宗教活动

蔡坂社除了全年不断的神诞节庆,还有着盛大的跨聚落宗教活动,村人供奉在公间庙的保生大帝①,其祖庙在角美青礁慈济宫,蔡坂每年都会组织村人一同前往慈济宫为保生大帝进香。

每年的三月十六日蔡坂村的进香队由村委会、头家、老人会共同组织,发动村人一起前往角美慈济宫。前期的准备工作由保生大帝祭仪的头家负责,其中包括准备进香旗和香炉,头家在保生大帝面前掷筊,至少要掷到三个圣杯的头家才能管理进香旗和香炉,进香旗为一面大锦旗,上书"保生大帝"四字,管理进香旗的头家要在三月十六日的早上将进香旗和香炉抬到昭德堂。剩下的头家负责组织车队,蔡坂村每年去角美的车队都是由村人自有的轿车组成,大约有一百多辆,头家将各车依次编号,编号中尾数号为 4 的数字去掉,村人按照先来后到的顺序在负责头家处领取车队号码,通常前面几位是当年的头家和表演队伍;头家还须准备金纸、鞭炮、香烛,以及致赠青礁慈济宫的红包,红包金额通常为 2400 元、2600 元等偶数金额;头家也要联络腰鼓队、凉伞队、武术队,以及租借搭载表演队伍的大车;除此之外,头家须购买准备四 xiā 供品,其中两 xiā 水果,一 xiā 糕饼,一 xiā 猪头三牲,由村

---

① 福建地区信仰的神明,主司医药,有"医圣"之称。

闽南蔡坂人的社会与文化

人一同抬去青礁慈济宫,供完后抬回昭德堂,村人可以随意分享。

三月十六日晨,村人按照车队号码列队进发,村委会和老人会成员各乘一辆车领头及殿后,共同维持车队秩序,蔡坂村进香团到达青礁慈济宫后,慈济宫的理事会派专人接待,蔡坂的头家向理事奉上大红包,然后村人纷纷在青礁慈济宫内为保生大帝进香、烧金银纸、添香油钱,香油钱通常为12元、24元、48元不等的红包,添过香油后,都可求得八卦符带回家保佑平安。村人进香结束后,蔡坂村的凉伞队、腰鼓队、武术队会在庙前进行表演,增添热闹气氛。表演结束后,村人驱车依次列队返回。

去角美青礁为保生大帝进香是蔡坂村一年一度的重要宗教活动,在头家、老人会、村委会的共同组织下,一千多名村人共同参与的跨聚落宗教活动进行得井井有条。

除了村中信仰的神明,蔡坂人也会结伴往漳州的石厝岩、瑞竹岩皈依三宝。信佛的村人平时要念佛经,上早课、晚课,村人中有专门登记皈依三宝的同村信徒,报名人数达到一定数量后,就会请附近寺庙的师父前来行皈依之礼,信徒皈依前要吃八斋、十二斋或早斋,遵守贪、赌、色、酒、口五戒,皈依三宝后,除平日的念经吃斋外,村人依然会祭拜本地的神明,并无影响。据村人说,蔡坂村每两个月大概会有二十人左右一起去瑞竹岩、石厝岩皈依三宝,可见佛教在蔡坂村影响力日渐增大。

每年正月的初五、初六日,或者年前二十七、二十八日,大部分村人还会一起开车去平和县文峰镇的三平寺进香祭拜,并求得符咒保平安。

六、神职人员

蔡坂的神职人员有三位,皆是妇女,村人称其为"乩童",虽然闽南地区"乩童"多为男性,但蔡坂当地的女性神职人员确是被如

第六章
蔡坂村的聚落宗教

此称呼,而且蔡坂村人印象中,神职人员通常都为女性。

蔡坂村的神职人员通神之法皆为"上身",即神明附身于某位女性身上,通过其肉身开口说话,为人指点迷津。最早的一位乩童被伽蓝大王上身,其名不详,活跃于20世纪六七十年代,现已过世;第二位乩童被王母娘娘上身,名为唐亚叶,在三年前过世;还在世的乩童被玄天上帝上身,名为淑芬,居住在蔡坂新村。由于唐亚叶在村中成名已久,淑芬与之相比较难发挥,"伽蓝大王"乩童年代久远,资料不详,下文仅介绍生前影响力较大的乩童唐亚叶。

唐亚叶生于20世纪40年代末,据其家人讲述,40岁之前唐亚叶是虔诚的民间宗教信徒,平素念佛,为人乐善好施,心地善良,常去各地寺庙里祭拜,但身体较为虚弱,经常患病。某日唐亚叶生病后去找蔡坂村附近梧浦大队处一位有名的男性乩童求助,那位乩童告知唐亚叶王母娘娘将会托梦于她,并询问她近日可曾拣到一颗宝珠,若得此珠,便是预示王母娘娘将要去她家"喝茶",巧合的是在不久前,唐亚叶的确在家宅屋后捡到过一颗宝珠,当时她拾起宝珠,起了佛心默念"阿弥陀佛",全如乩童所言。不久后的四月二十六日,唐亚叶梦见王母娘娘,王母娘娘在梦中嘱托唐亚叶,要其灵力在村中行善,为村人解难,并请她修建"王母殿"以供闽南地区的信众祭拜,收108位徒弟,成功后便可以升天休息。

从此之后唐亚叶即有通灵的能力,开始为蔡坂村及周边村里人看风水地理、治病、卜算未来,被王母娘娘上身并开始做乩童后,唐亚叶身体逐渐转好,据家人回忆,有一年唐亚叶碰到一位蔡坂邻村天宅村的妇女,此人来蔡坂向王母娘娘问事,唐亚叶见到这位妇女说自己与她是同乡,家人还觉奇怪,此女既然是邻村之人为何会和唐亚叶同乡,结果此女是外地嫁来,老家在山东,那里便有传说中的"王母川",这位妇女十分惊讶,感叹唐亚叶是王母娘娘真身,还带唐亚叶一同回乡探访过老家的王母川。

　　为乩童期间,唐亚叶在家中设有神坛,名为"王母殿",两侧书"有求必应",屋内神龛供两列神像,一列为阎王天子、西王母、玉皇大帝;另一列为土地神、元帅爷、唐亚叶真身、齐天大圣,右侧供观音菩萨,左侧供唐亚叶生前使用的法器;供桌上还有三角香炉、八卦镜、开光镜等厌胜物。唐亚叶真身的神像是其去世后,众徒弟出资,请晋江惠安的神像师傅按照其生前相貌所雕。唐亚叶的徒弟多称她为"王母"、"母后",其中大部分是女性徒弟,仅有6名男性,他们分别在漳州、石码等地做乩童,有的是玉皇上帝上身,有的是太子爷上身,有的是注生娘娘上身,不能一一详述。唐亚叶在世时一共收了116位徒弟,在收满108位徒弟的不久后去世。

图6-16　王母殿内神龛

第六章
蔡坂村的聚落宗教

据唐亚叶家人回忆,有人来问神时,首先要在王母殿中进香,进香时在心中对王母娘娘诉说要问的事情,而唐亚叶不用问事者开口,便能知晓所求之事,若是问事,便会让来者求签,再为其解签;若是治病,会点燃符纸,化为符水,让患者喝下;若是有事相求,念咒画符,给其随身携带。在答来者问时,唐亚叶会闭上双眼,正襟危坐,张嘴发声时与平素说话声音、语气皆不同,此时即为王母娘娘上身,为信众指点迷津。行乩童之事后,唐亚叶经常去全国各大寺庙祭拜,祭拜时会请一些灵符,有的会在平时作法时使用,有的会发给信众带回家以保平安。

村中很多人来找唐亚叶问事,多为看风水、求男丁、卜算吉凶以及治病救人。据村人说唐亚叶在世时非常灵验,风水地理方面,仅用肉眼,不使用罗盘就可以看出地理吉凶,村人若要新建房屋,或是觉得刚入住的新屋住得不适,请唐亚叶去勘查后,都能比较顺遂。求男丁方面,有村人说往年自己家中生了两个孙女,媳妇意愿再生,去王母殿求助后下一胎真的是男婴,家人非常感谢,男孩出生后遂去王母殿感谢唐亚叶。而唐亚叶未卜先知的能力也十分受人称道,有两件事情广为流传,一是她曾说蔡坂新村要新建一座祠堂,后村人在蔡坂新村募资修建一座柯蔡宗祠,笔者田野调查期间此宗祠尚在施工。二是村人讲述,某年唐亚叶警告某村人在某年某月要注意水火,在警示期间内此人外出云洞岩卖盐鸡,家中的蜡烛并未完全熄灭,家中竟发生火灾。治病方面,村人说家中有孩童生病时,去找唐亚叶很快就会痊愈。还有村人出车祸,医院判定病情严重,去找唐亚叶作法后,身体恢复的速度会变快。

唐亚叶为人作法后,不会主动收费,但来者通常会奉上红包以示尊敬和感谢,金额为12元、20元、40元、120元、200元等数额不等,一般是双数以示吉利;唐亚叶也会买来供品,在作法后分发给求神的人。唐亚叶的家境在其开设神坛以后逐渐转好,然而

由于经常做法事,体力逐渐不支,容易疲劳,三年前的六月某日唐亚叶外出做完法事后刚回家,又逢人求神,为来者解答问题完毕未久,突然神智恍惚,在洗澡时离世。在唐亚叶的丧礼上,她的徒弟和许多村人都自发地前来执绋,现在每年唐亚叶忌日时,仍然会有各地受过其帮助的人前来上香,为其家人送上红包,以示对唐亚叶生前所为的感谢,并祭拜王母娘娘。

身为乩童的唐亚叶在蔡坂村中口碑很好,有一定的影响力,除了为村人卜算,唐亚叶还注重村中祭神的传统。蔡坂村一直有正月廿一日上凤山、三月十六日去角美青礁烧香的习俗,此二宗教活动一度中断。据说是唐亚叶向村干部反映应延续蔡坂村与神明的联系,这些传统节庆才得以恢复。村中老一辈妇女对"王母娘娘"敬重有加,虽然唐亚叶已去世三年,王母殿的神坛,每逢初一、十五日,仍然会有村中妇女前来进香。

七、结　　语

通过一个半月的田野调查,所观察到蔡坂村的聚落宗教,相较于闽南其他地区特点不甚明显,然而村人对神明生日的重视,以及有组织的分工和筹备都有条不紊。蔡坂村的宗教活动中,村人没有太多的禁忌,可以说是比较随性的,由于村中主庙重修,其神明放置位置和村人祭拜场所甚至显得有些混乱,但在这种种不断变化的环境影响之外,村人对本地神明、对闽南地区众神明的信仰却丝毫不减。每年数次的神诞活动,不仅是村人表示对神明的感谢,同时也是村人联络感情、构建共同记忆的重要活动。在这一场又一场神明诞辰的宗教仪式当中,所有蔡坂人在分工协作中团结在一起,为共同的信仰各司其职。虽然从某种程度上看来,蔡坂村的社会因工业化突出,很多传统闽南农村所具有的特质已渐流失,然而在民间宗教信仰上,蔡坂村依然保有传统神诞

第六章
蔡坂村的聚落宗教

庆祝活动,并在反思和创新中将其延续。理事会虽然成立不久,成员也较为年轻,没有一些繁冗的规矩,也没有太多与神明相关的仪式,但理事会用一套新的理念,通过宗教给蔡坂村老人带来的一定的生活收益,使蔡坂村人不仅在心灵上有所慰藉和寄托,在物质生活上也老有所养、老有所依。蔡坂村的聚落宗教,不仅是宗教信仰,更是联结这个蔡姓聚落的精神纽带。

本次田野报告,由于参与度和观察度的不足,所获得资料有限,同时由于祭仪时间和主要神职人员过世的影响,很多资料来自访谈和他人转述,虽然笔者已经尽量将所获资料做多方求证,但难免还有错误之处,希望暂为读者勾勒蔡坂村聚落宗教的概貌,更深入的描述还待后续的研究补足。

参考文献

余光弘
    2000 台闽地区汉人民信仰中"上身的"现象初探,台湾大学考古人类学集刊 54:97—113。

戴五宏
    2010 璞山村的聚落宗教。载余光弘、杨明华(合编),闽南璞山人的社会与文化,页 122—146。厦门:厦门大学出版社。

罗星
    2012 顶城村的聚落宗教。载余光弘、杨晋涛(合编),闽南陈坑人的社会与文化,页 123—154。厦门:厦门大学出版社。

马维新
    2012 北山的聚落宗教。载余光弘、杨晋涛(合编),闽南北山人的社会与文化,页 162—184。厦门:厦门大学出版社。

不著撰者
    n.d. 道教神仙大观。

闽南蔡坂人的社会与文化

第七章

蔡坂村的岁时祭仪

◎ 朱晨曦

一、前　　言

蔡坂村位于福建省漳州市龙文区蓝田镇,是一个以蔡姓为主的闽南村落。本报告有关蔡坂村的岁时祭仪资料主要以2014年6月9日至7月23日在蔡坂通过访谈和观察等方式收集而来。但是在夏季期间的祭仪较少又较简单,能够参与的仪式极为有限。为更周延的得到重要祭仪的资料,笔者于2015年3月11日返回蔡坂,参与伽蓝大王诞辰的祭仪,透过实地的观察搜集诞辰请戏的资料。

本章分为七节进行介绍,第二节至第五节以春、夏、秋、冬四时对当地的岁时祭仪分别进行描述,第六节叙述在祭仪中使用的

第七章
蔡坂村的岁时祭仪

供品,着重介绍当地特色面食糕点的制作与使用,以及在祭仪中上演的两种民间曲艺,第七节为结语。

二、春季祭仪

一年之计在于春,春季从立春开始(2月2日至5日之间),于立夏(5月5日至7日之间)结束。《黄帝内经》有云:"春三月,此谓发陈,天地俱生,万物以荣"(梁晓翠 2006:5),万物复苏的春季是四时中的第一季。这一期间的祭仪活动较为密集,包括春节、元宵节、二月二[①]和清明节。

(一)春节

从遥远的农耕时代到现代商品经济社会,春节一直都是中国人最隆重的传统节日,昔时春节欢庆常常持续至正月的十五、十六日。现今为适应快速的生活节奏,蔡坂欢度春节的时间缩短为五、六天。

正月初一日各家主妇携带甜面线一碗、茶水三杯、红色蜡烛一对、香三支以及若干金纸前往祖厝,燃香烧金、作揖默祷,祈求祖先保佑。接着出祖厝祭拜村中大大小小的土地庙,其中村口的两座土地庙,因为位于交通要道,是车辆必经之地,村人的祭拜尤为重视,以保佑家人出入平安。家中所食用的早餐是当地特色的红糖面线。主妇将甜面线祭拜过神明后,家人方可食用,以祈求全家健康长寿,生活甜蜜,并如俗语:"吃甜面线,有好人来相看"一般,新年事事顺利,好运连连。早饭后全家老少穿着新衣走家串户,互贺新春。长者遇到前来拜访的小辈常赠予红包,钱数多

[①] 以下的节庆日期均以阴历为准。

闽南蔡坂人的社会与文化

为双数,寓意好事成双。① 也有部分家庭则选择在新年伊始出门祭拜佛祖,为新来的一年祈福。

初二日为闽南地区的"女婿日",蔡坂村亦同。一大早已出嫁的女儿和丈夫携带礼物回娘家庆贺新春。为了表达新春祝福,女婿依心意给岳父母红包,老人也会给孙辈小额的红包。闽南人家对待女婿热情周到,按习俗要请客吃饭,直到深夜。但是当日不论多晚,夫妻双双要一起回到自己家,不能留在娘家过夜。

大年初三日家户间一般不相互登门拜访,所以村里老少可以睡到自然醒。因为早时新丧之家,亲眷会在这一天祭奠亡灵,因此为避免不吉利,初三这日不到别人家里拜年。午饭前,各家妇女还须携带一些饭菜前往祖厝,请祖先享用,希望先人共享新春喜庆。

初四日是"接神日"。当日需要早起,主妇一大早就要摆好鸡、面、五香条、酒、饭、菜、水果等供品,焚烧印有马或轿辇的金纸(一种有神、马形象的小纸钱),迎回去岁腊月二十四日夜返天庭的众神,表达村人辞旧迎新,预祝来年幸福生活的美好愿望。

昔时到正月初五日店铺开始打开门板,迎接生意,所以俗称"大格开"。现在随着生活节奏逐渐加快,初五日过后就意味着年假已过,外出谋生的人都回到工作岗位。街上的商铺也开始营业,门上贴着"开门大吉"的红纸,祝新的一年生意兴隆。主妇在准备午饭时要将除夕用于供奉神明的干饭,除去表面沾染灰尘的部分,混入新米煮成稀饭。嫁出的女儿当日不能回娘家,否则会带走娘家人的财富,往昔只有夫婿家双亲都已逝世者,才会在这一天回娘家。所以这一天大家会选择出门游玩或与朋友聚会。

---

① 在闽南民间,数字一般以偶数为好,二为成双成对;四为吉数,送贺礼习惯凑成"四式";六代表六六大顺;八是四的倍数,好上加好;十是整数,寓意完整、美好;十二为十二个月,象征全年平安。

第七章
蔡坂村的岁时祭仪

俗语中初六日"打囡尻川"*pah giŋ a kha tsŋ*,即打孩童屁股的意思。从初一到初四过年期间,蔡坂人不打骂孩童的禁忌在这一日解除。这个谚语也提醒家中的小孩要好好听话,否则也得接受家法伺候。其他为了春节期间开开心心,顺顺利利地过个平安年而产生的禁忌①也解除。

正月初九日是"玉皇大帝"的诞辰。因为"玉皇大帝"是三界的最高统治神,代表至高无上的"天",又称之为天公,初九俗称"天公生"即天公生日。是日,村民在家中临近门口的空地摆上供桌,供桌围着有刺绣图案的"桌裙",上面整齐的摆放各式供品,第一排为三杯茶;第二排为酒;第三排为六菜②;第四排分别摆上猪心、猪肺、猪头、猪肚、猪肠,其中猪头要在正中间;其后为鸡、面、鱿鱼(也可用豆干、五香替代)的三牲。除此之外供桌左边摆放当地常食用的水果(苹果、梨、红柑、香蕉),相对应的右边则摆放12对红龟和发粿③。等到祭拜的良辰,烧香点烛,面朝屋外,虔诚地对天行12跪拜大礼,祈求天公庇佑合家幸福平安。最后烧"天公金"以表达对天公的敬意及谢意。

(二)元宵节

正月十五日的元宵佳节,蔡坂各家户依据家中人数的多少,准备适量的新制糯米粉(通常是两斤到十斤不等)制作成汤圆。将水煮至沸腾后,放入汤圆,要食用时可以在汤水里加入红糖以

---

① 如家中不扫地以避免将财富扫出门;不喝粥以避免家人出门遇雨;又忌家中打破碗碟等用具。
② 六菜常用土豆、豆腐、金针菜、紫菜、香菇、莲子等,所用的油是植物油为佳,最好不用猪油。
③ 红龟和发粿是闽南民间节庆活动中常用的供品,有健康长寿、幸福、吉祥的寓意。

闽南蔡坂人的社会与文化

增加甜度。如若要求汤色清淡,也可换加白糖。甜腻的汤水配上香软的汤圆,是蔡坂人对元宵节最真切的感受。

昔日的元宵节在蔡坂还有一个颇有趣味的习俗。村人会在这一天携带供品到土地庙祭拜,做为一方水土的保护神——土地爷将履行"听香"职能,即依据村人"偷听到的话"来判断好事坏事。每逢正月十五日,夜深人静时,就有人会出来"听香"。首先"听香"的人,燃一支香,将想要问的事情对土地爷默祷,并通过掷筊杯来确定"听香"要走道路的方向,然后手持一根燃着的香掩藏在背后往神明确定后的方向前行,侧耳静听周围别人说的话,如果得到一句话后,赶紧跑回土地爷面前掷筊杯询问神明的指示。筊杯作为人神沟通的中介物,由大小适中的竹头一剖两半制成半月形,染上红色的颜料,寓意吉利。掷筊杯有三种情况,对称的两块切面向上为阳杯,表示"不置可否",切面朝下为阴杯,表示"否定",只有一上一下为圣杯,表示"应允"。若是掷到圣杯即得到神明肯定,就根据话意再猜测凶吉。据报道人介绍,他儿子要高考那年,他出门"听香",询问神明其子今年能不能考上好学校,通过掷筊杯确定往村口走后,一路没有听到什么动静,最后到了一户人家正在连夜炸豆腐,只听女主人在责骂他丈夫:"你眼睛长哪了,这点油哪里够,赶紧再加一点。"报道人赶紧一路小跑到土地爷面前一问,果是天机。于是他回去将听香的结果告诉家人,其子听闻更加用功,最后考上一所不错的学校。报道人还介绍,幼年时与家中的兄弟戏弄窗外"听香"的村民,凡是听到家门前有偷偷摸摸的脚步声经过时,就大叫一些不吉利的话语如:"坏了坏了,不好了,不好了",使门外"听香"的人因不安而吓得跑开。家中的孩童为此行径还受到父母的批评。但是近年来"听香"这种习俗几乎已经消失。

另一问卜方式可称为"蔗卜",由于蔡坂以前部分农田种植甘蔗,村民就地取材,通过当地所种植的甘蔗,向土地公预卜未来吉凶。"蔗卜"前须准备丰盛的供品：水果、饭、菜、饼干等,燃香烧纸向土地爷表达希望通过"蔗卜"问事的意愿,祈求过神明后,再掷筊杯从甘蔗地中确定神明挑选的甘蔗。首先确定甘蔗所在的排数,从第一排开始掷筊杯,如果得到圣杯,说明第一排为确定的排数,若是掷到阴杯或阳杯则需要再掷确定是否是第二排,依此方法掷筊直到得到确定的排数;得到确定的排数后,再掷筊杯以确定神明指定的根数,最后得出的结果是第×排第×根甘蔗。接着前往蔗地观察该特定甘蔗的生长状况,以预测未来生活状况,甘蔗"头"即根部,代表现在,甘蔗"尾"即叶稍,代表未来。如这根甘蔗甘蔗长势正好即"头好尾好",预示现在和未来的日子都会顺利,如果甘蔗的根部情况不佳,即"头不好尾好",预示现在或许较为艰难,但是未来的日子会越来越好。万一出现生长状况不佳,"头尾都不好"的甘蔗,则是神明在警醒你,注意检点现在的生活。

(三) 二月二

二月初二日是灶王公生日。这一天在蔡坂家家户户要制作传统的食物大猪粿,感谢家中的灶王和村中神明这一年保佑全家平安。当天从早上八、九点起,就有村人来到村庙祭拜村中神明,以中老年妇女居多,手提大猪粿、三牲、水果、饼干、酥糖、供香、金纸等各式供品。将供品置于供桌正前方,先出庙门拜天许愿,翻身进庙门,燃香拜主神,口中念词祈祷如"保佑家中大小平安,读书人读书越来越好,做生意赚大钱";接着拜供于主神左右的神像;拜门神将香插于门右上方的供香筒;最后朝云洞岩方向拜,拜毕拿金纸拜神明,将成叠的金纸推散呈半圆形,送至金炉焚烧;收供品,祭拜结束[①]。蔡坂村民除了祭拜各方神明外,也不忘敬拜村

---

① 祭拜的人须动作谨慎有礼,据老人说,如果祭拜的人举止轻浮急慢,神灵不悦就不灵验,所以村人必须以虔诚的心祭拜,以免触犯神灵。

庙供桌下的两尊虎爷。村民介绍虎爷的来历,某日村中神明保生大帝外出,路上碰见一只老虎,老虎一改平日的凶猛,而是双腿屈于保生大帝前,保生大帝仔细察看后,发现虎喉处卡了一根骨头,于是带回老虎,医其喉咙。老虎痊愈后,感神明救命之恩,从此守护其左右,保佑全村百姓。村民来村庙供奉时,也不忘虎爷忠心,每逢节庆都要单独为之准备一份生肉。中午时分,家中主妇还要准备三牲、水果、大猪粿等供品,焚金燃炮,回到自家灶王公的神像前进行祭拜,祈求全家平安,家畜兴旺。

(四)清明节

岁时祭祖是清明节的重要节目,蔡坂人祭祖之礼繁多,尤其以清明节的祭祀为重。据报道人介绍,新坟要连续三年在清明时扫墓,第一年清明墓祭者要准备饭、菜、三牲(肉、面、五香)、酒,按家中诸子的数目准备相应碗数的甜米糕,祈求祖先庇佑子孙生活甜美。焚香化纸,并不忘为土地公烧一些金纸。

第二年清明扫墓时,蔡坂人形象的描述为"要去墓前哭",当日为人子女及媳妇者都要去墓前哀哭。但是由于近年实行火葬,蔡坂去世村人的骨灰安放在政府盖的榜山,和传统的坟茔不同,导致"没墓可以哭",所以现在村人多简化礼节,不再去墓园扫墓,只在祖厝祭拜。

死者过世后的第三年清明节要举行安墓,会燃放鞭炮,表示此为欢喜的事。上山时会携带红灯或保家灯,下山时点灯下山,以表示祖先保佑家族添丁续香火、家人发财。祖墓祭扫,祭祀祖先,不仅表达慎终追远的情感,强调血脉相连的家族意识,也为亲人的团聚加强纽带。

三、夏季祭仪

夏季一般从立夏开始,立秋结束。村人行色匆匆,为一年的丰收努力工作。所以夏天不似春、冬分布密集的岁时节日,但是村人忙里偷闲,夏季还有立夏、端午、半年等重要的节庆祭仪。

(一)立夏

立夏是蔡坂祭扫老墓的时间,子孙为祖先坟茔添土除草,以防杂草丛生,致祭的供品为饼干、馒头、蛋糕等,整理完毕后会在墓头"压纸",即用小石片压几张黄纸,以示后继有人。较之清明的扫墓礼节较为简单,也不燃放鞭炮。

(二)端午

五月初五日的端午节是夏季中比较重要的节日。家里的老人、妇女都热火朝天的忙着包裹粽子,粽子在口味上分为碱粽和肉粽,碱粽配料为豆子、虾米、香菇、鹌鹑蛋、栗子、糯米;肉粽为了有更好的口感一般会加入三层肉和虾仁。

当日正午要祭拜蔡坂人尊为水仙王的屈原和各路神明,除平日常用的供品还增加新制的粽子、杨梅酒,一碗井水。祭拜前将菖蒲、艾草、整棵的稻子、榕树枝四种植物,以红线束缚后置入水碗中,村人认为经过祭拜后的水有去邪的作用,沾水拂拭后,可以使身、心、物纯净,特别是家中孩童喝完会白皙漂亮,避免疾病侵扰。同时为防疫辟邪,还可将这四种植物绑在一起后,插在家里重要的门窗上,利用植物的味道,可以驱虫除秽、清洁空气。其次将雄黄入酒,如遇蚊虫叮咬,可以涂在患处可止痛痒。

每年距离端午前十余日,村里组织年轻力壮的男人训练一段时间,选取合适的人员代表本村参加龙舟赛。龙舟比赛在九龙江进行,参加比赛的队伍除了蔡坂还有邻近的几个村落,获胜者还可以获取丰厚的奖品。比赛前村里负责端午节的头家,准备肉、鱼、卤面、粽子等供品,在九龙江畔祭拜屈原。祭礼过后,头家燃放烟花爆竹,宣告比赛的开始。九龙江畔人山人海、锣鼓喧天,热闹非凡。

蔡坂还有"沐犬"的习俗。由于天气炎热,气温较高,昔时村人用新制的粽子将家中饲养的小狗诱骗至水塘旁食用,然后趁其不意,将小狗推入水中。这种做法可避家犬虱蚤,也希望其健康成长。另一做法是在池塘边烧麦秆或稻草,希望端午后蚊虫减少。

(三)半年

每年六月十五日为半年节,家家户户会制作"半年圆子",形似冬至汤圆,是以葱、绿豆、虾米为配料混合搓成的丸子。但若家中有老人去世,三年之内不能做半年圆子。蔡坂人将圆子祭拜过家中和庙里的神明后,冷藏于冰箱之中,可以平时闲暇时食用或为三餐配菜。昔时半年节当日村里还会请木偶戏,现在已经很少见此种民间艺术。

四、秋季祭仪

立秋开始进入收获的季节,这一季节的祭仪以向神明、祖先秋报的祭仪为主。有七夕、中元节、普渡节、中秋节、重阳节。

(一)七夕

蔡坂的七夕有许多重要的习俗。七夕节祭拜时,村民会在住家屋檐滴水处准备一个水桶,上面放一个簸箕,里面摆上三碗米酒,在簸箕的边缘搭着三根香。待燃香一段时间后,家中老人会

第七章
蔡坂村的岁时祭仪

弹一点香灰用寿金纸接住,包好后放进香灰袋中,如果香灰掉在地上则不能用,家中的男丁要带这种香灰袋直到十六岁,每年七夕换新。

这日,敬神除依照往日的祭拜流程,还会在祭拜时敬奉一碗当地自制的特色酒酿,是一种由白米饭和白粬经发酵形成的糕粿,在蔡坂又称"白酒"。首先准备煮好的干饭,放入碗内放凉,待米饭凉后,加上一块白色的酒曲,拌匀,压实,用棉被盖住米饭,使它发酵,隔夜即可凝结,再用刀切成一块块的小方形,倒入装有沸水的锅中搅拌,即成为祭拜所用的白酒。也可以根据口味加入糖和葱,做成汤食品尝。村里老人提起这道美食时忍不住赞不绝口,认为这是一年中最值得期待的食物,也因家中妻子所做白酒甘甜味美,而感到自豪。

(二)鬼月与中元

每年七月俗称鬼月,在蔡坂人的观念里应禁婚嫁、禁乔迁贺寿、也不办各种喜庆之事,以免将孤魂野鬼引进门,而造成不必要的麻烦。七月初一日俗称"开鬼门"或"开地狱门"。当天开始每家每户都要在家门口准备丰富的供品,祭拜俗称"好兄弟"、"门口公"、"人客"、"大众爷"的孤魂野鬼,祭拜时还须焚烧经衣[①]、纸钱供他们替换

图 7-1 七月的路灯

---

① 经衣是七月普渡时使用的一种祭祀孤魂野鬼的纸钱,有红黄粉绿白等各种颜色。每一张上面都印有花、鸟、衣、裤、鞋、镜、梳子等日常用品。每纸长一尺,宽三寸半左右。现在的经衣规格是长18.5厘米,宽14厘米。

旧日的物品。蔡坂村人从农历六月二十七或二十八日到七月末这一整个月,每天晚上要点路灯,给"好兄弟"照路。路灯以前用长方形的煤油灯,挂在屋外或院中(但不能和天公炉放置同一边),每晚都要添油,保证彻夜明亮,还要准备饭菜水果,点香拜拜,然后将香插在灯上。保佑家里阖家平安、五谷丰登、风调雨顺。现在有些人家简化为一盏电灯。

农历七月三十日,是俗称"关鬼门"或"关地狱门"的日子。各家各户则在自家门口再摆上桌子,准备更丰富的供品拈香祭拜,送走"好兄弟",普渡月宣告结束。

在中国的岁时祭仪中,有所谓"三元"者,即正月十五日的上元、七月十五日的中元和十月十五日的下元。其中农历七月十五日的中元节是祭祀祖先的重要传统节日。当日中午和晚上村人要在每个房头的祖厝摆上供品拜祖,也会在家拜地基主。

(三) 普渡

蔡坂在七月二十三日举行盛大的普渡节,以招待在阳间游荡的饿鬼,前往阳间享用民间的祭品,并带回在地狱的生活费与生活用品。祭拜"好兄弟"、"门口公",希望他们早日轮回转世或脱离苦海。当日村人在自家屋前或院子放上八仙供桌,供品有8碗不同的菜,4种水果,缀有一点生蔬菜的12斤生米等。敬拜好兄弟前,要先烧掉12件"龙袍"和经衣,表示在食用供品前先梳洗打扮一番。而后燃香祭拜,等到香烧到一半的时候,可以焚烧纸钱。普渡节当晚,蔡坂常请来布袋戏班在村庙前表演。这是一种由指掌控制木偶的傀儡戏,因其精湛的表演,常吸引许多村人前来观看。

在蔡坂及其邻近地区的普渡节还有"讨百家米"的风俗。如果家中小孩身体虚弱或经常在夜间哭闹,父母便认为孩童存在"命薄根单"之患,要借助众人的力量,吃"百家米"喂养小孩,才可以保证幼儿消除凶灾,平安无事的健康成长。普渡节这天,家中大人携幼儿前往村中三户不同姓氏的人家"讨米",村人遇到讨米的小孩都会心领神会的为其抓一把家里的大米。讨米者归家后将得到的"百家米"煮成一碗饭,让该幼儿食用。当今随着社会的发展,医疗条件的改善,这种保护儿童的习俗已失去其原来的意义,但是作为孩童逗乐和联络村人之间感情的手段存在于蔡坂。

(四)中秋

中秋节是全家团圆的日子,自古便有拜月赏月、品尝月饼、祭祀天地、祈求福祉等习俗。蔡坂每年举行盛大的博饼活动,吸引许多村人参加,并借此强化村落的凝聚力。临近中秋,该年的头家预先买回大量月饼,放置村庙中,村人前来求饼须掷筊杯。若掷中阳杯,就可以按祈求的数量拿走神案上的月饼,管理者一一登记,来年中秋节须加倍奉还,称为"还多"。具体即所还月饼增至 1.5 倍,比如现今年求得 4 个饼,明年还愿,要给公家 6 个月饼的钱,月饼的价格每年依市价不匀。求得饼的人家,预示所求愿望可以实现,是个好兆头。

同时,农历八月十五日是福德正神即土地公的诞辰。在村中随处可见大大小小的土地庙,在重要地理位置如村口、路口、中心等地方的土地庙装饰较为华丽,有些较为偏僻的地方,则相对比较简单的供奉一尊土地。平时村人多选择离家较近的土地庙烧香点烛,献上供品,祈求保庇事事平安顺利,感谢神明一年来对村落及家人的照顾。中秋之夜,香火更盛,土地公庙灯烛通明,据老人介绍,中秋节村人不能下地劳作,如果锄草的话,会将土地爷爷的胡须除掉。所以这一天是村人休息的日子。

(五)重阳

《易经》认为九是阳数,故农历九月初九日为"重阳"。重阳时

节,闽南各地已入秋,天朗气清,惠风和煦。按中国的传统习惯,主要活动为登高、赏菊、插茱萸、饮酒等。蔡坂的习俗较为简单,以祝福老人,关爱老人为主。村里的老人会为60岁以上的老人发放几十元到一百元不等的慰问金。食俗上,在重阳要吃柚子补头脑;吃地瓜、芋头补四肢筋骨;吃花生补手指;吃红柿补心肺。

五、冬季祭仪

冬季从立冬开始,到立春结束。主要的祭仪是冬至,以及为春节而进行的一系列准备活动,通常忙碌而喜庆。

(一)冬至

冬至前夕,家家户户前往粮油店购置适量的糯米粉,为制作冬至节食用的汤圆做准备。冬至早晨,食用过汤圆后,家中长者会提醒年少者又增一岁,须珍惜时间,好好奋斗。昔时还会将汤圆粘贴在门户、谷仓、器物上,以庆贺丰年,酬谢诸神。当日还要去村庙里敬拜神明、去祖厝祭拜祖先。供品为汤圆和家常菜,在盘中摆放汤圆时,中间放两颗大的汤圆表示一公一母,旁边小的,寓意百子千孙,象征着团圆美满。村里这一年生男丁的家庭,也会在当日给全村人送上发糕,分享喜悦。

(二)尾牙

蔡坂工厂每月十六日都要"做牙",农历十二月十六日是一年中的最后一次"做牙",故称"尾牙"。家中须准备牲礼:肉、面、五香以及咸、甜两种米粿拜神。蔡坂各家工厂的厂主请员工吃一顿丰富的饭菜,发放年终红包,并在这一天告知明年人员的安排计划。如果工厂当年生意兴隆需要加人,则通知工人回乡征召新的工人,反之遇到当年生意萧条必要裁员时,被辞退的员工也会在

第七章
蔡坂村的岁时祭仪

当天被告知。

(三)除夕前的准备

春节前夕,村里已经充满过年的气氛,村人纷纷为过年而忙碌准备。主要活动有:购年货、贴春联、准备过年的食物、大扫除等。

从农历二十三、二十四日左右,家家户户换上新的春联。报道人回忆小时候家中贫困,甚至担心太迟贴春联被人看不起,被说"连春联也买不起"的闲话。现在村中经济水平有很大的提高,家里新旧房子都要贴上春联,饲养家畜的棚子也要贴上写有"六畜兴旺,五谷丰登"的红纸。屋内司命灶君旧的神位贴纸焚烧后,由新的贴纸替换。

临近除夕,各家各户开始忙着将家里打扫得干干净净,迎接节日。昔时以竹叶和稻草扫掉家中的蜘蛛网等,寓意坏东西扫地出门。还须准备新毛巾清理香案,为神明"洗澡",并将压于神像座下的红包换成新的红包,金额为 100 元、200 元,或 400 元。若家中有人在今年内去世,则这一年家中不能大扫除。

腊月是一年新旧交替时,对神明的照顾也更为细致,由此来调节人与神之间的关系。农历十二月二十四日"送神上天",意味着拉开"过年"的序幕。村人认为,诸神都是玉皇大帝派来人间管理人的,"附神"于偶像,每年都要回天庭过年。所以在十二月二十四日清晨各家要备好清茶、"牲醴",点上香烛,跪拜行礼,向神钱行,焚化色纸做的服装、供神骑乘的"云马"、印有锅碗瓢盆的金纸,以及准备供神明坐骑食用的粮草——稻草、黄豆,叫做"送厄上天"。

从腊月二十日到大年三十日,是市场上生意最兴隆的时候,商人趁年末这段时间加大营销力度,吸引顾客。因为从正月初一日到初五日,街上的店铺都关门停业,村人都忙着为过年置办好所需的年货。

(四)除夕

往昔除夕夜家人团聚吃团圆饭时,会在饭桌下放一个生木炭、温米酒的小炉,所以年夜饭称为"围炉",炉火烧得越旺,预示来年家庭越兴旺。菜品有鸡、鸭、肉、鱼及寓意甜蜜生活的芋头等,还有一道必不可少的豆干炒韭菜,韭菜不能切段,而应整棵的炒,因为"韭"与"久"谐音,"韭长"即"久长"之意;以豆腐为食材则如同谚语中的描述"食豆腐,甲会富"。菜品应为寓意较好的双数。已婚女儿通常在夫家参加"围炉",不上娘家的团圆桌。吃完团圆饭儿女会给家中长辈红包,互相敬酒,说好话,祝福老人长寿,孩童学习顺利。同时老人也会给儿女、孙子孙女小红包,以寄托美好的祝愿。晚饭结束,主妇则要盛一碗米饭放于厨房,上插一红纸花,俗称"春饭",谐音"剩饭",祝愿来年足食。又以红绳扎二支甘蔗,倚置门后,寓意来年佳境有如甘蔗节节甜。儿辈则在饭后通过相聚玩牌、聊天等方式,"竟夕不眠"为家中长者"守岁",祈求父母祖辈长寿。

六、岁时祭仪中的供品

岁时祭仪中常使用的供品有各式传统糕点、种类繁多的纸钱、敬神祈福的香烛、鞭炮,还有娱神娱人的地方曲艺。

(一)食物

蔡坂人利用地方常见的食材,制作各种不同的食物在岁时的各个祭仪中做供品,同时在蔡坂人的观念中经过祭拜的供品因得到神明的光顾,食用后可以保平安健康。所以在蔡坂调查期间,如果完成岁时祭拜仪式的村人都会热情的塞给笔者一些经过祭拜的供品,如粿、糖或蜜饯等,希望我们也能分享神明的庇佑。

1. 发粿

发粿的"发"字寓意家中发达。使用的场合比较多,遇到娶媳妇、拜天公、有人过世、立冬添丁拜祖先、乔迁新房等红白喜事都是重要的供品。

制作发粿的工艺比较复杂。首先将大米或糯米浸泡几天,淘清淋透,滤去杂质,然后上磨加入清水,磨成米浆,再沥干水分后晾干形成细粉。接着"调粉",是将糯米粉筛匀备用,锅烧热后放入清水,使红糖煮至溶化,在筛匀的细粉中以一斤大米加入二两红糖的比例,缓缓倒入热浆,加入发酵粉,用木勺子搅拌至均匀细腻为止。"蒸粉"是将水烧开后,放上蒸笼,蒸笼底部铺上一层湿白布,缓缓倒入米浆,密封盖上。倒入的米浆八分满即可,不管过多或过少,都会影响发粿的质量,同时表面要平整,不要有小水泡。如果表面呈现不平,可能是浆太干,如果有小水泡则可能是太湿。再利用高温的水蒸汽蒸煮,大火蒸上一炷香后,停止加热,几分钟后再开盖。为防止锅中的水煮干,要在锅底放一个小碟子,有水时小碟子会叮咚作响,如果没有声音,应立刻加水。蒸煮的时间要掌握好,否则时间长会糊化,发粿颜色发黄、发暗,味道也不佳;时间过短会影响口感。最后制品一蒸熟,要马上下笼。判断有没有蒸熟可以用筷子试插,不粘筷子就是蒸熟。确定熟后,准备一个大的盘子,将煮好的发粿倒入盘子。接着准备一条适当长度的油线用于切割,其中一端拴在桌腿上固定好,切割时一只手抬着装有发粿的盘子,一只手拉着油线,将油线用力压在发粿上面将发粿切成四个部分。较为特别的是,准备娶亲所用的发粿,开盖后,在中间摆一个碗,用红色的毛笔画上一个圆后,拿下碗。用红毛笔也分出四部分上面写着一些好话诸如:百子千孙、财丁两旺、添丁进财、甲第丁年,拜过神明后可以赠予亲友,但是其中的子字部分必须留于家中。

2. 半年丸子

过半年节的时候,家家户户会提前一天制作半年丸子。首先将糯米炒熟后磨成粉,加入适量的水,为使口感更佳常常混入虾米、绿豆等,再搓成丸子状即可。往昔心灵手巧的妇女为使祭拜时丸子的样式更加美观,会将三个丸子排在一起成三角状,放在一片修剪好的香蕉叶上,然后在三颗丸子上面再叠放一个丸子。但是现在由于有些家户觉得制作工艺比较繁琐,且家里人不是很喜欢吃,常常去市场上买回现成的半年丸子用于祭拜。

3. 红龟粿

红龟粿是最为常见和有特色的一种岁时祭祀供品。凡是正月初九祭拜天公,娶亲或是伽蓝大王的诞辰,都会在供品里加入红龟粿。制作过程如下:首先将糯米磨成粉,加入适量的水,揉成面团,面皮即完成。内馅有甜有咸,甜味的红龟粿馅的做法是将花生炒熟,去皮,碾成花生碎末,以2∶1的比例拌入白砂糖,也可加入适量的熟芝麻。咸味粿馅则伴有萝卜、猪肉、葱油等。接着取来一小团面皮,捏成小圆球,压平,在中心加入适量的馅再捏合。放在粿印上轻轻按压,形成图案后,取下放在香蕉叶片上。在蔡坂木制粿印比较常见,正反两面印有龟甲纹、寿桃纹等各种不同的图案(见图7-2,图7-3)。

图7-2 龟甲纹粿印

图7-3 寿桃纹粿印

4. 米糕

米糕即糯米加油做成的干饭,是四月二十六日祭拜谷母王所用供品,谷母王是掌管五谷(稻、黍、稷、麦、豆)的神。米糕口味上有甜、咸两种,制作甜味米糕首先炒好花生、煮熟莲子、泡开红枣备用,随后将用水浸泡后松软的糯米,加水放入锅中,依次放入花生、莲子、红枣、冬瓜条等,再加入红糖把饭拌匀,蒸煮一段时间后,即可出锅。咸味米糕使用的配料为猪肉、绿豆、碎花生、豌豆、香菇、虾仁或海蛎干等;先将糯米洗好后在蒸锅里泡开,猪肉切片,香菇用水泡开后切成小块,虾仁、绿豆和豌豆分别用水浸泡一段时间。接着在锅里放入猪油七成热后,放入猪肉翻炒到快要熟的时候,放入香菇、虾仁、豌豆、绿豆、碎花生,加一些盐一起翻炒即可关火。最后将炒好的配料,倒入蒸锅里和糯米拌在一起,加入少量盐和酱油,开火蒸煮一段时间即可。除此之外每年村庄有新生男丁的家庭也会在佛祖诞辰或诞辰前一天,制作米糕分给众村人。

5. 打卤面

打卤面是蔡坂逢年过节或红白喜事时常见的美食。和其他地方的卤面相比,以其用料的讲究而独具一格。打卤面的精华在于卤汤味好鲜美,配料丰富。据村民的经验,必不可少的材料要用:香菇、虾仁、干贝、鱿鱼干、肉片。素菜要有黄花菜、鲜笋、豆芽、韭菜、芫荽,并配以红葱油,胡椒粉调味。

首先要制作卤汤,将虾仁、干贝、鱿鱼干、香菇、黄花菜泡开后,香菇、鱿鱼干及鲜笋切丝,干贝捻碎,黄花菜打个小节备用。在锅中放入适量水,烧开后,倒入上述材料熬煮10分钟,使其充分出味。五花肉洗净,切成薄片,抓上少许水淀粉,依次放入汤水中,有时也可使用新鲜的海蛎替代五花肉。依次加入少许冰糖、盐、鸡精调味;滴少许鱼露提鲜;酱油少许使色泽更佳。接着顺着锅沿,往沸水中倒入打好的鸡蛋,稍微凝固几秒后轻轻搅动,最后加入水淀粉勾芡。一般熬制卤汤的空隙时,还必须做好辅料的准备工作:将摘了豆瓣的黄豆芽、切寸段的青韭菜焯水后,迅速放入凉水中待用。并将切碎的葱蒜末小火炸成明黄色的葱油,出锅晾凉待用。将芫荽用手掰成两三厘米左右,做为最后的调味。等到配料制作完成,取大碗,将碱面用开水略烫后,根据需要加上辅料,淋上卤汤,撒一勺葱油和胡椒粉,一碗味美的打卤面即完成。打卤面所用面条以加碱的黄面条为佳,因其表面拌植物油,不会相互粘连。使用的黄花菜要预先打节,就不会在熬制的过程中散开,使口感香脆有嚼劲。

6. 大猪包

蔡坂俗语"米烧粿,饲大猪"中所谓的米烧粿即大猪包,是每年祭拜灶王爷家家户户必备的供品。因灶君掌管民间伙食,故要以米烧粿拜拜灶君,寓意五谷丰登,家里有养猪的,祈求猪可以长膘长大。

准备大猪包的馅时先将白萝卜洗净、去皮、切成丝,也可用包菜代替,韭菜切成小段,将香菇、虾仁、猪肉切碎。先将红葱头下锅爆油,出香气后,放下已准备好的各种食材,翻炒片刻,加入盐、糖、鸡精、辣椒粉、酱油,炒匀后盛入大盆放凉。注意将馅料中的汤汁倒出,以免馅料汤汁过多,蒸煮后面皮破掉。接着将糯米粉和匀成,揉捏片刻做成面团,将面团分成30克重的小面团,搓圆、擀薄,包入馅料、捏实,形成包子状。最后将水烧开后,就可以将包子放入蒸笼里,蒸上15分钟即可。

7. 豆包粿

豆包粿是昔时劳作常携带的食物,以绿豆和糯米粉为主要材料。首先将糯米粉放入容器内,随后将煮沸的白糖水冲入糯米粉中,讲究者也可加入绿菜汁,调拌均匀成豆包皮。接着制作甜豆蓉,首先将绿豆或红豆煮熟,冷却后过细网筛子,将豆衣去除,剩下的豆沙加入白糖,包成豆包粿后,用竹叶裹成严严实实的长方形,旺火上蒸笼蒸 10 分钟即可。豆包粿冷热均可食用,方便携带,外皮酥软带有竹子的清香、馅心甘甜,在家中放上几天也不会变质。

8. 大龟粿

每年伽蓝大王、注生娘娘、抚顺将军诞辰以及中秋节求大龟活动,是村中的大事。昔时节庆日一大清早,就已经有一群人准备好做大龟的食材:面粉和糖,聚集在祠堂里热火朝天的制作。大龟依据村里家家户户的需求数量、大小而不尽相同。若这一年家里适逢新婚、生育男丁或收入丰厚的人家,为了答谢神明就会制作重达几十公斤的大龟。

首先将糯米炒熟后,磨成粉。用锅熬好清甜的冰糖水后加入糯米粉,放入盆中揉搓均匀,以白色的糯米团形成大龟的主体部分。随后将一根竹篾烧弯,形成头部的轮廓,将多余的部分压在龟的肚子下,再用较小的白色糯米团装饰头尾、四肢,涂上红色。大龟粿主体的背部印上六边形的红色龟纹。一只只形似乌龟的大龟粿就形成了,龟壳上印有吉祥的图案,寓意着健康长寿。每只大龟粿重量不一,有 2 斤到 8 斤不等。求得大龟粿的人家,回家切成小块后食用。每年九月十四日辅顺将军诞辰之日求大龟的活动中,头家还须在大龟粿的脖子处绑上不同金额的红包,重量越大,红包金额越高。前来求大龟的村人,掷筊杯 3 次,若得到一正一反神明确定之意后,可求得大龟,明年的时候要"还多",即在所得大龟粿的现有重量上再加四斤,红包金额也要增加。报道人告知他是头家的时候,村中有一户人家希望购置彩电一台,但是家中的存款不足,于是借助求大龟获取红包金额补足购置款,成功添置一台彩电。来年外出打工赚钱后,顺利的还回了红包中的金额。但是也遇到来年因为收入不好还不起红包的村民,则继续求得来年红包,次年再还。现今求大龟的活动每年持续,但是村人为了避免制作大龟粿的繁琐,头家负责从制作糕点的店家买回大龟粿,导致会制作大龟粿的人也越来越少了。

(二)地方戏曲

戏曲的演出一方面是为在重要的节庆娱乐众神,成为庆祝的"重头戏"。另一方面在于娱人,通过一个特定的时间,营造人神同乐的空间,释放平日的重压,以得到内心情绪的释放。

蔡坂人为答谢神明,常常在正月二十一日请伽蓝大王的诞辰戏;三月十八日有注生娘娘诞辰戏;九月十四日有辅顺将军诞辰戏;七月二十三日有普渡布袋戏。而岁时祭仪也为地方戏班吸引较为稳定的观众群。

1. 芗剧

芗剧是福建省五大剧种之一,主要流行于闽南漳州地区,也流传至厦门、晋江、台湾以及东南亚华侨聚居地。使用闽南方言演唱,曲调优美活泼,质朴流畅,富有强烈的生活气息和浓郁的南国情调。腔调主要有七字调、哭调、台湾杂含调、内地杂碎调,以及来自民歌和其他地方剧种的唱腔等共5大类。现存传统剧目有600多个,题材多取自民间传说、神话、公案、传奇和历史演义等。所用乐器分为文武场,文场乐器有壳仔弦、笛子、扬琴、三弦、二胡、唢呐、管子、洞箫等。武场有北鼓、通鼓、板鼓、大锣、小锣、碗锣、大钹、小钹、双铃等。芗剧在发展的过程中与当地的民间艺术——锦歌,车鼓弄等民间音乐歌舞相结合,又吸收其他剧种的技艺,逐渐由原来的清唱形式发展成为富有地方特色的剧种,是乡村岁时祭仪、酬神答谢、红白喜事等活动中,必不可少的一种文化景观(刘波 2006:306)。仅在在龙文区就有六个芗剧团,其中位于蔡坂的蔡坂芗剧团,不但活跃于龙文区、漳州等地,在闽南一带享有盛誉,深受乡亲们的喜爱,演出的剧目如早期的传统剧目《山伯英台》、《陈三五娘》、《吕蒙正》、《郑元和》,以及《六月雪》、《红鬃烈马》、《三家福》、《安安认母》等现代戏。

第七章
蔡坂村的岁时祭仪

图7-4 跳加官

图7-5 红孩儿

　　下文是笔者在三月十八日注生娘娘诞辰日和正月二十一日伽蓝大王的诞辰日前往蔡坂,观察所得资料。正月二十一日上午,当年的头家在云洞岩神像前烧香祭拜,将伽蓝大王、注生娘娘等神像迎至神辇中,抬到山下戏台对面的祭拜点。按照蔡坂的习俗,移动神像前必须请示神明意愿,只有得到神明的许可才能进行。而这种许可通过掷筊杯实行。由于地理位置的影响,蔡坂的戏台与其他村落不同,未在村庙前搭台设棚,而是位于与沈厝交界的菜市场内一个固定位置,平日做为市场交易的场所,满足村人日常需要。到了神诞或娶亲设宴期间,就变成村人聚会的场所。村人所置办的祭品一般有:茶、酒水、三牲(鱼、鸡、猪)、面、四碗甜面线、四碗甜汤(桂圆、红枣、红糖熬煮而成)、水果(橘子、香蕉、苹果、青枣等)、寿金以及香烛等。正对戏台,中间为保生大帝和玄天上帝,左侧为辅顺将军,右侧为注生娘娘和娘妈。约正午时分,戏班在芗剧戏文正式上演之前上演"三出头",常常为庆祝神明诞辰、家中添丁、生意兴旺、庇佑平安等而演出,包括"排三仙"、"加官"、"送子"。"排三仙"是出演蟠桃大会上福禄寿三星前来为王母贺寿的主题。"跳加官"(见图7-4)时戏班乐队起鼓,由生角扮成宰相(据说扮演的是狄仁杰,俗称哑口大仙),头戴乌纱帽,脸戴面具,身着上面印有红蟒蛇的官袍,手执玉笏和"天官赐

福"的卷轴;出场后配合鼓点走至戏台中央,拱手作揖,表演相关科步。接着走向戏台的各个角落,最后拿卷轴为头家祈福,祝愿村人来年生意兴隆、平安健康。整个过程没有唱词念白,只有配合鼓点进行科步走场。演出"送子"时戏班演员扮成八仙中的人物,其中旦角扮演的何仙姑手中抱着红孩儿(在"送子"中代表神明送下凡间的麒麟子,平时作为戏班的保护神,常年受到供奉,见图7-5),在牌子吹打声中走下戏台,到对面的祭拜点上香,众仙作揖拜神。

在扮仙仪式中,还会出现扮仙者和村民的互动,如村民接过红孩儿,表示接受神明送子。为答谢神明,村民会在盛有供品的红盘中准备两个内装20元现金的红包①,扮仙者接过其中一个红包,并返还另一个,此一红包带返家中置神案上三天三夜。在祈福的过程中,扮仙者还会报出祈福者的名字、地址、所求愿望。如:××地××人,扮仙贺寿,祈求众神明庇佑,全家平安、宏图大展、家里大小平安顺利、身体健康、生意兴隆、万事如意。

等到仪式结束后,众仙退出戏台后,鸣炮结束。在炮声中戏班的负责人拿出准备好的糖果、红枣、花生等,从台上洒下。众人涌向戏台,争夺捡拾带回给家中老小。老人说这些是"吃平安的"。

在芗剧上演的时候,蔡坂有一个习俗,如果台上出现扮演乞丐的演员表演"乞讨戏",村民就会配合的扔一些零钱或是食物(如花生、橘子)等到台上。如果出现太子、状元,台下就要有人放鞭炮。村人认为芗剧是演给神和人看的,所以每年芗剧上演的时候,戏台总是聚集许多人来看热闹。

2. 大鼓凉伞

大鼓凉伞是流行于漳州龙文、芗城、角美、龙海一带的传统表

---

① 据戏班的人告知,三出头中答谢的红包是戏班经济来源的一部分。

第七章
蔡坂村的岁时祭仪

演形式,相传起源于明代嘉靖年间,当地百姓为戚继光军队抗倭胜利而欢庆进行的一种群舞。大鼓凉伞的主要表演乐器是大鼓和平锣,锣鼓节奏随着凉伞队舞蹈动作的变化、队形的变化进行即兴的演奏。表演的角色包含鼓手、锣手、伞娘、丑角四种类型。鼓队与伞队的人数按偶数递增,常见的搭配形式有:鼓、锣、伞、丑各一人,鼓、锣、伞、丑各两人以及鼓、锣、伞多人搭配二个丑角等。丑角的表演以诙谐戏谑的逗趣动作为主,其扮相借鉴当地传统戏曲中丑角和旦角的造型。在较长时间的表演中,丑角的插科打诨起到重要作用,他们的逗趣即兴表演不仅为舞蹈增添生气,而且也让鼓队和凉伞队的表演提供间歇的休息。演出形式与内容根据不同的演出场合而区分为"游街"和"团场"两种形式。"游街"即在蔡坂伽蓝大王管辖的境内一边绕行一边表演;"团场"即是在绕行之后,在村庄举行祭拜的祭坛前进行定点的娱神表演。蔡坂"团场"的表演场所主要在云洞岩山下的小广场以及村中的菜市场。司鼓者一边敲击大鼓一边变换舞姿,动作粗犷矫健。其他乐器在大鼓引导下,随着节拍边舞边有节奏地即兴烘托。凉伞队的妇女们则手持造型别致的红色凉伞,双手始终捻转凉伞,使凉伞飞舞旋转,脚下踩着鼓点配合轻盈的舞步,多使用如四方步、左右垫步等。在舞蹈的过程中,膝部有弹性的微颤,带动身段的左右旁腰留胯微扭,动作轻盈自然,与鼓手的坚实沉稳的表演形成鲜明对比。

七、结　　语

在蔡坂调查期间,较为深刻的印象是村人家家户户都有一个布置精细的供桌。按照村民的说法是:"村里百分之九十九的人,都信神。"蔡坂的岁时祭仪正是以信仰为发展基础,春节的拜天公、热闹非凡的伽蓝大王诞辰、日常祭仪中的拜门口神、端午节祭

水仙尊王等。这些岁时节日与信仰紧密联系在一起,随着祭仪的举行调节人与自然、人与神、人与鬼及人与人之间的关系。从另一方面看,蔡坂的信仰也在岁时祭仪中得到不断强化和巩固。信仰力量的权威性和真实性在社会的发展中不断的削弱,但是依靠岁时祭仪的诠释,在仪式的举行中信仰体系被具体化、丰富化,使精神力量和现实社会相互融合,让信仰得以传承持续。

岁时祭仪作为一种深层的文化力量,在社会的发展中,遵循独特的规律,变化发展。岁时祭仪以年为周期进行不断的循环反复,其基本的框架在短期的时间内并不会有重大的改变。这是一种传承的力量和情愫,在人、神、鬼频繁的互动中融入生活。同时岁时祭仪作为涵括礼俗信仰、饮食习惯、戏曲艺术、亲族关系、社会交往等方方面面内容,在不断的发展变化中,有些祭仪逐渐消失,有些祭仪增加不同的诠释,从而展现出新的力量。

参考文献

梁晓翠(译注)
    2006   黄帝内经。呼和浩特:内蒙古人民出版社。

刘波
    2006   中国民间艺术大辞典。北京:文化艺术出版社。

第八章

蔡坂村的婚姻习俗

◎ 陈尊慈

一、前　　言

　　本报告的撰写以漳州市龙文区蓝田镇蔡坂村蔡坂社的田野调查资料为依据，主要通过访谈、观看村民提供的婚礼录影带等方式获取资料，以呈现蔡坂村的婚姻礼俗及其变迁。田野调查自2014年6月9日至7月23日，为期45天。调查期间正值农历五到六月，为蔡坂人认为不宜结婚之月份，村中在此期间举行婚礼的仅有一户人家，不巧的是新人家又避讳陌生人观看，故未有机会亲临婚礼现场观察蔡坂人的婚嫁习俗。但幸运的是蔡坂村民在举行婚礼时通常会聘请专业的婚礼摄像师，拍摄记录下仪式全程，并制作成光盘保留。在报道人的协助下，先后在村中观看六

闽南蔡坂人的社会与文化

户人家的婚庆录影带,并在观看视频的过程中对六段影像资料所涉及的仪式内容做了详细的记录。此六段婚礼录影均拍摄于2008年之后,仪式过程完整,且婚礼全程皆由专门的"送嫁婆"指导完成,因而其中所反映的婚俗,在相当程度上应可代表今日蔡坂人婚嫁仪式之面貌。不过由于这六段视频中有两段仅有过一次在报道人家中观看的机会,故对于这两段资料中的仪式细节之记录可能略有欠缺。

除婚礼仪式之外,本章其他部分的内容均基于对蔡坂妇女、耆老、新婚夫妇等报道人的深度访谈。田野最初的1至2周主要努力于熟悉村庄整体环境、与村民建立投契,调查进展相对缓慢,直至与蔡坂村民熟络之后,才从对亲历者的访谈中逐渐对传统婚俗有了较深入的了解。其后更有幸访问到蔡瑞联、蔡田更等关键报道人,在他们的大力协助下,相关研究才得以顺利完成。但另一方面,由于村中诸多传统婚嫁礼俗早已改变,部分甚至已消失无踪,故仅凭报道人回忆或无法精确还原,兼之语言隔阂、田野时间限制等因素,皆对资料造成一定影响。

本章除前言与结语外共分六部分,分别对蔡坂人嫁娶婚缔结的一般过程与其他婚姻形式的婚礼进行简单的记录和介绍。其中第二至第六节按时间顺序记述说亲、订亲、婚前准备、成亲、婚后仪式五项蔡坂人嫁娶婚的结婚程序,第七节则介绍除嫁娶婚之外的其他婚姻形式,如招赘婚、童养媳婚等。除描述整个婚嫁过程之外,在资料允许的情况下,并对蔡坂婚俗的今昔变迁略做比较。

二、说 亲

中国古代的结婚程序一般遵循"六礼"。在《仪礼·士昏礼》中记载:"婚有六礼,纳采、问名、纳吉、纳征、请期、亲迎。"纳采也

第八章
蔡坂村的婚姻习俗

称说媒,就是由男方请使者到女家纳雁为礼,表示男方有联姻意图,请女家采择;问名通常是问女子的名氏与生庚,有时也与纳采合并举行;纳吉即现在的"合八字",肯定双方年庚八字有无相冲相克;纳征为纳聘财,订立婚约;请期为两家确定结婚日期;亲迎则为新郎迎娶新娘正式成婚(翟婉华 1991:90)。蔡坂村昔时除迎亲并非由新郎亲自前往女家迎娶之外,村人的婚姻礼俗基本遵循古制"六礼",与之大同小异。

(一)合八字

中国人向来笃信八字之说,视男女生辰八字是否相合为婚姻成败的关键。在蔡坂人看来,男女双方的八字不对冲是择偶的基本要件之一。因此"合八字"也就理所当然地成为村人提亲前必要进行的环节。

媒人到女家求亲,如果女方父母有意发展这门亲事,便将其女的生辰八字写于红纸上,由媒人转交男家。男方父母可取双方八字找算命师或择日师卜算,也可至庙中问神,以确认该女子与男方及其家人八字是否相合。现在虽为科学时代,适婚男女也多通过自由恋爱缔结婚姻,但婚前"合八字"之习俗在蔡坂依然盛行,男女青年交往之初,便会私下询问对方生庚,待确认二人八字相合不会互相冲克后,男方方可托媒人去女方家说亲,即使不问生辰八字,也至少会询问对方的属相,再通过属相配对规律来检验二人是否相配。

(二)探家风

在中国传统观念中,男女婚配须讲究门当户对,因而正式求亲之前,男女双方都要设法了解对方的家庭情况,尤以女方对此更为慎重。在蔡坂婚姻缔结前的择偶与说亲的阶段,居于主导地位的均为男方,而女方若想要对男子及其家庭状况有更深入的了解,则要私下到男家去"探家风"。负责"探家风"的女方家人一般为女子的母亲或婶婶等女性亲属,在事先不告知男方的情况下,来到男家附近,通过观察男家住宅的方位、规模来了解男方的屋址及家庭的基本经济情况。除此之外,女方家属还会向与男家熟络的村民打听男子的家庭背景、家庭成员的为人及本人的情况。

(三)说媒

在中国的传统婚姻中,婚嫁的促成向来都少不了媒人的参与,只有经由"三媒六证"的婚姻才是合法且合乎礼教道德的。蔡坂村的婚姻至今仍延续着古礼,由男方聘请媒人做中介前往女家提亲,表达缔结婚约的意愿。媒人的角色从古至今已发生较大的变化,最初为职业媒人走家串户为少男少女物色对象,新中国成立以后媒人则多由亲朋好友充当,职业媒人的数量也日趋减少,而"文革"之后蔡坂村中职业媒人更是消失无踪。1960年代后自由恋爱之风渐盛,情投意合的青年男女一般到谈婚论嫁时,再请一名能说会道的亲戚或朋友充当现成的媒人,转达双方的意愿。

报道人指出,蔡坂的家长向来"疼儿媳妇",在婚前就对未来的儿媳与亲家尊重有加。因此即使是在婚俗已大为简化的今日,订婚前的说媒①依然是婚姻缔结过程中一个不可或缺的环节。当男方家长或男子本人确定对象后,便会委托一位亲戚或好友做为媒人,陪同男方父母前往女家说媒。说媒旨在为男方"说好话",同时也让女家对男子的情况有进一步的了解。

说亲在蔡坂并不是婚姻缔结中严肃隆重的阶段,故此环节的礼物交换也较为简单,一般说亲都需要进行两到三次,但只在第一次赠送见面礼即可。第一次说亲时,男方父母与媒人携两条香

---

① 亦称"说亲"、"提亲"。

第八章
蔡坂村的婚姻习俗

烟(根据各家经济条件,通常便宜的用双喜,价高的用中华)与两包茶叶为礼,赠与女方父母,而女家出于礼貌和对男家的尊重,通常不会回绝此礼,否则便代表着这门亲事毫无商量的余地。若是女家不同意说亲,则在客人离开时将礼物退还,让客人带着原物返回。

通常为了表示自家女儿的矜持与自爱,女方家庭并不会在第一次就答应媒人的说亲,即使有意也只是回应会考虑这门亲事,并不会给对方任何明确的答复。而男方如果继续坚持这门婚事,就会再派人去女家说亲,直到女方同意之后,双方即可商定日期进行相亲。

如果是自由恋爱的男女,则省去相亲的环节,在第一次提亲之后,男方父母为表诚意会再次登门拜访,女方若是同意,便授意男方可去择定订婚吉日。订婚日子选好后,男方父母还须上女家进行第三次提亲,一方面亲自将选好的订婚日子告知女家,另一方面也借此机会与女方父母商定订婚事宜。

(四)相亲

说亲后如果双方对结亲达成共识,则由媒人安排两位年轻人相亲。相亲时男子由家中长辈陪同,将茶、酒、水果(可从龙眼、菠萝、苹果等具有吉祥含义的水果中选择)等礼物凑成双数(一般为四样),带到女方家与女子见面。有报道人讲述,昔时受"男女授受不亲"的观念影响,女子不可亲临厅堂,因而相亲时男方只能透过门缝观察女方的足部来判断该女子是否合意。另有报道人指出,在旧俗中男子第一次上女家时不可在女家久留,而女家甚至也不必请男子喝茶,村人认为如果男子逗留时间太长,则意味着好事多磨。相亲之后四或八日内,男女双方家庭如果诸事顺利、合家平安,则预示两人未来的婚姻不会对家中造成不利,是适合成婚的对象。

 闽南蔡坂人的社会与文化

三、订　亲

男女当事人相亲后彼此满意,双方家庭即可着手准备订亲事宜。订亲阶段除须为诸嫁娶仪式请期之外,最重要的则为两次订婚仪式,而不论是自由恋爱或相亲,男女双方婚约的订立都是经由一系列的交换行为实现的。

(一)请期

蔡坂人十分看重订婚、结婚的日子,一切力图吉利。一旦女方同意结亲,男方便请择日师来到家中,交予其写有男女两家人生庚的帖子,请其为婚礼中的若干关键礼仪选出最为吉利的时辰;有时也由男方父母做主,或以黄历、通书为准绳,或掷筊询问村中的保护神伽蓝大王,挑选出与男女生辰八字相宜的日期,此俗称为"请期",亦称"择日"、"算日子"。而所谓的关键仪式,包括订婚、开剪、安床、送箱、拜天公、迎亲、进房等。其中以进房的时刻为重中之重。

"请期"之前需将男女双方及其家人的生辰八字写于红纸上,俗称"写庚帖"。庚帖一般以新郎方的生辰八字为主,这是由于婚礼的大部分仪式都在男家举行,男家几乎"全员出动"参与婚礼,因而请期时须将男方全家人的生庚都考虑进去,才能确保所择之吉日与他们皆不相冲。而女家举行的送亲仪礼,程序较为简单,参与人数也少,故只在庚帖中写明新娘的父母、兄弟姐妹等近亲之八字即可。写庚帖时,男方甲庚属阳,女方甲庚属阴,男方写:乾造×年×月×日×时(祥)生;女方写:坤造×年×月×日×时(瑞)生。所书生庚之字数一律以偶数为准,如遇奇数则男方添一"祥"字,女方添一"瑞"字以凑成双数为吉。请期之后,男家须亲自将择定的吉日送交女家,让女方核对,俗称"送时"。近年来婚

第八章
蔡坂村的婚姻习俗

俗简化后,男家也常在送聘或送箱时候再一并通知女方各项仪式的时间。

蔡坂人的婚礼筹备向来都是乡里互助,一家有事百家帮。不过由于属相冲克之故,那些生肖与婚礼日期相冲的人在喜事当天就必须回避,否则恐会为双方带来不利。新郎家若是得知准备前来帮忙的亲友中有人的生肖与吉日相冲,就要以委婉的借口阻止此人前来,不过绝不可明言其中的原因。

蔡坂的婚礼大多在下半年举行,尤其是年关将至之时,此外元月、二月、四月、八月等含义吉利的月份也常有青年人喜结连理。然而五、六、七这三月则忌办婚事,因为"五"在闽南话中与"误"同音;"六"的闽南话发音则令人联想到抢夺;七月俗称"鬼月",且数字"七"常与丧事联系在一起,不吉之意不言而喻,故村民较少选择在这三个月中结婚。此外蔡坂人认为喜事最好"王不见王",新郎家若是在结婚之前发现村中将会有其他新人同日成婚,则最好适当地调整婚期,或更改迎亲路线,以避免喜轿相遇,出现"喜冲喜"之局面。喜事亦忌与丧事相碰,有报道人讲述,其亲戚中有人曾于结婚时喜轿途中遭遇丧礼,而这竟"导致"她成婚后膝下无有子嗣。故若婚礼当日正逢村中有丧事,则通常将婚期后延,以保日后婚姻生活之顺利。

根据旧俗男方家中如有长辈去世,则男子须守孝三年方可成婚;而一个家庭中的兄弟姐妹,成婚的先后也应以年纪长幼为序。但近年蔡坂人已不再严格地遵循这些习俗;守孝三年结婚的做法已渐渐淡化,而成婚顺序也不再拘泥于长幼,如今若次子在长子之前结婚,只要象征性地包一个红包做为"过路费"给兄长,以示尊重即可。

(二)订婚

在许多长者的回忆中,订亲是婚姻缔结过程中简单而庄重的

一环。新中国成立后,许多旧式的婚嫁礼俗被视为陈规陋习而遭到革除,而订亲仪礼也改为茶话会的形式,其中诸多复杂的礼物交换亦因物资的匮乏和观念的转变简化为请茶、吃糖;直到改革开放之后,传统的订亲仪式才又开始在蔡坂逐渐复苏。

关于蔡坂人的订亲次数,村人有不同的说法,说一次或两次的都有。有报道人指出,两次订亲分别称为"吃甜糖"和"吃咸的",只定一次亲的做法只是将原来应有的两次合并;但也有报道人认为,所谓的"第二次"并不能视为订亲,只是分发喜糖,通知亲友婚事将近之意。不过无论是一次订亲或是两次订亲,依据报道人的描述,订亲仪式的内容实际上并无明显的区别,均以两家的礼物交换为主,而其中所涉及的礼物也都由三部分组成:一为分发给亲朋好友的喜糖等订亲礼物,二为男家赠予准新娘的聘礼、聘金,三为准新郎赠予女方家人的红包。因此下文便以报道人所述的两次订亲之程序为准,对蔡坂的订亲习俗做简要的介绍。

发送订亲礼物以公开两家订立婚约的喜讯是订亲的目的之一;蔡坂人的订婚礼物含糖果、茶叶、香烟与饮料(四色)四种,由男女两家分别赠予各自的亲朋,但女家的礼物须由男家代为准备。在订亲之前,女家负责统计亲友和乡邻的人数以确定礼品的数量,男家则将双方所需的礼物都准备好,并于订婚当日将女方需要的份额送至其家中。收到喜糖后,女方会象征性地取其中一小部分返还给男家,同时回赠男方一定数量的大礼饼。订亲结束后,男方要将收到的礼饼连同喜糖一起分赠亲友。因此当村人收到含有喜饼的订亲礼物时就可知道某家即将迎娶媳妇,而如果仅收到糖果则表明是嫁女儿。一般来说,女家的订亲礼物只送给关系较近的亲戚与好友,男方则须向全村每户各发一份。亲友关系的远近不同,收到礼品的数量也有所不同,关系最近的亲人,每户会分得四斤喜糖,一般亲友则为每户半斤。

第一次订亲的喜糖为一颗颗的散装糖果,待到第二次订亲

第八章
蔡坂村的婚姻习俗

时,就改为包装更为精致的成包喜糖,而第二次男方订亲礼物的内容也变更为大礼饼两个、饮料、糖果与糕点若干。第二次订亲的时间一般都在婚前半个月左右,其意是告知全村自家即将要举办婚礼,收到订亲礼物的亲友邻舍,在这时就可开始为新人准备礼金;若欲邀请村外的亲友参加婚礼,还要在礼品之外另附请柬一封。请柬以双方父母的名义制作,昔时通常请村中擅书法者代书,近年来则演化为印制精美、格式统一的卡片,新人家于婚庆用品店购置后,自行填入两位新人的姓名以及婚宴的时间、地点即可。

除了帮女方准备的喜糖之外,两次订婚时,男方还要赠予女方一定数量的聘金和聘礼。订婚当日上午,男子与母亲、媒人一起前往女家;媒人手中提一红篮,篮内有装聘金的红包,与男家赠给女方的金首饰一套(包括戒指、项链、耳坠、手镯)。聘金的金额按男方家庭经济实力而异,一般从数千元到数万元不等,但数额无论多少都必须为双数,且第二次订婚时的聘金还须在第一次聘金的基础上增加一倍。男方还会以扁担挑一对礼篮,一边篮内装礼炮与大红烛各两对,另一边装入糖果、水果、香烟、茶四色礼物,数量同样也要成双。到达女家时,女方家人会准备点心招待客人,礼篮中的礼物,女方则只留半数,另一半依旧让男方带回。除了给准新娘带去聘金和聘礼之外,为了感激准新娘父母多年来的养育之恩,男方须为未来的岳父母送去"洗衣工钱"*sue sāka ŋ tsɿ*与"泡茶钱"*pʼau te tsɿ*,以及准备"大舅礼"*tua ku le*、"小舅礼"*sue ku le*等发给准新娘的舅父与兄弟;这些送给准新娘家人的红包要和给女方的聘金分开。订婚之后如果女方悔婚则女家会主动将聘金与聘礼退还给男方,但若是男方悔婚的话则通常不可主动去找女方要回礼物。

往昔第二次订婚时,男方还要给女家送去一封"亲家帖",亲家帖亦称姻翁帖,即婚书,是双方缔结婚姻关系的凭证,也是男方

闽南蔡坂人的社会与文化

所送聘礼的清单,帖中表明男家对于这门亲事的重视以及对姻亲的敬重。亲家帖须装入一红纸大信封,其具体写法如下:

男方姻翁帖文:

```
×××姻翁兄:
    薰沐顿首拜启,大德望天储,封府尊姻台先生阁下,敝谨具薄礼为贵府令媛大婚之聘务祈俯就笑纳。
    并赐佳音
                          (忝)姻小(眷)弟×××谨具

    谨具:聘金成对    凤眼成封
         龙烛双辉    茶果四色
         亲仪成封    吉课全章
         聘糖满千    桔柿成双
         香脯成百    喜炮全高
```

红纸大信封写法:

```
        送奉
     ×××姻翁亲                              启
                          (忝)姻小(眷)弟×××谨具
```

女方姻翁亲回帖文写法如下:

```
×××姻翁亲兄:
    端肃顿首拜复,大硕德翰封贵亲翁府台先生,敬依台命厚礼照收。
    仅此奉达
                              姻小(眷)弟×××谨具
```

红纸大信封写法:

第八章
蔡坂村的婚姻习俗

```
  赔奉
     ×××姻翁亲                 启
              姻小(眷)弟×××谨具
```

大凡行帖函款,必须谦己称人,两家姻翁亲皆健在者可写:"忝姻小弟",如有一方的父亲已离世则写:"忝姻眷弟"。回帖时"忝"字可除去免用。如果对方祖父母尊长辈在可写:"待教晚生",若是新郎之兄要行帖给新郎的小舅子则写:"眷小叔",不得用:"小弟"。凡是写聘帖的物件及字数均要成双,不可用单件、单字,写物品时如果遇到属单数的,则写"全"或者"盈",以避免单独的忌嫌①。

蔡坂人订亲当日中午,女家会置办一桌简单的订婚席,宴请与新娘关系要好的几位"女伴"(姐妹伴或家中的女眷)。订亲之后,准新人对于对方家庭成员的称呼就要改口。

在整个订亲过程中,媒人是男女两家之间的联系纽带,对于婚约的成功订立起着关键的作用,故订婚仪式后,准新郎须给媒人一些报酬做为答谢,此称"媒人礼"。初订时的媒人礼只要象征性地给几条糖,大订后则要赠予媒人至少两百元的红包,且红包中的金额须为双数。

四、婚前准备

第二次订亲到成亲之间约有半个月之间隔,这期间双方家庭都在忙于结婚前的各项准备。今日蔡坂人的婚前习俗与古式婚

---

① 关于姻翁帖的写法及行帖之注意事项均摘录自蔡龙根老人手书之笔记。

礼大同小异,但随着社会经济的发展,部分仪式已明显简化。其中主要的仪式有开剪、开脸、送箱、备嫁妆、安床、拜天公五项。

(一)开剪

在市面上没有现成礼服可供购买的年代,媒人会将新娘衣服的尺寸拿到新郎家,由新郎家择定吉日,请裁缝到家中替新人裁制婚礼当天所着的礼服、内衣裤以及新床的被单、枕头等新婚时必需的物品,俗称"开剪"。昔时开剪一般要请两位裁缝,历时数日,分别裁制男女双方的服装。开剪之前,家人先向厅堂众神明上香,告知今日要为新人开剪。接着裁缝为新郎量身体,并一边"唱好话"一边开始裁衣。服装制好后,新郎母亲还须将做好的衣服与开剪时所使用的剪刀、尺拿到厅堂神明处祭拜。

在裁缝裁制服装的数日中,新郎家要安排裁缝的三餐,且每日上午和下午分别向裁缝提供甜味和咸味的点心;衣服做好后,新郎家要给裁缝红包做酬劳。如今由于可直接购买现成的礼服,开剪仪式也大为简化,新人购置好衣物后,即请人在床品、大小花帕与服装衣领内侧上各绣一"卐字符"即算完成开剪。

在闽南农村,新婚当日新人穿着"上头衫裤"的习俗十分普遍(沈媛 2012:209),所谓"上头衫裤"即为成套的白色内衣裤,一生中仅在新婚与临终这两个特殊时刻穿着,象征清清白白地来,清清白白地走。不过蔡坂新人结婚时的内衣裤却常用粉色,而尤其忌用白色。虽然有报道人回忆昔时的新娘可穿着白色内裤,但此举的目的仅是为了婚后次日婆婆能更方便地检验出其为处女之身,而与"上头衫裤"之俗并无明确的联系。

(二)开脸

昔时新人结婚前四或前八天(或于新娘上轿之前),要由送嫁

第八章
蔡坂村的婚姻习俗

婆为新娘开脸①,将新娘脸上的汗毛去除,以便上妆;开脸也象征新娘长大成人。开脸时送嫁婆先在新娘脸上扑白粉,做润滑之用,再以二尺长的细线,一头用牙咬紧,将两根线绞紧,再用手拉开,利用绞线一松一紧的力量,将面部汗毛拔除,送嫁婆会以熟鸡蛋不时在新娘脸上来回滚动按摩,以减轻开脸的疼痛,且细线在脸上每划过几次后就要补上白粉,以便于看清何处的汗毛尚未被拔除。开脸后新娘要将一颗和花生一起煮熟的鸡蛋吃掉。如今蔡坂的青年人结婚均会到市区的美容店化妆,开脸习俗也逐渐简化,只请送嫁婆一边说好话,一边拿缝衣线在新娘脸上象征性地挽两到三次即可。

(三)送箱、备嫁妆

结婚前四天(或前八天、前十二天),准新郎准备一对红色大皮箱由媒人送到女家供女方装嫁妆之用,同时还要送去一些依据女家当地习俗而准备的礼物②,俗称为"送箱"。婚俗简化后,送箱有时也与送时合并。

昔时红色大皮箱通常盛放男方所赠的供新娘日后做衣服之用的十二条粗布,而关于红皮箱现在的用途则有不同的说法,一说可以之装新娘衣物,且备嫁妆时,男女双方须分别在箱底四个角落的两组对角上垫上现金,称为"压箱钱"。一说两个红箱各有用途,一个用以装新娘陪嫁的现金、存折、添妆的红包与聘礼等贵重物品,另一个则用来放新娘的衣物。

送箱之后,女家就可为新娘准备嫁妆。因时代不同、家庭经

---

① 亦称"挽面"。
② 蔡坂"送箱"当日所送的礼物还有:红包、象征多子多福的火炭、象征添丁的铁灯等。媒人告辞前,女方要包与男方送来的红包金额一样多的红包交由媒人回赠给男方。

闽南蔡坂人的社会与文化

济条件不一,不同家庭嫁妆的内容与数量区别极大,但通常都由三部分组成:其一是价值较高的物件,如20世纪五六十年代的缝纫机、手表、自行车,20世纪八九十年代的现金、家电,以及近年来的笔记本电脑、小车、楼房首付等。再者是新娘日后生活中可能需要的日常用品,如枕头、毛巾、水桶、红篮子、敬神用的敬杯、酒壶、财子寿[①]、净炉等,以及大木盘和小木盘(后来改为大铁盘和小铁盘)各一;这对木盘平时可用以盛放敬神的供品,而在女子逝世后,其子须将针线放入她当年陪嫁的大木盘,并端此盘迎接舅家亲戚。另有中间缝入一红色细线的白色小被子一条[②],异日公婆去世后媳妇须以之覆盖在公婆的脸上或脚上,以表示尽最后的孝道。此外还有一些传统婚礼中的必需品与辟邪物,如头花数对、香粉数盒、"缘钱"(见第五节)、扇子、手帕、梳妆盒、"十二样红纸包"[③]等。其中每对头花要配上香粉两盒(见图8-1)、毛巾两条,组成一份,装入红袋中;在婚礼当天,喜酒开始前,由新郎的母亲、婶婶将之分赠给一些近亲,收到此礼的人一般

图 8-1 头花与香粉两盒

---

① 即荐盒。
② 在嫁妆中放入白色被子的风俗大概始于十余年前。
③ 为一密封的红色正方形小纸包,内含头花、细铁丝等十二样物品,据说可助新人远离不洁之物。

第八章
蔡坂村的婚姻习俗

都会给新人红包回礼。而在这部分嫁妆中必须包含一大一小两块黑、白相间的格子"花帕"(见图 8-2、图 8-3)。"花帕"在蔡坂人看来具有极强的灵力,有辟邪的作用。大花帕格纹较大,可用做围裙,在新娘"入灶口"时使用①。小花帕格纹较细,在婚礼时用做新娘的盖头,以后新人生子,可用之包覆婴儿出门,以护佑新生儿免遭邪秽之侵扰;而公婆去世时,儿媳也须用小花帕覆盖客厅神像,待到"头七"过后才可拿掉。

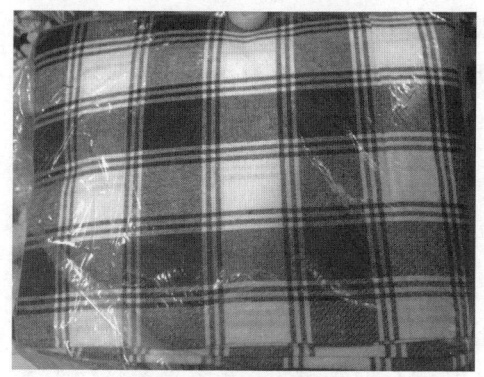

图 8-2　大花帕

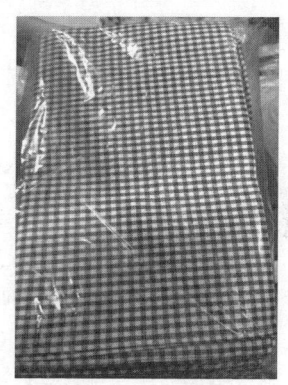

图 8-3　小花帕

　　后两类嫁妆(即日常用品与婚礼必需品、辟邪物)由新娘的母亲至香烛店或婚庆用品店挑选,数量不定,但须为双数,准备嫁妆时,将它们装入贴有"囍"字的红篮内。而送亲当天,女家要在陪嫁的枕头上放上成叠的现金,再将其置于新郎所赠的红皮箱上,待接亲人来将枕头连同皮箱一同搬运到男家。

　　第二次订亲之后,接到女家礼糖的乡邻、亲友便会向新娘赠送礼物或礼金道喜,俗称"添妆"。添妆的礼品多为脸盆、布、手帕等生活必需品,通常新娘的叔伯等近亲所赠与的礼品价值最高。

---

① 也有新人在"入灶口"时使用的是蓝黑色布料制成的围裙。

收到"添妆"后,女家不必回礼,只要记录下送礼亲友名单,待新人婚后四日回门时再宴请他们以表谢意。

婚后第四天,新人回门,而红皮箱则留在男家。过去在新娘回娘家时,婆婆等男家亲眷会开启红皮箱,查看箱内细软,以嫁妆的多寡了解女家的经济情况,俗称"开箱"。开箱之后,红皮箱则由男方家人负责将之归还原主[①]。据报道人介绍,由于红皮箱仅在喜事时使用,且价格昂贵,平时用到的次数较少,所以村民通常不会自己购置,而是提前去找家中已有皮箱者借用,并于婚事结束后归还。现在蔡坂村家中有红皮箱者不过二三户,昔时更是仅有有钱人家筹办婚礼时才会自行购买,而过去蔡坂人咸信,找富人借红皮箱便寓意新人家今后亦可财源广进、蒸蒸日上。

(四)安床

新床的安置是婚前准备阶段最为重要的仪礼之一。安床的时间与新床安放的位置均须事先经由风水师测算才能确定。在选定的安床吉日(一般为婚前四天左右)上午,新郎母亲将糯米煮成糊,煮熟后加入红糖搅拌,盛满一碗,再取红枣十二颗沿着碗的边缘在糯米糊上排成一圈,置于新床中央,并燃香敬拜床公床婆,为子媳婚姻生活的美满祈福。安床仪式后,新郎母亲便取出新草席一张,昔时村人会将草席直接置于床铺上,而现在的新床因为一般都有床垫,所以便将草席放置在床垫之下。安床当日晚,有些人家会让两名属龙或属蛇的男孩到新床上睡一夜,以此祈愿新人早生龙子、瓜瓞延绵。从安床当日到新婚四个月的这段时间

[①] 近年来逐渐改为在婚后十二天归还红皮箱。往昔婚后四天便归还是因为当时每家都有多个子女,故某些月份中常有年轻人接二连三地举办婚礼,村里的红皮箱也"供不应求",因而便规定于婚后四天归还皮箱,以方便他人借用。

第八章
蔡坂村的婚姻习俗

里,新郎家通常都会尽量避免让新娘之外的其他女子到新床上坐卧;而且在新嫁娘进门之后,男方家人就要在婚房中燃起两盏灯,意为"添丁",而这两盏灯要一直点亮,直到新婚满四个月后方可熄灭。

在婚礼的前数日,新郎家会对家中做一些装饰,以增添家庭喜庆的气氛。客厅的神案上要摆放大红对烛,客厅中央悬挂母舅联;大门口要贴上婚联,并在大门门楣上挂"彩头"一条。"彩头"为一长方形红布横幅,上有刺绣的"金玉满堂"四字与八仙人物像,婚礼之后,彩头仍要在家门口悬挂一段时间,在婚后十二天、四十天或四个月后再撤下。"彩头"与母舅联皆为新郎母亲的兄弟或堂表兄弟所送之贺礼,若新郎母亲的兄弟较多,则几位母舅可协商合送一份礼物。母舅联和"彩头"的右下角处都贴有写着母舅姓名的红纸,若是数位母舅合送,则注明"大舅××、二舅××……同贺"。

婚礼前一天,男家须在家中里里外外的所有门楣和窗户上方都贴上"麟凤符",即写有"麒麟到此"或"凤凰到此"的红色字条。蔡坂人认为,张贴麟凤符可驱邪,亦可祈子。同时"麒麟"与"凤凰"也承载着新郎家"望子成龙,望女成凤"的夙愿。蔡坂新人的婚房除门窗上贴有麟凤符之外,还会在房门贴一"囍"字,除此之外,新房一般无需做过多的装饰。婚房中的所有家具与物品,尤其是婚床和梳妆台都必须是全新的。

(五)拜天公

迎亲开始前,男家根据择定的吉时,在家门口设供桌,举行拜天公仪式,敬告天公家中将有喜事,并祈求新人婚后阖家平安、儿孙满堂。婚礼前的拜天公仪式相较平日更为隆重,所需的祭品通常包括:十斤左右的发粿、猪头、猪尾、猪大肠、猪肚、猪肝、猪心及"五果六菜"等。发粿为一大一小两个,小发粿叠放在大发粿之上,上插红花。猪头与猪尾要放在同一个红盆中,擦红色涂料,猪头在前,猪尾在后,此外还须将煮熟的猪脑放进猪的眼窝中。而"五果六菜"则为蔡坂人祭拜大神明时才会使用的祭品,"五果"即男家任意挑选的五种应时水果,"六菜"分别为豆腐、香菇、莲子、龙眼干、金花、橘饼。拜完天公后,男家须将发粿与猪头肉分发给前来帮忙的亲友。

此外供桌上尚须摆放三列供品,从外向内依次为:茶四杯、甜面线四小碗、酒四杯。先请天公吃茶,再吃甜面线,最后请酒。由于拜天公需要的供品较多,所以有时便要两张供桌才足够置放供品。供品准备好后,新郎父母在屋外拈香朝天跪拜十二次,祷告后焚金纸,并燃放鞭炮。

五、成　　亲

成亲是整个婚嫁过程的重头戏,仪式繁多且十分隆重。蔡坂人的婚礼程序通常需一到两天完成,主要仪式除近年来逐渐淡化的"做新娘"之外,还包括迎亲、送亲、进房等七项,下文将按照时间顺序逐一叙述。

(一)做新娘

"做新娘"是蔡坂妇女人生过程中一个重要的通过仪式,是婚礼上新人身着特定的结婚礼服敬拜天公的过程。蔡坂人认为只有经历过做新娘仪式的妇人,才能算是真正长大成人。然而并非每个新娘都可在婚礼当天便完成这一仪式;男女成婚前,家人会将两人的生辰八字交由算命先生卜算,以确定新人是否可按照做新娘的程序举办婚礼,如果新人的八字适合行此礼,则举行做新娘仪式对男女双方及二人的婚姻都有益处,若是两人八字不宜在婚礼上行此礼,则只能推迟到婚后补办,否则恐对新人将来的运

第八章
蔡坂村的婚姻习俗

势不利。未在婚礼中做新娘的女子可待婚后夫家拜天公时,或子女出生时准备十二碗红丸子敬拜天公,即算是做过新娘,成为成年人;而没有行过做新娘仪礼的母亲,无论其年龄大小,村人都只能以对未成年的态度待之,甚至将来其子女成婚时,她也不能出席迎亲前的拜天公仪式。

蔡坂人做新娘的婚礼程序与普通的婚礼主要有以下两处区别:首先是新娘的衣饰有别,行做新娘礼的新娘要在头顶戴一红布扎成的大花球,花球两侧各垂一条长布条,头插金缎花一对;而普通的婚礼中,新娘则只梳发髻,头饰石榴花。再者拜茶仪式也不同,没有做新娘的新人进门后只在家门口祭拜祖先,无需向天公上香;而做新娘者则先于家中拜完天公,后至村中村庙、宗祠、祖厝向角头祖公、开基祖等神明与先人敬茶,程序更为复杂。这部分内容将于下文"奉茶"一节中详述。

近二十年来,由于婚俗改革,许多年轻人已不再讲究婚礼中是否可行做新娘仪礼,做新娘与不做新娘的婚礼在程序上也日趋同化,例如向祖厝拜茶之礼,如今几乎已成为所有喜事中必不可少的环节,而"做新娘"一词,对于很多报道人来说甚至也已成为了遥远的回忆。本文对于婚礼的描述主要以现行的普通婚礼为准,不过现今一般的婚礼中或许已经渗透进昔时做新娘婚俗中的诸多元素。

(二)迎亲

迎亲队伍出发之前,新郎父母要来到新房中,持香于婚床前向床公床婆行礼。祭拜床公床婆的供品为糯米饭一碗,碗中插石榴花。拜完床公床婆之后,便是传统婚礼中常见的"滚床"习俗。新郎家请来一名属龙、年龄不限的男子在新床上从床头到床尾连续翻滚几圈,意为讨个好彩头,祝福新人来年也能得个龙子。接着新郎母亲托起一红盘,盘中放着一插有三炷香的"净炉"(见图

8-4),新郎母亲要携此净炉绕婚床行走一周,并边走边以手托净炉划圈。净炉是蔡坂人日常敬神所用祭器之一,也是贯穿于婚礼全程的重要道具。蔡坂人认为净炉具有驱邪的功能,炉中的香火燃得越旺,灵力便越强大,手托净炉环绕物品打圈可使物品得到净化、将邪气祛除,保护新人免于邪秽作祟。

净化完婚床后,新郎母亲走出家门,以同样的方式将所有用以接亲的婚车与喜轿①的里里外外都做一轮净化,而在净化过程中,新郎母亲还会不断地唱好话②,祝福新人在婚后"成双成对,年年大富贵"。

昔时蔡坂人的婚礼一般为非亲迎,即迎亲时新郎不会亲至女家接新娘。有报道人回忆,在男尊女卑的时代,男女婚后若有不和,丈夫有时便会以此奚落妻子,称结婚时是妻子自己嫁过来,而非男子将她娶进家门的。随着男女平等观念的普及,蔡坂人婚礼中的非亲迎现象也日趋减少,如今不少蔡坂新郎不仅亲至女家接亲,而且在接亲时还会带上红包、玫瑰花束等礼品,到达女家即赠予新娘及其他亲人。

---

① 随着时代的变化,蔡坂人迎亲时所使用的交通工具也几经变迁;旧式婚礼上接新娘使用的是装饰华丽的花轿,且轿子的种类和样式会因主人的贫富和地位而有所不同。解放以后,婚礼形式经历由繁到简的变革,不再使用传统的花轿迎亲,在崇尚简朴、节约的年代,新娘常自行步行到夫家,无需繁复的迎亲仪式。后来条件稍好一些,便由新郎骑着座位上垫有毛毯的单车上女家接新娘过门。近年来随着传统婚俗的复兴,村人又重拾过去的仪礼,如今蔡坂年轻人结婚普遍使用四人抬的大红喜轿接亲,喜轿门帘上部贴有"麒麟到此"符,两旁插木棉花,如果女方娘家较远,则先用婚车将其接至村口,再从村口抬轿至男家。

② 亦称"说好话"、"呛好话",即说吉祥韵语。蔡坂婚礼各项仪式中所说的"好话"(参见附录),都以祈愿新人白头偕老、早生贵子、家庭和睦、生活富足美好等为主题。

第八章
蔡坂村的婚姻习俗

  昔时非亲迎的婚礼中,男家根据择定的吉时,委派八位或十二位①俗称为"炮驾"的迎亲人往新娘家迎亲,炮驾皆为辈分与新郎相当的年轻男性,其中包括新郎的小弟,即"小叔子"②;迎亲时,小叔子手提一红篮,内装糖果与水果共四种,到达女家之后,女家即收下小叔子所带之礼品,并回赠用煮熟的糯米与红枣做成的米粿让他带回。返抵男家后,新郎母亲要用这份米粿做供品,再次敬拜床公床婆。而其余的炮驾中,有一人肩挑一对礼篮,一边的礼篮内装用大红盘盛放的生猪蹄十二斤,俗称"轿前猪脚"。"轿前猪脚"的蹄甲不去除,其前端用红线系一红包,女家收到后割下猪蹄后端的一部分肉,将它们分给全家人食用,接着,便要拆开红包,查看其中的金额。不过系在猪脚上的红包女家不仅不得收下,而且须准备金额与之相等的另一个红包做为给男家的回礼。新娘上轿前,由其母亲将双方红包用两条同样长的红线系在轿前猪脚剩余部分的前端,象征着两位新人心连心、婚姻长长久久。系好红包的猪脚须交予炮驾,仍然返还给男家。正因如此,为了避免让女家破费而留下贪小便宜的印象,男方在轿前猪脚的红包中装入的现金宜少不宜多,通常以含义吉祥数目又不大的金额(如十二元)为宜。

  另一头的礼篮中盛放着礼炮两份、大红烛两对。这些礼物女家分别收下半数,再将另一半返还给男方。待到新娘踏进男方家门的时刻,婆婆须即刻将返还来的那对红烛在客厅神明面前点亮,同时燃上香火,为接下来新人的拜神仪式做好准备。返还的鞭炮,则要在拜神仪式结束后,由新郎家人拿至门口燃放。

  蔡坂人结婚时均会燃放大量的鞭炮,一为驱除邪秽,二为营

---

  ① 迎亲时来去的人数和喜车数量都要成双。

  ② 小叔子一般都为新郎最小的弟弟,而如果新郎没有亲兄弟,则由其堂表兄弟或侄儿出席。

造气氛。迎亲的礼车出发前，男家门口便鞭炮齐鸣，热闹非凡；炮驾们同样要随身携带数串小鞭炮，在喜车向女家行进途中不断点燃抛出窗外，让爆竹声与礼车一路同行。而当夜间的喜宴结束时，男家亦会燃放礼炮与鞭炮，为一天的婚礼仪式划下句点。

迎亲途中，轿夫抬花轿走在最前，其他喜车则紧随其后，新娘父母要在迎亲队伍到达前于家门口持香敬拜天公，再进家中拜大厅神明与灶神，告知众神女儿今日即将出嫁。当迎亲队伍到达女家时，盛装打扮后的新娘便在父母的搀扶下，从闺房来到客厅等候新郎。若是行男方亲迎，则新郎首先进入女家，随后八位伴郎再将礼篮挑出礼车，随新郎进入。婚礼当天，新娘着红衫红裙，头插石榴花做成到头饰，新郎则穿蓝色或黑色礼服[①]，头戴黑色"遮瓢"$tsiop'io$[②]，胸前佩戴石榴叶制成的饰品。两人见面后，新郎首先将玫瑰花束赠与新娘，后二人互为对方佩戴由茉莉与石榴花做成的胸花。若是非亲迎婚礼，则胸花由新娘的娘家人在"上轿桌"（详见下文"送亲"一节）开始前为新娘佩戴。

为了感激忙碌多时的迎亲队伍，新娘的家人要在送亲之前准备好一桌点心酬谢炮驾。女家人会事先在炮驾用餐的餐桌上置放一对带把的小茶杯，其样式与桌上的其他茶杯均有不同，且把上缠有一截红线，极易区别。

图 8-4　净　　炉

炮驾们享用点心之前要选派一名代表，假装在新娘家人不注意时

[①] 也有穿米黄色礼服，不过较为少见。

[②] 即呢子礼帽，帽上缠绕红丝线数圈，左右分别饰有茉莉花。

"偷走"这对带把的小茶杯,将它们藏进衣中,待新人"进房"后再取出茶杯,置其于新床床底。这一有趣的风俗称为"偷茶杯",在漳州古已有之,它也是一项祈子习俗,茶杯的把形似男性生殖器,象征新人婚后将喜得麟儿(简博士 2005)。

(三)送亲

蔡礼人的婚礼仪式中,总有一位能歌擅唱的"送嫁婆"在主持各项仪礼,并在婚礼的过程中为新人说"好话"与祝福。送嫁婆又称送嫁姆,是闽南传统婚礼中的司仪,一般由能说会道,敢于抛头露面的中年妇女担当,通常由女家在婚礼之前出面与之联络。女家送亲时,送嫁婆会边唱好话边用净炉为新娘的全部嫁妆做净化。她还会将等候新娘的喜车与喜轿里外再次净化一遍,并将一铺盖红色毛毯的竹编米筛置于花轿前。根据蔡坂的传统婚俗,成亲当日新娘的脚在未入夫家前是不能碰触到地面的,因此除踩过米筛上轿之外,落轿时新娘也必须踏过米筛走进夫家大门。

图 8-5 上轿桌

嫁妆净化完毕后,女家开始为新娘置办出嫁前的最后一次酒席,蔡坂人称为"吃上轿"或"上轿桌"(见图 8-5)。上轿桌席设女

闽南蔡坂人的社会与文化

家厅堂,仅由新娘与父母等近亲参与,新娘先单独坐上桌,送嫁婆则立于新娘座旁,一边唱好话,一边持手中净炉在新娘的头顶上方与上半身绕圈,为其净化,而众宾客须在净化仪式过后方可入席。

随后送嫁婆象征性地以筷子比画桌上食物,做将食物夹入新娘碗中的姿态。传统的上轿桌一般有八或十二样菜色,菜色与婚宴上的"新娘桌"类似,有白斩鸡、鱼类、贝类等,海鲜较多,肉类次之。根据菜色的不同,送嫁婆会唱不同的好话,如:"吃豆腐,新娘生后生[即小孩]要出国做博士,婆婆要惜媳妇;吃肉丸,新人生子生孙要做中央委员;吃芋头,钱银来铺路;吃香菇,快快生男孩;吃猪肚,新娘男孩一家生五个;吃大鱼叉,新娘快快做大家[即婆婆];吃青菜,去了会荫夫婿;吃鸡肝,去了会荫公婆"(参见附录)。但在此过程中新娘却不可动箸夹取食物,否则即视为失礼。上轿桌中最重要的一道菜为全鸡,在用筷子比画鸡的不同部位时,送嫁婆会唱道:"新娘来吃鸡,钱银来相挨;吃鸡头,子孙盖门楼;吃鸡嘴,快快做母亲;吃鸡脖,年年有余;吃鸡腿,新娘生子白又美;吃鸡尾,新郎官有好几千万家什。"

象征性地吃过一轮菜后,新娘起身持铜酒壶向全桌的客人斟酒、敬酒①,铜酒壶是蔡坂人在喜事与敬神时专用的酒壶。宾客的酒喝过一轮后,送嫁婆又和之前一样让新娘再"吃"一次菜,并唱好话,如此重复地"吃菜"、敬酒共计三轮。接着送嫁婆会拿一碗盛满的米饭,并在碗中夹入一些配菜,同时一边唱:"新娘吃鱼,女婿会赚钱;吃香菇,新娘生男孩……"等好话,最后将这碗饭菜置于新娘面前,不过新娘依旧不得享用此饭菜。

宾客餐毕送嫁婆将女家在嫁妆中准备的红扇与手帕(见图 8-

---

① 有些婚礼中此时是送嫁婆为宾客与新娘斟酒。

第八章
蔡坂村的婚姻习俗

图 8-6　红扇与手帕

6) 递给新娘，这两样物品是新娘在进新房之前都必须随身携带的。红扇寓意着新娘过门后将会"上轿十八变，变乖、变美、变能干"；手帕中则已事先包有一颗鸡心，表"同心"之意。拿好红扇、手帕后，送嫁婆边唱好话同时往新娘头上盖上花帕。有别于通常所见的中式婚礼，蔡坂人结婚时用做盖头的帕子并非一般的红帕，而是黑白相间的细格子布做成的花帕。盖上帕子后，送嫁婆用一个红色罩笼盖住上轿桌上未吃完的饭菜，并边唱好话边以净炉对剩余的饭菜做净化，如此之后，上轿桌才算告一段落。

　　吃过上轿桌，便是新娘离家之时。在报道人提供的录影带中，新娘上轿前，由送嫁婆一手拿净炉，一手扶着新娘并引导其跨出娘家大门。不过另有一些报道人称，引导新娘出门的一般为其父母，两人一左一右，搀扶着新娘上轿。与很多闽南地区一样，在蔡坂新娘未进夫家门时是忌讳"见光"与"落地"的，因而除须准备米筛之外，新娘上轿之前，搀扶她的送嫁婆或父亲还须撑开一把

235

闽南蔡坂人的社会与文化

红伞为其挡光。此外虽然新娘走出娘家大门时花轿早已在门前等候多时,但新娘却不得立即上轿,而须等待小叔子前来"请轿"。请轿环节在如今的婚礼中已慢慢淡化,从报道人的讲述与婚礼录像中所收集到的请轿仪式有两类,其一为小叔子和新娘弟弟站在新娘面前,小叔子端一红盘,盘中放红纸条一张,请轿时,小叔子和新娘弟弟两人一人拉住红纸条的一端,两人合力将纸条扯成两段,接着小叔子便要说:"请嫂嫂进轿"。而亦有人以两个拼在一起的红包取代红纸条,因为如此更易于拉断,而红包拉断后,仍放入红盘中,新娘上轿后便发给两个小孩。请轿的另一种做法则为小叔子站在新娘身边,面向新娘连续不断地点头数次请其上轿,送嫁婆或炮驾则在一旁说好话。点头过后,送嫁婆还须持净炉在小叔子头顶上方绕圈做净化仪式,而"请轿"之后小叔子亦可得到红包。

"请轿"仪式之后,新娘即可上轿,但起轿前,新娘父亲会对花轿做再次的净化。蔡坂人并无"哭嫁"习俗,但昔时有"哭好命"的说法,认为女子出嫁时哭泣意味成为大人后会有好的命运,而送亲时不舍的氛围常也使新娘及娘家人动情落泪。新娘上轿时,母亲会在一旁轻声地唱好话,祝福女儿嫁出门要过上好日子,让丈夫、公婆疼爱。起轿后新娘父亲便燃放起男家送来的那份鞭炮,表示对女儿的送别与祝愿。而新娘从上轿到踏进新房的这段时间中不能开口说话,亦不能回头,因为回头便意味着走回头路,在新的人生旅程中,要向前走,才会有好日子。

(四)进房

花轿抵达目的地时,送嫁婆再次撑开红伞,并揭开轿帘,唱好话请新娘出轿:"新娘好八字,荫公婆,荫丈夫,荫大哥兄嫂,荫小姑婆婶"。同时取出包有缘钱的红袋子，将缘钱①广洒于喜轿四周与男家门外，接着用净炉再次净化喜轿。仪式结束后，新郎父母分别来到花轿左右，搀扶新娘出轿进厅，这时送嫁婆须走在新娘与其公婆前头，引导新娘进入洞房，同时边走边洒缘钱（见图8-7），直至洞房内，并唱道："新娘入厅，金银满大厅，新娘入房，荫婆家人。"广撒缘钱，象征着缘随人到，是对新娘在夫家广结人缘的祝愿。

图 8-7　缘　　钱

在诸多婚礼仪式中，以"进房"仪式的吉时最为关键，新娘抵达夫家时若进房吉时未到，便要在其他房间中休息等待。如果没有按择定的吉时进房，则可能对新人日后的婚姻生活造成不好的影响。而蔡坂人忌讳与村人在同日举行婚礼，尤其是两家分别一嫁一娶，更为大忌；在这种情况下，如不另择吉日，则两家会想尽各种方法错开两场婚礼的时间，否则喜气和财气恐会被对方带走。村中一位嫁入沈厝社的报道人讲述，在她结婚当天，夫家有邻居正好嫁女，而为避免"喜冲喜"，她便接受长辈的建议，在原定的进房时刻之前先于另一房间举行了一次"掀巾"仪式，这样就将掀巾的时间提早到邻居女儿出嫁之前；而待到原定的进房时刻到

---

① 形如硬币的小铅片，因闽南话中"铅"与"缘"同音，故名"缘钱"。

闽南蔡坂人的社会与文化

来时,新娘再正式入洞房,再另行一次掀巾,如此不仅避免了"喜冲喜"可能的不利,而且兼顾了关键的进房吉时。

进房时新郎要在洞房门前等候新娘,并牵引新娘入洞房,据报道人讲述,昔时非亲迎婚礼中,新郎、新娘在迎亲之前须用桂花与茉莉花的花叶煮水沐浴后方可换上礼服。而更衣后新人要用沐浴所用的花叶水浇花,如果家中无花则浇灌榕树,此举象征着二人日后能生育出健康、聪明的子孙。沐浴更衣后,新人便不能踏出家门,新娘在闺房内等待炮驾前来接亲,而新郎则留在婚房,待新娘进门后亲自将其牵入新房。

蔡坂人的结婚新床只允许新郎、新娘与新郎的小舅子[①]坐于其上,忌讳除送嫁婆外其他已结婚生育过的妇女(蔡坂人称之为"查某人")与属虎者进入新房。新娘被迎入洞房后,与新郎一起坐于婚床床尾,她要用扇子顶住花帕,待新郎来将其揭开。揭帕时送嫁婆会说:"掀上去,新娘越看越欢喜;掀低低,新娘快快生后生"。揭帕后新娘将从娘家带来的鸡心吃下,而送嫁婆则示意新郎分别亲吻新娘的脸颊与耳后,并唱道:"亲耳边,夫妻笑笑好年年;亲耳后,夫妻笑笑好到老"。而炮驾们也于此时抵达洞房,将从女家"偷来"的带把茶杯置于新床之下。随后送嫁婆将盛放甜面线与甜猪腰猪心的大红盘端到新人面前,并一边唱好话,而新郎、新娘只象征性地吃掉其中一部分即可。蔡坂村的新人合卺时并没有吃十二碗的仪式,村人认为甜面线与甜猪腰猪心象征着婚后生活的甜蜜与平安。

新郎的小舅子是婚礼仪式中光临男家的唯一一位女方亲戚,新娘进门后,男家派一位炮驾(通常是新娘的小叔子)返回女家将小舅子接到男家。在蔡坂村,小舅子离开女家时需携带一小礼

---

① 小舅子一般都为新娘最小的弟弟,而如果新娘没有亲兄弟,则由其堂表兄弟或侄儿出席。

第八章
蔡坂村的婚姻习俗

篮,称为"八卦篮"[①],篮内装有两个肉包、两个甜包、两瓶茶油、花粉、头花、十二样红纸包,到达男家后,小舅子无需和宾客打招呼,直接进入新房,并将八卦篮置于婚床正中央[②];而待婚宴结束后小舅子准备返回女家时,男家要请炮驾回赠糖果、水果等四样或八样礼物放入小舅子带来的八卦篮内,且新郎全家人都须送给小舅子红包;其中新郎、新娘所给的红包数额最大,其次为新郎父母,再次则为其他亲戚。

在一些婚礼上,"滚床"的任务亦由小舅子担当,小舅子进新房后,分别在婚床的四角各坐一下,再躺上新床来回翻滚几圈,而送嫁婆则于一旁唱好话。滚床结束后,小舅子要与新人一起坐于床沿,而男家要准备和新人一样的甜面线和甜猪腰猪心来向他道谢。

(五)戴花、入灶脚

进房仪式完成后,新人便离开新房来到客厅,准备进行"戴花"和"入灶脚"这两项仪礼。戴花和入灶脚仪式的目的都是为了帮助新娘能尽快地融入夫家,与夫家人和睦相处,并了解做为儿媳应尽的义务。戴花仪式中,新娘与婆婆在送嫁婆的主持下先后互为对方戴上福寿花做成的发饰,此礼象征着婆媳二人在日后的生活中将相处和谐融洽。接着送嫁婆便引导新娘到夫家厨房进行入灶脚仪式。在送嫁婆的指导下,新娘象征性地完成喂猪、喂鸡、洗碗、洗筷子等家事,而送嫁婆则在一旁唱道:"养猪壮如牛,养鸡鸡很多,新娘入灶脚,将来煮菜好"。入灶脚仪式的目的在于使新娘熟悉夫家的环境;昔时一些婚前较少参与家务的新嫁娘便是通过入灶脚来明了婚后所须负责的事项。不过近几年来,由于

---

① 近来一些婚礼中也用玫瑰花篮取代八卦篮。
② 后来为保持新床的干净整洁便改为放在床头或床柜上。

闽南蔡坂人的社会与文化

村民的家务内容与厨房的格局已发生了较大的变化,所以今日的婚礼中已经基本取消这一仪式。

(六)奉茶

蔡坂现行婚礼的拜神仪式中,新郎、新娘要祭拜大厅神明、灶君、男家祖先与"好兄弟"。蔡坂人指出"神明的地位大过祖先",因此拜神仪式的第一步便是向大厅神明奉茶。拜神之前新郎的父母要先拈香向神明作揖祷告,送嫁婆则在一旁唱好话,为男家祈福。新郎的父母拜完神明后,新人紧随其后,而新人拜神时,送嫁婆会执一红茶盘在侧协助;红盘中置四杯桂圆茶,送嫁婆每上下移动一次红盘,新人即向神明鞠躬一次。拜过大厅神明,新人与新郎父母便进入厨房为灶君上香,拜灶君的流程与拜大厅神明类似,两者的供品也皆为糖果盘(或水果盘)与甜茶,奉茶结束后,新郎父母须在门外为众神化金纸。

向家中神明奉茶之后,新人与男方父母便前往祖厝,向所在角落的祖先拜茶。从男家至祖厝的这段路途,新娘依旧乘坐花轿。拜祖之前,新人会在祖厝门槛上张贴一对婚联,因而在嫁娶频繁的月份,祖厝的门槛上常常同时贴着数对喜联(见图8-8)。进入祖厝后,新郎父母要向新人介绍祖厝中所供奉的祖先,再以糖果、饼干和由龙眼干、冬瓜、糖和红枣泡成的甜茶做供品,祭拜祖厝内的祖先。祭祖时依据男方所在的"沿"wun(即辈分),以其祖先辈分的高低为序,自上而下一辈辈地为列祖列宗敬茶。

在蔡坂人看来,在婚礼中拜神仪式有两层意义,首先拜过神明和祖先,新娘便得到他们的认定,正式成为男家的一员;其次婚姻的缔结意味着青年男女正式成年,而祭拜过神明和祖先正是新人成人的标志。

除了向神明和祖先奉茶之外,新娘返回夫家后还须向参与婚礼的男方长辈敬茶行礼。此礼的目的在于使新娘在夫家广结人

第八章
蔡坂村的婚姻习俗

图 8-8　张贴数对喜联的祖厝

缘,并获得长辈的喜欢和疼爱。拜茶时新娘双手捧茶盘,先后向新郎的祖父母、父母以及舅、伯、叔等长辈敬茶,每次敬一位长辈及其配偶。敬茶的同时,送嫁婆要向新娘逐一介绍接受奉茶的长

辈,被奉茶者须给新娘红包回礼,表示其对新婚的祝福,此称"压红包"。

如果是在有"做新娘"仪式的婚礼中,新人则要先拜天公。准备十二个红色小碗,每碗盛四颗、八颗或十二颗红丸子,送嫁婆象征性地夹红丸喂新娘,同时说吉祥话;拜完天公,新人方可开始其余的"祭拜之旅",即先到村庙中拜神明,接着上宗祠向开基祖敬茶,最后则到祖厝或返回家中①向角头祖公敬茶。做新娘的敬茶程序与上述普通婚礼类似,不同之处在于要准备红包若干,每个红包中装两元现金,敬茶时将红包置于茶盘中,象征着祖先向新人"压红包"。

此外如果新郎的父亲是由别处收养来的,则男家须在家门口备置一桌菜饭与茶水,并化金纸若干,俗称"门前请客",意在邀请新郎父亲的生身父母或其祖先前来一同分享子孙成家的喜悦。如果男子幼时曾被抱养到其他村或曾被其他村的女子招赘,而后来又返回蔡坂定居,则他的后代结婚时除在蔡坂祭祖外,仍须到长辈曾被收养或招赘的村中进行祭祖仪式。

(七)请卤面

婚礼当日中午,男家会以卤面为点心,简单地招待前来帮忙操办婚事的亲友与其他观看婚礼的村民。"请卤面"通常与正式婚宴地点相同,且新郎家中也会同时设宴邀请至亲好友,与正式的婚宴相比,请卤面时的气氛则更为轻松活泼。众亲友到场后,新娘来到大厅,用筷子夹冬瓜糖、肉和红糖依序喂新郎、新郎父母与男方的其他长辈,而接受新娘喂糖者也要夹糖回敬新娘。这一习俗意为祈愿新人婚姻甜蜜、家庭幸福;另一说法是让新娘用甜

---

① 有些角落的祖厝已年久失修或不复存在,因而村人便改在家中祭祖。

食"封住"男家众女宾的嘴,婚后便能相处和睦,且新嫁娘不会被人说长道短。

"请卤面"时即会有亲友携礼金前来为新人贺喜,而男家须将收到的礼金进行登记。昔时蔡坂人以包覆着红纸的纸箱来收纳礼金红包,纸箱上裁出一个洞,来宾将红包放入箱中,而男家只有在宴席结束后方可拆开红包,计算礼金数额。因此登记礼金时便只记录宾客的姓名而不记礼金的金额。在现场负责礼金登记的有两人,一人将送礼金的宾客姓名记录于本子上,另一人将其抄录在红纸条上,并将纸条贴在墙上的"新婚志喜"礼单处。张贴纸条时,新郎母舅的姓名贴于首位,若有数位母舅,则依年龄长幼为序排列。在母舅姓名之后,便以赠送礼金的时间先后为序,张贴其他宾客的名单。

蔡坂村婚礼礼金的数额视宾客的经济情况而定,从几百到几千元不等,金额一般取双数。而待来日来宾家中有喜事时,则须回赠其价值相等或更高的财物贺喜。

(八)婚宴

蔡坂人的婚宴由两部分组成,在宴客的"喜酒"开场之前,新郎家会于厅堂内置办一桌酒席,只由新人与至亲享用,俗称"新娘桌"。而只有等新娘桌吃完,大宴宾客的喜酒方可开始,蔡坂人称此习俗为"鸡叫头"*kekiot'au*。

新娘桌开始之前,新郎父母会取新娘桌饭菜中的部分至家门口,面朝大路祭拜"好兄弟",但新人无需参与。蔡坂人认为好兄弟吃饱饭便能护佑全家人出入平安,故在结婚建立新家庭的特别时刻也要祭拜好兄弟,以求其保护新人在各处畅行无阻。

新娘桌一般使用方形餐桌,座上总共八人,为新郎、新娘、送

闽南蔡坂人的社会与文化

嫁婆、新郎舅父、小舅子、新郎母亲与男家的二位女宾①。开席之前,由小舅子入新房,对在房中休息的新娘说:"姐姐,出来吃酒了"。新娘便可知婚宴即将开场。新娘桌的排座以左手一位为尊,由新郎的舅父坐首席,俗称"母舅坐大位",俗语有云:天上有天公,地上有母舅公。母舅的"大位"未落座,新娘桌便不得开宴,而小舅子则坐于新娘身边。

新娘桌共设十二道菜②,通常有鸡、鱼、虾、肉蒸蛋、海蛎煎、"山珍海味"③、鱿鱼、农家菜④、莲子、芋头等,以荤菜为主,素菜后上,最后为水果和甜汤。其中鸡是最为重要的一道菜。新娘桌吃鸡只能吃鸡身,因为鸡头、鸡尾象征着有头有尾,而鸡翅膀、鸡爪象征着有手有脚,都必须保留,不能吃掉。摆盘时鸡头须对着首席,开饭时只有母舅公先用筷子将鸡头翻动一下,其余的人才能开始动箸进食。

宾客落座新娘桌后,新娘即可在送嫁婆的引导下开始象征性的三轮"吃菜"与敬酒,此程序与前述"上轿桌"无异,故不再赘述。三轮"吃菜"、敬酒过后,新娘起身,将其位置让给新郎的母亲;接着新娘为婆婆盛一碗饭菜,而新郎母亲象征性地吃掉其中一些之后须将饭碗重新装满,并将这碗满盈的饭菜放入家中的米缸⑤,此举意在祈望新婚后男家能富贵美好、丰衣足食。之后,新郎、新娘喝大交杯⑥酒,而送嫁婆则在一旁说道:"喝了交杯酒,新郎、新娘

---

① 如今的蔡坂婚宴中,"新娘桌"与"母舅桌"通常是合并的。
② 一说十四道。
③ 即以产自山野和海洋的各类食材原料一起炖成的一道汤。
④ 有村人指出,婚宴中的素菜类菜肴必须包含一道豆腐韭菜,寓意婚姻长长久久,然而访问有多年担任婚宴厨师经验的蔡建民先生时,他却否认此一说法。
⑤ 男方家人可在婚宴结束后将米饭吃掉。
⑥ 即两人以拥抱的姿势,将举杯的胳膊绕过对方脖颈后完成饮酒动作。

第八章
蔡坂村的婚姻习俗

都富有,儿子女儿通通有"。饮过交杯,新人便返回新房中休息,一直到正式喜宴开始后向宾客敬酒的环节时才再次返场。

新娘桌结束后,新郎家要为炮驾准备小肠当点心,而炮驾们吃过后便要帮忙新郎家将茶叶与香烟送往村里宗亲与左邻右舍家中,以此通知村人盛大的"喜酒"即将开场。蔡坂村的喜酒菜色与新娘桌相同,一般以"流水席"方式邀宴全村,喜宴从下午三四点开始,至夜间十点左右结束,连续宴客两到三天,所摆宴席总计达百桌以上。新郎家可设宴于自家屋外,若是场地不够,也可于菜市场或是宗祠外空地宴客。然而如此大规模的喜酒,在热闹之余不免造成一定程度的浪费,故 2011 年在村里老人会的倡议下,喜酒由宴请全村村民改为只请有向新人赠送礼金贺仪的亲朋。

在蔡坂传统婚俗中,只有成年的村民才可参加婚宴,否则除非家中大人因故不能出席,才由孩童顶替。孩童若是参与喜宴,则吃每一道菜的顺序都要在同桌大人的指点下进行,绝不可随意动筷。此外喜宴上为推动气氛,男方的亲戚会带头与来宾进行热烈的划拳比赛,至酒过三巡,新人与男方家长便会出来向宾客敬酒,而宾客则向新婚夫妇致祝福语,祝愿两人"今年新婚,明年生男孙"。

六、婚后仪式

蔡坂的婚后仪式不多,仅有回门与"请女婿"两项,但仍非常重要,不仅表达了晚辈的孝心、父母的寄托,也寓意着两家姻亲关系的正式缔结。

(一)回门

往昔新婚的前四天新娘不必替夫家做家务,但为表孝心,新人要连续四个早晨为男家长辈端去洗漱用水,并奉上鸡蛋茶;不

闽南蔡坂人的社会与文化

过这一习俗在二十余年前就已被渐渐省去。

昔时婚后四个月内新妇不能回娘家①,后来则改为四天之内不回娘家。新婚后的第四天,是新郎、新娘婚后第一次前往女家做客,称为"回门"。"回门"当日早晨新娘之弟提婚礼时所用的"八卦篮"前往男家,"八卦篮"中摆放一束花、一瓶花油,花油一般为茶油,代表女家邀请新人回门,该仪式称为"小舅提花油"。小舅子上门时,男方长辈与新郎须分别赠送红包,而新人要准备大草鱼两条、包菜或白菜两颗(一说为鱼、肉与两种青菜)做为礼物前往女家。当天中午女家设宴款待新人与附近邻舍,其时新人用餐的酒桌便称为"女婿桌"。宴席结束后,新人要准备一包红包置于酒桌上,金额依各人经济水平不同从200元到10000元不等,以示酒席费用由女婿支付。

下午四五点钟,新郎的小弟会来到女家,请新娘返回夫家,而女方长辈也须分别赠送小叔子红包,并赠予他两个鸡腿、四颗鸡蛋为礼物。同时女家要准备一份回礼给新人带回。关于回礼的内容有两种不同说法,一说是准备糯米饭一碗,并在饭上置红枣,装入红篮,再加上两条鱼;回家后男家要以带回的糯米饭做供品敬拜床公床婆。另一种说法是女家要准备甘蔗四根、"引路鸡"八或十二只、蒸桃形粿②四十、八十或一百二十个,让新娘带回夫家,其中甘蔗称"连根蔗",须连根带叶梢,并在头尾部缠绕红线,象征婚姻甜蜜,有始有终;而"引路鸡"则为雄鸡和母鸡配成对,新人回家后将鸡放到婚床床底,而先钻出床底的若是雄鸡,则预示着先生男孩,反之则先生女孩。"引路鸡"必须由新郎家人精心喂养,不得宰杀食用,直到新嫁娘生子坐月子时才可杀掉其中几只为其

---

① 如果新婚四个月内新人因回门或出游,晚上不回新房就寝,他们必须在出门前将若干衣物置于婚床上,让衣物代替人在新床上过夜。

② 使用桃形模具蒸出的糕点。

第八章
蔡坂村的婚姻习俗

进补,而其余的"引路鸡"则留做种,日后便可产蛋供给新人的子女吃。在闽南话中,"引"*ts'ua*的读音与"娶"字相同,而鸡喜爱四处觅食的习性则象征着新娘过门后会给婆家招来财气,因此"引路鸡"既契合了婚姻嫁娶的主题,也传达了村人对于富足生活的向往。

返抵夫家后,新娘便开始准备婚后的第一次下厨。有报道人指出,婚后第一次下厨,新娘须将肉、豆腐、韭菜合炒出一盘菜给公婆吃。但也有村民指出,过去新嫁娘四天回娘家后第一次下厨,无论手艺如何都必须张罗出一桌饭菜,招待婆婆、姑姑等女宾,而此俗现在已改为婚后第二日进行。

第一次回门后,新人会择期再上女家拜访一次,第二次回门的时间由新人自行决定,可在婚后八天或十二天,也可在第一次回门当日晚上就象征性地再回一次,两次"回门"结束后便意味着双方家庭的姻亲关系正式得以确立,从此两家可像亲戚般自由、无拘束地相互走动,用报道人的话说,就是双方家庭中的东西可以像亲人一样相互"拿来拿去"了。

(二)初二请女婿

正月初二日女方家设宴欢迎女儿、女婿回门,俗称"初二请女婿"。女家的宴席可在初二一整天任选时间举行,而是日新婚夫妇离家时要由女方先踏出门一步,男方再跟上,意喻由女儿带女婿回家。来到女家后,女方父母要给女儿、女婿发红包,而新人为表达孝心也要给两位老人赠送红包,意为给老人零用钱。

七、其他婚姻类型

嫁娶婚虽是蔡坂村的主要婚姻形式,但村中仍存在不少招赘婚、童养媳婚等其他婚姻类型,但却始终未能成为主流。这类婚

姻的缔结仪式简单、开销不大,在经济困难时期曾一度成为众多村民的选择;而随着时代的变迁,这类婚姻的形式与内涵,以及村人看待它们的态度也在一定程度上发生变化。

(一)招赘婚

招赘婚指男子婚后到女方家庭居住的婚姻形式,也称为"入赘"、"招上门女婿"。在蔡坂村招赘现象极为普遍,村中行招赘婚的一般为多女户或独女户,且女方的家庭经济条件通常优于男方。

相较嫁娶婚来说,招赘婚的订婚仪式更为简单,只由女方择日给亲堂、社里分发喜糖,并简单地设宴邀请近亲即可。行聘时女方亦须给男方聘金、聘礼,但其金额通常少于嫁娶婚,且男方带来的"嫁妆"也不多。蔡坂的招赘婚少有婚前书面合同,但夫妻婚后所生育的第一胎子女都约定俗成地随母姓,其后再生育的都随父姓。如果是为童养媳招赘,则所招的赘夫要更其姓为蔡。

招赘婚的婚礼程序比起嫁娶婚也有所简化,迎亲时一般派三四辆婚车前去迎娶赘夫,而女方不必上门亲迎,炮驾人数更是远少于嫁娶婚,有时甚至省略迎亲的步骤。成亲时男方要到女家所在角落的祖厝拜祖,意味着从此之后赘夫便正式成为蔡坂宗族的一员。

除了招赘之外,村中还存在"半招半娶"的现象。所谓"半招半娶"即男方婚后虽然居住于女家,但两人须共同赡养双方父母,且婚后四朝,女方要随男方到男家将同样的结婚仪式再举行一次。因此对于"半招半娶"的夫妻来说,他们并不认为自己的婚姻与嫁娶婚者相比有太大的差异。

据报道人讲述,由于村中的招赘婚十分普遍,因此蔡坂村民对于赘夫并无歧视,只要赘夫为人踏实上进,与人和睦相处,村人对待他们的态度就与对待其他村民无异。

（二）童养媳婚

所谓童养媳就是自小被人抱养，以备长大后嫁给其养兄弟的女子。据报道人介绍，过去蔡坂村中有很多童养媳。村人认为抱童养媳可以"招弟"，因此不少膝下无子的家庭都会抱养，如果新婚夫妇三年之内没有生育子女，则更是必须要抱童养媳。另有一些家庭受到重男轻女观念的影响，便将女儿偷偷送给别人，这些被送人的女孩很多都成为童养媳。

村中的童养媳大多是从外村原本互不相识的人家抱养来的，抱养的程序很简单，也无需复杂的礼物交换，抱养之后有的童养媳改从蔡姓，有的则维持原姓。不过较为特殊的是蔡坂的许多童养媳长大之后嫁到外地，或离开其养父母家，只有极少部分人经由养父母撮合与顶对成婚。结合报道人的讲述，究其原因应与男女从小一起长大产生的性嫌恶有关（Wolf 1995）。

童养媳结婚的程序较嫁娶婚要简单许多，但像请送嫁婆、宴客之类重要的婚姻礼俗一般不会省略。近二三十年来，这种婚姻现象已经大为减少，不过仍然有许多家庭会出于喜爱女儿的原因去收养女童，而在村民看来，这些被收养的女童也属于童养媳，但她们长大之后也几乎都依己意决定婚事，家中并不会强求其与养兄弟成婚。

（三）离婚和再婚

昔时蔡坂的离婚案例极为少见；村中耆老指出，昔时村人受到传统观念影响，认为婚姻家庭是否和睦都为命中注定，并非离婚可以改变，因而即使夫妻对婚姻不满也不会轻言离婚。然而近年来与城市中的情况类似，许多蔡坂的年轻夫妇感情不睦时便会选择解除婚姻关系，另觅合适的伴侣，故村中离婚率节节攀升，其中更不乏"闪离"[1]现象出现,每当提起越来越普遍的离婚现象,村中耆老无不感慨连连。如今不少的离婚案例都是由女方主动提出,而这在一定程度上也反映出了当今蔡坂女性的婚姻观已与昔时妇女所笃信的"嫁鸡随鸡,嫁狗随狗"有了很大的区别。

再婚是离异或丧偶后再次结婚。再婚的缔结程序极为简单,订婚时新人无需向亲友发放喜糖,且新郎通常不再给女方送聘,女家也不会再为新娘置办丰厚的嫁妆。再婚不必举行婚礼仪式,婚宴一般也只邀请双方三代以内的近亲。总而言之,相较于初婚,再婚的缔结可谓一切从简。

八、结　语

婚姻的缔结不仅是个人生命历程中重要的转折点,也关乎家族乃至整个宗族的绵延。从蔡坂村的传统婚俗中,我们不难发现,做为一项重要的通过仪礼,婚礼标志着男女青年的成年,意味着个人的生理与社会角色即将发生重大的变化。同时婚礼亦是整个宗族的大事,男女结为合法夫妻,需要获得家族长辈的同意,也须得到天地诸神、列祖列宗的认可,而传宗接代、延续香火的传统价值观更是渗透到婚礼的众多细节之中。

近年来随着现代化的发展和城市化进程的深入,蔡坂村的经济、社会、文化状况均发生深刻的变革,而蔡坂人的婚嫁习俗也无可避免地随之改变。与传统的旧式婚礼相比,如今蔡坂人的婚嫁仪式在形式上已出现诸多的调整;例如"做新娘"、"开脸"等习俗已经逐渐淡化,相亲、送箱、喜宴等环节也不再严格地恪守古礼,而在一些婚礼中,西式礼服、玫瑰花篮取代昔日的凤冠霞帔与"八

---

[1] "闪电离婚"的简称,形容夫妇新婚后不久便离异的现象。

卦篮",成为年轻一代的新选择,从中亦可见西方文化元素在一定程度上也影响了传统中式婚礼的形态。

但在另一层面上,蔡坂人的婚礼又走向了隆重化和复古化;从缔结婚姻的成本上看,随着生活水平的提升,聘礼与嫁妆的价值越来越高,婚宴的邀宴范围不断地扩大,村民的婚礼除了追求气氛喜庆热闹之外,也更为讲究排场。而从仪式过程上看,相较于改革开放之前婚礼的简朴与"革命化",如今有许多曾被认为是"陈规陋习"的婚俗已重新得到村人的重视。虽然今日蔡坂的婚礼在形式和程序上都与传统婚俗有着一定程度的差异,但其中的基本内涵是未变的,且相较于三十年前,如今蔡坂人的婚礼仪式显然更为遵循古代"六礼"之规范。由此也足见传统文化在民间社会中的影响力与生命力之强大。

田野调查期间,听闻蔡坂村云洞岩东侧385亩征地的拆迁工作即将于2014年内启动。在社会变化如此巨大的冲击下,蔡坂村的许多传统风俗在不久的将来或许都将不复存在。本章对于蔡坂婚俗的记录,期望能留给后人有关蔡坂先人如何举办婚礼的一鳞半爪,此亦为本次田野实习的意义之所在。

参考文献

翟婉华
    1991 试论中国古代的婚姻六礼及其实质。兰州学刊90。

沈媛
    2012 顶城的婚礼及礼物交换。载余光弘、杨晋涛(合编),闽南顶城人的社会与文化,页205—228。厦门:厦门大学出版社。

简博士
    2005 漳州民俗风情。福州:海风出版社。

Wolf, Arthur P.
    1995 *Sexual Attraction and Childhood Association: A Chinese Brief for Edward Westernarck*. Stanford: Stanford University Press.

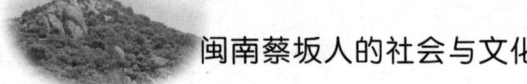

附录

"唱好话"辑录

"吃豆腐,新娘生后生[即小孩]要出国做博士,婆婆要惜媳妇;吃肉丸,新人生子生孙做中央委员;吃芋头,钱银来铺路;吃香菇,快快生男孩;吃猪肚,新娘男孩一家生五个;吃大鱼叉,新娘快快做大家[即婆婆];吃青菜,去了会荫夫婿;吃鸡肝,去了会荫公婆。"

dzia tau hu, sin liɔŋ kuā se au se bɛ tsʼut kʔ tsue pʼʔ su, tua ke kuā bɛ sio2 sim pu;dzia ba uan sin laŋ kuā tso tiɔŋ iɔŋ ui ŋuan; dziaɔ, tsē gin lai pʼɔ lɔ; dzia hiũ kɔ, kʼuai kʼuai sē tapɔ; dzia paŋ tɔ, sin liɔŋ kuā ta pɔ sun dziap ke bɛ se ŋɔ kɔ; dzia tai hi tsʼe, sin liɔŋ kʼuai kʼuai tso tua ke; dzia tsʼē tsʼai, kʼi lɔ bɛ im aŋ sai; dzia ke kuā, kʼi lɔ bɛ im ke kuā.

"新娘来吃鸡,钱银来相挨;吃鸡头,子孙盖门楼;吃鸡嘴,快快做母亲;吃鸡脖,年年有余;吃鸡腿,新娘生子白又美;吃鸡尾,新郎官有好几千万家什。"

sin liɔŋ kuā lai dzia ke, tsē gin lai siɔŋ e, dzia ke tʼau, kia sun ki bui lau; dzia ke tsʼui, kʼuai kʼuai tsue niũ le; dzia ke am tsun, ni ni tsʼun; dzia ke tʼui sin liɔŋ se kia pe gau sui; dzia ke mue, sin laŋ kuā u kui laŋ tsʼieŋ ban e ke hue.

"新娘吃鱼,女婿会赚钱;吃香菇,新娘生男孩……"

sin liɔŋ kuā dzia hi, kia sai e tʼan dzē; dzia hiũ kɔ, sin liɔŋ se ta pɔ……

"上轿十八变,变乖、变美、变能干"

dziɔŋ kio dzap pe pĩ, pĩ kuai、pĩ sui、pĩ ŋau.

第八章
蔡坂村的婚姻习俗

"新娘好八字,荫公婆,荫丈夫,荫大伯兄嫂,荫小姑婆婶"

sin liɔg kuā ho pe ni, im ke kuā, im dza pɔ naŋ, im tua pe hiā so, im sue kɔ m dzim.

"新娘入厅,钱银满大厅,新娘入房,荫婆家人"

sin liɔg kuā dzm t'iā, tsē gin kui tua t'iā, sin liɔg kuā dzm paŋ, im ke ka naŋ.

"掀上去,新娘越看越欢喜;掀低低,新娘快快生后生"

hian k'i k'i, sin liɔg nu k'uā nu huā hi; hian ke ke, sin liɔŋ k'uai k'uai sē au se.

"亲耳边,夫妻笑笑好年年;亲耳后,夫妻笑笑好到老"

dzam hi pi, aŋ po sio sio ho li li; dzam hi au, aŋ po sio sio ho kau nau.

闽南蔡坂人的社会与文化

第九章

蔡坂村的生育与养育

◎ 杨 璐

一、前　　言

本报告是根据在漳州蔡坂村田野调查获取的资料汇整而成的。本次调查时间自2013年6月9日开始，至7月23日结束，调查内容为蔡坂人生育与养育的习俗。由于调查时间较为短暂，蔡坂村面积大、人口较多，许多细节无法直接观察获得，加之语言上的障碍及个人能力等因素，通过访谈有经验的妇女及关键报道人以获取的资料必定存在许多遗漏与不足，望批评指正。

本章除前言和结语外，共分为五大部分，依序介绍蔡坂村的祈子与孕产习俗（如怀孕期间孕妇饮食禁忌和行为禁忌、新生儿处理、坐月子等）、新生儿仪礼（如三朝、满月、周岁及生日等）、养

第九章
蔡坂村的生育与养育

育习俗（主要为婴儿哺育、辟邪保健的各种方式和特殊的风俗习惯）以及幼儿疾病的若干民间疗法。

二、祈子习俗

闽南人受"不孝有三，无后为大"的观念影响至深，蔡坂人亦然。如果妇女婚后久未怀孕或未能生男孩，即会受到夫家人的歧视，影响其在家中的地位。因而从婚礼、婚后及婴儿降生，很多方面都体现出蔡坂人对生男孩的重视，并形成具有地方特色的祈子习俗。

（一）婚礼中的祈子习俗

在婚礼的前几天，男家须将洞房布置妥当，新人使用的床铺要选择良辰吉日安置于卧室内，安床之前要先拜天公，床铺应顺着屋梁的方向放置，否则视为不吉利。之后准备十二颗枣子（亦可用龙眼干替换），一碗加入石榴花瓣的水，将枣子围着床摆放一圈，并在屋中各角落洒上石榴水，以驱邪保平安。安床忌让寡妇和属虎的妇女参与或观看[1]。新床安置妥当后要请一两个属龙或属蛇的男童爬上新床嬉戏打闹，象征新娘婚后可早生龙子，称为"翻铺"。

蔡坂人结婚时，男方赠送给女方的聘礼中会包含有花生、红枣、桂圆、莲子等物，即以此祈求新人可以"连生贵子，百子千孙"。新婚前一天，会在家里所有的窗户和门楣都贴上"麒麟到此"或"凤凰到此"的红条，红条下配有一枝榕树或木棉花，这样的字条被称为"麟凤符"。蔡坂人认为，张贴麟凤符可驱邪，亦可祈子。

---

[1] 民间忌讳属虎之人，特别是天黑后出生的，俗信这个时辰是老虎捕食的时间，会对人造成很大的威胁。

闽南蔡坂人的社会与文化

婚礼进行时的许多仪节也都是祝福新婚夫妇早生贵子的交感巫术,譬如新娘下轿及新人在洞房吃十二道菜时,都会请被称为"好命人"①的送嫁婆"唱好话"②,祝福新人来年生子,例如"盖头掀上去,新娘越看越欢喜;掀低低,新娘快快生后生 hian k'i k'i, sin liɔg nu k'uā nu huā hi;hian ke ke, sin liɔg k'uai k'uai sē au sē。"

迎亲当日,新娘家人为感谢辛苦多时的炮驾③,便会在迎亲前准备食物宴请他们。女方家人在此之前便会在家中准备好一个带把的杯子(有时也可准备一对),并在杯上做上红色记号,抑或是系上一根红绳,以别于其他杯子。炮驾须在众多杯子中找到此杯,并派出一人趁新娘家人不注意时"偷"走杯子,设法藏起来,直到将新娘接回新房后才将杯子取出,放于洞房里的新床下,俗信如此可使新娘早生贵子。女家对男方偷杯的行为要视若无睹。此祈子习俗在漳州地区存在已久,并流传至今。

(二)婚后的祈子仪式

若夫妻结婚多年而未生育,或是生女不生男,当事人会希望通过祈求神明或乞灵于巫术来达到生男的目的,以缓解延续香火的焦虑。

1. 拜神

蔡坂人祈子时求拜的对象主要有注生娘娘、送子观音及抚顺将军等三位神明,以下分述之。

---

① 据报道人称,"好命人"须符合以下条件:夫妻双方身体健康,有儿有女;双亲健在;人品端正,口碑良好;经济条件属中上水平。

② "唱好话"又称"呛好话",蔡坂婚礼仪式中所说的"好话"均以祝愿新人白头偕老、早生贵子、生活幸福美满为主。

③ 即男方家的迎亲人。

第九章
蔡坂村的生育与养育

（1）注生娘娘

蔡坂人俗称的"莲妈"即为注生娘娘，是掌管妇女生育之神，负责妇人怀胎生育之事，其下有十二婆姐。"十二婆姐负责看护代表生男育女的红白花元神，红花生女，白花生男。在民间信仰中，女人本质如花，每株花冥冥之中皆注定要开几朵，而众生子女数皆由注生娘娘主宰，生育簿上均有记载"（见附录）。新婚妇人想要生育或久婚不孕的妇女一年四季都可到蔡坂云洞岩上的云洞古刹，掷筊杯求注生娘娘赐花。届时应准备好香烛供品，如糕点、水果、红烛、金纸等；向注生娘娘求子者，掷筊许愿，若获注生娘娘允准，可将神前供奉的花簪插在发上带返家。如有女无男亦可求注生娘娘换花，祈求下胎怀男。祈求后果然得子，在婴儿出生后（一般为三日），会备麻油鸡（或盐鸡）、甜饭、香烛和金纸答谢神明，且供奉的鸡脚须放直，以示婴儿"脚骨长，有食福"（参见附录）。若孩子多灾多病，也可到庙中祭拜注生娘娘，将供奉的香纸灰放入红绣鞋抑或是香囊中，以红线串起挂在婴孩颈上以保平安，之后可每年到庙中更换香囊，并叩谢娘娘保佑婴儿之恩。

每年正月二十一日蔡坂村都举行游神活动，注生娘娘坐轿中由村民扛抬一路游行。若神明头像所插的纸花半路落下，来年有生育计划的村民则可上前争抢，抢得者预示来年会生下男婴。每年三月十八日为注生娘娘的生日，蔡坂习俗则是由当月新婚或是想要生男孩的人做头家来主持这一庆典，并要请戏。生男三朝、满月时在家中也要祭拜注生娘娘，生女则只在满月时才拜。祭拜注生娘娘时的供品有"米粿"（由糯米、龙眼、红枣、莲子、冬瓜条煮成的干饭）、鲜花、水果、酒菜。

（2）送子观音

蔡坂人为祈求生子，常会到村中云洞古刹祭拜送子观音。求子时须准备好牲礼，以一个红桶盛装，到庙中祭拜时，先说明来意，并通过掷筊或求签的方式来判断神意，之后由庙中解签人为

其解签。未来如愿以偿怀孕，须到该庙答谢神明，并祈求胎儿顺利生产。孩子出生后再带上供品前去祭拜还愿。如果生的是男孩，还愿答谢的仪式将会比较隆重盛大，供品种类也较为丰富，视每家具体经济情况而定。

(3) 抚顺将军

抚顺将军又称"安坐公"，是男童的保护神。每年九月十四日村人都会拜抚顺将军祈求生子，而前一年求子成功的人家则会出资请戏。求子成功顺利怀孕者一定要前去答谢抚顺将军，并祈求其继续保佑婴儿健康成长。

2. 巫术

不孕或是未生男孩者会通过巫术的方式祈求生子，此类法术的实施有时是由亲朋好友为之，有时则须请专业人士如道士、法师或乩童画符念咒。调查期间由于未能访谈到此类专业人士，也未能找到了解相关巫术的村民，无法详述，在蔡坂村仍有不少人以此类方法求子。

三、孕产习俗

传统社会中妇人生养子嗣既能延续家族香火，又能确立自己在夫家的地位，同时还能为家中添加劳动力，故由此衍生出一些孕产习俗，以保母子平安。

(一) 怀孕期间孕妇的禁忌

怀孕后的妇女从生理到心理都会发生很大变化。尤其在怀孕初期，孕妇的饮食起居都要特别照料。孕妇本人及其家人也要遵循一系列的饮食和行为禁忌，以确保婴儿的顺利生产。

1. 食物禁忌

昔时蔡坂生活条件不佳，孕妇在怀孕及坐月子时在饮食方面

第九章
蔡坂村的生育与养育

很难有特别讲究,基本都是依家庭条件而定,没有固定禁忌。但是随着生活水平的提高,食物的种类及数量增多,目前的蔡坂孕妇在怀孕时也开始遵守饮食禁忌。通常孕妇的饮食主要以清淡温补为主。蔡坂人认为妇女在怀孕期间尽量少吃凉性食物,例如芥菜、苦菜、萝卜等,以免导致腹泻;也不可食用田螺、蟹,以免伤到胎儿,甚至造成流产;相信孕妇吃鸡胎[①]后会导致胎儿不稳定,有化胎之危害,所以绝对不能吃鸡胎;不吃鸭蛋,而以吃鸡蛋为主;忌食羊肉、牛肉及狗肉,以免孕妇与生下的婴儿身体都会有异味;也忌吃辛辣食物,胡椒、花椒等调味品刺激性较大,多食可能引起便秘,若孕妇大量食用这类食品,将会出现消化功能的障碍。

为使出生的婴儿更加健康聪慧,蔡坂妇女也开始注重饮食上的改变,先前被认为是性凉的食物也被列入孕妇的食谱中。一位二十出头的女性报道人说,绿豆之前被认为是凉性食物不宜多吃,但绿豆加水煮沸之后当水饮用,可使生下的孩子皮肤白皙;怀孕前三个月要多吃鸭胗,有健胃之效。对于孕吐,蔡坂人也有自己独特的秘方,即用新鲜的猪血煮汤或加葱姜爆炒给孕妇食用,能有效缓解孕吐。

2. 行为禁忌

以前的妇女分娩前都未能免除家务的负担,怀孕八、九个月依旧上山干农活是常见之事,并无休息养胎之说。蔡坂人认为妇女怀孕时家住胎神,即是保佑妇女及胎儿的神明,也有人说胎神为胎儿的"元神"。在怀孕的十个月中,胎神每天、每月都有不同的占方,若恰好动了胎神所在的位置,就会对胎儿不利,可能产生缺陷或是流产。有孕妇的人家都必须遵守相应的禁忌,不能随意挪动屋内家具,特别是孕妇房间内的摆件;不能随意挪动房间里

---

① 鸡胎又称"毛蛋",是经过孵化,尚未能孵出小鸡的鸡蛋。

的衣柜,因为村人认为,衣柜是胎神栖息之处,如要挪动或打开,必须以扫帚敲打数下,以免惊动胎神伤害胎儿;孕妇不得洗被褥,据说如此也会影响到胎神;不可在房屋里钉钉、敲打或装修房屋;怀孕妇女不可用针线、动剪刀,如此亦会惊动胎神,导致生下有缺陷的孩子;不可在房间里高挂物件,以免生下的婴儿或产妇生病。根据报道人的叙述,蔡坂曾发生过一奇异事件:有一村民在其妻怀孕时装修房屋,用电焊焊接家里窗户,家中婴儿出生后,一只手便是五指相连。同一报道人也说到,其子诞生前不久,有人赠与他一顶帽子,他带回家后挂在墙上,待婴儿出生后腹部的肚脐眼向外异常突起,几经寻医都不能治愈,不得已找来村中神婆作法,并取下墙上的帽子,婴儿的病才痊愈。蔡坂人若想解除胎神的危害,会将米与盐混合,撒在房间的每个角落,以清除不洁净之物。蔡坂人还认为,孕妇不可看傀儡戏,傀儡戏的目的是为了酬神、驱除邪煞,不适合怀孕未满6个月的孕妇观赏,孕妇若看傀儡戏,会生出如傀儡般"软骨"的畸形婴孩。孕妇也应避听污言秽语,不见会令人心生恐惧或厌嫌的恶物,胎儿于母腹中,吸收母体之营养,感受母体之喜恶,对胎儿影响很大。根据《闽南乡土民俗》(石奕龙、余光弘 2007)一书中的解释,孕妇"带喜",所以不得参与嫁娶等喜事,忌讳接触到喜糖、花轿、嫁妆及洞房中有关之物,俗信这是"喜冲喜",孕妇也不得接触到丧事,会"凶冲喜",否则将会对孕妇及胎儿不利。

(二)流产及安胎术

流产被蔡坂人视为不吉利。孕妇若是触犯某些行为禁忌或饮食禁忌,就会导致流产,尤其是怀孕的前三个月。如果孕妇在此期间感到不适或异样,便会采取必要的手段来保护腹中胎儿。其主要的方法是找人画安胎符。

若孕妇感到腹部或胎儿不适,其夫或家人便会请会画符的亲

第九章
蔡坂村的生育与养育

友或当地乩童为其画安胎符。乩童以毛笔在黄纸上画上安胎符,然后由孕妇家人带回家烧化,混入水中给孕妇吞服。也有的安胎符是由孕妇随身携带,或贴于其睡床或家中的门窗等处。

现在的蔡坂年轻人多已不再相信老一辈的做法,认为是"迷信"。遇到孕妇不适的情况大多选择到医院就医,请医生开药为其安胎,有的也会选择找中医进行调理,如选用熟地、黄芩、白芍、甘草等中药煎服。

(三)分娩前后准备

新生命的出生是一个家庭的喜事。但医疗条件有限时,妇女分娩被视为一件关乎生死的大事,因而在分娩前应做好充分的准备,迎接新生命的诞生。分娩前一段时间,许多孕妇会因紧张而心情郁闷,寝食难安。此时应调整好状态,保证充足的睡眠时间。

20世纪五六十年代,蔡坂的妇女大多在家分娩,由接生婆为其接生。接生婆都是当地受过西方医疗训练的妇人,有的甚至是当地医院的护士。调查期间有幸访问到一名半生都在担任接生婆的女医生,她指出昔时条件不好,许多医疗器具都不齐备,所以分娩前准确判断胎儿位置就显得十分重要。根据《闽南乡土民俗》一书介绍,"分娩前家里的橱柜跟抽屉都应打开,寓意生产可以顺利进行。若遇到难产,或摔盆、打碗、敲铜盆等,以此来预示产妇产门大开,分娩顺利"(石奕龙、余光弘 2007:148)。临产时,产房除接生婆外,外人不得入内,一来是怕将细菌带入产房造成产妇跟新生儿的感染,二来是为了避免冲犯胎神,危及产妇跟胎儿。在妇女分娩前,应准备好剪刀、毛巾、开水、酒精、水盆等物品,同时也须为婴儿准备好一套旧的衣物。剪刀应先用开水或酒精消毒,待婴儿出生后,将脐带剪断打结,并时常用酒精进行消毒,不久后脐带便会自动脱落。

村人对胎盘的处理十分谨慎,认为胎盘是胎儿在腹中时的庇护所,如果处理不妥,婴儿日后将会生病。分娩后留下的胎盘由婴儿的父亲亲自处理,首先要准备两片瓦片,将胎盘置于两片瓦片中间,再以草绳绑缚,按婴儿的性别男左女右持于手中,到池塘边将瓦片等物放塘中后马上转身离去,且不能回头看。一般人认为胎盘亦是人肉,不敢食用,更有些人认为胎盘为不洁之物,食之不吉。但是现今村人开始意识到胎盘营养价值高,甚至可入药供人服用,也有人留下胎盘赠与有需要的亲友。

婴儿出生后,有的人家会在孕妇床头插上一支石榴花或榕树枝,一方面起到辟邪的作用,另一方面也提醒外人该房间为产房,不宜随便进入。昔时的孕妇必须在婆家生产,一定不能在娘家分娩,俗称"寄死不寄生"(简博士 2005:112),意味房子宁可借给死人殡殓,也不借给活人生产,女儿出嫁后也不例外。因为借别人生,认为会将自家的"生气"抽走;而借人死,自家能更有"生气"。

现在产妇都是到漳州市内医院生产。一是考虑产妇和婴儿的安全,二是由于计划生育的影响,只有在医院出生的婴儿才可以开具出生证明,落实其户口。

(四)新生儿护理

刚出生的婴儿身体娇嫩脆弱,抗病力弱,易寒易热,易受外部刺激,易受惊吓抽筋,易积易泄,因而新生儿的护理显得至关重要。婴儿降生后,蔡坂人认为首先应做好清洁与保暖,短时间内将婴儿体内的胎毒排净。先以干净的布沾茶水擦拭初生婴孩肚脐处,以保持洁净;之后为婴儿穿上保暖的衣物,且只能穿旧衣服,不穿新衣服,据说如此孩子会比较好养,实际上还在于旧衣比较柔软,不会伤害婴儿的皮肤。村民一般会对初生儿给予青草、黄连、甘草、遍地锦的汤汁进行少量喂食,以清除胎毒。也有人以三至五棵金银花泡水,多次哺喂婴儿,胎毒在几小时至二十四小时内便可排出。

第九章
蔡坂村的生育与养育

(五)坐月子的禁忌

产后一个月内产妇不能出门,只能在室内吃、睡、坐、卧,俗称为"坐月子"。在这一个月内,产妇要精心调养身体。蔡坂人认为若月子坐得好,之前妇女所患疾病也可不药而愈;反之若在坐月子期间未妥善调理好身体,从此就会落下终身的病痛。

1. 行为禁忌

坐月子期间产妇不能受凉,房间的窗户不可随意打开,应戴帽保护头部,避免产妇头部吹风,也不得洗头,以免日后患上偏头痛。这一个月内产妇都应在不透风的房间内,不得走出户外,尤其是阴天或晚上,确有必要出户者必须戴帽或打伞,头不能见天。产妇应多卧床休息静养,少下地,避免湿气,也不能碰冷水,不能站着进食,尽量躺着喂奶,可保护产妇的坐骨神经。不能干活,致使手脚和腰受累,以免日后腰酸骨头疼;也不能做女红用眼疲劳,否则日后视力减弱。

俗信产房是污秽的,产妇身体也是不洁净的,因而产妇不宜出入祭拜地点,也不能到别人家串门,以免触犯神明和触人家的霉头。昔时的蔡坂妇女在坐月子期间,除了婆婆及嫂嫂等负责照顾的人可出入产妇房间外,男客及公公等都不得入内。但现在很多年轻人已经不再固守这些禁忌,坐月子期间依旧可以走门串户,男客也可进出产房,没有避讳。在孕妇坐月子期间,男主人若是晚上从外面归来,不可直接进家门,应在门口站一会方可进入。这是因为蔡坂人认为夜晚从外回家可能带有不洁之物,如果直接进家门,恐怕伤及婴儿,对婴儿不利。要是先在门口站一会,男人身上的阳刚之气便会震慑到"脏东西",赶走他们,这时再进家门就会比较安全。

2. 饮食习俗

产妇在分娩后,身体过度耗气失血,阴血骤虚,很容易造成疾病的侵袭,落下病根,因而蔡坂产妇十分注重食补。饮食偏好于味甜的食物,注重温补以驱风祛寒补血。在产后的第一周内,饮食调理主要以"排"为主,即是排除产妇体内的污秽。遵循少量多餐、荤素搭配的原则,多用汤类食物,利于哺乳。产后两三天内不宜快速进补,以免得不偿失,尽量进食一些清淡的蛋汤、鱼汤。之后家人一般会为产妇准备高蛋白、高热量、高纤维及催乳的食品;必不可少的食物为炖品,如炖鸡、鱼、排骨等,根据产妇个人口味,若喜好甜味就在汤中加入龙眼干,不喜好甜食者则可加枸杞、党参。在坐月子的整个月内,产妇都要不断补充营养:吃猪蹄、鸡脚、木瓜有助于乳汁的分泌;多吃红糖、麻油与老姜,帮助补血祛湿;忌食萝卜、芥菜等寒性的蔬菜水果,以免产妇"回奶",不能供给婴儿乳汁。

以前社会经济条件不佳,"坐月子"未受到重视,许多妇女在生产后仍旧继续工作,操持家务。随着生活水平的提高,越来越多的蔡坂妇女开始有了健康意识,坐月子之风普遍在村中流行,但月内中的规矩也因人而有所不同。

四、新生礼仪

婴儿新生礼主要包括"命名"、"三朝"、"满月"、"四个月"、"周岁"等。在围绕新生命诞生的礼仪中,蔡坂也有相当一部分细节表现出重男轻女的意识。"三朝"之礼虽是男女都有,但若是女婴,喜庆的气氛则相对淡些;"满月"只有生男孩的人家才会摆设酒席;而"命名"也带有重男轻女的倾向。

(一)命名

村人一般认为名字跟日后的命运、性格息息相关,并将为子女取名视为一件大事。昔时蔡坂人都有乳名跟正名之分,乳名在

第九章
蔡坂村的生育与养育

村中熟人之间使用,正名则是登记在户口簿上及正式场合使用的名字。一般在三朝或满月时为婴儿命名。正名多请家中辈分、威信较高的长辈或村中饱学之士来取,但随着村人文化程度的提高,越来越多的家庭是由父母亲自为子女取名。本文参考《漳州民俗风情》一书中的分类方法(简博士 2005:247),将蔡坂比较常见的命名原则分为:世序命名、五行命名、厌胜命名、形貌特征命名、寄寓命名等数种①。

1. 世序命名

是由祖先选定世代序名,以成句的先后字列为伦序的命名方式。同属一家的孩童往往正名的首字相同,以表示为同一辈分,如"新中"、"新华"中的"新"字;"坤明"、"坤亮"中的"坤"字等。同时婴儿命名时不能用与家中长辈名字中相同或同音字,表示对长辈的尊重。

2. 五行命名

根据孩子生辰八字、五行相生相克来命名。孩子出生后,家中会请算命先生为其卜卦算命,如若发现孩子五行之中有缺陷,为保证孩童平安顺利成长,会设法在孩子名字中补其不足,如孩童命里缺"金",则起名"鑫",缺"水"者,则起名"淼",或是有"钅""氵"字旁的字为名。

3. 厌胜命名

此法意在为孩童趋避不洁而获吉。俗信刚出生的婴孩不宜取太大、太好的名字,以免引起邪秽鬼怪的注意及妒忌,招惹是非,引起灾害。因而父母故意为其取"贱"名,以障邪怪耳目,使之好养育,寓以贱取吉之意,但多是不登大雅之堂之名,且一般做为乳名使用,如"阿狗"、"石头"等。

---

① 以上命名原则参考《漳州民俗风情》进行归类,但文内所有人名均为蔡坂村人的真实姓名。

4. 形貌特征命名

这种取名方式一般用作乳名较为常见。有些家长会根据孩子的形貌或性格特征来为其取小名。如"小黑"(肤色较为黝黑)、"阿扁"(头形因为睡同一方向而导致扁平)等。有时也会根据在家中的出生顺序为其取名,如在同胞中排名第二的则被称之为"二妹",最小的称为"细妹"。乳名往往为长辈或同辈年长者称呼晚辈或年幼者,而晚辈则不能直呼长辈的乳名,否则视为对长辈的不尊重。

5. 寄寓命名

这是根据父母的某种意愿或希望来为孩童起名。蔡坂人普遍希望家有壮丁,因而如果第一胎生女生的话,常会为其取名为"招弟"、"来弟"等,希望她可以招来弟弟;也有取名为"阿满",意为女孩已经够多,不需要了。同时也有"卫国"、"进财"、"慧明"、"建福"等都表达了家长对孩子的期许,带有一定的时代色彩。

(二)三朝

蔡坂婴儿在出生的第三天会举行被称为"做三朝"的仪式。当天一早,便要请家中有经验的妇女为婴儿在加入石榴花或桂花的水中洗浴,如此被视为可洗去婴儿身上的污秽,同时须一边洗一边说些祝福语,内容以祝福婴儿健康快乐成长为主。之后穿上外婆送来的新衣,由长辈抱到厅堂祭拜祖先神明以及注生娘娘和床母,求其保佑婴儿平安顺利。拜过诸神后要给婴儿喝由片仔癀草、遍地锦等挤榨的汁液,帮助婴儿驱除胎火,避免婴儿罹患黄疸,且日后脾胃较好,容易喂养。生男孩的人家家长在当天要做以红糖加姜片煮成的鸡蛋,以及以糯米制作而成的粿饼分送给全体村人,一户一份。另外要做面粉加红糖混合而成的"蓬饼"分发给各亲堂及亲戚。婴儿的外婆和舅舅以及姑母也会前来道喜,外婆和舅舅须赠送婴儿衣服,姑母也会赠送礼物,其他亲友也会送

第九章
蔡坂村的生育与养育

来一些婴儿所需用品或是红包以示祝贺,而主人家则要备酒肉款待前来探视的客人。

(三)满月

婴儿出生一个月称为"满月",产妇可抱婴儿出房见天,但出行时要防邪秽加害,婴儿须用"花帕"包裹,同时要为婴儿剃去胎发。蔡坂人认为"花帕"具有最强的灵力,有辟邪的作用;剃下的胎发以红纸包好收藏起来。家人要以猪肉、龙眼干、姜片、红糖、白酒煮成的甜肉酒祭拜注生娘娘。外婆会送来面线以及戴在婴儿身上的银首饰,例如手镯、脚环、项圈等,称为"送满月"。

其中满月当天"剃胎发"是很重要的仪式。《漳州民俗风情》一书中有介绍,漳州地区俗信胎发来自于母体,带有"血污",剃掉胎发可除"秽气"(简博士 2005:114),蔡坂村也有此说法。剃胎发另一作用便是可使婴儿日后头发粗密有光泽。不同的人家剃发的方式也不同,有的是将婴儿的胎发全部剃光,有的则是前后留下一小撮头发。剃胎发可由家中长辈或是剃头师傅来完成。剃发前先准备内装清水的脸盆,用盆中水为婴儿洗头和面部;剃发时要说吉利话,祝福婴儿;剃完以后会用石榴花水为其擦拭头顶,可以为婴儿驱除不洁之物,二来也希望日后其头发长得浓密。也有人说用母乳代替石榴水涂在婴儿头上,也可使婴儿毛发长得黑密。最后要用盆里的水为其洗澡。

闽南地区盛行办满月和周岁,有的地方也会在婴儿四个月时摆设宴席。一般说来,婴儿在出生满一个月便要做满月,有些人家会在 30 天前后特意选择良辰吉日来举办。办满月之举尤重于头生的男孩,生女则次之。在蔡坂村只有生男孩的人家会摆酒席,即为"满月酒"。外家和亲友馈礼相贺,主人家也设置酒筵招待。满月酒一般办得隆重而有排场,以祝贺男婴顺利度过满月关,日后健康成长。生女孩的人家,则不会办酒席,一般是家里人和外家亲戚酌情准备酒菜庆祝。

(四)四个月

刚出生的婴儿到长牙时期很容易流口水,在初生婴儿四个月时,家人便会为其举行"收涎"仪式,预先替婴儿解决流口水的毛病,同时希望婴儿不断成长。届时家中要准备供品及红龟粿、红桃粿向神佛、祖先祭拜,产妇娘家人也要送来礼物,里面有一样"涎垂",俗称"额垂",即婴儿挂在胸前为承涎之用的围兜。产妇要做收涎饼做为谢礼回赠给亲友。收涎饼中间有个圆洞,便于婴儿挂于胸前。应准备十二个以供仪式之用,用红线或黑线串起来,挂在婴儿胸前,请长辈取饼在婴儿嘴上做涂抹状,并说些吉祥话,之后由母亲抱着婴儿到亲友家四处走走。

(五)周岁

婴儿周岁又称为"度晬",是人生的首次生日,因而对此很重视。家人要做以糯米、红糖、花生为原料的红龟粿、红桃粿敬神,并以此送给外家人及亲友邻居。条件好的家庭也会设宴请客,有的甚至会请戏助兴。婴儿周岁当天外婆须送上礼物:面线、一套新衣、几双袜子、一只鸡脚或猪脚。在拜完神明过后,便为婴儿换上新衣、新鞋。小孩在小的时候是只穿袜子,只有满周岁时才开始穿鞋。因为婴儿一般在周岁前后开始学习走路,在当日穿上新鞋即意味着促其学步。若婴孩周岁当天刚好学会走路,这对幼儿来说是吉兆,寓意将会茁壮成长。穿好新鞋的婴孩这日便不再下地行走,这样的意义在于希望孩子将来不用下地干重活,而是过上轻松、安逸的生活。生男孩的家庭要到庙中祭拜注生娘娘,祭拜祈求后,将串了红线的香火包在注生娘娘的香炉上过一过火,随即系在婴儿颈上,以保佑其身体健康、长命百岁。最后在床上摆好抓周所用的物品让婴儿进行抓周仪式。

第九章
蔡坂村的生育与养育

"抓周"用以预测初生婴儿的前途和以后所从事的职业。抓周所需用品有印章、书、笔、算盘、斧子、钱币、葱、首饰、花朵、吃食、玩具等,如是女孩"抓周"还要加摆勺子、剪子、针线盒等物品。将上述诸物散置床上,看小儿先取哪一样;如果先抓印章,则谓长大以后,必承天恩祖德,官运亨通;如果先抓文具,寓意其长大后好学,必能写出一手好文章;先抓算盘表示将来善于理财,必成陶朱事业。如是女孩先抓剪、尺之类的缝纫用具,或铲子、勺子之类的炊事用具,女童长大后会善于料理家务。反之小孩先抓吃食、玩具,也不能当场就斥之为"好吃"、"贪玩",也要被说成"孩子长大之后,必有口福,善于'及时行乐'"。

五、养育习俗

新生儿出生后很长一段时间内,仍需要家人的精心照料及呵护才能顺利成长。

(一)婴儿喂养

蔡坂婴儿一般采用母乳喂养的方式,未满月的婴儿喝足母乳后便能轻易入睡,只有遇到特殊情况,如母亲无法正常供给乳汁时,才会用米糊或是奶粉喂养婴儿。蔡坂婴儿一般在出生八个月到一周岁后为其断奶。主要方法有:以红纸贴在奶头上,婴儿觉得跟原来样子不同,以为是在出血,就不敢再吃母乳了;其次可在乳头上涂抹辛辣的辣椒或苦涩的黄连,婴儿吃后觉得味劣即不会再吃。另外据蔡坂老人叙说,昔时有一种草汁涂抹在婴孩头上即可让其忘记吃母乳,继而促使其断奶。还有便是不让婴儿看到妈妈,将其交由祖母照顾五、六天,并喂以其他食物,渐渐便可使婴儿断奶。

婴儿出生四个月时家人会为断奶后的婴儿适当添加辅食。

届时须准备鸡、鱼、肉、蔬菜、水果等食物,依次取各样食物轻触婴儿之嘴,预示婴儿从此可以进食除母乳之外的食物了。当孩子尚小时,一般只是让其吃些煮熟的面条或稀饭。鸡蛋也是婴儿喂养中的另一佳品,做法也较多,可做成蒸蛋,也可搅拌均匀后加入开水跟适量糖或盐喂食。待婴孩七、八个月大后,便可食用面线和米饭了。昔时物资匮乏,婴儿可吃的食品种类也比较有限;现在村人具备经济条件为孩子购买更多食物,例如牛奶、饼干、各种营养品等。孩子长到三、四岁时,饮食便可跟大人一致了。

(二)辟邪保健方式

婴孩若体弱多病,民俗中除传统的求神拜佛及自制草药外,还有与之相关的巫术。蔡坂村人主要通过拜神、过契、佩戴辟邪物、收惊等保证婴幼儿远离邪秽,健康成长。

1. 拜神

蔡坂人养育婴儿时,为使婴孩身体健康,往往会采取拜神以求保佑,最常祈求的神明是床母及天公。

(1)拜床母

床母又称"床公床母",是守护孩童的神明。床母日夜在床边,专门照顾孩童,并可使婴儿免于惊吓、生病,保佑其平安无事,听父母话,好养育。出生至四个月的婴孩其家人每月初二、十六都会拜床母,直到十六周岁。祭拜的供品是一碗满满的饭和一碗菜,除了空心菜①跟鱼不可外,其余没有讲究,最好有豆腐,寓意孩子的脸会长得跟豆腐一样白嫩;另需一双筷子、一炷香、一盏煤油灯。将饭菜摆放在小孩睡床的中间,这样小孩才能睡得安稳。祭拜者点燃一炷香搭在床沿,待香烧尽三分之一后将其同寿金纸一

---

① 俗信空心的蔬果不宜用于祭拜,意为"漏福"。

第九章
蔡坂村的生育与养育

同烧化,之后立刻撤掉供品。所奉饭菜须由家长食用,若孩童误食会变得淘气顽劣。三月初三、七夕和春节这三日亦祭拜床母,也有报道人称只有孩童过分调皮或易生病等原因,向床母有更多祈求时才会在这几日祭拜,蔡坂人会以猪肉或鸡肉、酒和红糖为原料烹制一道香味浓郁的肉汤供奉床母。

(2)拜天公

每年七夕,蔡坂人都会祭拜天公,目的是祈求天公保佑家中男童健康成长。当天会在自家屋檐下放置一个红色水桶,再将簸箕放在桶上,上面盛放三碗米酒。祭拜者燃一炷香朝天公作揖数下,而后将香搭在簸箕边上,待香燃烧数分钟,轻弹香身使香灰脱落,手拿寿金纸接住香灰,过程中须小心谨慎不使香灰落地。最后将寿金纸包裹的香灰放入香火袋,将其戴在男童脖颈上,可趋吉避凶。香火袋的香灰每年七夕更换一次,直至男童十六周岁,祈求天公继续保佑赐福,该仪式称为"换香灰"。

2. 过契

儿女生下以后,蔡坂人会请算命先生依孩子生辰八字卜算,孩子将来的命运,是否多灾多难,抑或是跟父母命理相克与否。如果卜算结果显示小孩命硬,不好养育,则考虑将其过契给神明或其他人。

过契也称"认干亲",这种形式常在熟人间发生。家人一般会为孩子找面相好、口碑佳、多子多孙的亲友认作干亲,但也须让算命先生预算其生辰八字是否与婴儿相配。为让小孩避免遭天忌,免除灾难,有些孩童须拜乞丐为干亲,但此种形式的双方不用履行各自责任和义务,也无实际的亲属关系。在过契前双方应选择一个吉日,父母带领孩子并带上红包或礼物,到结契人家中举行过契仪式。义父义母也会回赠小孩礼物,以示接受孩子成为自家人,此后借着义父义母的福气,孩子必能健康成长。逢年过节,孩子都要去看望义父义母,这种关系将一直持续到孩子十六岁以后

或是更久。

孩童契神明主要是过契给抚顺将军"安坐公"为义子。在举行过契仪式时,须择定吉日,准备好祭拜物品,如水果、酒菜、金纸、香烛等,到神明前烧香礼拜后,掷杯卜问是否应允收其为"干儿子"。如果卜问结果为应许,则会献上之前写好的契约,贴在庙中,即代表完成仪式。之后家人将香炉中的香灰包一些放入香囊中,将其带在婴孩颈上,保佑其平安顺利成长。以后每逢年节或是神明的生日都要前往庙中祭拜,并更换香灰,直至孩子十六岁。

3. 佩戴辟邪物

蔡坂村民常为孩子佩戴各种手链、项圈以辟邪,尤其是成长不顺的孩童特别要遵从此习俗。婴儿出生后家人便会为其准备银链,分为项链、手链、脚链,佩戴一种即可,家庭条件好的人家也会三件齐备。新买的链子须先带到寺庙神明前的香炉上过炉,抑或是在家拜过天神后才让孩子戴上。男孩出生四个月时外公外婆便会买新衣送给小孩,新衣买来后,外家人会在衣后领用红丝线绣上"卐"字,目的是为了孩童驱邪气,保平安。每逢端午节蔡坂村民都会祭拜"水仙王"屈原,祭拜结束后将七种颜色(红、白、蓝、黄、黑、紫、水红)的线编制成"记绳",戴到那年出生的小孩手上,男孩戴左腕,女孩戴右腕。俗信佩戴"记绳"kisou可增强孩童记忆力。除此之外,七月为鬼月,此时鬼魂会随处游走,小孩在七月一整月都须佩戴绣有"卐"字的花帕,以免妖魔鬼怪侵犯。

如家中有人到庙里求神拜佛,便会将香灰放入金纸中,过火炉,拿回家给小孩带在颈上,保佑其平安。昔日蔡坂孩童会佩戴由海草编成的保护绳,是由三股海草编成辫子状,然后将红布做成"粽子"形状挂在海草绳上,给小孩带在手上,也可保平安、有辟邪之用。

4. 收惊

小儿之体,形气未充,神气未足,很容易受到惊吓,表现为夜

第九章
蔡坂村的生育与养育

里啼哭不止,身子抽动;或是印堂发青,鼻梁有青筋暴露;大便多青色。若家中孩童有此症状,便要采取一些仪式来进行化解,蔡坂人昔时常采取的方式有以下数种。

(1)煮熟鸡蛋一个,去壳与蛋黄,随之将家中大人常带的银戒指放入蛋白内,用纱布包好,趁热快速从头到脚摩揉孩童全身,婴儿身体的额头、胸口、背心、手足心、腋下、脐周都应照顾到,按从上到下的顺序进行。如果小孩确实受到惊吓,擦后蛋白中的银戒指表面颜色会变黑;如幼儿正常,戒指则不会变色;戒指若确定从银色变为黑色,也预示幼儿身体将很快恢复健康。

(2)以面粉及麻油混合搅拌,取之贴于孩童脚底板,待一段时间后将面粉取下,若孩童受到惊吓或身体里有不洁之物,脚底板处的面粉即会变成黑色或深绿色,通过这种方式,家人认为已将邪毒从婴孩身体吸出,不久将会痊愈。

(3)准备一个瓷碗或是茶杯,装满大米,再以受惊幼儿的衣服包紧,勿使大米从碗中洒落,替幼儿收惊者手持用衣包紧的碗,依次触碰婴儿的额头、胸口、背心、手足心、腋下,然后将碗置于床底,次日取出,如果碗内的米从中间凹陷下去,便表示孩童已完成收惊。

(三)特殊的风俗习惯

从婴儿成长到孩童的过程中充满了难以预料的变数。蔡坂人还有其他的俗行以确保孩子健康成长。

1. 七月讨米

若幼儿身体羸弱,比较难养,或是孩童调皮多动,时有意外发生,家人便会在每年农历七月之时,带其在村中讨百家米。仪式在农历七月二十一日之前都可进行,届时家中长辈会预先为孩童准备好一个以干草或是麻布杂以家中旧布编织而成的布袋,背上布袋的孩童到亲友四邻处讨米,寓意孩童像乞丐一般,将来会贱而易养。对于讨米的对象有两种说法:一为只要与父母同姓氏之外的七、八户人家即可;另一说法则是须向三个不同姓氏之家户乞讨即可,不讨同姓米则是主要原则。待讨米结束后,在农历二十一日拜普渡公当天,将讨来的米加入到自家米中,煮熟后用于祭拜普渡公。俗信农历七月所有在阳世的亡魂都归普渡公所管,希冀通过普渡公的力量庇佑孩子,远离邪神鬼怪,使其日后可以平安顺利成长,同时也希望凭借众多姓氏之力,使孩子"好喂养"。

2. 过五关

"五关"即为三朝、满月、四十日、周岁、生日。昔时蔡坂人认为这五个日子是婴儿出生后最重要的关口,在成长过程中如果能够顺利度过这几个日子,以后便可一生平安,诸事顺利。反之,若孩童生病,则须在这几个时日前治好,如三朝没治好的病则要在满月之前治好,若满月之前依旧未痊愈,则要尽力赶在四十日前治愈,以此类推。如果不及时医治,则会落下病根,影响终身健康。俗信只要五关过得好,孩子即能健康成长。

3. 立冬

每年立冬日,当年生男孩的人家都要做"发粿"分发给亲邻好友。发粿由米浆加花粉制作而成。当日家人首先要在做好的饼中间插上一株石榴花,已结果实的石榴更佳,也有些人家在饼中间画一圆圈放上碗以替代石榴花;从中部向外画四条线,于四周写上"百子千孙"、"甲第连登"等字样,之后将准备好的香烛、金纸、酒菜、水果等供品一并抬上云洞岩祭拜神明。祭拜完成后将饼切成条状分给亲堂,而写有"子"字的部分则要留在自家中与家人分食,预示家里可以再添新丁、香火兴旺。

4. 其余的禁忌

在养育婴儿的过程中,蔡坂人还会遵守一些禁忌,以确保婴儿的健康成长。未满月的婴儿不能挠其脚底板,否则小孩长大后不敢过桥;新年最好不要打小孩,若有必要处罚也不能拍打小孩

第九章
蔡坂村的生育与养育

屁股,须过正月初六以后才可;小孩换乳牙时,由大人将已松动的牙齿拔掉,不得随意丢弃,应交由本人,令其双脚并拢,取立正姿势,将下牙扔向屋顶,上牙则扔进床底,以后长出来的牙齿才会整齐美观;婴儿未满月之前忌见新娘、病人、戴孝之人,不能出入婚丧喜事之场所,否则上下睫毛就会连在一起,须做法事才能将其解开;当着婴儿的面不能称其"漂亮"、"可爱",也不能称其"健康",以免遭天忌而生病或发生意外;幼儿也不得从人胯下走过,认为这样会造成小孩日后发育不良;小孩在睡眠中会带有微笑、噘嘴等面部动作,俗信是床母在对其施教,不宜把孩子叫醒,以免小孩将来智力受损。

六、幼儿疾病的民间疗法

往昔医疗卫生水平不高,儿童若罹患疾病,家中长辈常依传统经验自行医治。大多数蔡坂村民对生长于路边的青草的药性都稍有认识,也会自行采摘草药。一些民间疗法在一定程度上既缓解幼儿的病痛,同时也抚慰家人焦急的心理。对于腹泻、发烧感冒、咳嗽等婴幼儿常见病,蔡坂村人都有代代相传的治疗方法。

(一)腹泻

肚痛腹泻乃幼儿常患疾病之一,以前蔡坂人家即有"土方"医治。家中幼童偶染腹泻,哭闹不止,可用苍山子、吴萸、艾叶、一同捣烂包患儿肚脐即可;或是用野生杨梅干或乌梅干,入茶叶、紫苏叶,虚者入红糖,煮食之,即可快速止泻。若小儿长期有腹泻问题,蔡坂人便会怀疑可能与母乳有关,产妇就应改善自身饮食,可用生姜、红枣、红糖、莲子、艾叶少许熬成汤,每天早晨空腹饮用,之后再进食。另有村人讲,若是以上方法都不见效,便要从产妇跟幼儿身上同时改善。产妇吃鱼时,定要加入生姜、花椒、葱白根与醋,有助于产妇的营养吸收,改善乳汁营养。同时可用籼米、糯米各等分,入锅里炒到微黄,再与莲子少量共磨成粉,每顿给幼儿吃。

(二)发烧、咳嗽及消化不良

若小儿发热、咳嗽,家人常会摘两片新鲜的大青叶、枇杷叶或是鱼腥草放入装有一大碗水的锅里煎,水开后转小火再熬上几分钟,之后加入红糖,待凉后给孩子喝。大青叶跟鱼腥草清热解毒,故对降体温疗效显著,枇杷叶则专治咳嗽。一位报道人称,某日其女持续高烧,在医院打了几日点滴仍不见好转,之后亲戚告知鱼腥草兑水煎服效果不错,其女尝试服用几日便痊愈。而对于幼儿消化不良、积食,可用鸡内金(鸡胗外的一层膜)晒干,捣成粉末,用温水冲开,让其连渣带水喝下,可解幼儿积食之症。

(三)黄疸

初生婴儿大多都患过黄疸,蔡坂人认为是新生儿胎毒未及时清除,邪毒内盛,积淤化热所致,蔡坂人常用青草对症治疗。一般用白茅根与鲜鱼腥草叶煮水以喂婴儿,鱼腥草要采长在阴凉处的,腥味足,叶背为紫色最佳。草药采回后晾干,入水浓煮,每二小时给幼儿喂一次,每次量不能太多,一日喂食五至六次。如是靠母乳喂养的婴儿,产妇也应服用此药。除此之外,用红绳穿上栀子果戴幼儿之手也可治疗黄疸,并使之皮肤变得白嫩。

(四)荨麻疹

一般认为体弱血虚的幼儿容易招惹不洁之物,导致患上荨麻疹。家中若有小孩出现此症状,可采取一些手段来驱赶病魔。长辈准备一碗大米和食盐,将米跟盐一把把洒向门外,并一边祝念,大致意思为:麻风乞丐,这些米、盐给你了,你快到别处去蹭食。

第九章
蔡坂村的生育与养育

之后在家中厕所也要将盐跟米撒满各个角落。同时患麻疹者忌吹风,应尽量减少外出,多食凉性食物。

七、结　语

传宗接代的传统价值观一直影响生育养育的问题,因此而产生的各种民间生育习俗,无不表达蔡坂人对生命延续的渴望。养育和生育观念中的核心愿望是"传宗接代",为此村人谨慎地遵循着各种相关仪式和禁忌。通过为期45天的田野调查和观察,了解到蔡坂现今的许多生育养育习俗仪式已被简化,但有关延续香火的仪式仍被严格的遵循下来,例如求子仪式即为希冀通过祈求神明来达成生养子嗣的心愿。许多习俗也体现了蔡坂人"重男轻女"的观念,例如只有生男孩的人家才会请"满月酒"。

调查期间所访问的年轻报道人均对昔日独特的生育养育习俗了解有限,但对怀孕禁忌及产后新生儿护理却了然于胸,显示当今妇女对于自身健康意识有所提升,现代医疗体系所倡导生育方式和婴幼儿照顾方式也渐渐占据主导地位,但传统的生育、养育观及具体方式仍在有其存在价值。

最后感谢蔡坂人以极大的热情配合了我们的工作,为我们提供了丰富而宝贵的资料,使得调查工作得以顺利完成。在此对所有帮助过我们的蔡坂人表示衷心的感谢!

参考文献

石奕龙、余光弘(合编)
　　2007　闽南乡土民俗。福州:福建人民出版社。
简博士
　　2005　漳州民俗风情。福州:海风出版社。

附录

蔡坂注生娘娘石牌

註生娘娘

　　註生娘娘,俗稱「註生媽」,掌管婦女產育之神,專司保佑孕婦、產婦以及幼兒成長。

　　註生娘娘係龜靈聖母三位門徒:雲霄、碧霄、瓊霄合稱。三位仙姑以產盆練成「混元金斗」法寶,助商紂王對抗周武王,陣亡後玉帝敕封註生娘娘,負責人間入胎出生之事。

　　本宮奉祀註生娘娘,兩旁配祀十二婆姐,手中各抱一嬰,負責看護代表生男育女紅白花元神,紅花生女,白花生男。在民間信仰,女人本質如花,每棟花冥冥之中皆註定要開幾朵,而生幾家生子女數皆由註生娘娘決定,生育簿上均有記載。因此如有久婚不孕婦女可擲杯求註生娘娘賜花,將神前供奉花晉插在髮上戴回家。如有男無女亦可求註生娘娘換花,祈得懷女。

　　民間婦女虔誠敬奉,供流蘇或獻繡鞋。每逢得子嬰兒出生三日後,供奉麻油雞、油飯、香燭和金紙,將祭祀雞腳放直,以示嬰兒「腳骨長、有食福」。若孩子生病,可將神壇前放的鞋子用紅線串起掛在頸上以保平安,孩子成長至十六歲加倍燒獻,並回廟裡償還祭拜,致表謝意。每逢農曆三月二十日註生娘娘聖誕之日,遠近婦女不分老少咸裝前來朝拜,故有「三月二十人看人」之說法。

第十章

蔡坂村的医疗体系 ▶▶▶

 江玲丽

一、前　　言

本报告所述是根据在蔡坂村为期 45 天的田野调查资料,主要研究方法是观察法、访谈法,着重从文化层面考察当地的疾病观念、疾病的治疗与保健体系。田野调查之初,原打算从蔡坂人的病因观念与治病方法着手,记录村人对病症的不同理解及防治手段;随着调查的开展,原本研究计划日益显现出一些问题。随着蔡坂村工业迅速发展,外来文化对当地的影响逐渐加强,西医已经成为大部分蔡坂人的首选医疗方式,以至于谈及疾病与医疗的话题,村人的第一反应就是赞叹西药的速效以及地方西医基础设施的完善,使我难以了解其他医疗体系的情况。

所幸经过余老师的指点以及诸位报道人的介绍,我发现不同的村人对"健康"的定义与认识亦不相同;且受自然环境等因素影响,蔡坂人已经发展出一套与天时相配的食物属性分类体系,并以之为日常饮食选择的指导,形成了一种意义独特的民间智慧,因此决定将蔡坂的健康观念及食物属性分类做为调查内容之一。

调查期间正逢酷暑,当地菜市场时有贩卖各类青草药的摊商,老一辈蔡坂人尤喜以青草煮水或熬汤服用,以达到清热消暑之目的;而许多蔡坂青年却不好此道,或是以青草为过时的土方而不予使用。对于青草认知与运用的代际差异也引起我的兴趣,遂专辟一节记述蔡坂人青草运用的观念与实践。得知我调查这一内容,村民表现出极大的热情,有翻译专门介绍民间医生带我上山辨认草药、不厌其烦地教授青草名称的本地发音,有报道人特地找出家中保存的医书供我参考,村人的帮助使我得以顺利完成调查,在此感谢蔡坂村的诸位报道人在调查期间对本人的支持与配合。

除前言、结语外,本章分为四个部分:一、对蔡坂村医疗保健观念进行大致分类;二、蔡坂人的健康观,包括当地人对健康和疾病的观念与认识、对食物冷热属性的分类等;三、疾病的防治方法,包括拟人论方法的治疗过程、对青草的认知、处理及运用方法、刮痧、按摩等物理疗法以及蔡坂村医药机构的基本情况等等;四、蔡坂人的保健行为,包括日常食物的分类与选择、特殊时期的饮食选择、保健习俗与禁忌、常用健身方式等等。

二、医疗保健体系的分类

医疗多元主义的存在是当今人类社会普遍性特征之一,一种文化中通常同时存在着多种医疗健康体系,其中一部分是植根在本土社会发展起来的,另一部分是从其他社会引进的;这些医疗

第十章
蔡坂村的医疗体系

体系一方面构成本文化整体的医疗系统,另一方面又自成体系,各有不同。因此在许多社会中各类医疗方式被运用和产生效用的机会并不均等。一般来说,根据医疗观念的不同,医疗体系可分为西方医疗体系和非西方医疗体系,按照 Foster 的观点,非西方医疗体系又可细分出两个亚体系,即拟人论体系和自然论体系(Foster 1976:773)。

拟人论体系认为"疾病"是对不幸的一种特殊解释,一切不幸(包括疾病)都源于魔法或者巫术,因此疾病的治疗者也要拥有超自然力量或者魔力,疾病诊断是治疗者的首要任务(上引文:773—776)。蔡坂村有许多传统治疗方法因"文革"时期"破四旧"而消失,少量流传至今的也只有老人依然通晓,但这些方法均被村人视为"封建迷信"、"非科学"而遭冷落,会用、愿用这类方法治病的人已经越来越少。

自然论体系则以朴素唯物主义哲学为指导,将人与自然视为一个整体,强调人体内部的平衡以及人与自然界的和谐;该体系认为疾病的产生与不幸或巫术无关,将病因归结于人体体液或阴阳的失衡(上引文:773)。该体系认为若人体的阴阳、寒热等元素能顺应自然,并保持动态的平衡,即为达到健康状态。自然论体系主要包括民间医疗体系的治疗方法及专业的中医疗法,在蔡坂具体体现为蔡坂人对青草的认识与运用,以及四季饮食保健方法。

西方医疗体系又称科学论体系,该体系发端于欧美发达国家,注重从生物学、病理学的角度解释健康与疾病,将疾病视为某一人体结构或功能的非常态表现,推崇通过仪器、药物等科学手段诊断与治疗疾病。由于其操作程序化、科学化,西医得以广泛传播与运用,许多非西方文化已将西医视为常规医学、正统医学或主流医学。蔡坂目前共有四家诊所、一家药店,村人普遍信任西医治疗,平时家中常备西药,生病亦更愿意去医院接受西医治疗。

三、蔡坂人的健康观

不同的文化对健康与疾病有不同的解释,自然环境和社会环境往往影响人理解和对待疾病的思想与行为方式,"疾病"既可以指身体或心理出现的病态,又可以指人偏离特定文化常态的状态。蔡坂人的健康观是拟人论、自然论与科学论的综合。

(一)对"健康"的解释

从文化的角度上看,"生病"并非一种单纯的病理或生理现象。它更包含人对于疾病与健康的不同观念与理解,这类观念与理解和人的生活环境息息相关。蔡坂人对"健康"的理解,除了一般意义上的"不生病"之外,其健康观还受科学论、天人合一思想以及民间信仰等方面的影响,可以归结出三大理念:"长寿论"、"天命论"以及"五行论"。

1. 长寿论

蔡坂人普遍认为"长寿"就是健康,人活到 80 岁以上就算长寿。据 2013 年龙文区高龄老人生活补贴表显示,整个蔡坂行政村(包括七个自然村)共有 80 岁以上的老人 108 名。据相关人口统计数据推算,蔡坂自然村约有 80 岁以上的老人 24 名。[①] 许多 80 岁以上的蔡坂老人仍思维清晰,精神饱满,他们普遍重视养生,许多老人坚持每天去附近的景区云洞岩爬山锻炼,闲暇之时会去宗祠与村人一起泡茶聊天,看电视或者打麻将、玩牌,部分闲不住的老人承担一些家务,例如种菜、做饭、带小孩等等。一位报

---

① 此数据根据村委会户籍册统计而得,见本书第二章"蔡坂村的人口与家庭结构"。

第十章
蔡坂村的医疗体系

道人常常自豪地说,他已经 80 多岁了,还在家养了几头猪,自认身体很健康,几乎从不生病。

当问及长寿的主要原因,青壮年(20～60 岁)与老年人(60 岁以上)对此有不同的解释。青壮年一般认为,现在政府每月都会给 60 岁以上的老人发放 200 元的补助费,老人生活条件好了,吃得好喝得好,营养跟得上,儿女也照顾得好,加上医疗条件的改善,老人自然就能健康长寿;而老年人则将长寿归因于年轻时经常干农活,吃苦受累,所以适应能力强,身体硬朗,老人均认为现在的年轻人疏于锻炼,筋骨太娇气,所以身体没有老一辈好。

体型也是与健康或长寿相关的一个重要因素。蔡坂人都认为"健壮的体型才是好的":身体过瘦者身体机能下降,免疫力差,容易生病,这些都是不健康的表现;而身体过胖则容易引发"三高"病症,对于"健康长寿"来说是一种隐患。村人认为身形健壮者一般干活有劲,能吃能睡,不易得病,很可能会长命百岁。蔡坂人尤其是中老年村民十分强调运动对于身体的好处,他们在时间和身体条件允许的情况下会坚持锻炼。不同性别、不同年龄段的蔡坂人的主要运动方式的也不同,下文对此将另有叙述。

2. 天命论

一方面蔡坂人重视锻炼身体,而另一方面许多蔡坂人相信健康长寿是各自的"命"。同闽南许多地方一样,蔡坂民间存在多神信仰,因此其健康观念也难免蒙上一层神秘色彩。据村民解释,闽南一带从前瘟疫多,瘴气重,不少因此丧命的人化为恶鬼,涂炭生灵。百姓只能设法请来佛祖与神明镇压恶鬼,后来佛祖和神明越请越多,家家户户就设立神位,便于每日在家中祭拜,祈求风调雨顺,民安物阜。因此不少善男信女(尤其是老年人)都相信他们的命运是神、佛所赐,有时生病就是"邪气"入侵、是鬼怪所致,而是否健康长寿就要看每个人的"命数"。用蔡坂人的话来说,就是"每个人的'命'都不一样,可能这个人身体一直没有病痛,但突然就死了,也可能这个人身体一直不好,但他活得很长寿,这就是'命',说不清"。蔡坂虽有供奉保生大帝,但多数村民并不会专门去向神明祷求身体健康,而是祈求神明保平安、保发财等等。在云洞岩负责解签的老人指出,蔡坂人认为每一位神灵都各有专职,忙于照看人的财运、事业运、感情运等命数,所以不能麻烦神明再去专门保佑人的健康;但是村人生病尤其是生大病时,会祈求神明赐一位好医生,早日将病治好。

3. 五行论

与"天命论"相关的健康观念还有"五行论"。蔡坂人的五行论结合了风水观念与中医的五行理论,认为金、木、水、火、土五行相生相克,周行不殆,只有外部与内部的五行都保持平衡,达到"天人合一"的境界,人的健康才得以维持。所谓外部的五行就是指外部气候、生活环境等方面的风水,如住房背后靠山,房前有水,两旁有树则为"好风水";灶台的对面不能设水龙头或放水缸,因为"水"、"火"不相容。内部的五行有两层含义:一方面每个人的命运都是一种五行属性,即人有金、木、水、火、土五种命运,取名字时讲究名字与命运的相称;例如本人若命格属"水",取名时不应使用带"火"属性的字。另一方面,人体内部的心、肝、脾、肺、肾五脏与火、木、土、金、水五属性是相对应的,人体五脏的气血流动畅通无阻,则是身体健康的表现。总之人与自然是一个不可分割、和谐统一的整体,二者彼此相通,生生不息。五行论思想在蔡坂人的饮食保健中有最为充分的体现,村人会根据脏腑与季节气候的五行运作食用不同的食物,以此美容养生,延年益寿。

(二)食物的寒热分类

生活环境与健康观影响人的认知方式和生活方式,这在食物的分类与选择上尤为明显。蔡坂所在地区四季分明,冬天与夏天的明显对比,使得村人对食物的"凉"、"热"属性有明确区分,并在

第十章 蔡坂村的医疗体系

此基础上区分出"温补"与"中性"两种属性。所谓热性食物就是与"寒凉"相对的、吃了使人上火的食物;温补食物是有稳步滋润作用、温养益气,尤其适合大病初愈、身体虚弱者食用的食物;凉性食物是利水、降火的食物,而介于凉性与热性之间、又未达温补之效或是无法区分其凉热属性的食物,则统归为中性食物。蔡坂夏季气温高、日照强,使人容易"火气大",因此夏季在长时间户外工作或是经过太阳暴晒之后,村人会选择食用"凉性"的食物,以解暑清热。又或是在吃了辛辣、煎炸等热性上火的食物后,村人也会适当地吃凉性食物以保持身体的凉热均衡。在寒冷的冬季,村人会多吃些温补食物以增强抵抗力,驱寒保暖。蔡坂常见食物的属性分类如下[①]:

表 10-1 蔡坂常见食物属性分类

热性		辣椒、煎炒油炸食物
温补	植物	姜、花生、菠菜、西兰花、榴莲、韭菜、荔枝、桂圆
	肉类	鸡肉、牛肉、羊肉、黑毛鸭、猪肝
	其他	红糖、酒、麻油
中性	植物	玉米、红薯、大米、柠檬、苹果、土豆、桃子、芒果、豆角、南瓜、茄子
	肉类	猪肉、大部分海鲜
	其他	盐、醋
凉性	植物	绿豆、莲子、花菜、白菜、芥菜、冬瓜、木耳、苦瓜、梨子、山竹、菊花、芹菜、莲子、莲雾、西瓜、竹笋
	肉类	白毛鸭
	其他	冰淇淋等冰镇食物、冰糖、豆腐

---

① 由于能力有限,此处仅记录调查期间所搜集的当地常见食物属性分类。

闽南蔡坂人的社会与文化

另外蔡坂人对食物凉热属性的区分标准可透过食物的味道辨别,一般味苦的食物为凉性,味甜者为温补,如苦瓜味苦为凉性,桂圆味甜为温补。也可以食物所含水分辨别,一般水分多的食物比水分偏少的食物属性偏凉,如汤、粥类食物的属性比煎炒类食物的属性更凉。还可以颜色辨别,一般同类食物中,颜色深者更为温补,如红糖为温补属性,白糖、冰糖为凉性,又如黑毛的鸡鸭比其他毛色的鸡鸭更为温补。此外生长方式、处理方式也会影响其寒热属性,例如相同种类的凉性蔬菜水果,自家种植的会比外面卖的更具降火、凉血之效果。在烹煮食物时,运用煎、炸等方式加工的食物比蒸、煮等方式更易使食物变为热性;例如炒花生比煮花生更为"上火",又如一般海鲜本不上火,若使用油炸、烧烤等法加工后,其属性就会变为热性。冷热属性还受食物本身的温度影响,油炸食物放到冰箱冰冻后再食用就较不易上火、凉性食物冰冻后其寒凉的程度会加深。总之食物的寒热属性受多种因素影响,其程度、性质都是可变的,村人常根据气候、身体状况等实际情况来对症饮食。

四、疾病的防治

多元医疗体系的共存,为蔡坂人寻求健康提供了多种渠道。以下将通过蔡坂人对医疗方法的选择、对疾病的治疗方式、医疗机构的基本情况等方面具体描述上述三种医疗体系。

(一)拟人论体系的治疗方法

拟人论体系的治疗方法一般通过仪式、符箓、咒语等方式,将鬼邪从患者体内驱除,从而达到治疗的目的。从前若有村民身患顽疾、久治不愈,或因"中邪"而生病,就会考虑采用拟人论的治疗方法。但近年此类方法已经被村人视为"封建迷信"而很少使用、

第十章
蔡坂村的医疗体系

甚至不愿提起。所幸与村民熟识后,有些老人传授数种常用的治病仪式,这些仪式无需道士或巫师施法,只要懂得具体方法,常人即可完成。一般仪式之前要对中邪者的近况做些了解,如去过何处、做过何事,以此判断其是否中邪或中何种邪。例如腰部长荨麻疹(村人俗称皮肤"生蛇"或"生飞蛇"、"缠腰蛇")就是典型的因"邪气入侵"而造成的疾病。病人要准备一把生米和一把盐,将米和盐混合在一起,打开家中大门,站在门前将米盐撒到院中,并默念"这些东西给你们,你们快到别的地方找别人吧!"念完这句话立刻关闭大门,稍等片刻再开门,病人即可痊愈。

被鱼刺卡到喉咙也可用简单仪式消除。一种方法是在正午阳光猛烈之时,一手指阳光,另一手执一杯白开水,默念专门的化骨咒语,病人喝下半杯念咒后的水即可;若情况紧急,没有太阳时也可用打火机点火代替阳光;据说此法化鱼刺百试百灵,但不可乱用,若没有被鱼刺卡住就使用此法会有严重后果。另一种方法是画一道"化骨符",并将此符在一个杯中烧掉,倒入凉开水将符灰冲开,让病人喝下即可。现在蔡坂只剩一位90多岁的老人会画化骨符,但因老人年事已高,且画符容易"伤神",所以老人已不再替他人画符。

其他类似的方法还包括:喝完中药后将药渣倒在路中央,让过往行人践踏药渣,将疾病带走。孩童因上山走夜路"撞邪"而身体不适,须到庙里拜拜,向神明献上供品或斋饭(白米饭与家常菜即可),最后掷筊子,若筊杯为一正一反,小孩身体很快就能恢复健康。

若遇上述方法均无法治疗的中邪症状,蔡坂村民也会到附近的村落请道士、神婆等开坛作法,驱鬼驱邪,求取健康。选择治疗者也有一定的讲究,因为村民认为治疗效果与治疗者有很大关系,不同的治疗者经验不一,对症状的诊断、理解不同、治疗方法不同,治疗效果自然就不一样;不少经验丰富的治疗者施法一次即可除病。即使是不同的治疗者使用同一种治疗方法,其疗效也不一样。村中有一位已经去世的民间治疗者,人称"王母娘娘",据说她是在得到神明点化后获得仙气,从此济世救人,病人服下经她念过咒语的药,很快康复如初,因为她"说话算话,说别人的病会好那人的病就会好";但若是医院医生开了同一付药则未必能达到这样的疗效。现"王母娘娘"家中还专设一房供奉王母像,供村民祭拜。由上可知,蔡坂的拟人论医疗体系注重医患之间的相互了解,患者的行为、医者的人品与修为等,都会对治疗的效果产生影响。

(二)自然论体系的治疗方法

自然论体系治疗方法的基本假设是,人与自然相互依存,天体的运行、季节的变更、气候的变化都能直接或间接地对人体产生影响,而人体势必会据此做出生理或病理反应。若人体未能通过自身调节来适应环境,则可适当辅以药物,促进人与自然之协调。蔡坂人一般在治疗慢性病或西医无法确诊的疑难杂症时,多选择自然论疗法。蔡坂的自然论体系治疗方法可分专业中医与民间疗法两种。前者即经过专业培训的中医师所用的治疗方法,此处不拟详细讨论。而在日常生活中,蔡坂村民运用自然论疗法最显见的,就是夏日通过饮用青草汤水,以达到消暑降火之功效。

蔡坂人认为,"青草"与"草药"或"中药"是两个截然不同的概念。青草主要指夏日降火或轻微感冒发烧时所运用的、具有药用价值的植物。这些植物十分常见,在路边或山坡即可采摘,一般一种青草只能缓解或治疗一种病症;不同的青草煮出来的汤水颜色也不同,如红、黄、紫、青等等;所谓"是药三分毒",但青草比中草药毒性低,因而青草汤汁属于可以"随便吃"的饮品,一般加水熬制20分钟左右即可服用。而"草药"或"中药"是指医生根据病人实际情况,对症开方,以多种药用植物相配熬制出来的汤剂;这

第十章
蔡坂村的医疗体系

些药剂熬制时间长,且熬制方法亦较为讲究,其颜色一般为黑色,用途也比青草汤汁更为广泛。

在此次调查中,由于语言不通,在翻译的帮助下通过对报道人的非正式访谈、与村民上山辨认常见青草、到菜市场询问观察青草的售卖情况来收集资料,后期又向不同村民验证,对所收集资料进行补充、修正,共收集常用青草64种。本节将详细记录青草使用情况,主要包括:如何获得青草、当地常用青草的名称及其功效、青草的使用方法及其禁忌,以及青草知识的来源。

1. 青草的获得

蔡坂人获得青草的方式主要是采摘或去市场购买。由于当地常用的青草大多是适应性强、易于生长的植物,在路边随处可见,加上部分村民已经开始在自家庭院花盆里种植青草,因此此类青草采集方法也比较简单,使用前摘下洗净熬制即可;某些对生长环境有特殊要求的青草,蔡坂人大多去附近的龙文塔采摘(云洞岩成为旅游景点后已禁止采摘植物)。认识青草的村人去龙文塔登山锻炼时就会注意观察,看到可用的青草即顺手采摘;若是该处地势险峻,则会暗暗记下地点,回家取工具再来采摘或请人帮忙采摘。当然看中的青草也可能被他人捷足先登,若遇到这种情况,村人只好寻找替代药物或去药房购买草药。

青草的采摘亦有一些禁忌,如不采摘有毒的、不可食的青草。有村民说"牛羊能吃的青草人也能吃",意即牛羊吃的青草一般是无毒或者毒性极低的,因此人体亦可服用。此外有村人表示一般不采摘或使用生长于坟墓附近的青草,因为此类青草是"不干净的"、"有邪气的",使用此类草药不仅无法缓解病情,还有可能给使用者带来新的疾病。

如村民需要特殊种类的青草或无法上山采药,则可选择去菜市场购买青草。菜市场有一固定摊位出售青草,摊主表示这些青草都是从外地进货的,每天青草的品种与数量都无法固定。该摊

闽南蔡坂人的社会与文化

点出售频率较高的青草主要有：鱼腥草(*Houttuynia cordata* Thunb)、茅根(*Perotis indica*（L.）Kuntze)、石橄榄(*Pholidota chinensis* Lindl)、遍地锦(*Hydrocotyle* sibthorpioides)、金线莲(*Anoectochilus roxburghii*（Wall.）Lindl)等。

2. 青草的名称与功效

调查期间在蔡坂所收集到的常用青草共有 64 种,按药效整理大约可分为 4 类。由于大部分青草功效单一,但某些特殊种类有多重功效,因此计算各类草药功效时相加之和多于 64 种。其中可治上火病症者有 36 种,治疗筋骨劳损、跌打损伤的有 19 种,治疗小儿疾病的有 15 种,治疗其他类型疾病的有 16 种。有降火功用的青草是蔡坂村民使用频率最高的类型。

表 10-2 蔡坂人常用青草一览表

名称	闽南话注音	学名	科属	拉丁学名
马兰草	Ma lan ts'ao	蟛蜞菊	菊科	*Wedelia chinensis*（Osb.）Merr.
盐酸草	yan suĩ a ts'ao	酢浆草	酢浆草科	*Oxalis corniculata* L.
三叉虎	sam ts'e ho	三叉虎	夹竹桃科	*Rauvolfia verticillata*
鸭舌红	a ti aŋ	吊竹梅	鸭跖草科	*Zebrina pendula*
菊花	kiok hua	菊花	菊科	*Dendranthema morifolium*（Ramat.）Tzvel.
莲子心	lian jisim	莲子	睡莲科	*Nelumbinis Plumula*
溪黄草	ke hoŋ ts'ao	溪黄草	唇形科	*Rabdosia serra*（Maxim.）H. Hara
益母草	yek po ts'ao	益母草	唇形科	*Leonurus artemisia* L.
（大）石橄	k'iu gaŋ a	石仙桃	兰科	*Pholidota chinensis* Lindl.
茅根	ma kin	白茅	禾本科	*Imperata cylindrica*（Linn.）Beauv.

第十章 蔡坂村的医疗体系

续表

名称	闽南话注音	学名	科属	拉丁学名
鱼腥草	hi ts'o ts'ao	蕺菜	三白草科	Houttuynia cordata Thunb.
半边莲	puā pī lian	半边莲	桔梗科	Lobelia chinensis Lour.
金钱薄荷	kim ji bo ho	连钱草	唇形科	Glechoma hederacea L.
七叶埔姜	qit hio po kioŋ	待查	待查	待查
风不动	hoŋ mou taŋ	蔓九节	茜草科	Psychotria serpens Linn
七里香	qit li hioŋ	千里香	芸香科	Murraya paniculata（L.）Jack.
白花蛇舌癀	pe hua zua jĩ hoŋ	白花蛇舌草	茜草科	Hedyotis diffusa
水丁香	zui tiŋ hioŋ	毛草龙	柳叶菜科	Ludwigia octovalvis (Jacq.) Raven.
叶下珠	hio hia zu	叶下珠	大戟科	Phyllanthus urinaria L.
三角延酸	sam kio yan suĩ	扛板归	蓼科	Polygonum perfoliatum L.
穿山龙	ts'uĩ suā lioŋ	穿龙薯蓣	薯蓣科	Discorea nipponica Makino
五色花	ŋo ji hua	马缨丹	马鞭草科	Lantana camara L.
海金沙	hai kim se	海金沙	海金沙科	Lygodium japonicum (Thunb.) Sw
玉叶金花	giɔk hio kim hua	玉叶金花	茜草科	Mussaenda pubescens Ait. F. Hort. Kew. Ed.
鬼针草	kui jiam ts'ao	鬼针草	菊科	Bidens pilosa L.
木芙蓉	mok ho jioŋ	木芙蓉	锦葵科	Hibiscus mutabilis Linn.
山狗善	suā kao sin	待查	待查	待查
鹅见草	e kin ts'ao	待查	待查	待查

续表

名称	闽南话注音	学名	科属	拉丁学名
太子香	tai ji hioŋ	待查	待查	待查
遍地锦	p'ian te gim	台湾天胡荽	伞形科	Hydrocotylebatrachium Hance
鸡骨癀	ke ku hoŋ	倒扣草	苋科	Achyranthes asperaL.
片仔癀草	p'i a hoŋ ts'ao	待查	待查	待查
葱	caŋ a	葱	葱科	Allium fistulosum L.
壁梅	pia mui	球兰	夹竹桃科	Hoyacarnosa(L. f.)R. Br
竹叶心	tiek hio sim	竹	禾本科	Bambuseae
仙草	can ts'ao	仙草	唇形科	Mesona chinensis Benth.
象鼻草	qioŋ p'ĩ ts'ao	大尾摇	紫草科	Heliotropium indicum L.
牛顿草	gu dun ts'ao	牛筋草	禾本科	Eleusine indica(L.) Gaertn.
土党参	to daŋ sim	轮叶党参	党参科	Codonopsislanceolatae (Sieb. et Zucc.)Trauv.
雷公草	lui koŋ ts'ao	短叶水蜈蚣	莎草科	Kyllinga brevifolia Rottb.
虎刺	ho qi	虎刺	茜草科	Damnacanthus indicus Gaertn.
指甲花	jin ka hua	凤仙花	凤仙花科	Impatiens balsamina L.
金花草	kim hua ts'ao	金花草	中国蕨科	Caenopteris japonica Thunb.
利叶刺	li hio qi	大蓟	菊科	Cirsium japonicumFisch. ex DC.
凤尾草	ho pui ts'ao	凤尾草	凤尾蕨科	Pterismultifda poir.
盐肤木	yam hu mok	盐肤木	漆树科	Rhus chinensis Mill.

第十章 蔡坂村的医疗体系

续表

名称	闽南话注音	学名	科属	拉丁学名
灯笼草	di laŋ a ts'ao	苦蘵	茄科	Physalisangulata L.
金毛狗	kim mo kao	金毛狗脊	蚌壳蕨科	Cibotium barometz.
野牡丹	ya bo dan	野牡丹	野牡丹科	Melastoma candidum D. Don
金丝草	kim si a ts'ao	金丝草	禾本科	Pogonatherum crinitum (Thunb.) Kunth.
金线莲	kim suā lian	金线莲	兰科	Anoectochilus roburghii (Wall.) Lindl
蚶壳草	ham ka ts'ao	积雪草	繖形花科	Centella asiatica(L.)Urban Hydrocotyle asiatica Linn.
马齿苋	me k'i hin	马齿苋	马齿苋科	Portulaca oleracea L.
田皂角	ts'aŋ wi kak	合萌	豆科	Aeschynomene indica Linn.
臭草	ts'ao ts'ao a	芸香	芸香科	Rutagraveolens L.
车前草	qia ki ts'ao	车前草	车前科	Plantago asiatica L.
竹子草	tiek a ts'ao	待查	待查	待查
猫须草	liao qiu ts'ao	猫须草	唇形科	Clerodendranthus spicatus (Thunb.) C. Y. Wu.
（小）石橄	k'iu gaŋ a	伏石蕨	水龙骨科	Lemmaphyllum microphyllum C. Presl
芦荟	lo hue	芦荟	独尾草科	Aloe
茅草	m a ts'ao	扇叶铁线蕨	铁线蕨科	Adiantumflabellulatum L.
桑叶	laŋ hio	桑	桑科	Morus albaL.
蕹菜	yiŋ ts'ai	蕹菜	旋花科	Ipomoea aquatica Forssk.
四季草	si kui ts'ao	待查	待查	待查

3. 青草的处理方法

蔡坂人使用青草的方法主要有内服和外敷两种。内服的青草可煮水或与肉类炖煮,煎煮青草的用具没有特别的讲究,用一般日常炊煮的锅即可;处理青草时可以依据病情需要将功效相同的几种青草同煮,亦可据实际情况或个人口味加入红糖、冰糖、食盐等调味品,以此增强药效并改善口感。但村人认为辣味会抵消药效,因此除了部分治疗筋骨酸痛的青草须加酒服用以外,服用其他青草期间禁止食用辛辣食物及饮酒。对于外敷青草的处理方式,一般是将其切碎捣烂,取其汁液敷于患处即可。

(1)马兰草,其根煮水煎服,或用淘米水将鲜草洗净,加少许食盐捣烂绞汁慢慢吞服,均可治疗咽喉肿痛;鲜草加盐捣碎绞汁服用,可治疗小儿百日咳。

(2)盐酸草,因其根茎有咸酸味而得名。鲜草加食盐捣烂服用,可治疗中暑、白喉;鲜草加食盐捣烂堵塞牙洞,可缓解蛀牙疼痛;鲜草加蜂蜜水捣烂服用可以缓解咽喉痛;鲜草捣烂蘸酒揉擦伤部,可以治疗跌打损伤。

(3)三叉虎,鲜叶捣碎外敷,可治疗外伤出血;鲜叶与马兰草调食盐少许加水煎服,可治疗严重上火干咳。

(4)鸭舌红,鲜草加冰糖煮水服用,可起清热降火之效;鲜草捣碎加麻油与两个鸡蛋同煎服,或者加瘦肉、鸡肉、排骨等炖汤服用,可治疗月经不调。

(5)菊花,村人常用于泡茶,并加入枸杞、甘草等物,取其清肝降火、美容养颜之功效。

(6)莲子心,味苦,但有极佳的降火效果,平时可加冰糖以开水冲泡服用,十分上火时可煮水当茶饮用。

(7)溪黄草,晒干后与菊花泡茶,可清热解毒去肝火。

(8)益母草,加红糖煮水可治疗月经量少、闭经。

(9)(大)石橄榄,又称石仙桃,蔡坂人将其与壁梅煮水,辅以

第十章
蔡坂村的医疗体系

冰糖调味,以此为夏日消暑凉茶饮用;虚火上升而导致的牙痛、喉痛、肺热咳嗽,均可用鲜茎煮水调冰糖服用,还可与豆腐或猪小肠煮汤,均可达清热降火之效。

(10)茅根,有清热去火、利水排毒之功效,可与其他多种降火青草加水同煮充凉茶服用,也可单独煮水饮用。

(11)鱼腥草,因其茎叶有腥臭味而得名,是常用青草,目前不少村人家中已有种植。鲜草煮水或与排骨同炖,有清热去火、缓解咳嗽、预防中暑的疗效,或中暑后以十几片鲜叶加少许食盐捣碎,冷开水送服即可;鲜草与干燥后的鸡内金(即鸡胗皮)煮汤,坚持服用数月,可大大缓解胆结石疼痛。

(12)半边莲,又称半片连,村人多将其煮水做凉茶饮用;将鲜草捣烂绞碎用开水送服,并以药渣外敷伤口,可治疗毒蛇咬伤;将鲜草捣烂绞汁涂抹患处,或取一小杯药汁用开水冲服可治疗带状疱疹。

(13)金钱薄荷,又称金钱草、连钱草,既可内服也可外敷。加水煎服或调冰糖煮水服用,是蔡坂人以前夏季常饮用的凉茶,亦有治疗风热感冒的功效;还可将其鲜叶或汁液做为配料,与鸡、鸭、瘦肉、排骨炖服,也有降火的效果。调食盐煮水或直接将鲜叶捣烂并凉开水送服,可以治疗中暑;鲜草捣烂后擦或敷患处,还可以消肿止痛。

(14)七叶埔姜,以鲜嫩叶煎水饮用可预防中暑;将鲜叶捣烂,以开水送服可治疗中暑;其根与鸡、猪蹄或猪骨同炖食,或将根晒干加水炖服,可以治疗关节疼痛。

(15)风不动,因其紧紧攀附于石头或大树生长、风亦难以撼动,故得名,有舒筋活络之效。其鲜茎藤加水煎服可治疗跌打损伤、关节肿痛;茎藤浸酒服用可治疗筋骨痛;鲜藤晒干与猪蹄或猪骨炖汤服用,可治疗风湿骨酸痛。

(16)七里香,又称九里香,其头(村人称植物的根为"头")加

酒水煎服,可治疗跌打损伤;与猪蹄炖服,可强健筋骨。

(17)白花蛇舌癀,鲜草加水煎服,可治疗咽喉肿痛。

(18)水丁香,其根炖鸭蛋服用,可治腰肌损伤;鲜草捣烂敷患处,可消肿止血。

(19)叶下珠,鲜草加冬瓜煮水,可治疗小儿肝热;鲜草晒干后与鸡肝或猪肝炖服,可治疗夜盲症,小儿服用此方可健脾胃、明双目。

(20)三角延酸,亦称三角盐酸、扛板归,有活血的效果,可用鲜草加水煎服治疗下肢关节肿痛;加雄黄酒捣碎外敷,可缓解带状疱疹。

(21)穿山龙,其根茎与猪蹄加酒同炖食,可活血通络;与七里香加水煎服,可治疗关节酸痛。

(22)五色花,亦称五彩花,因其有臭味且枝叶有毒,又称"疯子花";其根加水煎服,可治疗风湿关节痛;鲜花或叶捣烂擦敷患处,可治疗跌打损伤;鲜草加稀饭捣烂敷在患处,可治疗无名肿痛。

(23)海金沙,鲜草加水煎服,可治疗小儿肝热。

(24)玉叶金花,因其花为金色,且有白色萼片相衬托而得名。其茎叶与水煎服,可治疗中暑;将鲜叶洗净加少许食盐嚼碎咽下,可缓解咽喉肿痛;其根加水炖服,可治疗腰肌酸痛。

(25)鬼针草,有开白色花和开黄色花两种。开白花者又称三叶鬼针草,其鲜草加水煎服或捣烂绞汁调食盐炖服,可治疗中暑;捣烂绞汁调少许食盐或蜂蜜服用,可治疗咽喉炎;加猪小肠煮汤服用,可治疗阑尾炎,据说以前有患阑尾炎者坚持按此法服用,最后疾病痊愈,可以不做手术切除阑尾。鲜草晒干后加水煎服,或加入冰糖调服,亦可治疗阑尾炎。开黄花者鲜草加水煎服可治疗中暑;其鲜叶捣烂绞汁涂抹患处,可治疗带状疱疹。

(26)木芙蓉,将鲜叶阴干研成粉末,用米浆冲开涂抹患处,可

第十章
蔡坂村的医疗体系

治疗带状疱疹;其叶加稀饭与食盐捣烂外敷患处,可治疗臀部生疮或脓包。

(27)山狗善,学名待查,其根炖兔肉服用可治疗肝炎。使用此疗法时须注意,兔肉不能置于地上,要以碗盛装放在桌上;因为肝属木、青草属木、兔亦属木,而地面属土,五行中土克木,土、木有相克的问题。若兔肉放于地上会减轻药效甚至失效。

(28)太子香,学名待查,鲜草煮水,可治疗感冒;捣碎外敷,可消肿。

(29)鹅见草,学名待查,加水调冰糖服用可治疗小儿百日咳;鲜草蘸热酒敷患处,可治疗跌打损伤,或鲜草捣烂绞汁以酒冲服,亦可达到相同效果。

(30)遍地锦,鲜草捣烂绞汁,加冰糖或蜂蜜同煮水服用,可治疗小儿百日咳;鲜草捣烂绞汁加雄黄末调匀,用干净的鸭毛蘸药液涂抹患处,可以治疗带状疱疹。

(31)鸡骨癀本身有消肿之效,其根加水煎服,可治疗下肢关节痛。

(32)片仔癀草,学名待查,有村人在家中种植,鲜叶煮水作凉茶服用,可消暑祛湿。

(33)葱,剁碎塞入猪小肠内加水炖服,可治疗小儿百日咳;葱白加水煎服,可缓解咳嗽;将葱、姜、蒜切丝,用麻油爆炒后煎鸡蛋,鸡蛋煎熟后再加入红糖水稍煮一下,月经前服用,可治疗痛经,或每月月经过后吃马蹄炖猪小肠,亦有相同疗效。

(34)壁梅,因市场有售且价钱适中,其叶是村人常用于煮凉茶的青草。鲜叶与茅根煮水,可调冰糖服用,有清热降火之效;鲜叶加生姜或黄酒炖服,可治疗风湿关节痛。

(35)竹叶心,即竹叶的嫩芽,味苦,鲜叶煮水服用,有清心降火之功效。

(36)仙草,即凉粉草,将其晒干加水熬制,可制作凉粉,夏季食用可清热解暑。

(37)象鼻草,味苦,鲜叶加水煎服,有清热解毒之功效;鲜叶捣烂或直接咀嚼服用,可治疗咳嗽或喉咙肿痛。

(38)牛顿草,其根系发达,即使以蛮牛之力也不易整株拔起,故得名。鲜草煮水服用,既可做为清热解毒的凉茶,也可治疗中暑。

(39)土党参,加鸡内金炖汤,治小儿厌食。

(40)雷公草,加水煎服,可治疗风热感冒;鲜草加黄酒捣烂外敷,可缓解跌打肿痛。

(41)虎刺,其根加水煎服,可治疗痰多咳嗽。

(42)指甲花,以外用为主,将红糖少许拌以鲜叶或花捣碎,涂抹于患处,可治疗甲沟炎或指甲肿痛;将鲜草捣烂外敷,可缓解汤火烫伤;鲜草调酒水煎服,可治疗跌打损伤。

(43)金花草,鲜叶捣烂绞汁服用,可治疗中暑发痧。

(44)利叶刺,又叫六月霜、野红花,多以其根入药。鲜根捣烂涂抹患处,可治疗汤火烫伤;鲜根加醋和酒精捣汁涂患处,可治疗腮腺炎;鲜根加水煎服,可缓解鼻出血症状。

(45)凤尾草,加水炖服,可治疗小儿肝火烦热。

(46)盐肤木,将其根晒干加酒水煎服,可治疗跌打损伤、腰膝酸痛。

(47)灯笼草,加水煎服,可治疗咽喉肿痛。

(48)金毛狗,以其根部的黄色柔毛敷压伤口,可以消炎止血。

(49)野牡丹,其根加水炖后调酒服用,可治疗风湿关节痛。

(50)金丝草,加水煎服,可治小儿肝火烦热。

(51)金线莲,又称金线兰,有清热解毒,生津养颜之效,是一种较为珍贵的药草,现在一般要去市场才能买到,其价格亦比普通青草高出不少。鲜草加冰糖炖服,可治疗咳嗽;鲜草晒干后加水煎服,可治疗小儿惊风。

（52）蚶壳草，捣烂绞汁调食盐服用，可治疗中暑发痧；捣烂绞汁加水炖煮后服用，可治疗小儿湿热；捣烂绞汁加蜂蜜，日服两次，可治疗小儿百日咳。

（53）马齿苋，鲜草加白砂糖煎服，或捣烂绞汁服用，可以清热降火、治疗痢疾。

（54）田皂角，其根炒热后加水煎汁，用所得汁水炖猪肝服用，可治疗小儿疳积。

（55）臭草，鲜叶捣烂冲以温酒内服，并用鲜叶捣汁外敷患处，可以治疗跌打肿痛；用鲜叶加入茶油捣烂，揉擦或外敷肚脐，可治疗小儿腹胀。

（56）车前草，鲜叶加水煎服，或与瘦肉、排骨炖服，可以清热解毒。

（57）竹子草，学名待查，鲜叶加水煎服，有清热降火之效。

（58）猫须草，鲜叶加水煎服，可治疗胆结石、肾结石。

（59）小石橄，有清热降火之效；加水炖服，既可治疗小儿肝火烦热，又可缓解风火牙痛；鲜草加茅根与水煎服，可治疗鼻出血。

（60）芦荟，以其汁液涂脸，有祛痘美颜之功效；鲜叶捣烂加冰糖炖服，可治小儿百日咳。

（61）茅草，可祛瘀消肿，鲜嫩叶捣烂外敷患处，可缓解外伤出血；其根茎煮水加酒服用，可治疗跌打损伤。

（62）桑叶，加水煎服可以清热降火，还可治疗风热感冒；亦可捣碎绞汁敷脸去除青春痘、美容养颜。

（63）空心菜，其根加少许食盐，以水煎服，可缓解牙痛。

（64）四季草，学名待查，多生长在路边，味苦，降火效果极佳，鲜草加水煎服，一般一次即可压制火气。

4. 青草知识的来源

绵治人的草药知识主要来自家传、朋邻间的口耳相传、参考书以及现代传媒四个方面（汪春春 2014：388）。与绵治类似，蔡坂

人的青草知识来源亦有祖传、村人的口耳相传、阅读医药类书籍，还包括村民自身经验的积累，其中不少年轻村民都依靠电视、网络等媒体积累相关经验。

青草知识在家族内部的代际传递，在医药世家最为常见。蔡坂村一些年龄较大、资历较深的医生都表示要将相关的医药知识传给后辈，让他们继续从医。蔡坂一些年轻的医生都是经由父辈或祖辈传授经验，然后去接受专业培训再回村当医生。在传递中医中药知识的同时，青草等民间治疗知识也是医药世家内长辈传给晚辈的重要知识，拥有祖传青草秘方是医生引以为豪之事；在普通处方疗效不明显时，医生也会尝试以青草治病。一位报道人还表示，以前这些知识都是"传内不传外、传男不传女"，现在时代不同了，传男传女都可以，但是一些独家秘方依旧是不能外传的。

村人的口耳相传、医药参考书和自身经验的积累则是一般村民获取青草知识的主要途径。在蔡坂懂青草、用青草的一般是中老年人，他们一般赋闲在家照顾儿孙，自然有较多的时间摘青草、煮青草，平日与邻里闲聊，也会涉及身体状况和青草使用方式，菜市场卖青草的摊主也会向村民介绍所售青草的功用。蔡坂亦有人使用福建省医药研究所编著的《福建中草药》第一册，村人一般从该医书查阅并认识青草，学习其他处理方法。自身的经验积累也是影响青草使用的一个重要因素，使用青草的村民表示，只有亲自使用，才会熟悉某种青草的用法；面对没用过或者不认识的青草，村人一般不会用、也不敢用。

对于村中不少80后、90后来说，"养生"、"减肥"要比"青草"更吸引他们的注意，他们喜欢观看电视、网络的养生类节目，学习通过烹饪或食物搭配保持身材的方法。许多蔡坂村民表示，现在他们运用青草的次数也越来越少了。究其原因，一是青草疗效慢，使用时还要熬制，许多人都宁愿选择省事、见效快的西药。二是随着蔡坂工业与旅游业的发展、道路及房屋的扩建，土地越来越少,可以采摘的青草也逐渐减少。三是蔡坂年轻人大多已经对青草及其疗效一无所知,越来越快的生活节奏也使他们没有时间听老人讲解青草知识,所以他们自然不敢随便使用青草;老年人有时向年轻人传授青草知识,年轻人多抱着不以为然的态度,若尝试后觉得此法无用还会责怪老人"乱用药"耽误治疗。

5. 自然论体系的其他治疗方法

除了运用青草,蔡坂人还会使用按摩、刮痧等物理疗法来治病,但因为会这些方法的人不多,所以其使用频率远低于青草。由于在村中曾亲眼目睹村民通过按摩祛暑,且有报道人表示她们必要之时也会刮痧,所以在此处略加记载。

(1)按摩

按摩是常见的中医传统疗法,蔡坂人主要用此法缓解中暑症状。不同于正规的医疗按摩,蔡坂人的这些按摩方法并不严格讲究穴位、力道等的精确性,只是通过简单的手指按捏促进血液循环、提神醒脑,达到快速缓解中暑症状的目的。按摩的一般方法是双手大拇指分别按压中暑者的左右两侧太阳穴,其余四指轻扶中暑者头部,如此按揉其太阳穴约一分钟;然后双手手指稍弯,为患者按摩头皮,即以五指指腹(不能用指甲,以免刮伤患者头皮)从其前额开始向后梳刮头皮;如此多次重复上述步骤,待患者症状减轻后再用药物等其他方法治疗即可。

(2)刮痧

刮痧也是缓解中暑症状的方法之一;须准备一个陶质勺子,以及一些芝麻油,用勺子蘸少许芝麻油刮身体的酸痛部位,若体内有湿气,皮肤就会发红出痧。刮痧的时间一般选择在早上或者夜晚,不可在中午;刮痧后不可立即洗澡、睡觉或吹空调,以免湿气重新侵入体内。

(三)西医体系的治疗方法

专业的西医治疗者指经过正规训练的专职医师及护理人员。蔡坂正规诊所中的医生大多为中西医全科医生,其中老一辈的医生更擅长中医疗法,年轻一辈的医生更擅长西医疗法。

由于蔡坂村大部分的土地已被政府收购,主要用于道路修建、旅游开放、厂房建设等,大多数蔡坂人不再务农,工业与旅游是蔡坂现今的支柱产业。经济结构的改变对当地医疗观念也有很大的影响,大多蔡坂人认为现在能用的青草已经越来越少,加上懂青草的人也越来越少,而且青草用起来太过麻烦,所以大多推崇西医,认为西医采用先进的科学手段,能更为准确地判断病因;西药使用方便、见效快、效果好,平时村民家中都会准备常用的西药。他们认为医院尤其是市区的大医院(如解放军175医院、漳州市医院、漳州市中医院),设备好,技术好,各年龄层的村民在遇上常见病、急性病时都更倾向于吃西药或去诊所、医院接受西医治疗。

蔡坂村内目前的诊所、药店共有四家,分别是:蔡坂金发卫生室、蔡坂卫生所、蔡坂村94号对面的药店[①],以及一间牙科诊所,以上医疗机构均为私营,且均以西医为主。

1. 蔡坂金发卫生室

蔡坂金发卫生室为蔡金发于1968年创立,目前主要由蔡金发之孙蔡俊霖与孙媳唐宝珊经营。蔡俊霖与唐宝珊曾到漳州市医院接受8年的专业中西医理论学习与实践训练,学成后回来继承其祖父的事业。金发卫生室占地面积约80平方米,备有约300种常用中成药、200种常用西药,擅长骨伤治疗,其营业时间为周

---

① 由于调查期间未发现该药店的门牌号,暂以此称呼。

第十章
蔡坂村的医疗体系

一至周日7:00到21:00。据蔡医生介绍,该诊所目前已基本实现标准化配备,可同时容纳十多人输液,注射、测血压、拔罐等设备也都很齐全;就诊的病人多为感冒发烧患者及骨伤患者,若遇上重症病人,诊所已与龙文区的大医院挂钩,只需向区医院打个电话即可转院检查,检查后病人可自主选择留在区医院治疗或回村治疗。由于蔡坂村即将修建新的公路,蔡坂卫生室被列入拆迁范围,该卫生室即将于2014年下半年搬迁至宗祠附近的新址,现在新店面有时也会开门;蔡金发之子、蔡俊霖之父是20世纪80年代龙海市培养的乡村医生,后来迫于生计改行做木材生意,但他周末空闲时间还会到新店面坐诊,为附近患者诊治疾病。

2. 蔡坂卫生所

蔡坂卫生所为陈亚华创立,至今已有四十多年历史,现在亦因面临修路拆迁的可能,于2014年在蔡坂盐鸡城新购一店面,亦命名为蔡坂卫生所。目前陈医生仍在原店面坐诊,其长女亦在此帮忙。陈亚华曾在其他地方跟随老中医学习医术,19岁便开始当"赤脚医生"并帮助妇女接生。蔡坂卫生所的营业时间为周一至周日7:00到22:00,其占地面积约60～70平方米,备有超过500种常用药,包括中成药及治疗消化系统、呼吸道感染等疾病的西药,擅长妇科、外科疾病的治疗。陈医生中医知识丰富,但由于卫生局要求诊所整改,地方与人手的不足使陈医生无法布置中药房,只能以出售西药为主。

位于盐鸡城的新店面目前由陈医生的次女坐诊,店面面积是原店面的两倍。由于其次女现正忙于医药考试,所以开诊时间并不固定。

3. 蔡坂村94号对面的药店

该药店为蔡阿水所开。蔡阿水医生曾在蔡坂大队的卫生所学医,1983年开始开设这家药店。该药店的药物品种稍少于上述两家诊所,但其营业时间较长,从早上5、6点开门,一直营业到

闽南蔡坂人的社会与文化

晚上10点,方便了周围居民以及外来打工者。

4. 牙科诊所

牙科诊所为现年73岁的庄天成创立,庄医生原籍惠安,是一名到福州进修过的乡村医生,他于1960年到此开诊所,从此便在蔡坂落户。由于年事已高,庄医生平日很少到店坐诊,所以牙科诊所亦无固定的营业时间。一般是病人给医生打电话预约,或有腿脚不便的老病人相约,庄医生才会出诊。诊所的设备均购自漳州市,几年更新一次;诊所以做拔牙、镶牙、牙齿矫正等小手术为主,不出售药品。该诊所在村中口碑不错,不少村民评价庄医生医术高明,其诊所价钱公道。

(四)医保条件的改善

随着生活水平的提高,蔡坂村亦越来越重视完善医疗保健机制。龙文区规定医疗单位的药品均从福建省聚善堂医药有限公司购入,所购药品出现质量问题由该公司负责,在一定程度上保证了药品质量。政府在两三年前开始给村中医生发放补助,每人每年1200元。而蔡坂卫生室、蔡坂卫生所及东墩村的一家诊所每年会负责更新居民健康档案,并义务开展医疗服务进社区活动,到蔡坂下属的7个自然村去为村民检查身体、打预防针、为婴孩发放预防小儿麻痹症的糖丸。1999年蔡坂开始实行农村医疗保险政策,如今当地参保人数已达98%。只要是户口在蔡坂的居民均有权参保,每人每年交70元参保费即可,五保户与独生子女户可免交参保费。若村民到龙文区的医院看病,可报销80%的医疗费用;若到漳州市的医院治疗,则可报销的比例约为50%。农村医保的实施缓解了村民的"看病贵"问题。

2012年起蔡坂村开始逐步建立村民的健康档案,先为40~60岁的村民建立相关档案,然后建立婴幼儿的档案,至今已全部完成建档。健康档案主要登记村民的个人信息,并主要记录其身高、体重、病史等基本资料。健康档案会于每年 8、9 月份更新一次,相关信息由村中诊所医生负责收集整理。健康档案的建立,为村民了解自己的身体情况以及医生诊治疾病都提供了便利。

五、蔡坂人的保健体系

保健体系是医疗体系的重要组成部分,地方的保健体系与当地的生态环境、社会环境有着紧密的联系。蔡坂人主要通过饮食和运动两种方式保健。

(一)饮食保健

中国自古以来就有"药食同源"或"医食同源"的观点,认为药物与食物并无绝对的分界线,许多中药和食物的来源是相同的,都是源于自然界的动植物,这些食物既有充饥果腹之用,又有防病治病之效。蔡坂人亦认为食物和药物同样能够防治疾病,因此他们十分注重食物的搭配,将日常饮食做为保证身体健康的方式之一。

受中国传统哲学中"五行"观念的影响,蔡坂人也将季节、脏腑与金、木、水、火土五行相联系,认为春天属木,入肝;夏天属火,入心;秋天属金,入肺;冬天属水,入肾。因此春宜清补,夏宜清凉,秋宜润肺,冬宜滋补。四季特点相异,不同的植物品种,适应在不同季节、不同环境下生长,因此时令蔬果是顺应天时生长,营养最为丰富的。而反季节的食物,违背了春生、夏长、秋收、冬藏的规律,食物寒热不调,气味不佳,五行紊乱,长期食用,对人体无益。因此蔡坂人讲究按时令吃喝。如春季吃韭菜、莴笋、豆芽、草莓等,夏季时令品种丰富,如苦瓜、冬瓜、绿豆、空心菜、西瓜等等,秋季吃莲藕、山药、荸荠、雪梨等,冬天则吃萝卜、白菜、芥菜等。

蔡坂人饮食清淡,口味偏甜。村人认为甜味温补、有调和作

闽南蔡坂人的社会与文化

用,苦味寒凉,咸味偏凉,酸味、辣味刺激,对人体益处不大。由于夏季和冬季分别是一年之中至热至寒之时,村民在这两个季节更加注意饮食与身体的调养。夏季火热,一方面可吃些苦味、咸味食物如苦瓜、酸梨汤等以清热降火,另一方面,夏季人体流汗多,糖分和能量随之流失,所以须以甜食补充能量,且冰糖、白糖性凉,适合夏天食用。村人夏季除经常食用多种青草外,还根据食物属性制作时令佳肴,做为夏季消暑美食。既有各类汤水饮料如用干地瓜丝加白糖或冰糖熬成的地瓜干甜汤,也可加入绿豆,做主食食用,用绿豆与银耳(当地称白木耳)加白糖或冰糖熬制绿豆银耳甜汤。用新鲜的蚬煮汤服用,可以降火祛湿。酷暑天气,喝一杯加入生姜末的淡盐水可以防治中暑。腌制酸梨制作酸梨汤也是村民的消暑佳品,制作酸梨汤则要一定的时间,要将山梨洗净放入密闭性好的瓦缸或玻璃瓶中,加入凉开水直至盖过山梨,依个人口味加入食盐,密封两年后可以食用。食用时舀出梨汁,以温开水稀释即可。也有菜品如用西瓜皮炒肉,或加入猪肉、排骨等同煮,亦有解暑降火之效。腌制的果品也是蔡坂人喜爱的夏季食物,如将朴子(学名待查)采摘后洗净,加水约煮两小时后捞起沥干,放入玻璃瓶加盐腌制片刻即可食用,此法腌制的朴子可储存一至两年;村人一般将此做为咸菜,早餐时食用,有开胃、助消化的功效。

每年农历五月份是炮制杨梅酒的最佳季节,将杨梅用井水洗净沥干,放入干净的酒坛或玻璃瓶中,加入米酒、白糖浸泡,其比例为十斤杨梅、十斤米酒、一斤白糖,一个月左右即可饮用。制作荔枝酒的时间多为农历六七月,荔枝须去皮,其余浸泡方法与杨梅酒相同。杨梅酒可以降火消暑、止泻解腻,荔枝酒消渴利尿,均适合夏季饮用。除自家制作外,村人亦会去市场买回以凉粉草制成的仙草(即凉粉),食用时加入白糖水或蜂蜜,冰冻后解暑降火的效果更佳。

第十章
蔡坂村的医疗体系

冬季寒气凝滞,人体须保持热量,所以村民会选择多吃鸡、鸭、牛、羊等高蛋白且温补的食物,配以生姜、红糖来服用,可使体内生热。

平常每日喝茶是蔡坂人重要的保健方式之一。蔡坂人爱喝茶是显而易见的,无论是村民家中还是公共场所,一般都备有茶具,主要包括烧水的小电壶,泡茶的盖碗,喝茶的小杯,用于清洗茶杯的镊子和茶碗。蔡坂人对泡茶用水极为讲究,认为自来水中含有漂白粉,泡出来的茶不够甘甜,所以一般使用桶装纯净水,烧开后泡茶;不少有条件的村民还专门将山泉水引入家中泡茶。泡茶时一般先将纯净水或山泉水烧开,将所有的用具用开水烫一遍,可着重用开水冲淋盖碗和茶杯,以此清洗和预热用具,并将喝茶的小杯用开水泡在洗杯子的茶碗中备用;再把茶叶放入泡茶的盖碗,加入开水冲泡后盖上碗盖将水倒出,此举意在清洗茶叶;洗茶后立即向洗过的茶叶注入沸水,盖上碗盖,待茶水颜色稍稍变深变浓,即可倒入喝茶的小杯中饮用,茶水的浓度、温度可据个人喜好调节。蔡坂人多喜欢喝浓茶,一般茶叶约在五泡之后就要更换。至于茶的品种,大多蔡坂人倾向于选择以安溪铁观音为主的绿茶,或者根据自己的爱好或身体情况选择。例如有些体寒者会选择红茶,部分村民若上火了会喝菊花茶。当地老人普遍认为喝茶有益于身体健康,尤其是如今生活水平提高,营养摄入过多,喝茶可以消食,预防"三高"病症的发生。

(二)运动保健

在蔡坂,因性别、年龄的不同会以不同的运动方式保持健康的体魄。一般妇女喜跳广场舞和凉伞,老人爬山锻炼,昔时蔡坂男子还以习武健体。

村中部分中年妇女会每晚8点左右自发到云洞岩下面的圆形广场跳广场舞,有专人负责调试音响设备及播放音乐。

许多身体依旧硬朗的老人，则坚持到云洞岩爬山锻炼身体。老人的登山时间常常在早上5点至7点或下午4、5点，每次锻炼的持续时间为一小时左右。少数家里还有土地的老人会种少量蔬菜，以料理蔬菜做为活动身体的一种方式。

旧时蔡坂还有男性习武之俗。蔡坂的武馆距今已有上百年历史，以前武馆每晚都开放，为本村青壮年男子习武强身提供专门的场地与指导。武馆最初的成立目的，就在于鼓励蔡坂人强身健体，亦是为村民提供一个沟通交流的平台，促进彼此之间的和睦团结。时至今日，蔡坂青年男子大多忙于生计，已经很少参加武馆活动；目前蔡坂武馆的固定成员多为50岁左右的中年男性，也有10多岁的青少年利用寒暑假期到此学武健体。武馆成员的训练项目包括拳、棍、刀、枪、舞狮等等。如今只有龙文区舞狮比赛前夕会召集成员到武馆练习，为参赛做准备，平时武馆不再开门。

六、结　　语

综上所述，蔡坂人的医疗保健体系由拟人论体系、自然论体系和科学论体系构成，这些病因理论、治疗方法和保健措施都与当地自然环境、社会环境密切相关。寿命、体格、人体五行以及冷热平衡等状况是蔡坂人判断自身健康与否的关键因素，长寿、体壮、阴阳五行平衡运转即达到蔡坂人观念中的健康状态。蔡坂人在长期生活实践中，不断完善着对自身体质的认知，以及对自身与外部环境之间关系的理解，据此总结出一套行之有效的环境适应策略，维持人与环境的平衡状态。

蔡坂人的医疗选择受多方面因素影响，他们会在实用性原则指导下，根据症状与病情的不同来选择合乎需要的医疗方式。随着蔡坂人的主要生计方式由农耕转变为务工办厂，与外界交流日

第十章
蔡坂村的医疗体系

益频繁,西医科学论体系在蔡坂人的医疗观念中占据着越来越重要的地位,外来务工人员的增多亦在无形中推动蔡坂西医的发展。由于可供选择的食物种类增多,加上大众媒体渲染的"养生热"日渐深入人心,村人越来越讲求食物的营养搭配;与此同时,阴阳五行观、食物的冷热属性分类等传统观念依旧在很大程度上影响村人的食物选择,按时令饮食、为保持人体平衡而饮食成为蔡坂人重要的饮食准则。昔日独特的青草偏方,仅有少数仍为村人使用,这使得蔡坂自然论体系知识运用的重心,渐渐由对青草的认知与处理向日常饮食搭配转移。而拟人论医疗体系尽管呈现逐渐衰微的趋势,但在自然论体系与科学论体系药石无效之时,仍不失为一个减轻病人心理压力、增强其抗病信心与治愈可能性的好办法。总之,多元的医疗知识相辅相成,造就了蔡坂独特的医疗体系,为蔡坂人的健康保驾护航。

参考文献

福建省医药研究所
    1970   福建中草药第一册。福州:福建新华书店出版。

汪春春
    2014   绵治人的草药运用。载余光弘、钟鹭艺(合编),闽南绵治人的社会与文化,页357—397。厦门:厦门大学出版社。

Foster, George M.
    1976   Disease Etiologies in Non-Western Medical Systems. *American Anthropologist* 78: 773—782.

闽南蔡坂人的社会与文化

附录

部分蔡坂常用青草图片

图 10-1　金钱薄荷

图 10-2　车前草

图 10-3　风不动

图 10-4　七里香

图 10-5　叶下珠

图 10-6　三角延酸

第十章
蔡坂村的医疗体系

图 10-7　穿山龙

图 10-8　五色花

图 10-9　玉叶金花

图 10-10　海金沙

图 10-11　木芙蓉

图 10-12　山狗善

图 10-13　太子香

图 10-14　半边莲

图 10-15　鸡骨癀

图 10-16　片仔癀草

图 10-17　壁梅

图 10-18　竹子草

第十一章

蔡坂村的丧葬习俗 ▶▶▶

◎ 刘 波

一、前　　言

本报告以2014年6月至7月在漳州市龙文区蓝田镇蔡坂村为期45天的田野调查资料为基础[①]，概述蔡坂村的丧葬习俗。田野调查期间，有两位蔡坂村人过世，一位为四十多岁的男性，因工作中发生意外事故，死于村外，直到调查结束，其葬礼并未举行，因而并未获得有关非正常死亡的资料。另一位为蔡坂新村的60

[①] 在田野其间蔡坂村民热情配合我们的工作，为我们提供丰富而有研究价值的材料，方使我们田野调查工作得以顺利开展，在此特别感谢蔡坂的蔡溪水先生一家、蔡田根先生，还有沈厝村沈龙海先生以及天宅村林红美女士等人。

岁陈姓女士,在其家人的同意下,笔者得以全程观察记录其葬礼。除对葬礼仪式的实地观察外,对报道人的访谈也是本文的主要资料来源。村中熟悉丧葬仪式的丧礼主事、常在葬礼上帮忙的长者及丧家成员等皆为主要报道人。

综合实地观察为主,访谈报道人补充为辅的田野调查资料,笔者从终前、初终、入殓、停柩待葬、出殡、葬后、孝服、坟制等方面记述蔡坂村的丧葬仪式,并对仪式中的细节与本地特色,尽量详尽和明确的记录。然而仅仅观察到一场葬礼并不能全面兼顾蔡坂丧葬习俗的完整内容,例如由于资料不足,文中并未叙述做功德仪式,同时报道人所述之理想行为也与实际行为之间有不少差异。近年随着火葬的推行,丧葬习俗在迅速发生改变,因而本报告如有遗漏之处,还请方家指正。

二、终前习俗

在蔡坂村,就正常的死亡而言,临终前死者家人需要准备的事项通常有:预请丧事的主事者、准备殡葬用品、送终等。

(一)预请主事者

亲人处于弥留之际,其直系亲属就会在村中物色通晓丧事仪礼者,以备死亡发生后主持丧礼及准备殡葬物品;并由主事去联系"丧礼师"和"土公"[①]前来主持丧事中的仪式。一般家中有人即将过世之时,孝子就会征得家中长辈的同意后确定主事。若家中父母均已过世,则众孝子须征得长兄的同意以确定主事。主事者一般是在村中有一定的社会地位、通晓村中丧事仪礼、擅长书法

---

① 村中葬礼除有民政局委派前来整理遗体的土公外,还会邀请来邻村一位妇女主持葬礼中的仪式,蔡坂人称之为"丧礼师"。

314

及记账,但与丧家无直接亲缘关系的老者。实际观察所见的两位男性主事中,一位是蔡坂村的村民小组长,具有一定的社会地位,并写得一手好字;另一位则主要是会记账,并通晓丧礼仪式。通常情况下主事有三位,两位男性负责丧礼中的财务及物资采购;一位女性负责丧礼中的饮食工作。预请主事时通常须由孝子亲自上门邀请。当孝子到达主事家门外,先询问欲请之人是否在家,确定其在家之后,则请主事到门口,孝子于门外与之商量邀其为主事之事。在这个过程中,孝子不能踏入主事家门,只得在屋外与之商谈。主事同意后孝子便可离去,主事也不必出门相送。村人认为这是避免将丧家的晦气带入主事家。通常主事除家中有特殊原因不便担任此职之外,一般不会拒绝邀请。当然在现代社会通讯事业的迅速发展之下,预请主事可先以电话联系,然后再登门邀请,以确保主事不会因其他原因而拒绝丧家的邀请;或是仅仅通过电话邀请,而省去专人登门这一环节。

(二)准备用品

准备用品在丧礼之前是一项繁复的工作,昔时准备棺木和寿衣为两项重大事情,最为村人所关注。由于本地缺乏合适林木制作棺木,往昔实行土葬之时,棺木须从外购入;因而以往有不少人在生前即须自备棺木。自蔡坂村于2002年全面推行火葬之后,村人便不再事先准备寿棺,而是从殡仪馆购买卫生棺,否则不能办理火化手续。生前准备寿衣的习俗也逐渐淡化,转而由主事前往邻村西坑村的丧葬用品店购买。除此之外,主事还应前往丧葬用品店或制作纸扎的师傅家订购丧礼需要的各类纸扎,如纸屋大厝、花篮、大灯、花灯等,以及制作头巾的白布。主事还须委托他人前往村里老人会租借孝服、麻衣、孝鞋。如若预计参加葬礼人数比较多,则还应前往隔壁沈厝村租孝服和麻衣,租借的孝服、麻衣按照天数一定的费用。此外,付给还须请人前往云洞岩或鸿山

(又称凤山)上砍数根留下顶部带叶梢的竹子。村人称之为"带尾巴",这被视为村里即将有丧事的开始,因而去砍竹子的人归来后丧家给砍竹之人一个红包,以祛除晦气。竹子大头部分截下约一米半用做挑大灯的扁担,其他部分则留做它用。丧家的亲属则提前购买好丧事中要用到的金银纸,待到葬礼之日送到丧家;孝子女则事先准备若干现金以供主事支取,以确保这些准备工作顺利进行。

(三)送终

蔡坂村人依据中国传统,将为老人送终视为子女尽孝的一项重要衡量指标,如若在临终前未能送终尽孝,则很容易受到村人的非议。当然若确实因特殊情况,如相隔千里未能及时尽孝,村人也会谅解。老人临终之前其家人须守在身旁,家人全都在场,会被视为有福之人。临终者一般会交代子女一些做人的道理,如要诚信友善、谦恭有礼之类。父亲病重,由儿子为其洗澡净身;母亲临终,则交由女儿、儿媳照顾,男女有别。若老人膝下无子,则由侄子或义子代替;若无女则由侄女或干女儿代替。此次观察的丧家,死者最放心不下的就是幼子尚未聘娶,临终前多为嘱咐幼子要早日成家立业,使其得以死而瞑目。子女则会尽量满足或答应死者的要求与嘱咐。待到老人断气后,儿孙在旁不断呼喊,长子或死者配偶确定亲人已经过世后,家属为逝者阖闭双眼,然后开始放声大哭,一方面是哀痛失去亲人,另一方面也无形中通告村人家中有人过世。孝子因特殊原因如在外求学、身处异国他乡等未能及时赶回家中,则丧事须延期至孝子(尤其是长子)归来之时举办。

三、初终的习俗

初终是于死亡当日所行之礼。主要包括搬铺、通知丧事主事、报丧、接外祖、买水、接棺等内容,属于整个丧事的开始阶段。

(一)搬铺

搬铺是闽台地区较为常见的一种风俗,按照时间划分可分为临终前搬铺与初终时搬铺两类。据《台湾通史》记载:"父母病笃,置床堂左,谓之'搬铺',易箦之义也"(连横1920:611),这就属于终前搬铺的实例。在闽南漳州地区,搬铺的时间因地域习俗不同而各有差异,如漳州华安的绵治村(杜鸣2014:315)、南靖的璞山村(郭娇斌2010:271)均在死后搬铺;东山的顶城村则是终前搬铺(方明2012:231)。可见同属漳州地区,这一风俗的两种类型均有存在。在蔡坂搬铺通常是在人初终后进行,搬铺的地点一般为家中大厅或祖厅,具体视各家的情况而定,多为祖厅。搬铺后则表示人确已亡故,可以进行随后一系列的丧葬仪礼。实例观察到的搬铺是终后搬于家宅大厅,究其原因是长子认为其母为新家付出很多心血,故希望母亲大人能在其新家多留数日,以表示对痛失亲人的哀伤。

在将遗体搬动前,孝眷在厅中摆放两条长凳,间宽约为两米;再将约六张长约两米五的木板平铺于长凳之上。若为冬季,则在床板之上铺一层白色棉絮,若是夏季则仅铺一白布于床板上即可。搬于家中大厅时由长子抬头,次子或女儿抬脚,将尸体抬至厅中床板之上,并用一叠金纸充当枕头,垫于死者头下,再以一块白布盖于死者全身。若搬于祖厅,则多由孝子背负遗体,次子或女儿为其撑伞,以防死者见到天日。背负过程中,死者的脚不能落地,村人认为,如若落地,则会生根。若死者无子,则由侄子或义子代子职。所设之铺位于厅中央,头朝内,脚朝外,无男女之别。搬铺之后,孝眷要在死者脚部点上一盏油灯,并置一口铁锅或陶瓮于一旁,不时燃烧银纸,即为"点脚尾灯、烧脚尾钱"。脚尾灯点到出殡后方可熄灭;燃烧的银纸必须烧透,且只能在锅或瓮内烧。蔡坂人认为,只有在铁锅或陶瓮里烧透的银纸,死者在阴间才能收到并使用。

(二)通知丧事主持者

家中一旦有人过世,孝眷就立即通知主事前来操办丧事,并由主事联系丧礼师与民政局委派的土公。主事主要负责丧事中的财务进出以及饮食安排,丧礼师则负责丧礼中的仪式,土公则负责遗体的整理。

由于孝子在家服孝,便不能亲自前往主事家通知,因而多是请同宗亲友前往通知主事。由于主事有多位,故须派多位宗亲前去延请;一般情况下多是由死者的侄儿前去。近年来随着电话、手机的普及,多是孝子以电话通知主事前来主持丧事。主事也不会在意是否有人上门延请之事。如若主事计较丧家亲自前来延请之事,会被村人认为是斤斤计较,影响其声誉。主事获知丧讯后,便会马上前往丧家,并派遣前来帮忙的人前去租借与购买丧事用品,如:纸扎、孝服、麻衣、毛巾、红包、香烟,并组织人员在丧家门前搭建一个遮阳或遮雨的棚。丧礼师与土公获悉死讯后,也会尽快赶来丧家,帮助丧家为死者洗脸沐浴与换穿寿衣,以及联系殡仪馆火化事宜。

(三)报丧

报丧是家中有人亡故后首要安排的事项之一。由于丧礼事务繁多,孝眷难以独力完成,所以须请村人帮忙告知亲友。因孝眷须守在灵前,不得离开,故报丧事宜就交由主事安排获信的亲朋分头转告尚未获信的其他亲朋。有人过世的消息首先会在村中蔓延开来,各方亲友闻讯后多会前来探望吊唁。村中有丧事这一消息的传播速度也反映丧家在村里的人际关系的好坏,传播速度越快,则显示社会关系越好,反之则越差。在外未归的孝子女则须立刻赶回家中,为老人操办葬礼。如若未能及时赶回,则会被村人认为是不孝。

死者若为男性,则报丧比较简单,只派人前去通知死者叔伯兄弟即可。死者为嫁入的妇女,则较为复杂,孝子须亲自前往母舅家(即外家)报丧。蔡坂有句老话"父亲死了抬出去埋,母亲死了等外家来"。母亲过世的当天,孝子须前往母舅家报丧,蔡坂人称之为"报死"。当孝子到达母舅家后门,便要下跪哭泣,跪爬至门口;母舅家的人见孝子如此,便知孝子是前来"报死"。孝子先向母舅哀哭说道"母亲大人于××时间仙逝了"、"阿舅,妈妈死了"之类的话,然后告知母舅出殡的日期。母舅便马上挽起孝子,说些"节哀顺变"之类的话,并告知孝子会派人前去参加丧礼。但随着现代社会通婚范围的扩大以及通讯的方便,报丧主要以电话通知;即便是嫁入的女性死亡,若因外家路途遥远也可以电话通知。

(四)接外祖

接外祖又称接外家,是闽台地区比较普遍的丧事仪礼。外家在获悉死讯后,通常在次日入殓前或出殡前的早晨,由死者的兄弟姊妹带领外家宗亲前来探望吊唁。来时主要带一些金银纸以及缝制孝帽的花布,俗称"做外祖"。外家来的人数多为奇数,通常少则三人,多则数十余人;但忌讳七人或九人。

外家前来奔丧,不能直接入村,而须由孝眷前去村口迎接。接外家时,孝子率众亲眷跪于村口,长子朝外家人跪拜三次,待外家人将孝子扶起后,孝子起身手端圆盘,盘内放有针线及冬瓜糖。

孝子请前来帮忙的妇女协助外家人将其带来的花布缝成孝巾(图11-1)(即将长方形花布从中对折,将一侧边缝上);并请外家人各吃一颗冬瓜糖,之后便可将外家迎入灵堂。在灵堂里,若外家认为孝子生前对其母尽孝不够,便可大声训斥、甚至可以打骂;而孝子除真诚地道歉与解释之外,不能顶撞;并且要承诺将丧事办得体面,以慰母亲在天之灵。如若外家对孝子生前侍奉并无异议,也要掀开尸布,检查遗体;确认死者走得安详方可同意继续丧礼的进程,这被蔡坂人称之为"探死"。随后外家会给主事一笔钱用做筹办丧礼的开销,俗称"骨头钱"。待到外家离开时,主事以更多数额的礼金回礼,以表示对外家的尊重。到中午时分,丧家同宗的

图 11-1　孝巾

亲友还派出代表,请外家到村中饭店进餐;称之为"吃外家",外家不能在丧家同孝子女以及前去帮忙的人一同进餐。

(五) 买水

买水又称乞水、请水,丧家向土地爷或龙王象征性的"购买"清水,并以之洁净遗体(图11-2)。在蔡坂村,若死者为男性,经过叔伯兄弟检验后便可买水;若死者为女性,则外家确认死者走得安详后方可买水。

图 11-2　买水

买水的地点在村中并无约定俗成之处,但一般选在离家较近的村外水塘。买水的过程中,由一名主事做

引导,教给孝子各种买水的礼仪,通常由村中了解丧事仪礼、德高望重之人担任。一般认为,前去买水的人越多,就表示家族人丁兴旺,故许多同"角落"[①]的人都会一同前去买水。

实际案例中,买水选在云洞岩山门前的水塘。出门买水时,长子手捧一陶盆,率众人前往水塘。其行走的顺序是,长子在前,次子在后,男性直系与旁系亲属紧随次子之后;女性亲属在最后,与男性亲属相隔约三米,由孝媳和女儿领头。到达山门后,妇女跪于山门前,男性走向水塘,举行买水仪式。长子在水边说一些吉祥话,然后向水塘洒下些许硬币,口中念道"土地爷,买点水为母亲净身",然后拿陶盆在水塘中舀半盆清水,起身率众人按照原来的顺序返回家中。当男性亲属穿过山门后,女性亲属方可起身,与男性亲属保持一定距离,跟随众人返回家中。整个过程中,有妇女沿路哭泣,表示此地有丧事以及对亲人的哀悼。

(六)接棺

接棺又称接板、接厝、接寿板、接寿等,是指丧家前往路口迎接为死者新购入的棺木(见图11-3)。昔时行土葬时,由于村人多在生前就为自己准备棺木,故这项仪式在终前就可举行。

图 11-3　接棺

现在实行火葬已有多年,丧事所用之棺木均从殡仪馆购得,否则无法办理火化手续,但接棺的程序与受重视程度并未消减。目前使用的卫生棺长约两米,宽约半米,一般被漆成暗黄色或红色;两

---

① 蔡坂同属二房,村中按照居住位置不同,分为6~7个角落。

闽南蔡坂人的社会与文化

端均印有一个黑色的"福"字,棺盖上则印有"驾鹤西归"之类的吉祥字样,其价格从两百元到数千元不等。棺材外部由一块长约两米五,宽约一米五的塑料覆盖。

当送棺的车即将到达村口时,孝子便率众孝眷前往村口跪迎棺木的到来。车子停在村口后,抬棺人将棺木抬出车辆,并绑缚在抬棺主木之上,并为棺木盖上三块绣花红布。若死者为男性,棺木上须加上一个纸扎龙头或狮头,代表此棺为男性所用;若死者为女性,则棺木须加上纸扎凤凰。棺木绑缚完成后,抬棺人于主木头尾各栓上两根横木,再在两横木上各拴上两根抬棺木杠,由八名青壮年抬棺返回丧家。返回时鼓乐在前,抬棺人抬棺紧随其后,孝子护于棺木左右,棺木之后是男性宗亲,宗亲之后为提箱人(箱上系一条红布,意为消灾驱邪),最后为在路口跪迎的女眷。与买水相同,接棺人越多则表示丧家的家族人丁兴旺,故接棺时,同角落的宗亲,甚至村中与丧家关系较好但不属同一角落的村人都会到场。抬棺队伍从村口到丧家的沿途,由一名主事沿路撒黄色方格纸钱,并在沿途经过的家户门前或墙壁上贴上小块方形红纸。此意为向邻里借路,为其挂红,不将丧家的晦气带给邻里。若经过丧家的直系亲属家,则在门上或墙上贴一白色小方纸,表示此家有丧事。此外,接棺进村的路线不能与出殡的路线有重叠,村人称之为"不走回头路"。

棺木抬至丧家后,土公将棺木卸下,抬棺人将棺木移入大厅一旁,提箱人将装饰棺木的绣花红布以及固定棺木的白绳整理好之后装入箱中。丧家为表示感谢,给鼓乐、抬棺人、提箱人各发一包由红色塑料袋包装的礼品,袋内装有红包一个、香烟一包、毛巾一条、糖果两颗;红包内有两元人民币。随后鼓乐离去,抬棺人和提箱人将抬棺工具及箱子送回村中宗祠,待到移灵、出殡之日再去取用。

第十一章
蔡坂村的丧葬习俗

图 11-4　感谢抬棺人

四、入殓的习俗

本报告中笔者主要从整理遗容、入棺、点主、盖棺、封钉等方面概述蔡坂入殓的习俗。

（一）整理遗容

整理遗容是入棺前对死者遗体的整理，主要包括穿寿衣、洗脸与辞生、梳头与穿鞋等内容。

1. 穿寿衣

穿寿衣是死者入殓时的重要步骤。入殓时男性多穿七件上衣，女性穿五件或七件；若死者已四代同堂，甚至可以穿九层上衣；而下身则是男裤女裙，均为三层。往昔行土葬时，村人多在生前准备寿衣，较为精致；实行火葬后，多是在死后当天从丧葬用品店购买，材质一般，以方便火化。

土公替死者穿上寿衣之前，先将寿衣一件件套在长子或长孙身上，若死者无子，则由侄儿代替，但绝不能套在女儿、女婿身上，

323

意为财不外流。套寿衣时,长子或长孙脚踏一置于圆竹筵内的小竹凳;头顶戴一斗笠,斗笠上插上竹叶和红包(图11-4)。据村人解释,此意为"头不戴清朝天,脚不踩清朝地",长子或长孙暂时脱去孝服、麻衣,面向屋内,手攥麻绳,腰间系旧衣,双手在身侧45度张开。土公将寿衣开口正对长子或长孙以从外到里的顺序,一件件反套上,套完全部寿衣之后,长子或长孙抽出双臂,土公用麻绳拎起衣服,把套在孝子或长孙身上的寿衣全部脱下来。随后土公收走红包,并摘掉孝子或长孙头上的斗笠,并将斗笠扔向高空,口中念到"斗笠扔高,子孙高中"。最后土公象征性的喂长子或长孙吃面线,长子或长孙方可走下小板凳。

待套完寿衣后,土公将套好的寿衣拿到厅内,将死者身上的贵重首饰摘下,交给死者亲眷,再给死者套上寿衣。套寿衣时,土公先为死者套下身衣物,死者腰间用一白绳系住,再套上身衣物;最后扣上扣子,平整衣角裤脚等。整个套衣过程中,孝子女要在身旁与死者说话,说一些"爸/妈,您放轻松点,给您穿上新衣服"之类的话,家里条件较好的还可从庙里请来和尚在一旁诵经。据村人说,这样做的效果是会使得遗体像活人那样柔软,而不会特别僵硬。土公为死者穿寿衣之后,再为死者戴上假首饰,如纸质耳环、项链、戒指、手镯之类。

2. 洗脸与辞生

在往昔的风俗中,买水回来后,若死者为男性,则由孝子为其洗脸;若死者为女性,则由孝女或儿媳为其洗脸。"洗脸"乃是用遮盖死者面部的白布,蘸水为死者洗去污垢,使其能够干干净净地前往另一个世界。伺生又称"饲生"或"辞生",是孝子在死者口中放一些米粒或钱币,意为待死者如生者,不让死者成为饿死鬼,使其能吃饱进入阴间,现实世界中的人将其理解为死者最后一餐,为古代"饭含"之俗的遗存。"漳州旧俗以数粒米和珍珠、银屑放入死者口中。民国以来,改为在大殓前由孝妇依次往死者口中塞豆腐和夹生饭粒,有的还要念道:'父母饲我大,我饲父母老',饭含在漳州成为'伺生';也有往死者口中放进珍珠,称为'衔宝',塞珍珠时还要唱好话:'衔宝代代好'"(简博士 2005:131)。火葬推行之后,为方便火化,多是塞入煮熟的米饭、豆子、豆腐之类,鲜有放置珠宝之类。现在"洗脸"与"伺生"之事,都交由民政局所委派的"土公"来做,并无男女之别,孝子女只是环侍在一旁。

3. 梳头和穿鞋

替死者洗脸净身、辞生之后,若死者为女性,儿媳须为婆婆梳头;女儿则为父或母穿鞋。梳头时儿媳须对待死者如生者,一共梳三下,口中念到吉祥的话语。梳完之后,土公将梳子折成两段,一段置于棺内,另一段则拿去烧掉。梳头的同时,孝女要为死者穿鞋;穿鞋时由两个女儿同时穿,须注意鞋不能落地。若有落地,会被视为十分不吉利。如若死者没有女儿或只有一个女儿,则可由其义女或侄女代替。梳头穿鞋之后,遗体便可入棺,从此孝眷便不能再见其容颜。

(二)入棺

入棺即将遗体从铺位移入棺木之内。一般是在土公的引领之下,孝眷先焚香祭拜死者,祭拜过程中死者的遗像或灵位置于死者头部前方靠墙位置。祭拜后由长孙手捧香炉走在前面,长子扶头,次子抬脚,其他孝眷扶身体,将遗体慢慢移入棺内。这时必须用一块白布遮盖遗体的头部,以免死者得见天日。

遗体入棺之前,棺内须事先垫上接棺时包裹棺木的整块塑料;然后在塑料之上垫上枕头、席子等。入棺之后,土公为死者盖上一块黑布,在黑布上再铺一小张白布,布上绣有祛灾避祸的灵符,以此求得死者在阴间的平安。盖好黑布后,土公将死者生前的一些衣物填充在棺内。按照从头到脚的顺序,将帽子填充于头部,上衣填充于上身,裤或裙填充于下身,布鞋填充于脚处。然后再在死者身上铺上一层纸钱,此钱被称为"随身库",以便死者在阴间随时使用。最后土公在棺内铺上红色寿被,并将外露的塑料卷起,塞入棺内便可盖棺。如若死者有特定的宗教信仰,则入棺时会放入一些具有宗教意义的物品。实例所见的丧礼中,土公将死者的佛教皈依证放在死者右手上。整个放遗物的过程中,孝眷都围跪于棺木左右,并不时的为死者烧脚尾钱。

(三)点主

点主即在神主牌上用朱笔补上"主"字上一点的仪式,表现"慎终追远"的孝道观念(见图 11-5)。遗体入馆之后,土公将放于

图 11-5 点 主

棺头的遗像(或神主牌)交予孝子。点主之时,孝子面向屋外,跪于门前;双手置于后背并捧着神主,神主牌的正面面向棺木。神主牌上写有"×××之神王"。孝子准备好后,土公用毛笔蘸上红色墨水,于"王"字上点上一点使之成为"主"字。随后土公将毛笔向外扔去,口中高喊到"朱笔进财神,诸孙大兴旺"。随着照片的普及,点主仪式中主要使用的是遗像。通常情况下是土公手持朱

笔,在遗像五官各处点一下,口中念道"点天天清明;点地地灵;指日高升,像你聪明"之类的话语,随后将朱笔扔出。据村人介绍,点主之时死者的灵魂便会附着于神主牌(或遗像)之上,之后的祭拜都要面向神主牌(或遗像)。

(四)盖棺

遗体入棺之后便要举行盖棺仪式。若死者为男性,须本角落的叔伯无异议后,若死者为女性,则须外家许可后方可盖棺。在土葬时代,盖棺要请地理师选定日子时辰,以求诸事顺利;如今则多是死者死后第二日下午进行。盖棺前孝眷先祭拜死者。祭拜时,在棺木前方设一供桌,桌上置五牲[①]、香炉、酒水等,灵位或遗像移到供桌右边,孝眷依次上香祭拜。实际观察到的案例中,死者信奉佛教,故供品有所不同,五牲由金针菇、木耳、豆腐、香菇、豆质丸子代替。村人指出,此五样供品分别代表五行中金、木、水、火、土。祭拜的顺序是长子在前,其他孝子及长孙随后,之后是女儿女婿,最后是其他亲眷。

祭拜完后,由两孝子抬上棺盖,将棺盖平移到棺木上方后,慢慢垂直盖上。若死者只有独子或无子,可由女儿或侄儿代子盖棺。棺盖盖上后,土公按照先头后脚的顺序在棺木两端各绑上一条红色的橡皮绳,以使棺木盖得严实,防止尸气泄露;之后在按照同样的顺序各系一条白布。盖棺之后,孝眷请人将床板搬出,并将棺木横置于两条板凳之上。移除的床板不能放在丧家房屋范围内,通常是弃于村外的水塘或山上荒凉之地。

(五)封钉

盖棺之后须在厚重的棺盖四角封上铁钉,以使棺木密不透

[①] 五牲通常指鸡、鸭、鱼、猪肉、猪头等五种肉类。

气。土葬时代,由于棺盖厚实,故封钉所用均为长铁钉,以斧头或大铁锤钉紧。如今随着火葬的实行,丧礼的时间缩短、棺木材质的改变,封钉改为象征性地在棺盖四角捶打,而非真正封入铁钉。封钉时孝子孝眷跪于棺木两旁,土公提起铁锤封入铁钉。若死者为男性,则先封左边,若死者为女性则反之,但并无先下后上之分。土公封钉之时,口中念道:"一钉财丁贵;二钉万年富贵;三钉科甲连登;四钉子孙兴旺"。土公每念到一句时,孝眷都答曰:"好"。第五颗钉被称为"子孙钉",被土公封于棺木头部位置。封钉之后,由长孙跪爬至灵前,用牙齿将"子孙钉"咬起,谓之"出丁"。子孙钉只是象征性的放在灵柩之上,并未真正完全封上,故长孙可轻易咬起子孙钉。若死者还无长孙,则无需放置子孙钉,而是直接由土公取来陶钵,在钵内放入些许钉子与谷物,封钉之后分发给孝眷。孝眷领到谷物与铁钉后,须将其用小块麻布包好,带回家中植入花盆之中,借此希望家中出丁发财。封钉之后即入殓完毕,整个丧礼进入停柩待葬的阶段。

五、停柩待葬的习俗

往昔遗体入棺之后,须停柩数日,以择吉日出殡安葬。停柩的这段时间,孝眷为亡者守棺,并遵守一定的禁忌。

(一)守灵

遗体入殓到出殡之前的这些时日,孝眷每晚通宵为死者守灵。守灵时一般由孝子带头跪于灵柩左右。每次守灵为三五个人,每次守一两个小时,孝眷们轮流接替为亡者守灵;通常情况下村中人会自发前往丧家陪护,并与孝眷聊天。这样做既是为了显得丧事办得热闹,又可以消除守灵人夜间的恐惧。守灵时,若有亲友前来陪护,未在灵前的孝子则须泡茶招待,并对前来陪护之

第十一章
蔡坂村的丧葬习俗

人表示感谢。若死者已享高寿并到四代同堂,则孝眷与陪护之人不仅可以喝茶聊天,甚至还可以喝酒,以表示此为喜丧。守灵主要是为死者不断的烧纸钱,以使亡者在前往阴间的路上有足够的买路钱;同时防止家中牲畜(尤其是猫)靠近灵枢。此外孝眷守灵之时,每餐要蹲在灵前进食,不可进入厨房,因而需请邻里亲友帮忙煮饭做菜。土葬时代停棺时间较长,则须以石灰、桐油等搅拌后封住棺木缝隙,以防尸水外漏。夜间守灵之时更须用烛火在缝隙处移动,以观察是否密封严实。现在随着火葬的实行,守灵的时间大为缩短,按照当地人的说法,通常亡者有第三代后,则至少须"守一夜的铺,守一夜的材";而"烛火测缝"的方法也因使用卫生棺而不复存在。当然现实的操作中也并非如此。本人观察到的这场丧礼中,由于死者亡于凌晨,且无长孙,因而当日便入殓,并未严格遵照"守一夜铺"。

(二) 移灵

"移灵"是指将灵枢由家中主厅或祖厝移至村中菜市场搭建的灵堂(图11-6)。灵堂是请外村的人前来搭建,一般选在早晨七点菜市场收市之后;若村人获悉当日在市场搭建灵堂,则会提早收市(平时约八点收市)。灵堂由铁架搭成,并横贯菜市场的广场,为南北方向长,东西方向短。灵堂上共设置四副挽联,依次从南到北为:第一对为:思亲痛失仙永逝,守孝挥泪报亲恩(为黑底黄字白边)。横批为:沉痛悼念×××灵枢告别仪式(为黑底白字白边)。第二对为:悲音难挽留灵住(黑底黄字黄边),哭声相随野鹤飞;横批为:驾鹤西归。第三对为:但留清白在人间,不作风波于世上,横批:进思报恩(黑底黄字绿边)。第四对为:♯迹后人遗

闽南蔡坂人的社会与文化

图 11-6　灵　　堂

辉光,♯志勤逸称典范①,横批:音容宛在(黑底黄字红边)。

　　灵堂搭建好后,丧家便可开始移灵。移灵之前众人先参拜西方三圣并祭拜死者。参拜三圣之时,通常是在大厅外设一供桌,桌子使用绣有"戒定真香"的桌布与桌裙覆盖;桌上供有三圣画像、鲜花、水果、香炉等。参拜三圣前,由三位僧人开始念经请神,念完之后,众人跟随僧人一起向三圣三鞠躬。三圣参拜完后,便开始祭拜亡者。祭拜时将死者神位或遗像立于灵柩脚的位置,孝眷在丧礼师的指挥下,依次向灵柩叩拜;叩拜的顺序是孝子在前、长孙随后、之后是女儿女婿等。外家的人并不参与拜祭。祭拜完后便可移灵。移灵时,长子捧负死者灵位或遗像出门,抬棺人抬棺紧随其后,众孝眷开始失声痛哭,一路跟随前往灵堂。移灵队伍行走的顺序是,丧礼师肩挑一担箩筐在最前,筐内放有五牲、米饭、金银纸以及一些水果;之后便是外甥挑圆形竹架大灯,灯外敷上一层白纸,纸上写有"沉痛哀悼"之类的字样;大灯之后是村里

---

① ♯表示文字不详。

第十一章
蔡坂村的丧葬习俗

的乐队三人,由小鼓、唢呐、锣组成;紧随其后的是从外地寺庙请来的僧人,沿途僧人一路念经超度亡者。僧人之后为从外地请来的西乐队,乐队有大鼓、萨克斯、小鼓、风琴等。西乐队之后便是长子捧负神位,长子之后为灵柩,灵柩两旁为次子与孝女护于左右,手上各拿一条长凳,以便在灵堂内置放棺木。之后便是女婿、侄儿、外家、亲翁①。女婿除身穿白色长袍外,还须手拿雨伞,肩披毛巾;孙婿则身穿蓝色长袍,与女婿同样执伞披巾。外家与亲翁则仅肩披毛巾即可,不必披麻戴孝。若死者为女性则毛巾披于右肩,死者为男性则披于左肩。殿后的是其他亲眷以及前来帮忙之人。从丧家到灵堂的这段路上,遇到的车辆均须停车熄火,以示对死者的尊重,而丧家孝子也会跪谢。到达灵堂后,次子与女儿将板凳放于灵堂中央,相隔约两米,之后抬棺人将棺木按照头朝北,脚向南的方位架于两板凳之上,并在棺木中部摆上鲜花与香炉,棺木南段立上灵位或遗像。至此灵柩移入灵堂,开始为出殡做准备。

六、出殡的习俗

出殡可以视为整个丧礼过程中最为隆重的时候,期间需要举行众多的仪式。下文主要从灵堂祭拜、哭棺、祭棺、出殡、火化、出殡、出殡归来、谢客等方面概述蔡坂村的出殡习俗。

(一)灵堂祭拜

灵柩移入灵堂之后,孝眷及亲友在丧礼师的指挥下拜祭死者。拜祭时,灵柩南方设一供桌,桌上供有五牲、鲜花、水果、大叠

---

① 亲翁即死者儿媳的娘家人。

金银纸、米饭以及茶水。祭拜分为集体祭拜与单独祭拜两个阶段。

在集体祭拜阶段,孝子在丧礼师的引导下,率领孝眷立于棺前,每人手持一支香,当丧礼师喊道"一拜"、"二拜"、"三拜"时,众人向灵柩鞠躬,之后按顺序将香插入外香炉之中,而香燃烧的香灰不能散落于炉外。因而若有人(一般是小孩)未能将香插好,丧礼师即会上前纠正。参加集体祭拜者主要是孝子、孝女、孝媳、女婿、同宗亲友,死者的外家和亲翁不必参与集体祭拜。

集体祭拜后,孝眷围跪于灵柩两边,丧礼师开始引导众人进入第二阶段的祭拜。在丧礼师的指导下孝子先拜,跪于供桌之前依次向灵柩敬拜米饭、五牲、水果、金银纸。孝子祭拜后须按照逆时针方向围绕灵柩跪爬一圈。随后便在灵柩一旁支起一口铁锅或立一陶瓮,在其内燃烧银纸给死者。若现场无铁锅或陶瓮,则也可在开阔地燃烧银纸,但须在燃烧的银纸周围洒上一圈水。蔡坂人认为只有在容器内或水圈内的纸钱,死者方可收到。而且纸钱须全部燃烧方可在另一个世界使用。若死者生前曾收养或认义子,且关系亲密,则义子也须参加祭拜。孝子祭拜完之后,孝媳、女儿和女婿上前祭拜,程序与孝子祭拜时相同。之后主事在供桌前铺上一张草席,席上再铺一张毛毯,随后丧礼师引亲翁跪于毛毯之上跪拜。若亲翁当日未到,则可由儿媳代替其行跪拜之礼,但村人指出这样可能会影响两家的关系。随后是外家人上前跪拜;外家人祭拜之时,男子先拜,妇女在后。祭拜时男性不能戴孝巾,仅在肩上披一条毛巾;妇女祭拜是时则须带花格孝巾,同时也披一条毛巾于肩上。外家祭拜者须为女死者的兄弟姐妹,或晚辈侄儿、侄女。亲翁和外家依次拜上供品之后便可起身离开,不必跪爬灵柩一圈,也无须为死者燃烧银纸。亲翁与外家参拜完之后,主事撤掉草席、毛毯,死者孙辈上前祭拜,奉上供品,祭拜完后也须逆时针跪爬一周,然后为死者燃烧纸钱。最后为同角落的村人前来点香鞠躬敬拜。整个祭拜的过程中,一直伴随着西乐队的歌舞表演。村人指出在灵堂旁围观者越多,歌舞表演越精彩,则丧礼会被认为办得越好。每到移灵出殡之日,村中均是热闹非凡;而村中闲暇之人也多会前来观看祭拜的过程,因而灵堂内外通常会围上很多人。

(二)哭棺

"哭棺",亦称为"哭灵",灵堂祭拜完后,通常丧家会从外地请来两名戏子哭棺。孝子率众孝眷跪于灵柩两旁。男女两名戏子身着戏服,扮成孝男孝女在灵柩前以闽南歌仔戏的腔调边哭边唱,而后跪爬到众孝眷前。当唱词的内容涉及亡者的某一位家属时,该家属向灵柩行三拜之礼,然后以红包赠予哭棺人。如哭灵跪爬到孝子前时,哭棺人会唱到,"阿爸,你要保佑儿子全家平安,生意兴隆"之类的话语。此时孝子即须赠与红包,红包内一般有两元人民币。哭棺人唱到的往往与亲属自身的身份以及实际情况有关。如若孝子中有子未成婚,便要唱祈求能早日成家的话语。诚如王夫子所说:"中国妇女们的哭丧是最具有感染力的,她们边哭边数,边数边唱,按各地的悲痛腔调组成一支有旋律的声情并茂、催人泪下的哭灵合唱,其内容不外乎是回忆往事、追忆死者的功德、对死者的怀念之情等。在中国人的传统价值观看来,哭灵是表白'孝心',哭的气氛越浓,越显出孝心,越显出死者生前在家庭(或家族)的地位,以及死者'后继有人',因而能哭的和不能哭的都要有所表现"(王夫子 2007:227)。

(三)祭棺

哭棺结束之后,丧礼师引领家属按照亲疏关系再次轮流祭拜亡者。此次祭拜"亲翁"与"外家"并不参与。家属手持三根香,于棺前跪拜、敬茶(或敬酒),主事诵念祭文(见附录一)。听完祭文后家属方可起身,当主事念到祭文最后一句"呜呼哀哉"时,家属行三拜之礼。家属祭拜的顺序是孝子孝媳在前、女儿女婿在后,随后为孙辈,最后为侄儿、侄女。死者的同辈亲属不参与祭棺。

(四)出殡

出殡蔡坂人又称为"上山"、"出山",因土葬时代须抬棺上山安葬而得名。出殡前,主事先将财子灯分发给诸孝子女,哭丧棒只分发给孝子和长孙;随后抬棺人将棺木按照接棺时的方式绑缚,丧礼师引领队伍出发。通常出殡路线是:从菜市场往西北方向进入沈厝村,然后从沈厝往西南方向进入主道(G324 国道)。出殡队伍最前方一般为丧礼师挑箩筐引路,箩筐内有

图 11-7　白　灯

供品、金银纸、香炉、香。走在丧礼师之后的是挑大灯的外甥(图 11-7)。大灯又称"白灯"、"圆灯",为一根竹子的两头挑白色圆形的灯笼。圆灯从内到外依次覆盖白纸、黄麻布、蓝布条;灯的口部用圆形木板封上;每个灯的白纸上都画有一定的灵符,以求亲属平安。若亡者无外甥,则可由侄儿或义子代替挑灯。走在第三位的是铭旌,是一根带叶稍的竹子悬挂红色布条,一般长七尺,也有少数使用八尺的,但绝不能使用九尺及更长的铭旌。铭旌上一般请村中了解丧事仪礼并写得一手好字的人书写。上书:先(左)考/妣(右)××①世×代大母蔡门□氏◎享年 N+1 岁灵旌"。随

---

① ×代表数字,□代表姓,◎代表名,N 表示死者的实际年龄,◇代表单位名称

第十一章
蔡坂村的丧葬习俗

后的是出殡的横幅、花圈;横幅上写有"□○○女士/先生出殡仪式",花圈左右分别贴有白纸黑字"沉痛悼念□○○女士/先生","福建省漳州市◇◇单位"或写上赠送者名字。① 村人认为,出殡时花圈越多,则丧事办得越隆重。若死者已有长孙,则花圈之后为两位邻里抬"魂轿"。魂轿之后,为村中乐队与西乐队奏乐相送。队伍中间为灵柩,八名抬棺人头戴斗笠,抬棺向前。出殡时仍是长子捧灵在前,次子与女儿拿板凳护于灵柩左右。蔡坂人认为棺木不能落地,落地后便会生根,因而准备两条板凳随时用于放置灵柩。灵柩之后为其他同宗亲戚以及外家。队伍最后为村中前来相送的邻里。

队伍行至沈厝流水桥处,孝子须拜送外家,至此外家不再跟随队伍前行。孝子须跪于桥边,给每位前来帮忙的村人各系一朵红花于胸前,村人称为"挂红",以祛除晦气。队伍行至沈厝村口时,孝子、孝女将长凳相隔约一米五的距离摆好,抬棺人将灵柩放于板凳之上,并将棺木上覆盖的四块红布取下。随后孝子在主事的引领下将灵柩装上灵车。铭旌、花圈、魂轿放置于路口,长子捧负遗像上灵车。孝眷则乘坐送葬车辆,随灵车前往车程约半小时位于华安县境内的漳州市长富山殡仪馆。

(五)火化

灵车与送葬车辆到达殡仪馆后,灵柩由火葬场工作人员抬出,放于推车之上运至火化室门口。孝子取出民政部门出具的《死亡证明》与工作人员核对之后,便可推棺入火化炉。入炉之前,孝眷须围绕棺木逆时针各绕一周或三周,谓之"绕棺",土葬时代是在安葬之后绕坟。绕棺队伍中,长子捧负遗像或灵位于胸

---

① 灵位、铭旌、墓碑上文字的书写,须算"生老病死苦",葬礼中,一般合"老"字方可用。因而字数一般为 7、12、17、22 字。

前,带领众人向死者做最后告别。绕棺后灵柩被工作人员推进火化室,长子率众孝眷跪于灵前。当灵柩被送上火化炉的传送带时,众孝眷开始大声哭喊,目送灵柩进入火化炉。

灵柩入炉后需约1~2小时火化。众孝眷可前往殡仪馆大厅休息等待。火化完成后,长子捧负遗像或灵位,携众孝眷至"取灰室"窗口领取骨灰。室内的工作人员在孝子的协助下将冷却的骨灰装入骨灰盒中,大块骨头垫于底部,细灰填入中层,最上层盖上大块碎骨。骨灰盒须从殡仪馆购买,否则不予取灰;其价格因材质和做工的不同有巨大差异,从百余元到数千元不等。骨灰盒之后孝子将死者小号照片贴在盒上,并率众孝眷前往火葬场西边的祭祀地点进行安位仪式。

安位时骨灰盒放置于祭祀地点专门搭建的水泥台上,遗像倚靠在骨灰盒之前。丧礼师点燃一把香,分发给孝眷每人三炷。遗像前摆放有五牲、米饭、茶水等。孝眷在丧礼师的指导下,先拜土地公,面对香炉,敬一碗茶,并将手中三根香插入香炉之中,随后孝子焚烧金纸。拜完土地之后,丧礼师再引导孝子跪于遗像之前,向死者敬茶、敬饭菜,并向遗像行三拜之礼,最后在遗像前焚烧银纸。由于祭拜地提倡文明环保祭祀,因而拜土地的金纸和拜死者的银纸均焚于陵园提供的焚烧炉内。据有些报道人称,此种做法会使得死者收不到孝眷所烧的钱物。祭拜完成之后,长子率众孝眷再逆时针绕放置骨灰盒与遗像的祭祀台三周或一周,此谓之"绕灵",仪式即结束。由长子捧骨灰盒至一旁的"福寿堂"存放骨灰;若死者信奉佛教或家人有信奉佛教者,则骨灰也可存放于漳州的寺庙之中。

一切办理妥当之后,众人便乘车返回蔡坂。在回程车上长子捧负遗像,次子一路撒黄色纸钱,若死者仅有一子,则可由长孙或女儿代替次子撒钱。而孝子和长孙从蔡坂带来的哭丧棒则被遗留在殡仪馆,据村中老人说,土葬时代安葬后哭丧棒须留在坟头。

第十一章
蔡坂村的丧葬习俗

(六)出殡归来

出殡归来又被称为"返主"。孝眷乘坐的车即将入村之时,孝子电话通知在家的亲属。送葬车辆停在原先孝眷上车处,乐队立即奏乐上前迎接。长子先捧遗像或灵位下车,其他孝眷随后。之后长孙脱去孝服、麻衣,长子将遗像或灵位交付给长孙。长孙捧负遗像坐上魂轿,由帮忙的邻里抬回祖厅,村人称之为"大孙坐轿"。若死者还无长孙,则遗像由长子步行捧回祖厅,女婿则将手中的伞撑起以为遗像遮挡阳光或风雨,次子继续一路撒纸钱。返主队伍基本与出殡队伍相同,队伍从路口前行约200米到达流水桥处时,孝媳带领女性孝眷于路边迎接,孝子将跪迎之人一一扶起,携众人一同前往祖厅。而花圈则被留在路口,不能带回村中。土葬时代,花圈则是立于坟墓两旁。通常花圈放在路口后第二天就会被环卫工人清除或被做纸扎的人员回收,村人对此颇有微词,认为此是对死者的不敬之举。

祖厅之中已经放置好纸扎大厝,屋上第二层设有灵位摆放之处。大厝之前立有一供桌,供桌上铺盖有一块垂挂及地的白布,白布中央上方又铺上一块垂下仅及白布一半长短的蓝布。桌上供有米饭、茶水、香炉以及五牲。供桌左右各摆一个纸扎花篮,花篮之上各贴有一长条白纸。纸扎大屋右侧墙壁上贴有书文,上有立厝的一些信息(见附录二)。孝眷归来后,长孙下轿将遗像交回长子。长子将遗像放于大厝第二层正中央,女婿将铭旌接过,立于供桌一端。外甥则将两盏大灯分别挂于祖厅门外左右,其作用在于昭告村人或登门拜访者,家中有丧;另外在门口中部悬挂还悬挂一盏白色小灯。

哭丧人在乐队伴奏下开始唱哭调,孝眷在丧礼师的指导下,各持一根香立于哭丧人后,随其跪拜。随后孝眷跪拜三次,按照长幼之序,分别将香插入香炉之中,最后由孝子在铁锅中焚烧银

纸。灵位安放祭拜完成后,孝女须前往村中商店中购买一叠银纸(约1000张)烧给死者。如若返主后,孝女未能购买银纸烧给死者,则会被视为不孝。

(七)谢客

丧礼其间,丧家必须对村中前来帮忙者和外村前来吊唁的亲友进行答谢,且一般是以宴请的方式进行。宴席一般设在三房宗祠中,且所有饭菜摆放于地上,数人围坐席地而食。蔡坂人认为在丧礼中在桌上吃饭是对死者的不敬。筵席上均以菜饭为主食,菜饭由米饭和包菜、土豆、胡萝卜等一同炒制而成,其他配菜均为三菜一汤,一般为酸菜鱼、排骨、红烧肉、海带或紫菜汤,并使用大盆盛装。

前来吊唁的外家,则仍请族中长老邀到村中饭店吃饭,不得与其他人一同吃饭。孝子在宗祠吃完饭后,须前往饭店向外家敬酒,表示对外家的感谢。外家用餐完毕之后,即可辞别返家,孝子须举行"送外祖"的仪式,先送外家毛巾、糕点等做为回礼,长子在家门口跪地,将放有白、红、蓝三色布各一块及一个红包的红盘举过头顶,红包内的钱数,必须多于外家前来吊唁时所给之"骨头钱"。随着火葬的实行,送外祖仪式目前越发简单,如今一般只剩下赠送红包这一形式。

七、葬后的习俗

蔡坂的丧葬仪式结束后,还有一系列的葬后仪式和禁忌,主要包括"做七"、"做忌"等。与土葬时代的旧俗相比,现代的葬后礼仪也随着火葬的盛行而时间缩短、过程也大为简化,但仍然与葬仪一起构成完整殡葬仪礼的一部分。

第十一章
蔡坂村的丧葬习俗

（一）做七

"做七"又称"做旬"，是葬后最主要的仪式。报道人指出，约在20世纪80年代，丧家都做七次"七"。做七有"正七"和"假七"之分，与死者辞世之日正好相隔为七的倍数为"正七"，因时日不吉利而选择其他的日子为"假七"。"头七"和"尾七"一般须请地理先生择日，但头七的日期不能超过死者过世的第七天，尾七不能超过死者过世后的五十天。做七恰逢初一、十五村中拜神的日子，则须避开这些日子，另择他日。往昔旧俗中，"头七"和"尾七"较受村人重视，会有较多的孝眷参加。

目前的"做七"仪式大幅简化，一般先由孝子女每人先后向死者焚香、敬饭、敬菜、敬茶（或酒）、跪拜、烧纸钱等祭拜四次，然后较为正式的全员祭拜一次。做七之前，丧家先在灵前设一供桌，桌上置香炉、茶水、五牲或三牲、发粿以及荔枝、苹果、桃子等水果。如今随着村人生活节奏的加快以及火葬的推行，蔡坂的做七仪式集中在头七之日完成。头七之日后，丧家便可转红除孝，回归正常生活。

1. 路口祭拜

头七当日，在祖厅简单的祭拜完后，孝子须率众孝眷前往出殡上车的路口祭拜死者。土葬时代则是前往坟前祭拜。据村中了解丧事仪礼的老人介绍，火葬开始实行时，村人先是前往陵园祭拜，后因陵园相隔甚远，不便大队人马前往祭拜，故火葬实行几年后改在路口祭拜。

一行人在丧礼师的带领下，按照返主回来的路线前往路口。队伍的最前方为丧礼师挑一担箩筐在前，内放有死者遗像、方便面、糖果、金银纸、茶水、香、盘子等；走在丧礼师之后的是挑大灯的外甥；走在第三位的是长子，长子右肩扛一把锄头，锄头上挂一簸箕；长子之后为次子及女儿、女婿，最后为其他孝眷。整个队伍中所有男性都须左手提红色财子灯,灯上写有"添丁进财"的字样。

众人到达村口后,丧礼师取出盘子,在盘中放上糖果、方便面等供品;之后长子跪于盘前向土地公敬茶及行三拜之礼,拜后在一旁点燃寿金,拜谢土地。拜完土地之后,丧礼师从箩筐中取出遗像及另一红盘,于拜土地处左侧再设一坛。遗像前摆放有米饭、糖果等。孝子女在丧礼师的指导下依次向遗像拜饭、敬茶。拜完之后,丧礼师在一旁堆起一堆银纸,并在银纸四周洒上一圈水,之后请孝子点燃银纸。银纸燃烧之时,孝子率众孝眷逆时针绕行三周。最后由长子手持锄头,选择路边一颗长势较佳的树木,在树四周除草和松土,意为替死者整理坟墓。据村中老人所说,土葬时代,头七时孝子须为死者整理坟墓,后因火葬实行,无坟可整,故改为替树木除草、松土。仪式完成后,丧礼师领众人返回,途中孝媳率女性孝眷于流水桥边跪迎祭拜队伍。返回祖厅之后,遗像被放回纸扎大厝第二层,大灯仍被挂于祖厅门前两侧,而财子灯则请人挂到村外的龙眼树上。

2. 走圆下庵

路口祭拜之后,便是以妇女为主导的"走圆下庵"仪式。"走圆"是指与死者同一角落的女性围绕圆形竹筶环绕一周。"走圆"之前,丧家在祖厅门前摆放一箩筐,箩筐之上再摆一大型竹筶圆盘,竹筶边缘摆放八双筷子,中央置一红盘,红盘之内堆满糖果。死者之女、媳、孙女先领众孝眷于厅内祭拜死者,拜完之后与门外的其他妇女会合。随后在孝女、孝媳的带领下,众女性亲属及同角落的妇女围绕圆筶逆时针绕行一周,再原路返回。每位妇女走到圆筶相对的厅前时,便从红盘内拾取一颗糖果,打开包装后含入口中。借此为同角落的人家祛除晦气,也是对同角落的女性参与丧礼的感谢。"下庵"是丧家女眷为主导的仪式。在丧礼师的指导下,丧家女眷身着孝服提一红色水桶前往土地庙参拜,桶内盛有两根大葱以及一包方便面。到达土地庙后,孝女、孝媳摆放好供品,在丧礼师的指导下向土地爷行三拜之礼,随后孝女、孝媳点燃金纸。参拜完土地后,孝女、孝媳手提红桶带领众人前往一处草木茂盛之地,众女眷脚在青草上踏三次便可褪去孝服、麻衣、孝鞋,换上平日所穿之鞋,并选择一条不同的路线返回祖厅。村人称下庵踏青之后不能走回头路,否则不能祛除丧事所带来的晦气。"走圆下庵"之后,丧家女眷便不必再穿孝服。

3. 烧大厝

约到傍晚时分,丧家将纸扎大厝搬放于一特定地点(通常为菜市场旁的垃圾场)进行焚烧,以使死者在阴间有个舒适的住宅。烧厝之前将大厝搬出祖厅,一般由孝子分两次将大厝两层抬出,孝女孝媳负责取出花篮、花灯,外甥也将大灯摆放在大厝一旁。大厝抬出之后,丧家各家亲戚均在大厝周围摆上一箱为死者准备的银纸,且纸箱须用封条密封。最后丧礼师在大厝周围洒上些许谷物。一切准备妥当之后孝子在丧礼师的带领下,于大厝一旁(约三米远)处焚香跪拜土地,跪拜之后烧些许金纸;此举意为向土地公买地,以使大厝有地安放。

拜完土地公之后,长子率众孝眷围大厝逆时针绕行三圈。长子提一水壶走于最前,不断往地上洒水,围成一圈,使得大厝及所有焚烧之物均在水圈内。长子之后为其他女性孝眷,绕圈之时男性孝眷手持木棒不时撞击地面。最后为女性孝眷及死者的孙辈。绕圈之时,丧礼师在一旁高呼:"地基打实实,不怕地震和台风;围厝前,让您富贵千万年;围厝后,让您子孙吃老老"。丧礼师每道一句,众孝眷均回复"好"。绕圈之后,由孝子点燃大厝(图11-8),待到大厝及其他物品焚烧完毕后,孝子再来清理灰迹。据报道人称,烧大厝所产生的灰不能被回收,孝子须集中收集起来,撒到江

闽南蔡坂人的社会与文化

图 11-8　烧大厝

中或水塘之中。① 否则死者将无法收到大厝及纸钱。烧完大厝之后,女眷便可在头上插上一朵红花,村人称为"挂红",意为丧事完毕,回归正常生活。而死者的遗像则是在大厝烧完之后,由丧礼师悬挂于丧家祖厅墙壁之上。

(二) 做忌

亲人过世后的祭日,丧家通常会举行简单的祭拜,通常头两年较为隆重,参与的人数也较多。第一个忌日被称为"对年",第二个忌日则称为"三年"。做对年和三年供品和仪式大体相同,时间都选在忌日当天,但须避开"初一"、"十五"这两个日子。祭拜时须供上发糕、米饭、酒水、面线以及各色菜碟等。各孝子女家均须供上一份发糕,而菜碟则一般选择孝子女或孝孙们喜欢之物。村人戏称:名为供鬼,实为供在世之人。祭拜约在上午十点左右进行,由孝子带领众孝眷向遗像焚香鞠躬三拜。随后众亲属分食

---

① 银纸上因有少量银箔,燃烧之后常有商贩上门收购,用于提炼贵重金属。

第十一章
蔡坂村的丧葬习俗

供品,而供品中面线为必吃之物。而做三年时,孝子还须购买成堆的金山银山烧给死者。做完"三年"后,整个丧葬仪式才算完成,从此丧家亲属行为不再受丧亲的限制。

在岁时祭仪中,也会有对死者的祭祀节日:如清明、立夏、立冬。通常,死后的头两年,祭拜的日子一般选在清明。死者子女均须身着孝服麻衣,带上水果、发粿、五香、豆干、银纸、香烛等前往坟前祭拜。发粿须带上双份,一份供给土地公,另一份供给死者。第三年则不一定在清明,而是丧家请来地理师择日,确定一个吉利的日子后方可举行祭拜。地理师为丧家择好日期后,丧家须给地理先生一个一百元的红包。此次祭拜,丧家除须准备前两年所带供品外,还加上猪头做为供品。三年之后,常规的墓祭一般会选在立夏;而若是宗族祭祖,则选在大寒,且每家均要派有男丁参加。火葬推行后,丧家择必须前往陵园祭拜,因路途不便,供品大多是在陵园附近商店购买,而非自家手工制作。

(三)葬后的禁忌

传统的葬礼过后,孝子须守孝三年,并遵守一套特定的社会行为规范。蔡坂的葬礼之后,虽无严格意义上的"丁忧在家,守孝三年",但这三年时间内仍有不少禁忌以规范丧家人(尤其是孝子)的日常行为。

在蔡坂,出殡下葬之后到"做七"之前这段时间,丧家孝子不能出门会客;只能留在家中。若有客人前来拜访慰问,孝子不能出门迎接,只能在家中大厅接待;接待完毕后,也只能送到门口,孝子不能踏出门槛送客。若这段时间内村中有重大公共事件,如大神生日的抬神巡游、请戏等,丧家也不能参与。葬礼过后三年时间内,丧家在村中的重大节日,如春节、端午、中秋等均不能燃放鞭炮、烟花。待到死者第三年忌日过后,丧家方可回归完全正常的村落生活之中。丧家在三年内的端午节也不能包粽子,丧家端午所食之粽均由邻里、亲友赠送,同时也不能在家拜水仙(屈原);丧家所收粽子的多寡也是村人检验丧家社会人际关系的一个标准。此外三年内丧家人不能前往公间庙拜天公,但可以参拜村庙中其他神明及家中所供奉之神明。

(四)孝服

蔡坂人在葬礼上穿戴的孝服较为简单,但性别、辈分等等差异都会在孝服上体现出来。在蔡坂的葬礼中,搬铺之后在场的孝眷便须换上孝服,谓之"成服"。孝服可从村中老人会与邻近的沈厝村老人会租借。本村的老人会购置了孝子、孝女、女婿的孝服,而其他孝眷的孝服则来自沈厝。从老人会租借而来的

图11-9　孝子服

孝服在葬礼结束后须由丧家洗涤干净后方可送回并交纳租金。孝子的孝服为白色衣裤,上衣为对襟开,单排扣;下身裤头加了松紧带,无需系皮带(图11-9)。孝女与孝媳孝服相同,均为白衣裙,上衣为左襟右衽,上下两排扣(图11-10)。女婿则是身着白色长衫,头戴高帽;孙婿服饰与女婿相同,但长袍为蓝色(图11-11)。亡者的义子、义女在葬礼中服饰与孝子、孝女相同。若死者无女儿(包括义女),则由本家侄女代替。孙辈中仅长孙穿孝服与孝子大体相同,意为视长孙如幼子。若死者有玄孙,则玄孙可身穿红色孝服。众孝眷又须身着麻衣,死者直系亲属之麻衣在腰间系一

第十一章 蔡坂村的丧葬习俗

图 11-10　孝女服

图 11-11　女婿孝服

白色布条；孙辈之后则系上红布，女性直系孝眷下身还须系一条简易麻裙。孝子、孝女、孝媳均着白色布鞋，鞋上缝有一块黄色麻布（图 11-12）。男性孝眷需戴头巾，头巾为长约 80 厘米，宽约 5 厘米的长白布，系单结

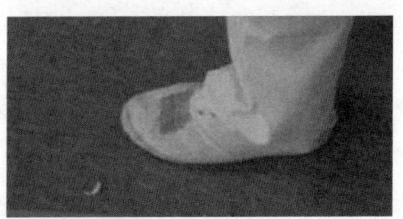

图 11-12　鞋

于头上，两端成 45 度垂下。女性的孝巾则经过缝合，顶部突出，向下披至腰间；外家妇女的孝巾为米色花格布，直系亲属为白色棉布，其他为白色涤纶布。孝女、孝媳的头巾上还缝有一层麻布。自孙辈之后，孝巾便无男女之别，孙辈为白色，曾孙为蓝色、玄孙为红色。若死者为男性，其配偶则须身着孝女一样的服饰，为其披麻戴孝，若死者为女性，则其配偶无须为其披麻戴孝。对于此事，多位报道人均颇有不满。若孙辈之下年龄太小或因故无法返

345

家祭拜,则父母须代子女将孝巾系在身上以象征其到场。待到头七之日,男性头巾的系法则改为将头顶包裹并露出头心,不能留出头巾垂下的两条尾部。

八、坟　　制

传统的丧葬习俗中,坟制是极为重要的一环。墓地不但是祭拜逝去先人的场所,也是宗族认同的标志。村人认为墓地风水的好坏直接关系家族的兴旺与否。若风水好,则家族人丁兴旺,万事亨通;反之则会给家族带来厄运。故墓地的选择十分受村人的重视,多是请地理先生看好风水后方能确定墓址,此外墓制、修建日期等也均须看好风水。随着火葬的推广,村中已无新的墓地,新近过世者均是火化后将骨灰安放在殡仪馆,或埋葬于陵园之中。

传统的墓地由地理先生根据墓主的生辰八字和过世日期选定。每修建一座新的坟墓,地理先生都要在一旁立土地公"福神"牌位,其位置由地理先生依地势而定。开坟之日,地理先生要带领孝眷祭拜土地,然后确定坟墓朝向,若年份利南北,则坐北朝南修建。随后孝眷要给地理先生和开坟者(通常为抬棺人)一个红包以示谢意。

蔡坂村的墓地主要集中在云洞岩和鸿(凤)山之上,还有少许零星散布于村中各处,从宋代到当代均有,主要为民国到上世纪末所修之墓。坟墓均是依照地势而修,此外家庭(家族)经济条件也是影响坟制的一个重要因素。从外形上区分,可分为半山坡的"U形"土坟、半

图 11-13　椅形坟

山腰平地的"椅形"(图 11-13)以及因景区建设集中迁出的"并行坟"(图 11-14)。

图 11-14　并行坟

图 11-15　福　神

通常情况下,U 形土坟仅在旁边立一小丘为"福神"(图 11-15),且多是为经济条件较差或无子孙者所立。由于蔡坂属于亚热带季风气候区,且多台风,雨水充足,故许多 U 形坟均受雨水侵蚀严重。"椅形坟"多修于半山腰的平地之上,或于半山腰平整出一块平地以建坟。由于工程较大,多是村中经济条件较好的人家修建。"并行坟"因云洞岩景区开发而建,是将蔡姓 18 至 20 祖之坟集中迁往一处,并列修建。在村中仅有一处并列之坟,四墓并列,仅立一福神于右侧。"椅形坟"和"并行坟"的墓碑因修建年份的不同而分为两种。一种为墓碑镶嵌于墓壁之中,当地人称之为"包头";一种是墓碑伸出墓壁,被称为"通天"。通常墓碑的修建选在头七,由丧家请来地理师,看好流年,确定墓碑形制。

九、结　　语

通过在漳州市龙文区蓝田镇蔡坂村为期 45 天的调查访问和参加观察,笔者对蔡坂村丧葬仪式和习俗资料加以整理,或繁或简地描述了蔡坂村的丧葬仪式和习俗。由于所观察的案例和收集到的资料有限,文中仅叙述蔡坂正常死亡的葬礼仪式,至于非正常死亡葬礼仪式虽有发生但未在村中举行,故未获得有关资料;此外关于做功德仪式,笔者所获资料有限,因而未对此加以叙述。

  一个地域的丧葬仪式是在社会发展过程中受到当地的文化传统、历史条件、地域特点、人群等诸多因素的综合影响而形成与发展。人们通过参与仪式过程而实践其背后的信仰观念,展现其独特的文化内涵。从蔡坂的丧葬习俗来看,其主题主要是处理死亡事件和为死者建构来世;但仪式的目的却是指向现世生活中与死者相关的各类人。从这点上也符合国内比较流行的观点,即丧葬仪式很大程度上是对生者的安抚。蔡坂的丧葬习俗与闽南各地葬俗乃至其他汉族的葬俗相比有其自身的不同之处,如走圆下庵仪式、搬铺等均与前引文献不尽相同,这也证实了"民间丧仪是以儒家丧葬礼制和佛教灵魂说、神鬼观念、因果报应、六道轮回理论为依据,根据各地的风俗习惯和当时的社会风尚进行删减演变而成的"观点(江新建 2008:50)通过这些不同之处的比较或许能窥见不同人群所秉持的不同观念,以及对时代的适应方式。当然这种比较分析涉及各地区的自然环境、历史、文化、人群等方面的背景知识,此为本人学力所不能及,只能在将来有机会再作深究。

参考文献

王夫子
  2007 殡葬文化学。长沙:湖南人民出版社。
简博士
  2005 漳州民俗风情。福州:海风出版社。
连横
  1984 台湾通史。台北:大通书局。
郭娇斌

第十一章
蔡坂村的丧葬习俗

  2010 璞山村的丧葬习俗。载余光弘、杨明华(合编),闽南璞山人的社会与文化,页269—293。厦门:厦门大学出版社。

杜鸣

  2014 绵治的丧葬习俗。载余光弘、钟鹭艺(合编),闽南绵治人的社会与文化,页313—356。厦门:厦门大学出版社。

方明

  2012 顶城村的丧葬仪式。载余光弘、杨晋涛(合编),闽南顶城人的社会与文化,页229—259。厦门:厦门大学出版社。

江新建

  2008 佛教与中国丧葬文化。长沙:湖南人民出版社。

附录一

棺前悼文（夫悼妻）

祭亡妻

呜呼！

竟舍我而先逝耶。自汝与我结伴，半世纪以来；累汝以儿女，累汝以家计、累汝以贫困、累汝以忧患，且成疾以不得尽汝之天年。

呜呼！我之负汝何如耶！敦意舍我如是其速耶！而我意不得与汝诀耶！我其何以堪耶！

汝孝子双亲睦子我弟妹、慈于子女我不如汝；临终时弟妹之伤悼，稚女幼儿之哀伤、汝心何其堪耶。汝常克勤克俭以养心之廉、以端正女人之态，呜呼！我之感汝而竟不得一当以报汝耶，汝爱我以德无微不至，不待言汝之走后非常悔恨，我惟有铭记往是之言以持之。致不得调护汝以期免于死。

呜呼！

我负汝如此，我虽追悼，其尚可及耶！汝如有知，能不责我负心耶！以稍舒我之悲悔耶！

呜呼！哀哉！

沉痛哀悼！

汝夫××××年×月××日

附录二

立冥厝契字

　　立杜卖契字人成公本自造冥屋大厝楼一座，位于西方极乐国，左至青龙山、右至白虎田、前至朱雀树、后至玄武池，四至明白为界。今因托中引就卖于□□□先生/女士为宅，着下时价龙银××两，其银即日同中收讫其立厝即交银主前去居住永为己业，恐口无凭，立杜卖契字壹纸付执为昭。即日同中收过契面银××两完足再照

　　大岁××年×月××日立杜卖

　　为中人公和平

　　契字人成公本

　　知见人在诚实

　　代书人免毛笔

闽南蔡坂人的社会与文化

第十二章

蔡坂村的旅游开发①

◎ 杨文皓

一、前　言

蔡坂村今属于漳州市龙文区蓝田镇，在 1997 年龙文区成立以前，蔡坂村曾分别归属过龙海市步文乡（后改为"镇"）与龙海市步文人民公社。蔡坂村辖七个以"社"为单位称之的自然村，分别为蔡坂社、沈厝社、柯坑社、英桥社、后吉社、下尾社和东墩社。本

---

① 本文基于笔者的初次田野调查资料而成，囿于经验及能力，难以做出完整准确的描述，以及合理的讨论，文中多有缺漏，望未来有机会对其可以补充完善。感谢余光弘老师、冯莎老师的带领，用 45 天的时光亲自教导我们，感谢黄永乐、蔡建民、蔡金钟、陈立群、张亚木等蔡坂村村民与工作者，没有他们的帮助本文是不可能完成的。

第十二章
蔡坂村的旅游开发

　　章以蔡坂社为中心对辐射蔡坂行政村范围的旅游开发历史及现状进行阐述与分析。蔡坂村所辖的区域中不仅有云洞岩这个国家级旅游景点,还包含有龙文塔及漳州郊野公园等其他漳州市重要景点,后二者虽不位于蔡坂社而位于其余六社范围内,但皆与云洞岩及蔡坂社相关,因此合并考虑。

　　龙文区蓝田镇蔡坂村地处漳州市东北郊,位于龙文区最高点三峰山以南,云洞岩山脚。龙文区是闽南地区的交通枢纽,而蔡坂村恰处于枢纽的中心地带,地理位置特殊。连接厦门以及漳州的324国道穿村而过,将蔡坂村分为国道北面的柯坑、沈厝、蔡坂与国道南面的东墩、英桥、后吉、下尾两部分。324国道是由厦门等地进入漳州的必经之途,从地理区位而言,称得上是漳州对外的"门面"区域。除了国道324线在村落南侧穿过,漳厦、漳诏、漳龙高速公路也在蔡坂村东北方向约3公里的万松关交汇。此外蔡坂距郭坑火车站仅10公里,距离漳州港和厦门机场均约50公里,交通堪称便利。

　　云洞岩风景名胜区是国家4A级旅游景区,也是省级风景名胜区。景区东起江东桥,西至长山水库,绵延10余公里,总面积约22平方公里,景点多且集中,均沿国道324线漳州迎宾路段北侧的岐山和鹤鸣山山峦上一线摆开,如同一串璀璨的珍珠,撒在九龙江冲积平原上。云洞岩风景区包括大石景区、长山景区、瑞竹岩景区、云洞岩景区和岭兜山景区,这些下属景区分别由漳州市龙文区政府、龙海市政府等多地政府部门各自管辖。本文所描述的云洞岩就是上述五大景区中的云洞岩景区。

　　云洞岩景区原本就是漳州市民平日休闲游玩的首选,已经存在一批稳定客源。随着2012年免票政策的实施,游客数量不断增加,既包括漳州本地居民,也吸引不少外来游客。除了拥有云洞岩这一村庄名片之外,蔡坂村境内还有不少旅游景点,包括龙文塔、漳州市植物园以及漳州市郊野公园的部分区域。由于便利的交通条件,从厦门、泉州来往云洞岩的游客当天就可以返回,这些为云洞岩旅游业的发展提供了基础。

本章主要分析云洞岩的旅游开发与蔡坂村之间的关系,共分为五个部分。其中第一部分将简要介绍云洞岩景区的景观,第二部分追溯村庄旅游业的发展历程,随后将介绍乘着旅游业发展之风而兴起的蔡坂村旅游餐饮业,接着将描述旅游管理部门对于蔡坂村旅游发展的前景规划,最后阐述在此旅游开发过程中所带来的问题与争议。

二、云洞岩的旅游资源

云洞岩风景名胜区由江东桥、瑞竹岩、邺山讲堂、石室岩、万松关等景点组成,由九龙江北溪和西溪环绕。景区内以山多、石奇、林茂、洞幽闻名。其下属五大景区之一的云洞岩景区位于蔡坂村境内,是云洞岩风景名胜区连绵山峦中的一座,也是云洞岩风景区的主景区。除了拥有秀丽的自然景观,云洞岩也因拥有大量摩崖石刻而闻名,历史上众多文人在此留下的石刻成为其重要的人文景观。云洞岩的第三项旅游资源是具有地方特色的美食。

(一)自然景观[①]

云洞岩奇峰兀立,怪石雄峙嶙峋,洞壑绵密幽邃,故又有"丹霞第一洞天"之美称。云洞岩拥有花岗岩地貌所独具的山石景

[①] 本节文字主要整合自云洞岩著名导游黄永乐先生所编写的"云洞岩景区导游解说词"、由漳州石刻博物馆筹备处陈立群先生提供的"龙文区文化遗产保护工程(参考资料)"、林跃生先生的文章"云洞岩"以及王作人先生的文章"云洞岩摩崖石刻"。后两篇文章收录于《云洞岩风景区》(政协漳州市龙文区委员会文史资料委员会 1998)一书中。

第十二章
蔡坂村的旅游开发

色,有别于周边的其余山峰。整座山从山麓到峰颠,几乎全是由各种玲珑奇特、各具神态的花岗岩石层层叠叠垒成的。林跃生形容其"近看有千洞万壑之概,远观如山石盆景之美。"云岚烟雨、雄峰危石、山壑幽洞、摩崖石刻为云洞美景之四绝。

云洞岩山多、石奇,明学士丰熙称其"山尽石,美且巨,他山莫伎焉";兵部尚书陆完有诗云"突兀万石攒,逶迤两溪抱,风掩云进凉,泉流月渟皓"。黄道周云:"尔乃侧径崟崎,阴檐倚仗,巧态相媚,怒势争搏。六虬出而砥石枯,五丁归而巨掌落。欲坠而悬者,上系一丝之鼎;穿崖而出者,下建百丈之旄。皆拂天根,尽离地足。使鬼为之,则劳神矣,胡斧凿焉,而无迹哉。"皆是对云洞岩山石的描绘。站在大门仰望主峰,几块巨石重叠,犹如老子打坐,栩栩如生。

图 12-1　云洞岩主景区全貌

云洞岩上洞多且幽。王作人先生描述云洞岩上有无数天然石洞,其大者可容纳前人。云洞岩上的天然石洞众多,达近百处,

闽南蔡坂人的社会与文化

其中一部分已经开发,而另一部分则依旧神秘。其中最大的石洞"千人洞"如今已经成为云洞岩景区的最重要景点,而据当地村民所说,有相当一部分的石洞是不可随意进去的,有的石洞甚至流传着多人有去无回,困在洞中最终失联的传说。除此之外,山中有许多石洞之间是相通的,笔者跟随当地著名导游黄永乐先生游览云洞岩,途中他便指出多个不起眼的小洞,介绍这些石洞所构成的网络是如何相通的。据《漳州府志·古迹》记载:"山上有石室,深广一丈见方,天将下雨时,云从洞里冒出,雨霁天晴,云又收回洞中。"故"云洞岩"俗称"洞仔岩"。云洞岩又名"石壁山"。此外,隋开皇年间有潜翁隐居于此,养鹤其中,常有鹤鸣,因此也有"鹤鸣山"之称。

(二)人文景观[1]

云洞岩上现存石刻二百余处,作者九十余人,诗文大字,真草篆隶,各体具备,分布于岩壁各处,而绝大部分则集中于蔡烈旧隐处——"观澜"的周围,即今霞窝、月峡以及玄岩等古洞丛集之区。在众多留下翰墨书宝的名人打架中,有宋明理学家朱熹、蔡烈之碑文,有明清状元丰熙、马负书之题刻;有古代名宦陆完、黄道周等之石刻,也有近代名士弘一、傅杰等之墨宝,故被誉为"闽南第一碑林"。云洞岩石刻中历史最为久远的一处当属位于瑶台深处的"许碏寻偃月子至此"八字。

宋代大理学家朱熹于绍熙元年出任漳州知府,在霞窝峭壁上题"溪山第一"四字,字大尺许,旁署"朱熹书",又有"石室清隐"四字,未署名,二刻均为《福建通志·金石志》所录。书法雍容高贵,充分体现了道学与艺术的结合。

---

[1] 本节文字主要整理自《龙文摩崖石刻》(林雪来 2013)。

第十二章
蔡坂村的旅游开发

图 12-2 "仙梁"石刻

图 12-3 "溪山第一"石刻

明代题刻,霞蔚云蒸,更是云洞岩石刻的极盛时期。在山道上,两处大书深刻"云洞",一为方伯莆田周瑛楷书,一为考功林达篆书。翰林学士丰熙与"鹤峰主人"蔡烈友善,他纵览云洞风光,发掘不少奇迹,振笔题上大字和诗篇,如"霞窝"、"仙梁"、"得朋"以及"枕流"等。

云洞岩上还有史前岩画"仙人迹",以及始于五代盛于明清的摩崖石刻群等均为著名石刻,以及大量石碑、石造像、墓志、建筑石刻构件和各种石刻艺术品。这些古代石刻反映了政治、经济、军事、宗教、文化艺术、民俗文化等社会历史的方方面面,是十分珍贵的文化遗产。但随着城市建设的快速发展,土地不断被开发利用,石刻文物正在遭受损毁或流失。

(三) 蔡坂特色美食

随着云洞岩旅游业的逐步兴起,紧邻景区的蔡坂村民自发兴办旅游餐饮业,如今在蔡坂村境内有近二十间店铺门面经营餐饮行业,全部分布于云洞岩路旁。除此之外在该公路两侧还有几十摊临时流动摊点,此起彼伏的叫卖声成为不少游客对于云洞岩的特殊记忆。

闽南蔡坂人的社会与文化

1. 蔡坂村旅游餐饮发展

餐饮行业最初在蔡坂并不如今日这般盛行,随着个别几家小餐饮店的生意日渐红火后,蔡坂兴起一股开设餐饮摊点的风潮。蔡坂村餐饮行业的最大特色是盐鸡的制作和销售,几乎每一家餐饮店铺的菜单上都包含盐鸡一项。如今蔡坂的盐鸡销售以及其他小吃小炒等餐饮业已成规模,为相当一部分的村民的日常生计带来变革。据村民回忆,蔡坂村于1991年起就开始陆续有村民在沿着鹤鸣楼至山脚的石阶两侧现场制作盐鸡,卖给来往的游客。这样的盐鸡摊点发展到20世纪90年代末已经约有50家,极具规模。此时的盐鸡摊点售卖范围已经不只有盐鸡,还有四果汤、小炒等,甚至有部分摊点已经建立起几间包厢,用于唱歌娱乐。2003年景区管理委员会决心再次整治云洞岩景区景观,于是下令搬迁所有盐鸡摊点,这一工程一直持续到2005年。由于不少村民已经在山脚石阶两侧安家落户,住在自设的盐鸡摊点内,为了解决这一部分村民的生活问题,管委会和政府部门共同为他们在云洞岩路西侧划出一片空地做为安置之用,这块地被村民称为"盐鸡城"。云洞岩管委会相关人士介绍,盐鸡城共有41幢洋房式建筑,但调查时所见的数量并没有如此之多。由于今日蔡坂的多数盐鸡摊点属于临时流动性摊点,因此通过一般性地随机走访难以得出确切的摊点数字,据笔者估计工作日在云洞岩一带的旅游餐饮店铺与摊位约有55处,在双休日和节假日则大约达到80家。

除了3间大型盐鸡饭店以及13家小吃店拥有固定店铺和室内用餐的环境以外,云洞岩其余盐鸡摊均为路边摆摊式摊点,这些临时盐鸡摊位多为妇女独自经营。约有四成的临时盐鸡摊搭配销售四果汤或其他现做甜品,而瓶装饮品则摊摊有售。摊主多数是十年前曾经在云洞岩山道两侧摆摊经营的村民,他们如今将摊位撤到云洞岩路上并几乎连成一片,已然形成一个联合的群体。平日里,摊主家中的男人大多外出打工,或充任附近村落中压板厂工人,或担任附近运输公司叉车、卡车的驾驶员等。在这些临时盐鸡摊点中规模最大的要数宝荣盐鸡,这一摊点包括了三顶太阳伞、三个炉灶、三张木制圆桌(每桌可坐6人)、两张大石桌以及几张矮桌。而规模较小,摆摊方式较简易的摊点则仅有一个炉灶,有的甚至没有炉灶,仅靠一位妇女携带一个方形泡沫保温箱进行买卖。与小型盐鸡摊不同的是,大型盐鸡饭店或餐饮店中除了业主以外通常还有其他员工。其中餐饮店通常聘请2至3位工人,而大型盐鸡饭店中除了营业者一家以外另需聘请20多位员工,他们当中大多是来自漳浦、诏安及华安等漳州周边地区,25至35岁的青年人。

　　除了上文所描述的盐鸡摊点外,近年来云洞岩路两侧的旅游餐饮生意还出现了一些不同的情况。有的餐饮摊点已经不是由中年妇女,而是二十多岁的年轻人所经营,例如燕萍盐鸡的主人黄燕萍就是一名90后,她和她的先生于去年刚刚完婚,由于丈夫是蔡坂人,于是夫妇二人共同在云洞岩路边摆起盐鸡摊点。而有的店铺则经营起了其他种类的饮食,例如云洞岩休闲站的店主与自己的好友于半年前开设刨冰饮品店。此外也有来自蔡坂村以外的经营者,如水头牛肉店的老板来自邻近的颜厝镇水头村,自从娶了来自蔡坂的妻子后,便将著名的水头牛肉店开到云洞岩,水头牛肉店于四年前开业,也是一家云洞岩路上的新兴店铺。

2. 云洞岩的特色食品

　　蔡坂村所经营的餐饮种类除盐鸡外,还有四果汤、糍粑、亚答积串等特色美食,如今这些小吃已成为云洞岩一大特色,在为蔡坂村民带来一定的经济收入的同时,也隐性拉动了云洞岩的游客量,以下介绍这些食品的制作方式。

　　(1)盐鸡

　　云洞岩盐鸡的制作方法源于盐焗鸡,当地村民对盐焗鸡做法

闽南蔡坂人的社会与文化

进行了改良,除了保留完整鸡身、外表澄黄油亮、鸡肉营养丰富的特点外,进一步加工形成了现在这种皮爽肉滑,骨香味浓的云洞岩盐鸡。如今盐鸡已成为了云洞岩的特产,享誉省内外。

云洞岩盐鸡制作简单快捷,整个过程只需20至25分钟,一锅通常可以同时制作两只,易于成为游客快速餐饮的选择。制作时多选肉质较嫩并且没有过多脂肪的雏鸡。首先将鸡褪毛洗净,去嘴骨、爪皮、内脏。点燃火炉后将火力控制在中火,在锅中铺入约2至3厘米厚的粗盐,再使用四至六根长约20厘米,宽3至4厘米左右的竹条在锅中简易搭置一个"井"字形架,也可用其他方格形支架。用刷子在处理好的鸡内外刷上香油、辣椒油,并配上市场上所购买的"盐焗鸡特制调味料"、胡椒粉、葱、姜等,随个人烹饪手法不同还可以加入茴香、荷叶等香料。将调味好的全鸡放于锅中支架上,再在鸡身上撒少许粗盐,而后盖上锅盖焖焗约20分钟即可。鸡肉的特色在于肉质的细嫩,因此需要控制好火候,避免火力过猛或者时间过长,导致鸡肉变硬变粗。

(2)四果汤

四果汤是闽南地区特有的甜品,以漳州地区的四果汤最为著名,云洞岩景区大道两侧就布满了各类四果汤摊点。早期四果汤的制作方法是在蜜水中加入草莓干、李子干、柿子干、桂圆肉等多种风味的果脯,因此得名四果汤。

随着村人饮食习惯的改变,为了迎合新一代人对于甜品和冰品的需求,今日的四果汤已经和从前大有不同。在炎热的夏季,四果汤摊点通常会使用挫冰来代替常温的饮用水,且辅料更加多种多样,通常包括芋圆、薏米、红豆、莲子、绿豆、银耳,除此之外,每一个摊点还会创意性的提供各种配料供食客自由选择,例如菠萝、西瓜、葡萄干、芒果等,最后淋上调制好的糖浆即可。

(3)麻薯(糍粑)与亚答籽

闽南地区许多地方都有形似于"糍粑"的特色甜点,闽南人称

第十二章
蔡坂村的旅游开发

之为"麻薯"$moā\ tsi$,但漳州地区的麻薯与厦门和泉州所出产的均不相同,最大特色在于漳州麻薯的馅并非芝麻、莲蓉、绿豆沙等香甜类膏馅,而是油炸类的脆馅。云洞岩麻薯摊点不多,但购买的游客却不少,其中不少是"回头客"。这里的麻薯制作方法与漳州城区麻薯相似,但更加注重香甜和湿润的口感,食用时不会因感觉过度干燥而难以下咽。

蔡坂麻薯主要分四部分,即皮、馅、内料和外料。麻薯的皮由糯米粉制成,将糯米粉加水搅拌成团,放入锅中蒸20分钟左右,进一步去除糯米团中的水分,出锅后再搅拌片刻至高黏稠度,而后置于阴凉处,待其冷却后取一小团,以直径3.5厘米为佳,在面粉中压扁,备用。

麻薯的馅由面粉制成。将面粉加水搅拌成黏稠状,取一团搓成细长条,用擀面杖将其擀成2厘米宽的面条片,经油炸之后形成外表金黄、口感酥脆的脆片。

麻薯的内料由白糖和黑芝麻分别研磨至极细粉状后混合制成。麻薯的外料则由花生末和糖混合而成,类似于闽台贡糖,也叫花生酥,由花生和糖研磨成颗粒状并加入少量麦芽糖混合而成。

在蔡坂村村道边的麻薯摊点通常四样原料摆放整齐,即做即卖。将面粉制成的馅裹上内料,而后用糯米粉做成的皮包裹严实,丢入装外料的盆中滚上一滚,沾上由花生为主的外料,即可食用。值得一提的是,由于内料中的白糖研磨程度很高,粉末很细,因此被包裹后极易融化成糖浆,解决了麻薯食用时过于干燥的问题,但制作好后要尽快食用,否则容易变质。

在蔡坂村的麻薯摊点还有另一种特色甜点,是将芋圆与上述的麻薯内料混合,口味独特,也广受游客欢迎。蔡坂村的麻薯摊主将做好的芋圆与白糖粉末及黑芝麻粉末的配料混合,立刻赋予芋圆新的口味,这样的做法也是蔡坂麻薯摊独有的创新。芋圆在

闽南蔡坂人的社会与文化

闽南还有另外一个名称,叫"亚答籽"*ah tah tsi*,口味香润,并且在极富有弹性的口感中又带有一些清脆,因此深受食客喜爱。芋圆的制作方法和前述麻薯皮的制作方法相似,不过制作原料由糯米粉换成木薯淀粉。其制作方法是将木薯淀粉兑水搅拌完全之后,放入蒸笼蒸至水分基本排出,待其冷却后切成块状即可食用。

三、政府对云洞岩的开发与未来规划

对于近三十年来居住在蔡坂的村民而言,云洞岩景区的开发深刻影响着他们的生活,旅游在为蔡坂带来游客的同时也为蔡坂带来烦恼。一方面,旅游业的开发加速蔡坂融入现代化城市建设的进程,另一方面,随着开发而来的挑战也一并呈现在村民面前。

(一)云洞岩的旅游开发

根据蔡坂村的老人回忆,云洞岩东南方向的山脚处曾有13组打石队共同开采石材,炸山采石曾经是蔡坂村民主要的经济来源。1980年时任省政府龙溪地委书记的刘秉仁赴云洞岩考察,认为当地采石业对于云洞岩造成极大破坏,决定制止当地采石业继续发展。他在将云洞岩划入政府开发建设规划范围的同时,还确定了云洞岩为新建旅游区对象,并通知下级部门着手筹备建设云洞岩风景区的事宜。1981年土地规划部门宣布封山建设,所有采石队被要求停工撤出云洞岩。1982年起"云洞岩风景名胜区"正式成立,并成立云洞岩风景区管理委员会(以下简称"管委会")作为景区管理者和开发执行者。

1985年管委会开工建设鹤鸣楼;1986年管委会规划并启动圣王亭的建设;1988年云洞岩景区建设佛母殿;1989年景区管委会于距离山脚约300米处启动建设大雄宝殿。其中佛母殿和大雄宝殿均为原址重建,佛母殿建造前,原庙舍已经完全塌毁,而传

第十二章
蔡坂村的旅游开发

说始建于南宋理宗年间的大雄宝殿重建前并未塌毁,但历经风雨沧桑后已成为一个荒废的破庙。

1991年曾担任福建省龙溪地区行署专员和漳州市政协主席的离休老人张全金本着为社会做好事的想法,独自筹款并设立"榕径工程"专项基金,计划在云洞岩鹤鸣楼至万松关两公里的山路上种植榕树,开辟"榕径"。这一举动得到市林业局、财政局、交通局以及区政府的支持,23年来他种植的榕树共有1119株成活,其中一部分如今已是参天大树,"榕径"整体已初具规模。

2004年至2005年,经过新一轮的景区规划,由漳州市城市建设开发中心负责施工,在云洞岩山脚建立了景区大门,以及两幢两层办公楼供景区管委会使用。在这一轮景区大门管理配套服务设施建设中,管委会还征用从大门到云洞岩山脚的大片农田,开凿一个人工湖,并在其上建造亭台楼阁。除此之外,管委会还将大门口的游客广场命名为黄道周广场,将广场地上所呈现的方格圆形图案命名为"天方盘"。"天方盘"是明代理学家黄道周(1586—1645)为了演示天地日月运行规律及其与易象数方圆关系所设计的,原件位于漳浦黄道周纪念馆内,由方圆格组成,圆圈代表"天",方格代表"地","天圆地方"代表中国古代传统的世界观。天地盘是黄道周观天象、测风雨和二十四节气变化预兆的教具,具体运算方法是"方圆相削,凡十八变而反于极",然而在黄道周编造的像迷宫般浑沌的方圆世界里,究竟要如何"方圆相削",迄今无人能解。

除了上述出自官方之手的建设规划外,民间财力也投资其中。近年来东胜集团与旅游管理部门合作,在大门东侧(即与景区管委会相对的一侧)建设了漳州香格里拉酒店。该酒店是按五星级酒店标准设计、配置的商务休闲度假酒店,如今酒店常用于外租给企业团队度假或培训等活动,因此客源多为团队客而非个人散客。由于云洞岩景区半天左右即可游览完毕,因此少有游客在此过夜,在景区开发还未完全成熟的情况下,该酒店对于游客旅游周转的作用较不明显,生意也较为清淡。

云洞岩风景区于1982年正式成立后,经过几年的建设,于1986年开始出售门票。最初的票价是2角,随后几年陆续有5角、1元、2元、5元、10元等不同程度的上调,直至2012年时,门票标准为20元每人。2012年1月19日,漳州市政府取消云洞岩门票收费,该举措作为民办实事的项目之一受到了各界拥护。根据景区管委会统计显示,实行免票后,2012年云洞岩全年游客量较往年增长了100%,即人数增长一倍。但随之而来的是"取消门票"这一政策后所带来铺天盖地的环境保洁问题、停车问题、安全问题、景区管理问题。景区保洁人员回忆,在取消门票的最初几个月内,云洞岩险些成为"垃圾山",由此随之相配套的一系列景区管理升级工作也在景区免票后相继展开,扩充保洁人员队伍、加大安保力度、增加导游以及景区导览服务等,都成为近几年来云洞岩景区管委会努力完善的内容。

(二)围绕云洞岩旅游开发所进行的场馆建设

近几年来,龙文区政府委托中国城市建设研究院对于局部区域进行详细规划,包括《云洞岩路景观提升计划》、《云洞岩休闲公园建设规划》以及《柯坑新农村改造规划》等,均被列入云洞岩风景名胜区主入口道路两侧环境整治详细规划的范畴中。以上三份规划方案涵盖了从324国道与云洞岩路路口到景区大门道路两侧的所有店面设计、植被种植、建筑用途及归属等。在整体规划布局中,云洞岩路西侧沿街土地规划依次为柯坑村、福建省永润海峡文化创意园、蔡坂新村(盐鸡城)、旅行购物步行街、餐饮街、蔡坂村等,形成一系列服务于云洞岩风景区的旅游配套设施;而在云洞岩路东侧则依次为漳州市植物园西片区、陶瓷艺术馆(项目已中止)、理学名人园、蔡坂新村及其一楼沿街店面,以及一

第十二章
蔡坂村的旅游开发

块待规划的旅游用地(原龙之山度假村,已荒废)。除此之外,云洞岩管委会所在的两幢办公楼也被规划用于建设漳州市石刻博物馆,而景区管委会只保留一层楼做为日常办公之用。以下对政府所做的围绕云洞岩旅游开发而进行的场馆建设进行逐一介绍。

1. 龙之山旅游度假村

土地规划部门于1996年在云洞岩山脚偏东方向规划出约35.3万平方米的土地用于农业旅游观光。恰逢当时龙之山度假村项目申请上交,其建设思路正好与之吻合,因此该项目不久即获批准。龙之山度假村由几个股东共同合资兴建,其中出资最多者为一名台商。为了龙之山度假村的建设,该区域的村民全部被征地拆迁。加之同时期龙文区电力大改造,东石电厂的高压电线塔需要经过蔡坂村,这一工程也要拆迁村庄中约四分之一的住房。因此两个项目的管理方共同在云洞岩路东侧划定另一片区域,建设蔡坂新村,用于安置被征地拆迁的村民。这片区域建设时间早于盐鸡城,最终与盐鸡城共同称为蔡坂新村标于各建筑规划图纸上。

然而龙之山度假村的发展并不尽如人意,1998年正式开始建设之后进展缓慢,并且在建好度假村大门、消防设施、池塘以及部分植被之后就停滞不前。据说是因为个别股东出了意外,有知情者透露是因交通事故丧命,另有消息称是因犯案而被逮捕。但无论如何,龙之山自21世纪初以来就一直成为一片荒地。其所有权和使用权因已经卖给最初的投资方而无法撤回,几年来不断有村民在这片荒地上尝试经营各种休闲娱乐产业,但最终都以投入大于产出而宣告失败,这些休闲娱乐产业包括了农家钓鱼、摘草莓、野炊,以及真人射击对战、户外极限运动等。

由于龙之山的开发早已搁浅,文字资料也无从查找。笔者从当地村民一剪报本中摘录了以下信息,其中对龙之山度假村的功能定位及主要建设计划进行简要介绍。但由于剪报本中未注明

闽南蔡坂人的社会与文化

出处和时间,因此我们难以确定该新闻的真实性和其他具体信息,剪报中部分内容如下:

> 借助外力促开发。总投资为1250万美元的龙之山休闲度假村已在云洞岩山脚加紧建设,已完成投资229万美元,将开辟"人工滑雪"、"人工海浪游泳池"、"霹雳滑车"、"猴岛"等娱乐项目,为游客创造集观光、娱乐、休闲为一体的旅游好去处,丰富云洞岩的旅游内容。①

2. 陶瓷艺术馆

在确定了文化旅游产业用地的土地用途之后,曾有投资者表示愿意在介于龙之山度假村与漳州市植物园之间的荒地上投资建设陶瓷艺术馆,这一提案获得旅游规划部门的认可,因此在整体设计规划时预留出一块位于理学名人园与植物园西片区之间的土地做为陶瓷艺术馆的所在地。然而令人意外的是,该项目投资者在获得许可后不久随即放弃了这一项目,决定中止投资,陶瓷艺术馆的计划因此搁浅,如今土地具体如何使用还有待进一步规划。

3. 永润海峡文化创意园

云洞岩路两侧用地类别均被归为文化旅游产业用地,因此只有与此相关的项目才有可能在云洞岩路购买并使用土地,永润文化园就是其中一例。该园投资与建设管理由福建省永润装饰工程有限公司承担,自2011年5月起至2012年12月,共投资8000万元,随后该项目列入省、市两级政府"十二五"文化产业重点推动与扶持。笔者从云洞岩管委会查阅到永润文化园的项目书,其上详细介绍永润文化园的设想与规划,其中重点摘录如下:

> 永润海峡文化创意园投资项目占地40000平方米,是目

---

① 该剪报题为"今非昔比云洞岩",作者为杨志明,其余信息无法得知。

前漳州市区唯一大型综合型文化创意城。以漳台人文特色为题材,集文化创意、文化旅游、休闲等诸多功能,建成之后将成为漳州市一个产业聚集明显的文化产业重点园区。

该项目以文化旅游资源为元素,以会展、休闲为核心,融传统艺术精品表演、艺术精品展示和休闲娱乐服务为一体。该项目的实施有利于推动漳州文化创意产业的发展,对于把漳州市建设成为与其经济地位相适应的闽南地区文化强市,具有积极的促进作用。[①]

永润方面计划将创意园分为两部分,一部分为产品制造中心,另一部分为研发和展示中心。在产品制造区域中,规划了包括画家创作中心、木偶加工作坊、木雕加工作坊、石雕加工作坊、民间剪纸创作中心、复古家具加工作坊、狮王陶艺坊以及包装车间等八部分。如今永润创业园正在有条不紊地施工建设中。

4. 理学名人园[②]

漳浦地区曾于清乾隆朝出过一名翰林编修名叫蔡新(1707—1799),与黄道周名气相仿。近十多年来漳州民间成立漳州市蔡新研究会,不仅研究与蔡新有关的人物史料,同时也并入世界蔡氏宗亲总会,收集研究有关其他与蔡氏宗族有关的史料。蔡新研究会有一个长久以来的目标规划,即建设一幢蔡新纪念馆,但一方面苦于没有土地,另一方面苦于上级政府不批准。

云洞岩景区周边土地用途划定为开发文化旅游产业后,蔡新研究会申请在云洞岩路中段东侧建造该馆。旅游规划部门通过研究讨论后同意建设,但要求其应归入云洞岩休闲公园的整体建

---

① 该部分材料摘自"福建省永润海峡文化创意园项目书",材料由云洞岩景区管委会提供。

② 理学名人园人物资料节选自《龙文历史人物》(政协漳州市龙文区委员会文史资料委员会 2000)。

设中,并强调纪念馆不能只展出有关蔡新的历史资料,而应该结合云洞岩理学名山的特色,将其他名人也纳入。通过各方面的协商,最终决定建设成为理学名人园。

根据前期规划,理学名人园将以漳州地区柯蔡姓氏公共祖庙为主体,在祖庙两侧建设两列纪念展览馆,介绍包括蔡新、蔡烈、蔡玉卿与黄道周等在内十多位与云洞岩有关的理学名人,其中以蔡氏和柯氏为主。理学名人园也拥有另一个名称为"柯蔡家庙"。以下列举几位已确认将被规划方列入理学名人园列表的人物。

(1)蔡烈

蔡烈是明朝嘉靖年间理学家,龙溪(今蔡坂村后吉社)人,字文继,年少时曾为庠生,是随州太守蔡杲之子。师从晋江蔡清,后又受学于莆田陈茂烈。明嘉靖年间隐居于鹤鸣山(即云洞岩)讲学,当时四方名士访道问学接踵而至。蔡烈于山中读易讲学,著有《读书录》《孝经定本》《大学格物致知传》《道南录》《朱子晚年定论》《诸儒正论》《大儒粹言》等若干卷,人称他为"鹤峰先生"。

蔡烈的诗《初入鹤鸣山作》曾载入《漳州府志》卷四十一。诗云:"性僻林泉入鹤山,入山得趣出山难;云收古洞千峰寂,泉绕元岩万玉寒;半塌草庐幽处结,一篇周易静中看;庙廊济济诸贤聚,也要矶头有钓竿"。状元丰熙见到蔡烈,感叹道:"先生不言躬行,熙已心醉矣。"

蔡烈逝世后,葬于云洞岩南麓,墓坐西北向东南,所在之处建起一座"鹤丘亭",林达在蔡烈逝世后为其题词曰:"鹤峰千仞,龙江数曲。中有一丘,其人如玉。"如今这十六字铭刻在鹤丘亭正中央的石碑上。鹤丘亭已经成为省级物质文化遗产被加以保护。

第十二章
蔡坂村的旅游开发

(2)丰熙

丰熙,字原学,浙江鄞县人。明弘治十二年(1499年)乙未科伦文叙榜①进士第二人。授翰林院编修;正德三年(1508年),升为侍讲。曾出任顺天府乡试考官。因不依附于宦官刘瑾,出掌南京翰林院事。世宗即位,升翰林学士。兴献王"大礼议②"发生,丰熙偕礼部官员多次力争,并与众文臣俱伏左顺门哭谏,皇帝大怒,将其下诏狱,后又遣至福建镇海卫,达十三年之久,最后死在戍所。享年70岁。有一子名为丰坊。

明嘉靖丁亥年(1527年)十月廿四日,丰熙慕云洞山峰美景与洞主蔡烈之名,从镇海卫乘船到云洞岩的九龙江边。在云洞岩,丰熙与蔡烈共同游览山峰,谈诗论道,二人如同久未逢面的挚友都感到非常愉悦,并立即结下深厚的友谊。丰熙在云洞岩逗留数月,在蔡烈的带领下游览了云洞岩及附近各地,并为云洞岩留下不少墨宝,包括"霞窝"、"云屏护霞窝,万象决双眦,洞口桃花开,飞色迈空翠"、"仙梁"、"得朋"、"风动"、"枕流"、"孝妇冢"等十余处,特别值得一提的是位于千人洞之左,共1160字的"鹤峰云洞游记"。

(3)黄道周与蔡玉卿

黄道周(1586—1645),字幼玄,一作幼平或幼元,又字螭若,螭平,号石斋,明末漳浦人、书法家、文学家、儒学大师、民族英雄。明朝天启二年(1622年)进士,深得考官袁可立赏识,历官翰林院

---

① 1499年为乙未年,因此名乙未科。该年殿试中进士第一人(即状元)为伦文叙,即以其名称该年金榜,因此称为伦文叙榜,丰熙在该榜中位列第二。

② 指发生在明正德十六年至嘉靖十七年(1521—1539)间的一场规模巨大、旷日持久的在皇统问题上的政治争论。大礼议"始而争考、争帝、争皇,继而争庙及路,终而争庙谒及乐舞。"斗争的焦点是明世宗以地方藩王入主皇位时,如何确定世宗生父朱佑杬(兴献王)的尊号。该部分解释引自百度百科相关词条。

修撰、詹事府少詹事。南明隆武时，任吏部兼兵部尚书、武英殿大学士。道德文章，冠绝一时。深究理学，精于易经。善书画，尤精行草，独具一格，时称"漳浦体"。抗清失败，被俘殉国，谥忠烈。

蔡玉卿，字润石，明万历四十年（1612年）生于龙溪鹤峰（今蔡坂村）一世代书香之家，自幼即受到良好家庭教育，喜爱读书而不苟言笑，十岁能文。天启三年（1623年）黄道周原配林氏扶持太夫人入京师就养时，行至嘉兴因病逝世。明天启六年（1626年）春，15岁的蔡玉卿嫁与黄道周为继室。此后她在黄道周的影响和帮助下，博览群书，逐渐成为一位有见识、有骨气、有才学的才女。

黄道周因厌恶宦官魏忠贤结党营私，把持朝政，陷害贤良，在崇祯三年上疏请求赦免钱龙锡而受到株连降三级，四年后又得罪阁臣因而被罢斥为民，回漳州后设立榕坛讲学，蔡玉卿为了让黄道周专心治学，不但承担一切家务，并负责主办学生膳食。后黄道周于崇祯十一年（1638年）再次入京任职，但同样因得罪宦官逆臣而被降六级，贬为江西按察司的小官，黄道周就此告病辞官回家。三年后黄道周继续遭陷害，被逮捕入狱。黄道周其人一生就在这样的沉浮中坚守自己的气节，蔡玉卿也始终相伴左右。

清顺治三年（1646年）三月初五日，黄道周与妻弟蔡春溶一起殉难于南京，临死前用鲜血书写"纲常万古，节义千秋，天地知我，家人无忧"十六字遗书。蔡玉卿接到噩耗与遗书后岁悲痛万分，但坚强生活，独自抚养他们的儿女。

黄道周殉国后，蔡玉卿被敕封为"一品夫人"。她与黄道周婚后共有四子，长子子中，次子子成，三子子和，四子子平。道周牺牲时，长子才十五六岁，幼子尚在怀抱中。蔡玉卿自从与黄道周结婚后，伴随着黄道周屡遭挫折困顿。艰难的逆境磨炼了她一副铮铮铁骨，所以被后世人成为"闺阁中的铁汉"。

第十二章
蔡坂村的旅游开发

(4) 蔡潮初

蔡潮初,字襟三,别号略庵,清朝龙溪(今蔡坂社蔡坂村)人。蔡潮初自幼聪明,勤奋好学,二十岁补博士弟子员,宣统元年(1909年)考进拔元①,被任命为江西县丞。但他不愿就任,于是建立私塾教学,创办漳州岱东小学(今岳口小学)并任校长。除此之外,他还担任过龙溪县商会会长,后来改行从医成名。他精心钻研医学,从实践中总结经验;与此同时,他也经常对穷人进行义诊送药,颇受民众称颂,是一位医术、医德均受人敬仰的名中医。

蔡潮初博读许多医书,包括《凡》《难》《伤寒》《金匮》等。尤其精通于对《金匮》以及东恒、丹溪、景岳诸家学说的研究。善于运用《金匮》经方,以中医药治疗内科奇难杂症,重病多有好转,因而闻名。

(5) 蔡竹禅

蔡竹禅,又名大勋,于1898年出生,为蔡潮初之长子。1916年进入漳州一家有名的店铺由小杂工开始做起,逐渐展现其商业才能。1921年他与另外两名华侨曾友梅和许松山共同集资创办华侨钱庄。1926年蔡竹禅任漳州商会会长;1934年当时的漳州漳龙汽车公司因经营不善濒临破产,被省建设厅收买整顿,后集股添资,蔡竹禅也入股受聘为经理。他做了许多创新举措,整顿人事,修订规章,荐拔员工,漳龙汽车公司生意日渐兴隆。1937年4月蔡竹禅联合17家汽车公会联合会,在厦门成立全省汽车同业公会联合会。抗战爆发后,漳龙公司许多股东纷纷退股,蔡竹禅冒险收购股票,成为漳龙公司董事长。抗战期间,漳龙公司和蔡竹禅个人均经历了许多困难。1951年他顺应局势与政策变化,将漳龙公司交给国家经营。1949年以后他先后担任过漳州

---

① 拔贡第一名的简称。拔贡为科举制度中由地方贡入国子监的生员之一种。

闽南蔡坂人的社会与文化

市政协副主席、漳州市副市长、福建省龙溪地区行署副专员等职务。

5. 石刻博物馆[①]

漳州市石刻博物馆由龙文区文体局牵头规划建设,位于云洞岩景区,与景区管理委员会办公大楼相邻,拥有两座互为连通的二层楼房,共四个展厅。博物馆主要展品陈列于一层的两个互通的展厅。二层两个展厅分别做为文化艺术(书画)展厅和文化讲堂。一层两个主展厅的陈列,可延伸到馆外空地,使之成为大型石刻辅助陈列场所。通过石刻博物馆的建立,进一步加强云洞岩、石室岩等处岩画、摩崖石刻的管理与保护利用,加大对全区石刻文物的保护管理和对流散石刻文物的征集力度。

展厅陈列分为序部、原始石刻艺术、史前岩画、摩崖石刻、历代碑刻、民俗石刻六部分,另有现代展示技术"漳州虚拟数字云洞岩",和可供查询的"漳州全市石刻电子数据库"作为辅助陈列部分。目前,该博物馆正在有条不紊地建设中。

四、云洞岩旅游开发对村民的影响

蔡坂村民对于旅游之态度从最初的反对到无奈接受,经过了漫长的过程。然近二十年来,经过不断的乡村发展规划,蔡坂社房屋已被拆除大半,原先的老村如今只剩下几条宽不过5至6米,长不过200米的村道,及其两侧的房屋。取而代之的则是新建的蔡坂新村,以及其他建筑。整齐划一的土地规划,一排排大同小异的洋楼建筑,已经失去了闽南古村的原有特色。

---

① 该部分资料由漳州石刻博物馆筹备委员会负责人陈立群先生提供。

第十二章
蔡坂村的旅游开发

（一）旅游开发对蔡坂村民的影响

在整个研究调查的过程中并无村民对此表示反对和抗议，但他们时常表示出一种带着不满的无奈，这种无奈既体现他们对于官方一些规划并不认可，同时也体现了当地人在地区规划上的完全失势。不断地征地拆迁对于村民的心理也产生了一定的影响，这种影响直接体现在其对于陌生人的敏感和防备上。在我们调查队入住蔡坂社初期，就亲身经历这种略显紧张的社会氛围。不少村民对我们避之唯恐不及，偶有上前问安或搭讪的，第一个问题通常是，"我们要拆迁了吗？"、"你们是政府派来进行拆迁的吗？"、"你们是来测量地图准备拆迁赔偿的吗？"也曾耳闻在我们还未到达之前村里对于我们的传言是这样的，"我们这里快要被拆迁了，所以过一阵子有十几个大学生要来村里做蔡坂村文化民俗的调查。他们调查后是要写作成书的，而他们一走我们就要拆了。所以他们是来做最后的调研"。尽管最终这样的谣言不攻自破，但村民对于拆迁一事显然已有心理上的负面影响。

1. 景区及周边设施建设

云洞岩旅游开发对于蔡坂村最大的影响即对于村民的生活和居住用地进行大规模征收与拆迁。2004年至2005年为了建设景区大门、黄道周广场以及人工湖，位于云洞岩山脚下的大片农田被征收，这些农田是蔡坂村民最主要的耕地。农田被征收意味着农业生产逐步从蔡坂社村民的生计方式中消失，村民们不得不另辟蹊径寻找新的经济来源。其次，龙之山度假村和盐鸡摊整治使得一部分房屋被拆除，东石电厂高压线路改造则拆除了另一部分房屋；近年来所规划建设的陶瓷艺术馆、永润文化创意园所在位置曾经也都是蔡坂村民住房宅地，这几轮围绕旅游开发而进行的场馆建设，征用一大半蔡坂村民的住房用地，使得村落规模越来越小。

2. 禁止采石

由于云洞岩旅游开发是漳州市市政府城市建设的重点规划之一,许多政策具有强制性,而难以根据当地人的意愿为转移。被动卷入旅游开发的蔡坂人则时常受制于一种与政府部门以及游客之间的张力中,这些都为村民们的生活带来不便。

云洞岩景区在最初进行开发时对于蔡坂人采石行为的禁止就体现这种强制性。昔时蔡坂人"靠山吃山",喝云洞岩里的山泉水,开采云洞岩做石头生意,在云洞岩山脚下进行农业活动,云洞岩为蔡坂人提供了赖以生存的自然资源。因此在云洞岩被封山的初期,蔡坂人对于旅游开发相当反对,在整治过程中与景区开发部门历经冲突与调解。采石业被禁止以后,蔡坂人逐渐将主要经济生产方式转向为木材加工。起初许多家庭仅是以个体作坊的方式进行少量木材加工,但随着时间推移,以工厂为单位进行木材加工的方式在蔡坂村逐渐兴起,如今仅蔡坂社就已经建有三四十家木材加工厂。

3. 道路修建

云洞岩旅游开发另一个重要影响,是由于村庄道路修建以及其他大型旅游项目兴建而对蔡坂村民所拥有的田地所进行的大规模征地。1982年为了开辟云洞岩旅游风景区,交通建设部门建设了第一条由324国道通往云洞岩山脚的公路,路口就在蔡坂村村口,即今日龙文区人民武装部大门东侧。该条道路经过蔡坂小学后右转,而后在蔡坂新村(盐鸡城)处左转,直达云洞岩山脚,整条道路完全横穿蔡坂社。1997年龙文区加大了对于云洞岩景区规划改造的力度,计划修建一条笔直的道路直通云洞岩入口,因此将云洞岩与324国道直线距离上的小山丘一分为二,开辟了今日的云洞岩路。云洞岩路于1997年开始修建,由龙文区建设局下属龙文区城市建设开发中心施工建设,1998年完工。道路连接云洞岩大门与迎宾路,全长900多米。道路宽30米,其中机

第十二章
蔡坂村的旅游开发

动车道宽 15 米,两侧绿化带各宽 7.5 米。2008 年云洞岩路进行第二次改造,包括在云洞岩路与迎宾路交汇处修建转盘、在云洞岩路沿街两侧修建 3 米宽人行道以及规划建设沿街景观灯。2013 年为配合漳州市植物园东侧片区规划,龙文区政府又再次对云洞岩路以及道路两侧进行整体规划,内容包括柯坑社的旧村改造与景观美化、修建云洞岩休闲文化公园,以及对于云洞岩路整体的规划。除了占用道路的房屋必定在道路修建时被拆迁外,道路的修建也必然会波及周边的房屋,不少恰好建于路边的店面与房屋均因影响整体景观而被拆除或整改。

如今漳州市环城公路即将开启新一轮建设。按照规划,公路将横穿蔡坂村村境,据估计这一轮拆迁的房屋总数要大于前几次拆迁数量的总和。届时蔡坂老村将基本消失,如此看来,村民们对于开发、规划、建设、拆迁有如此敏感和担忧也就不足为奇了。

4. 蔡坂新村的建设

连年的旅游规划与治理对于蔡坂村民而言带来许多困扰,除上述场馆建设、道路修建而带来的征地拆迁外,对于云洞岩山道两侧盐鸡摊点的清理也使不少村民失去了临时栖息之所(清理时已有不少居民住进了盐鸡摊点)。为此蔡坂新村的规划与建立也对蔡坂村民发生很大的影响。如今蔡坂新村已经成为蔡坂人的主要聚居区之一,在近几年的建设与发展下,政府对于蔡坂新村的规划与设计也逐渐形成新的蔡坂人居住景观样式。

蔡坂新村的建成,不仅构筑蔡坂人新的居住环境,也重新划定蔡坂各家户的居住位置。居民的居住位置进一步影响村人的邻里关系以及宗族关系。

(二)频频发生的纠纷

云洞岩旅游开发过程中时常伴随着蔡坂村民与有关部门之间,对土地与公共建筑的归属问题存在矛盾而带来的冲突。

1989年景区管委会在山腰处重修当时甚为破败的大雄宝殿,新大雄宝殿落成之后庄严雄伟。蔡坂村民见大雄宝殿落成,便将村庙中世代祭拜的神像一一搬入殿中供奉,而后每当年节,便聚集全村善男信女在山上进行祭拜仪式。景区管委会和旅游管理部门对此相当反感,认为大雄宝殿是政府规划云洞岩景区中的一景,且由政府投资建设,是蔡坂村民不懂规矩,擅自将村里的神像搬入大雄宝殿,强行将寺庙占为己有。村民则认为云洞岩自古以来就归属于蔡坂村,而大雄宝殿则历来就是村民进行宗教祭拜的场所,只不过近几十年来破败才将神像搬至山脚。政府不仅强行圈走云洞岩全山进行旅游开发,还不允许蔡坂村民上山寻找水源或伐木,如今终于重建大雄宝殿,自然是为蔡坂村民做的一件好事,因此将神像搬入宝殿供奉也是理所当然,并且这些神明就是历代以来保佑云洞岩一方水土的神明。

随着时间推移,官民之间这样僵持的场面持续近20年,官方并未采取强制措施驱离村民,但口头禁止则从未停止。近年来大雄宝殿因频繁使用且无人维护及白蚁蛀蚀而再次面临成为危房的境地。这一次旅游规划部门没有再对大雄宝殿进行重修,因此蔡坂村民在几位代表的带领下,自发集资重建新的寺庙,命名为"云洞古刹"。云洞古刹的建设资金除了政府政策上支持的少量拨款外,其余均赖民间集资的方式筹得。

除了因大雄宝殿而引起的纠纷以外,前述"禁止采石令"的下达和"清除盐鸡摊"的政策也都引起了民众的一些抱怨声,这些声音认为政府不应该断了村民通过石材生意以及小摊餐饮的生计收入。

(三)多方共管的混乱

云洞岩旅游景区所包括的五大景区,如今已较为完善开发的只有云洞岩主景区与岭兜山景区(主要包括龙文塔与漳州市植物

第十二章
蔡坂村的旅游开发

园)两部分,其余三者既未开发,也不隶属于蔡坂村。主体景区云洞岩、龙文塔以及植物园由龙文区管理,后二者在2008年以前由市建设局建设管理,之后划归龙文区管理;而瑞竹岩、江东古桥、万松关等景点位于龙海市榜山镇,管理权归龙海市,这样的情况是由历史原因造成的。在本章开篇曾提及,蔡坂村原隶属于龙海市步文镇,因此云洞岩地区大片土地均归龙海市所有并管理;而龙文区的前身是龙海市步文镇与郭坑镇,1996年5月31日因漳州市城市发展需要,国务院批准成立漳州市龙文区,下设蓝田镇、步文镇、朝阳镇、郭坑镇,以及一个非正式行政区域(蓝田开发区)。龙文区的成立,对该片区域行政区划带来一场大变动,云洞岩景区划分问题由此产生,造成景区如今分属龙文区与龙海市各自管理的局面。另外龙文塔与漳州市植物园做为景区被开发一事,则是由漳州市旅游规划部门直接提议,并由市建设局具体实施,风景区多家共管的格局由此形成。论及蔡坂村地界内的云洞岩主景区,其自身的旅游开发所牵涉的官方部门也不止一个,包括市级旅游管理、土地审批规划、交通规划部门;区级旅游管理、土地审批、交通规划、工商管理部门等;还包括云洞岩景区管委会,蔡坂村委会等。

云洞岩景区多方共管的局面导致景区建设难以协调,旅游资源难以统筹开发的问题。如今云洞岩景区开发较快,其他景区开发较慢,长山景区和大石景区基本还没有实质性开发。此外分散管理也造成景区基本处于失管的状态,景区内开山取石、挖山取土、毁林种果、乱搭乱建行为得不到及时的制止,破坏景区资源和地质地貌。风景区虽然有了总体规划,但没有详细规划和景区勘界,造成建设和审批没有依据、管理范围无法明确。

除了多方共管所带来的混乱以外,单一部门无法专于执行同一建设规划也成为云洞岩景区发展的绊脚石。云洞岩的旅游开发历史虽然仅有30余年,却已经历数次重大改变,每一届主管均

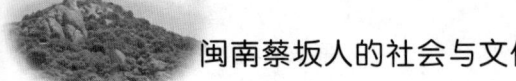
闽南蔡坂人的社会与文化

期待为景区建设添砖加瓦,使景区规划更加合理,游客体验更佳,抑或是使当地村民对其满意度增加,对云洞岩开发更加支持等。然而一位报道人的话道出了问题的所在,"总规年年有,一直在出台,但是详规从来没有见到过"。意思是说,关于云洞岩以及周边地区的宏观规划,每一届主管都在试图做出大手笔的修改、设计,然而均缺乏每一部分具体实施的详细步骤。此外新一届主管上任之后,如有遇见与上届规划相左之处,少有持包容或修改态度,而多采用推翻覆盖或弃之不理的态度,这令云洞岩景区30年来的规划进展缓慢,相关土地的经营使用者一再易手。尽管现任管理人员已经委托设计院对于云洞岩路进行整体规划,柯坑村村容提升方案也做出详细精致的设计,但前景依旧不容乐观。

以云洞岩路东侧荒山为例。20世纪90年代漳州市有关部门即决定修缮保护位于云洞岩南面,蔡坂村村界边缘,曾经作为漳州古城标志的龙文塔。因此在以龙文塔为中心的方圆约20万平方米范围均被划定为建设龙文塔景区,并命名为漳州市植物园。随后有关部门又于2003年左右规划将由云洞岩路口东侧起至龙文塔景区的荒山,一并归入漳州市植物园的建设范围内,扩大植物园规模。2008年8月漳州市政府召开专题会议,为理顺管理体制,避免多头管理,决定将植物园下放给龙文区管理,整合到云洞岩的大景区中。但整合三年之后,市民依旧对植物园的发展速度感到不满。2011年3月漳州市植物园总体规划已通过省住建厅组织的专家组评审,规划建成福建省规模最大、种类最丰富、技术最先进的南亚热带植物鉴赏园区。2012年1月召开的漳州两会上,民盟漳州市委交出一份提案,建议市、区两级政府高度重视漳州植物园建设,将其打造成名副其实的"植物园"。[1] 然而至2014

---

[1] 引自东南网—海峡都市报于2013年1月6日所刊登的新闻,题为"民盟漳州市委提案打造名副其实的植物园"。

年7月在蔡坂村进行田野调查期间,龙文塔景区以及漳州市植物园依旧保持原有规模,云洞岩路东侧荒地也依旧闲置。有知情的村民提及,新一届管理人员并不认为植物园应按照前人规划而建设,也不认为植物园建设有很大的必要性,因此将此项目暂时搁置。云洞岩景区负责人则指出,景区管委会几年来均持续派专人管理和清扫龙文塔景区,相关的规划和审批也已经完成和通过,但资金始终是最大的问题,尽管招商引资的工作一直在进行,但至今依旧没有合适的投资者。

(四)定位不清的项目

定位不清或功能重叠常是某些项目或规划难以高效发展和保持生机的重要原因。云洞岩景区的规划中即有不少这类案例,其中最显著的是对于理学名人园的定位。

首先,理学名人园的建筑本身也同时做为"柯蔡家庙"使用。其中柯蔡家庙的构想是由蔡新研究会提出,而理学名人园的设计则是为了顺应政府开发部门的构想,然而事情绝不仅在于挑选和展出哪些名人的肖像以及介绍他们的生平事迹如此简单。在机构的管理、归属和运作上必定将存在一定的争议,若同时设置两套人马又显得资源浪费,因此理学名人园规划方和柯蔡家庙规划方都应该同时思考这一问题并加以解决。例如柯蔡家庙的规划方——蔡新研究会必须审慎思考建立蔡新纪念馆的意义与动机,若仅是为了纪念蔡新和弘扬理学,笔者认为仅建立柯蔡家庙无法将其实现,这样的建馆举措更像是政绩导向的行为。另一方面,若蔡新研究会愿意真正落实"弘扬理学文化"这一宗旨,对于展出人物应该进行更加仔细的选择及考察。例如蔡潮初与蔡竹禅先生并非"理学名人",却出现在展览名单中,众所周知的理学大家朱熹以及其他曾在云洞岩留下墨宝的名人则"落选"。

此外以其他地区的旅游开发经验来看,类似于以主打"文化名人"为方向而规划的旅游项目常常难以取得成功,一方面游客的"消费主义"心态对于该类型展览的热情并不高,可以想见,除非对于中国古代哲学思想史有相当兴趣的游客才有可能在理学名人园中驻足参观,而一般的游客则难以对此产生兴趣;另一方面,除非所展出和推介的人物具有十足的分量,展出内容也丰富有趣,否则难以成为促使游客从远方赶来游览的动力。

五、结　　语

虽然仅是短暂地成为"蔡坂人",我们在面对官方对蔡坂及云洞岩旅游开发时,与蔡坂村民一样共同期待蔡坂能够拥有一个美好的未来。通过田野走访调查可知,建设开发部门集中精力致力于对云洞岩景区的建设,但对于乡村鲜有改造发展之意。

在云洞岩景区管委会的一份非正式资料中我们已经看到了诸如"蔡坂社将于未来几年中完全拆除,或仅保留极少的部分"的字句,这令我们感到遗憾。从政府对于云洞岩及蔡坂村的旅游规划力度而言,蔡坂村民绝不应该成为被驱逐的一方。然而如若没有政府部门政策性的支持,蔡坂村各社就如同不能说话的自然物与建物一般,在功利性的开发面前毫无地位,随时都有可能被无情地移除。或许我们在未来的某一日会看见云洞岩被成功开发为一个著名景区,络绎不绝的游客,轰动性的媒体报道,但如果蔡坂是因这样的开发而消失,村民被迁移安置到其余地区,这对于蔡坂而言并不公平。无论是理学名人园,还是石刻博物馆,所有这些规划都因有蔡坂人的参与而显得更加丰富和具体。人是一个地区的重要组成部分,尤其对于希望走文化遗产开发道路的地区而言更是如此。云洞岩景区的开发一直以打造"理学名山"为目标,却试图将除了理学名人大家以外的普通居民迁出,或异地安置,以试图通过扩大景区面积、增加游览项目、兴建观光场所来

第十二章
蔡坂村的旅游开发

提升景区知名度,这种形似于"人口减法"的道路充满了风险:一旦政府规划与发展中的某个环节出现障碍或停滞,当地人又几乎被完全被迁出,地区发展将走上难以回头的道路,十多年前的鼓浪屿以"人口减法"为策略的旅游开发规划已经为我们敲响了警钟。此外缺少了当地人的旅游景区的人文内涵和底蕴将在短时间内迅速消失,这对于正计划以"理学文化"为主题来进行旅游开发的云洞岩景区而言,是极为不利的。

除了官方对于蔡坂社土地规划的态度令人担忧外,同一部门内部由于人事调动而产生的对于区域发展的不同看法也成为阻碍云洞岩发展的因素之一,因此部门整合的工作是迫切且必要的。

笔者尝试以江西龙虎山的旅游管理体制改革为例,希望能够为云洞岩的发展提供参考建议。1993年5月,为了更好地开发江西龙虎山景区,组建了龙虎山风景旅游区管理局,将原龙虎山风景名胜区管理局、鹰潭市旅游局合并,实行三块牌子一套人马,由鹰潭市委、市政府赋予其行使县级党政管理职能,同时将龙虎山核心景区原属贵溪县的两个镇在行政上划归风景旅游区管理局管辖,从根本上改变了龙虎山旅游开发过程中地方行政管理、风景名胜管理和旅游行业管理三方各行其道,互相制约,阻碍发展的状况[①]。如今云洞岩的开发面临的是相似的问题,笔者认为江西龙虎山景区的管理制度值得参考和反思。

第三,官方对于云洞岩的旅游规划基本处于"承包责任制"的模式,导致在同一景区内多家投资机构同时投资,分别雇佣不同设计公司与施工队进行规划建设的现象。由于无人体谅当地村民的感受,各自均以"政府合约"为旗号大兴土木,所造成最直接

[①] 龙虎山的管理经验除笔者在龙虎山进行田野调查时的了解之外,另引用了百度百科对于"龙虎山景区管委会"一词的词条解释。

闽南蔡坂人的社会与文化

的影响就是对环境的破坏,例如对村庄内山坡的挖掘,大型机械的噪音污染以及空气污染等。更进一步的影响则体现在诸如投资方的开发行为导致村庄中公共土地被割裂成小块、电力供应常因负荷过大而不稳定却无人理睬、路灯照明也迟迟未见改善、村庄治安不稳定因素增多等,这些都为村民带来困扰。上述问题虽细小零碎,但若政策制定者可以做仔细、统一地安排,妥善处理各环节所带来的问题,制定严格的承包标准,并要求各承包者按照所签定的合约进行合理开发,就已经足以将今日的开发现状提上一个新的台阶。

漳州市近年来大力打造城市旅游产业,规划了许多待开发景点,也相继建立配套的硬件设施。在《云洞岩民间故事》一书的"序"中,漳州龙文区区委常委、常务副区长魏跃平指出:

> 今后,我们将在龙文区旅游业发展中,进一步突出云洞岩景区在我市格局中的重要地位。一要把云洞岩景区纳入福建省旅游体系。"一花独放不是春,百花齐放春满园"。只有把云洞岩景区纳入"福州鼓山—福清石竹山—莆田湄洲湾—泉州清源山—漳州云洞岩—厦门鼓浪屿、万石山"省级网络,才可以扩大云洞岩景区在省内外影响力……二是要精心打造旅游精品。我区对云洞岩景区的定位是建设城郊型风景名胜休闲旅游基地。因此我们必须充分利用云洞岩景区旅游资源丰富和交通便利的区位优势,打造好云洞岩这个品牌,努力形成一个有发展潜力、能拉动经济良性增长的特色产业链。三要加大资金投入,加快景区景点建设步伐……四要加大宣传推介力度……云洞岩景区是我区旅游产业中的拳头产品。全区上下要万众一心、同心同德,把云洞岩景

第十二章
蔡坂村的旅游开发

区规划好、建设好、管理好。[1]

虽在各种文件与报道人的描述中,各方均表述对于云洞岩发展的努力始终没有消退,但从 2004 年至今,我们并没有见到云洞岩的大跨步发展。同时,上文所谓"蔡坂社将于未来几年中完全拆除,或仅保留极少的部分"那样令人遗憾的场面也还未出现,我们希望它永远不会出现,我们期待的是一个"喜剧"的结尾,是一幅村民与游客同乐的画面,而非村民必须从故土被铲除的"悲剧"。

对蔡坂村民而言,如何在城市化运动中保护自身,迎接挑战,寻找合适的方向进行转型就成为他们必须面对,却可能不由他们所抉择的问题。这片山峦与周围的土地是祖先世世代代留下的宝贵遗产,他们绝不希望看见它在自己手中流失。

参考文献

杨志明
  n. d. 今非昔比云洞岩。出版社不详。
林雪来(编)
  2013 龙文摩崖石刻。漳州:漳州市龙文区政协,漳州市龙文区文体局,漳州市文化广电新闻出版局。
政协漳州市龙文区委员会文史资料委员会(编)
  1998 云洞岩风景区。漳州:龙文区云洞岩风景区管理委员会。
  2000 龙文历史人物。漳州:龙文区云洞岩风景区管理委员会。
  2004 云洞岩民间故事。漳州:龙文区云洞岩风景区管理委员会。

---

[1] 摘录自魏跃平副区长所撰写的《云洞岩民间故事》序文(政协漳州市龙文区委员会文史资料委员会 2004)。

附录一

《漳州史迹》云洞岩记载

云洞岩,俗称"洞仔岩",在歧山南。隋开皇时有潜翁者养鹤其中。中有石室深广丈馀,天将雨则云出,霁则云归。明蔡烈读《易》于此。又有诵经石,石斜叠,色如银,击之有声。洞麓两巨石夹起如观,左刻"振衣",即旧刻也。透迤陟磴上,石益巨大,刻"云洞"者二:一为周方伯瑛书;一为林考功达书。行数百武入石门,中书室三楹,小而雅洁,峭壁刻朱晦翁书"溪山第一"。丰熙题曰:"霞窝"。

左洞横广数椽,悬石如倒钟者,如盖者,如莲者,左右皆通。天南豁咫尺,树映之。垒琴台直豁处,月午光正入,因名"月峡"。东壁上泉出甚冽,郡守张鹏题曰:"寒泉"。又东入石门,得洞三,穹石起门外,若树塞者,西向曰"元岩"。

北洞有井灶故迹,相传昔有异僧居之。

南洞合两石隆起若中溜,名"观澜",庋外盘石凿曲钩,引泉以西,架渠穿石罅,至"霞窝",甃石池贮之。南下磴危峻,张鹏题:"万玉"。渐移以下,东得平石,广方数丈,曰"凤台"。上视峰顶,崛起参天,曰"天柱"。又下有三石笋卓立,曰"台屏"。又下,一洞稍广,外刻晦翁书"石室清隐"四字,有泉,有传筋。历云依岩,稍上石益密且巨,有洞可容千人。历洞石磴上百步,得堂,俯视"霞窝",峭壁如圭,植于前,右上有巨石,面方广三寻许,架绝壑,题曰"仙梁"。回陟至二石并立,若朋字,题曰"得朋"。行穿一洞,转而南视,后直霞窝,北转近岭,一峰独耸,即天柱也。稍北一石虚出斜崖,撼之即动,大风至亦然,题曰"风动"二字。北历峻级而下,至天开图画亭,前视洞峰如神物天行,鸾飞鹄立,龙腾马跃,不足

第十二章
蔡坂村的旅游开发

名状。

按天开图画亭,为宋尚书颜颐仲归老时建。上倚山岭,下俯清溪,风帆钓艇,烟云林麓,宛然如画,因此名亭。

岩下有蔡烈墓,安林仑有碑铭云:"鹤峰千仞,龙江一曲,中有一邱,其人如玉。"按蔡烈字文继,琼州守杲之子,弱冠廪于庠,往从晋江蔡虚斋学,与语大悦,归后以太极解。又受学于莆田陈茂,语烈以心体流行与日月间,常见得参前倚衡气象。烈大省悟,遂隐于鹤鸣山之白云洞,不复应试,学者称鹤峰先生。太守潘旦爱其文,劝之任,烈曰:"皆开云,未信若烈,则犹未见也。"丰熙戍镇海之时,住云洞半载,叹曰:"先生不言躬行,某已心醉矣。"忽山鸣三日,烈遂卒。……

——录自漳州市政协编著《漳州史迹》

附录二

《龙海县志》云洞岩名胜记载

隋开皇年间有潜翁养鹤其中,不时鹤鸣,故名。山麓至巅皆由晶洞花岗组成,古称石壁山。山之阳有洞,天将雨则云出,霁则云归。一名云洞岩。

云洞岩一峰突立,怪石嶙峋,洞壑绵密,独具神态,近看有千洞万壑之概,远看如山石盆景之美。胜景有临流濯足、鸿磐、鹤丘、铁桥初度、万石庄、鹤室、先天洞、渡云桥、大雄宝殿、别有天、霞窝、溪山第一、月峡、寒泉、仙人迹、一川风月、啼发岩、云深处、罗汉殿、天梯径、小榕桥、鸳鸯洞、汲玉栏、云根洞、留仙榻、听泉崖、瑶台、许碏题刻处、李五福书室、千人洞、一线天、风动石、天开图画亭、朱文公祠、仙梁、得朋、仙樵洞、双水亭、一人泉、卧龙洞四十处。在山腰挂练石下,有个千人洞,深数丈,口狭窄,匍伏始得入,是前人避乱之所。胡梅诗云:"天生岩穴受千人,隐隐幽处隔世尘,不识人间经几代,洞门依旧锁闲云。"丰熙诗曰:"片石千人屋,天公太泄机。海风吹不破,应待野云归。"在千人洞中,仰首即见洞顶裂开一线,长数丈,称"一线天",有诗云:"鬼斧神工劈山崖,洞中一线冲天开。"千人洞上面有一石酷肖屈肢踞坐昂首向天的青蛙,称"石蛙鸣天"。云洞岩之巅,有一风动石,高五丈,围十八丈,下承盘石,力摇之动而不坠,丰熙题曰"风动"。刘天授诗云"突兀千峰上,临空势欲欹。我来一时抚,天地见圆畿。"此景载入宋《皇舆胜览》。

——录自《龙海县志》卷三十一